"十二五"普通高等教育本科国家级规划教材

教育部高等学校社会学学科教学指导委员会推荐教材

U0554837

新编21世纪社会学系列教材

社会问题

第二版

Social Problems

主　编　向德平

中国人民大学出版社

·北京·

主 编 简 介

　　向德平　博士，武汉大学社会学系二级教授、博士生导师。研究领域为城市社会学、社会问题、社会政策、社会工作。任中国社会学会常务理事、中国社会工作学会常务理事、中国社会工作教育协会副秘书长、全国社会工作者职业水平评价专家委员会委员、全国社会工作专业硕士学位（MSW）教育指导委员会委员、湖北省社会学会副会长、湖北省社会心理学会副会长。先后入选教育部"新世纪优秀人才支持计划"，人力资源与社会保障部"新世纪百千万人才工程"国家级人选，获国务院政府特殊津贴。

内 容 简 介

　　《社会问题》运用社会学理论和方法分析社会问题，阐述社会问题研究的基本理论、基本方法，分析社会问题的特点及产生原因，探寻预防与解决社会问题的对策。本书具有以下特点：一是系统梳理和介绍社会问题研究的相关理论，探讨社会问题产生、发展、演变的规律。二是从社会控制、社会秩序、社会失范等方面探讨社会问题的形成机制、产生原因和应对策略。三是系统介绍社会问题研究的方法，培养学生分析问题、解决问题的能力。

目　录

第一章　社会问题概述

第一节　社会问题的界定 ………………………………… 2
第二节　社会问题的特征 ………………………………… 5
第三节　社会问题的类型 ………………………………… 9
第四节　社会问题的基本理论 …………………………… 15

第二章　社会控制与社会问题

第一节　社会控制概述 …………………………………… 26
第二节　社会控制与社会问题的关系 …………………… 33
第三节　转型期的社会问题与社会控制 ………………… 38

第三章　社会秩序与社会问题

第一节　社会秩序概述 …………………………………… 54
第二节　社会失序问题 …………………………………… 61
第三节　社会转型期的社会失序 ………………………… 68
第四节　社会秩序的协调与重构 ………………………… 73

第四章　社会失范与社会问题

第一节　社会规范 ………………………………………… 82
第二节　社会失范 ………………………………………… 89
第三节　社会失范与社会问题的关系 …………………… 98

第五章　社会问题研究方法

第一节　社会问题研究方法论 …………………………… 108

第二节　社会问题研究的程序 ……………………………… 117
第三节　社会问题研究的具体方法 ………………………… 127

第六章　社会问题的成因及解决方法

第一节　社会问题的成因分析 ……………………………… 138
第二节　解决社会问题的社会条件 ………………………… 146
第三节　解决社会问题的原则 ……………………………… 150
第四节　解决社会问题的对策 ……………………………… 154

第七章　人口问题

第一节　人口问题概述 ……………………………………… 162
第二节　人口老龄化问题 …………………………………… 170
第三节　人口性别比失衡问题 ……………………………… 177
第四节　流动人口问题 ……………………………………… 185

第八章　失业问题

第一节　失业问题的内涵 …………………………………… 196
第二节　失业理论 …………………………………………… 204
第三节　失业问题的影响 …………………………………… 213
第四节　失业问题的治理 …………………………………… 219

第九章　贫困问题

第一节　贫困问题概述 ……………………………………… 234
第二节　贫困问题的表现及成因 …………………………… 242
第三节　中国减贫政策实践与趋势 ………………………… 258

第十章　犯罪问题

第一节　毒品犯罪 …………………………………………… 272
第二节　性犯罪 ……………………………………………… 280
第三节　黑社会组织犯罪 …………………………………… 288

第十一章　生态环境问题

第一节　生态环境问题概述 ………………………………… 302

第二节 全球生态环境问题的现状与原因 …………………… 308
第三节 可持续发展之路 …………………………………… 313
第四节 中国的生态环境问题现状及其成因 ……………… 319
第五节 中国生态环境治理与保护 ………………………… 324

第十二章 弱势群体问题

第一节 弱势群体 …………………………………………… 334
第二节 老年人问题 ………………………………………… 338
第三节 残疾人问题 ………………………………………… 342
第四节 妇女问题 …………………………………………… 350
第五节 儿童问题 …………………………………………… 357

第十三章 异常群体社会问题

第一节 自杀问题 …………………………………………… 368
第二节 精神疾病问题 ……………………………………… 379
第三节 吸毒问题 …………………………………………… 389
第四节 青少年越轨问题 …………………………………… 397

第一版后记 ………………………………………………… 407
第二版后记 ………………………………………………… 408

第一章

社会问题概述

　　社会问题是指在社会中存在的人与自然、人与社会以及人与人之间关系的严重失调或冲突现象。社会问题不仅直接影响社会成员的生活，也影响社会的运行与发展。社会问题是社会学研究的重要对象和主要议题。社会学学科就是在研究社会问题、解决社会问题中发展起来的。本章我们界定社会问题的内涵，剖析社会问题的特征，分析社会问题的类型，介绍社会学发展过程中形成的研究社会问题的主要视角和重要理论。

第一节
社会问题的界定

一、社会问题的内涵

　　社会问题，也称社会病态、社会解组、社会反常或社会失调。社会问题是指在社会中存在的人与自然、人与社会以及人与人之间关系的严重失调或冲突现象。社会问题影响社会的正常运转，阻碍社会的协调发展。

　　社会问题是社会发展与变迁的产物。在社会发展和变迁的过程中，社会的整体平衡被打破，社会结构失去相对稳定性，社会系统的有些功能减弱，有些功能丧失，有些功能转化，造成社会结构失衡、功能失调，社会问题随之出现。社会问题有正负两方面的功能：一方面，社会发展过程中出现某些暂时性的失调是对社会旧结构的突破和旧体制的冲击，可以促进社会结构和功能的自我发展和完善；另一方面，严重的社会问题会对社会起消极的破坏作用，阻碍社会的健康协调发展。

　　研究社会问题是社会学的传统主题。社会学产生的重要原因，就是为了研究和解决社会问题。

　　不同的学者由于研究的侧重点或兴趣不同，从不同的角度给社会问题作出了不同的界定。

　　乔恩·谢泼德（J. Shepard）、哈文·沃斯（H. Voss）认为："一个社会的大部分成员和社会上一部分有影响的人物认为不理想、不可取，因而需要社会给予关注并设法加以改善的那些社会情况即为社会问题。"[①]

　　中国著名社会学学者孙本文先生指出："社会问题就是社会全体或一部分人

---

① ［美］乔恩·谢泼德、哈文·沃斯：《美国社会问题》，5 页，太原，山西人民出版社，1987。

的共同生活或进步发生障碍的问题。"①

王康将社会问题定义为："在社会变迁过程中，某些社会活动因社会关系发生了与现实的社会环境失调（即相异或发生矛盾），并引起人们普遍注意，需要以社会的力量来解决的现象。"②

郑杭生在《社会学概论新修》中指出："社会问题有广义与狭义之分。广义的社会问题，泛指一切与社会生活有关的问题；狭义的社会问题特指社会的病态或失调现象。这里所说的狭义的社会问题，指的是在社会运行过程中，由于存在某些使社会结构和社会环境失调的障碍因素，影响社会全体成员或者部分成员的共同生活，对社会正常秩序甚至社会运行安全构成一定威胁，需要动员社会力量进行干预的社会现象。"③

雷洪在《社会问题——社会学的一个中层理论》中指出："社会问题是在一定时期和一定范围内产生和客观存在的，影响（或妨碍）社会生活和社会机能，引起社会普遍关注并期望予以解决，目前需要且只有以社会力量才能解决的社会失调现象。"④

朱力给社会问题下的定义是：社会问题是影响社会成员健康生活，妨碍社会协调发展，引起社会大众普遍关注的一种社会失调现象。⑤

我们认为，社会问题是指在社会中存在的人与自然、人与社会以及人与人之间关系的严重失调或冲突现象。

二、构成社会问题的条件

社会发展过程中经常出现各种失调现象，但并非所有的失调都构成社会问题。社会问题必须具备五个基本条件。

（一）社会问题的起源具有社会性

任何社会问题的产生都不是个别人或少数人的行为和观念造成的，而是社会中的大多数人的行为、观念或一定的社会结构导致的。例如，我国的人口问题，是由我国大多数人的生育观念和生育行为造成的。个别人，或者少部分人的生育观念和行为，是不可能造成人口问题的。因此，要把社会问题与个人的离轨行为区分开来。社会问题通常是一种"公共问题"而非"个人烦恼"。美国社会学家米尔斯指出，社会问题也即公众的问题，即不是个人的困扰，而是社会中许多人遇到的公共麻烦。"个人烦恼"（personal troubles）发生在有限的生活领域内，烦恼属于个人的私事，它是个人感到自己的利益或生存条件以及所持有的价值观

---

① 孙本文：《社会学原理》（下册），167页，上海，商务印书馆，1947。
② 王康等：《社会学词典》，117页，济南，山东人民出版社，1988。
③ 郑杭生：《社会学概论新修》，4版，388页，北京，中国人民大学出版社，2013。
④ 雷洪：《社会问题——社会学的一个中层理论》，8页，北京，社会科学文献出版社，1999。
⑤ 参见朱力：《当代中国社会问题》，6页，北京，社会科学文献出版社，2008。

念遭受威胁时所产生的，需要通过个人的行动加以解决。"公共问题"（public problem）却是涉及整个社会的问题，是属于大众的事，它超越了个人的生活环境，与全体社会成员或大部分社会成员的生活密切相关，对社会生活产生很大的影响。"公共问题"往往是社会结构失衡、行为规范失范和社会运行失控引起的。

（二）社会问题内容和表现形式具有社会性

社会问题的本质是社会失调，即社会运行过程中出现的不平衡、不稳定、不和谐的现象。社会问题并非个别的失调现象，而是表现在大多数人共同的观念、行为及其后果中。

例如，我国过去的人口过剩问题，表现为当时大多数育龄夫妇所持有的传统的生育观念和客观、实在的多胎生育行为，其导致了社会教育、社会就业的困难，社会生活水平提高缓慢等后果。

（三）社会问题的后果具有社会性

社会问题后果的社会性主要表现为两个维度：一是横向结构性，二是纵向层次性。横向结构性是指，社会问题对不同社会群体、不同社会部分和不同社会构成要素都产生影响。纵向层次性是指，社会问题带来的后果既包括社会个体在人生过程中的继续社会化，也包括社会组织、社会制度和社会文化的变迁与演进。[①] 例如，我国的人口问题，无论是在横向结构还是纵向层次上，都在相当大的程度上影响和制约了经济与社会的发展。

（四）社会问题的责任具有社会性

社会问题产生原因、内容、表现形式的社会性，决定了社会问题的责任不可能且不应该由个别人或少数人来承担，而是由全社会共同承担。虽然每个人承担的社会角色不同，每个人承担的责任有别，但是社会问题的责任应是由社会生活中的大多数或部分人共同承担的。

（五）社会问题的解决具有社会性

社会问题产生的原因、造成的后果是社会性的，涉及整个社会生活，它的消除和解决也不是个别人或少数人的努力可以改变的。社会问题只有通过社会力量的交汇合作才可能改善和解决。社会问题具有社会性，那么社会问题解决的条件和过程也具有社会性。要解决社会问题，单靠个人和少数社会组织是不够的，要动员全社会的力量，依靠社会各方面的共同努力。从某种意义上说，社会问题解决的可能性程度，与动员和调动社会力量的可能性程度成正比。例如，腐败问题是我国加速转型期一个危害极大的问题，不仅有个体腐败，而且还有集体腐败。腐败问题的行为主体大，人数多，腐败活动极其复杂，对社会的危害很大。腐败

---

① 参见刘成斌、雷洪：《社会问题的社会性》，载《理论月刊》，2002（1）。

问题需要动用全社会的力量才能解决。

第二节
社会问题的特征

社会问题的特征是指社会问题本身所特有的性质和属性。一般来说，社会问题的特征主要表现为以下几方面。

一、社会问题的普遍性

社会问题的普遍性是指社会问题的无处不在和无时不有，主要包含两个方面的含义：

第一，社会问题无处不在。其主要表现为：首先，在全球范围内，任何国家、任何民族和任何地区都普遍存在社会问题，没有哪个国家、民族和地区可以例外。其次，社会生活的各个领域、方面都普遍存在社会问题，即任何社会领域都存在和出现过社会问题。社会的发展和进步是在社会问题的不断产生又不断解决的过程中实现的。因此，人们无法完全消灭社会问题，只能将它的破坏性限制在一定的范围和时间内。

第二，社会问题无时不有。从人类社会诞生之日起，社会问题就始终伴随着社会的运行和发展，一刻都没有消失过。因为人类社会一产生，与之相应的社会结构也随之产生。社会结构是社会诸要素稳定的关系及构成方式。任何一个社会的社会结构内部的各个组成部分之间、社会与环境之间，都存在因内部因素的互相矛盾或因外部因素的互相冲突引发的社会问题。只是在人类社会的不同历史阶段和不同社会形态中，社会问题存在的形式和性质有所不同。

此外，社会问题的普遍性还表现在社会问题的对象、社会问题的影响和社会问题解决的期望三个方面。其一，社会问题所表现出的社会失调是一个相当普遍或关系到大多数人的现象，而不是个别或个体现象。比如，住房问题作为社会问题，不是个别人或少数人的住房紧张，而是大多数人的住房紧张及由此引起的一系列社会矛盾。其二，社会问题对社会机能、社会生活以及社会各方面的影响是普遍的，而不是只影响个别人或少数人的现象。社会失调所表现的普遍性，决定了其对社会的影响是普遍的或影响大多数人的。而且任何一种具体的社会失调，其影响不仅仅在失调现象的范围或领域内，往往波及或影响更为广泛的范围或领域。例如住房问题，住房的紧张不仅仅影响人们居住生活的稳定，夫妻生活、家庭生活的和谐，生活质量的改善，身心健康等，而且影响同事关系、干群关系、邻里关系、家庭关系，乃至影响人们的消费方式、生活方式、生活情绪等等。其三，人们对社会失调的社会关注，乃至对其予以消除或解决的社会期望也是普遍的。由于社会失调及其社会影响是普遍的，社会失调现象及其社会影响必然引起普遍的或大多数人的关注，并且被期望予以消除或解决。例如住房问题，它不仅会引起住房困难、无住房者的关注，而且由于涉及社会利益分配、社会消费趋向、社会生活观念的变化、人际关系的和睦等诸多方面，因而也能引起住房并不困难的那些人乃至政府的关注，以至于社会上大多数人都期望解决目前存在的住房问题。

二、社会问题的复杂性

社会问题的复杂性表现在以下几个方面。

（一）社会问题产生的复杂性

任何社会问题的产生和形成都是由多种因素共同作用造成的。既有历史的原因，也有现实的原因；既有制度的原因，也有环境的原因；既有直接的原因，也有间接的原因……导致社会问题产生的诸多因素交织在一起，不仅致使社会问题的原因不易被发现，而且造成各种原因在社会问题产生和发展中所起的作用不易分辨。例如，贫困问题的产生，既有社会历史的因素，也有制度的因素，既有自然环境的因素，也有个体与家庭的因素等其他因素。这些因素交织在一起，都是引起贫困的原因，而且这些因素之间又相互联系、互为因果，甚至其中一些因素与贫困现象互为因果，以致难以说明这些原因究竟如何具体地导致了贫困现象，以及哪一种因素对贫困现象的产生起主导作用。

（二）社会问题内容和形式的复杂性

社会问题的本质是社会失调，但社会问题在内容上是复杂的。首先，对于不同的社会问题，其社会失调的具体内容是不同且多种多样的，如社会结构失调、社会规范或社会制度失调、社会利益失调、社会文化失调、社会关系失调、社会行为失调、社会心态失调、生产力与生产关系失调、经济基础与上层建筑失调、生产行业和部门之间失调、多种经济成分之间失调等等；其次，一个社会问题大都包括多方面，这些失调的方面交织在一起，使得社会问题的表现及其后果更加复杂。例如住房问题，其本质上具有人口数量与住房数量的失调、生产与消费的失调、社会政策和社会制度的失调、社会关系和社会分配的失调等多方面的失调。

社会失调的表现形式也多种多样，并可能多种形式交织，呈复杂状态，即任何一个社会问题和任何一种内容的社会失调都可能表现为多样的形式或具有多种表现。例如，社会利益失调可表现为贫富悬殊，也可表现为不按劳付酬，还可表现为社会群体或社会集团的利益冲突，等等。又如我国的人口问题或人口失调，表现为人口出生率与经济发展水平不协调、人口结构不合理、人口素质不高、人口老龄化等形式和现象。

社会问题的本质社会失调，不仅其具体内容和表现形式复杂多样，而且其具体内容与具体表现形式之间也呈复杂的状态。一种具体内容的失调可有多种具体表现形式，如上述社会利益失调、人口失调的表现状态；一种表现社会失调的形式也可能反映多种具体失调内容，例如，我国目前普遍的短期行为现象，不仅反映了社会行为（具体为行为目标）的失调，也反映了社会制度、社会政策、社会管理、社会利益、社会心态等多种内容的失调。

（三）社会问题解决的复杂性

社会问题产生原因的复杂性、内容和表现形式的复杂性决定了社会问题的解决必然是复杂的。任何社会问题的产生都经历了发展变化的过程。美国学者理查德·迈尔斯认为："社会问题都要经历一个共同的发展顺序。这个发展顺序始于社会问题的出现，终于社会问题的成型。因此，社会问题并不是一出现就表现得十分严重，从而吸引社会公众的广泛注意，并使政府部门为了解决它而制定相关政策和设立相应机构。一般来说，社会问题有着一个形成和发展的过程，其中含有可以相互区分的不同阶段。每个阶段都为下一个阶段做好了准备，而下一个阶段总包含一些新的因素，正是这些新的因素使人们能够把它与上一阶段区别开来。这样，社会问题总是处于一个动态的变化过程中，经过自然史的三个发展阶段——觉察、政策决定与改革，从初始的萌芽到最终的成型。"[1] 这就是说，社会问题有一个自然的生长周期，在时间上具有一定的持续性，前后阶段在成因上具有错综复杂性。当我们要去解决它时，它已具有相当的能量。

（四）社会问题关注的复杂性

社会对任何社会问题的关注都会是一个复杂的现象。由于社会中人们所属的群体、集团不同，从事的职业不同，扮演的社会角色不同，自身的利益不同，对一定社会问题的感受及所受到的影响不同，对社会问题乃至对社会诸方面的认识能力也不同，因而不同的人对同一社会问题的关注是不统一、不一致的。首先是关注的出发点不同；其次是关注的具体内容不同；再次是关注的程度不同；最后是关注的目的或期望不同。例如住房问题，从关注的具体内容来说，住房困难户和缺房户，关注的是怎么得到需要的住房；等待并有可能得到分配住房的住房户，关注的是住房分配方案和何时实施分配；有房户特别是住房宽裕户，关注的是如何保住自己住房的既得利益；政府关注的是住房解困政策和措施；学者关注的是解决住宅问题的理论依据与实际方案；房地产商关注的则是利润等等。

---

① ［美］理查德·富勒、理查德·迈尔斯：《一个社会问题的自然发展史》，载《北京行政学院学报》，2001（6）。

三、社会问题的持久性

任何事物的产生、存在和消亡都有一个发展变化的过程，也有其自身的规律。由于不同事物、现象的规律性不同，不同事物、现象存在的时间或持续性便有所差异。但任何社会问题都是持久性的社会现象，即社会问题一经形成便在相当长的一段时间中存在，而不可能在短时期内消失或消除。这是因为：

第一，社会问题的形成有一个累积和演化的过程。在事物相对平衡、稳定、和谐的状态下，社会问题的不平衡、不稳定、不和谐状态的形成有其多因性和复杂性，故其形成有一个较长的过程。

第二，社会问题的解决有一定的条件。社会问题产生原因、内容及表现形式的复杂性决定了其解决的复杂性。从客观性上说，只要这些复杂的条件不消失，社会问题的不平衡、不稳定、不和谐状态就会存在一个较长的时期。

第三，对社会问题的认识有一个过程。人们对任何事物的认识总有一个过程，而且有一定的局限性，在一定的阶段有一定的相对性：对较为简单事物的认识过程比较短，局限性比较小，对较为复杂事物的认识则相反。社会问题的产生、存在、影响均呈现复杂的状况，是一种比较复杂的现象，因而人们难以在短时期内对社会问题有较为全面、科学的认识。那么从主观上说，人们在没有科学认识社会问题之前，是无法解决社会问题的，因此对从主观上消除或解决社会问题的可能性而言，社会问题也会存在一个较长的时期。

任何社会问题都是在较长时期内存在的现象，如人口问题、住房问题、环境污染问题、腐败问题、失业问题、毒品问题等莫不如此，持久性是所有社会问题不变的特征。

四、社会问题的历史性

一定时期中的社会现象，都与这一时期的社会历史环境或特征有关，从某种意义上说，都是这一时期特有的历史环境的产物。虽然一定历史时期的社会中会存在着内容、形式、影响各异的多种社会问题，但所有社会问题都会打上这一历史时期的烙印，即其产生、具体内容、表现形式、产生的可能影响、解决的条件等，都与这一历史时期的社会环境有关，这就是社会问题的历史性特征。其表现在：

第一，特定的社会问题只发生在特定的历史时期。处于转型期的社会问题，都带有转型期的痕迹和特征。新旧事物的摩擦、冲突、此长彼消、融合等都不同程度地在各种社会问题中表现出来。例如双轨制、城乡二元社会结构、贫富两极分化等都是转型期突出的社会问题。

第二，同一社会问题在不同的历史时期具有不同的评价标准。一个社会的价值取向直接影响人们对客观社会状况的评价。有的社会状况在一个时期是人们追求的理想目标，而在另一个时期又为人们所不容，其根本原因在于主观上人们评价社会问题的标准变了。例如环境污染问题，工业化早期，人们将烟囱林立、浓烟滚滚、围湖造田、荒山变梯田描绘为未来社会的理想蓝图，是社会欣欣向荣的景象。而在生产力水平不断提高的今天，森林的滥采乱伐，"三废"无治理的排放已经成为严重的社会问题。

正确认识和把握社会问题的历史性，是认识一定时期中社会问题的产生原因、具体内容、表现形式、不同类型、解决条件、解决策略，乃至实际解决社会问题的重要基础。

五、社会问题的变异性

事物总在运动和变化之中，变异性是事物的普遍特征。社会问题现象也一样，虽然长期存在，但一些方面仍不断发生变化，其变异性表现在：

第一，社会问题存在形式的变异性，即社会问题的表现形式发生变化。例如人口问题，第二次世界大战以前主要表现为失业、贫穷、人口增长过快等，二战以后，则主要表现为人口增长过慢、出生性别比失调、人口老龄化等问题。

第二，社会问题存在范围的变异性，即社会问题涉及的地域范围和社会范围发生变化。例如毒品问题，虽然各国政府大都采取比较严厉的打击措施，但毒品却蔓延到越来越多的国家和地区，吸毒人员也呈增多的趋势。

第三，社会问题社会影响程度的变异性，即社会问题对社会的影响广度和深度发生变化。例如环境污染问题，目前对各国的影响越来越广泛，人们的食物、用品、健康、气候、居住环境等都受到影响，乃至引起产业结构调整、生产方式变革、新技术革命、生活方式变迁等等。

第三节
社会问题的类型

中外的一些社会学家都曾对社会问题进行过分类，例如默顿（Merton）、尼斯贝特（Nisbet）、费普斯（Phelps）、哈德（Hart）、孙本文、冯和法、袁华章、童星、朱力、雷洪等，试图按照一定的标准将社会问题划分为不同的类型。

一、以社会问题的产生分类

（一）以社会问题发生的可能性划分

以社会问题发生的可能性为依据进行划分，社会问题可以划分为必发性社会问题和偶发性社会问题两类。

必发性社会问题是指在社会变迁或社会发展过程中不可避免的社会问题。这类社会问题产生于一定社会历史阶段或一定社会环境条件下。例如环境污染问题，现代工业的发展必然会导致对自然界排放污染物质。当世界现代工业化规模发展到一定的程度或阶段时，必然造成自然环境自身运动无法净化的全球性污染。

偶发性社会问题是指在社会变迁或社会发展过程中并非确定不移的、不可避免的，可能出现也可能不出现，可以这样出现也可以那样出现的社会问题。这类社会问题的产生没有必然的规律，是或然性的、可能产生的。例如人口问题，由于各个国家、各个民族、各个地区在不同的历史阶段或一定的历史阶段，其经济发展水平、社会冲突程度、人口的历史状况、自然资源状况、社会文化传统、社会观念等方面的不同，各个国家、各个民族、各个地区在自身发展的不同阶段或一定阶段，并非都会产生人口问题。

区分这两类不同的社会问题有助于阻止偶发性社会问题的发生，也可以为认识那些已发生的社会问题产生的具体原因、与社会各方面的关系、社会问题发展的趋势等提供认识的基础，并为分析不同社会问题解决的条件及制定解决的对策提供一定的思路。

（二）以社会问题产生的主要原因划分

社会问题成因具有多元性和复杂性。从因果联系而言，社会问题是一果多因现象。但任何社会问题的多元成因中，一般又有一个决定某一社会问题发生的相对主要原因。如果从相对主要原因上分析和解释社会问题的产生，即可形成社会问题的一种分类标准及各种类型。

以社会问题产生的主要原因作为分类标准，可以依据不同的指标。例如，从不同的社会领域分析社会问题产生的主要原因，可划分为源于经济的、政治的、文化的、社会观念或社会心理的，以及生存自然环境的等各种社会问题。从社会结构方面分析社会问题产生的原因，可以划分为源于生产力的、生产关系的，源于经济基础的、上层建筑的，或者源于社会关系、社会分层的等各种社会问题。

以主要原因对社会问题进行分类，不仅是认识各种社会问题现象产生的具体条件的一种方法，也是认识各种社会因素与社会问题之间相互影响、相互作用的一种方法，并且是寻求解决社会问题对策的重要认识基础。

（三）以社会问题与社会结构的关系划分

社会结构是社会体系诸要素之间较为持久、稳定的排列、组合及相互联系的模式，是社会存在的最主要形式，是许多社会现象产生的基础或条件。认识特定社会现象的发生是否与一定的社会结构有关，是认识该社会现象发生、发展、消亡的重要方面，对各种社会问题的认识也是如此。以社会问题与社会结构的关系为标准进行划分，可将社会问题分为结构性社会问题和非结构性社会问题两类。

结构性社会问题是指社会问题的产生和存在由一定的社会结构所导致，或与一定的社会结构本身直接相关。因此这类社会问题的解决，将需改变或涉及社会结构的某些方面。例如，我国的城乡关系失调，与长期以来我国城市与农村实际上的二元社会结构有关。这样的社会问题属结构性社会问题。

非结构性社会问题是指社会问题的产生和存在并非由一定的社会结构所导致，或与一定的社会结构本身无直接联系。因此这类社会问题的解决一般不需社会结构的变动。例如犯罪问题，在不同历史时期，不同社会形态、社会结构的社会中都会存在；再如环境污染、交通紧张等现象与社会结构也没有直接关系。

（四）以社会问题与社会存在（运动）的状态划分

以社会问题与社会存在（运动）的状态划分，社会问题可分为稳定性社会问题和过程性社会问题两类。

稳定性社会问题是指社会处于相对稳定时期或处于相对稳定状况下，特别是社会结构在稳定状况下产生的社会问题。一般而言，社会结构乃至社会各方面的稳定有利于社会的安定、和谐和发展，但社会结构的稳定状态也可能产生社会惰性，致使社会制度滞后，社会效率低下，社会意识封闭和僵化，阻碍生产力发展乃至社会各方面的发展，从而不可避免地导致一些社会失调。

过程性社会问题是指社会处于相对变动时期或处于较广泛、较急剧的社会变革、社会变迁过程中产生的社会失调。就事物存在（运动）的规律而言，社会总处于变动之中，但在社会发生较广泛、较急剧的社会变革、社会变迁时，特别是社会制度、社会结构、社会体制发生变革时，由于社会各方面变革、变迁速度和程度的非同步性，社会变革、变迁过程和形式的波浪性，以及社会变革、变迁的具体动力、社会承受能力、社会某种超稳定性的制约等诸种原因，大都会出现一定的社会失调。

二、以社会问题的内容、表现形式分类

（一）以社会问题的具体内容划分

社会问题的本质是社会失调，但社会失调的具体内容是不同的。以社会失调的具体内容进行划分，可将社会问题划分为若干类型的社会问题。

一是自然环境方面的失调，如环境污染、资源短缺、能源危机等；二是经济方面的失调，如贫困、失业、通货膨胀、畸形消费、假冒伪劣产品等；三是政治方面的失调，如权力腐败、官僚主义等；四是人口方面的失调，如人口过剩或人口过少、贫困人口多、低素质人口增长、劳动力短缺等；五是教育方面的失调，如应试教育、畸形社会化、教育经费短缺等；六是社会安全方面的失调，如吸毒贩毒、黄色瘟疫等；七是社会文化方面的失调，如道德水准下降、社会信任缺失等；八是社会心理或社会意识、观念方面的失调，如普遍不满的社会情绪、沮丧的情绪、生活的紧张或压力感、社会观念的混乱等。还有城市社区中的失调，如

住宅紧张、交通拥挤、心理疏离等；农村社区中的失调，如劳动力剩余、宗族矛盾等。当然，还可用其他的方法和指标来区分社会失调的具体内容，比如社会行为过程的失调与社会心理过程的失调，社会物质生活过程的失调与社会精神生活过程的失调，社会物质关系的失调与社会非物质关系的失调等等。不过无论如何分类，其目的都在于认识社会问题的本质——社会失调的诸种具体内容和状态。

（二）以社会问题的表现状态划分

任何社会现象的主体皆是社会人的行为，即人的社会行为。从行为主体的角度而言，社会行为要素分为两方面：主观方面是行为主体行为的目标、计划、方式、手段、角色和行为过程；客观方面是行为主体行为的环境，包括社会结构、社会规范、社会控制、社会关系、社会文化等的状态。人的行为总是主、客观两方面要素共同作用的结果，但这两方面要素对不同行为的具体作用有所不同：某些行为中行为的目标、方式等起主导作用，即行为主体的主观选择性或主观要素起主导作用；某些行为中社会关系的制约、社会规范的明确性和一致性、社会控制的强度、社会文化的影响等起主导作用，即行为主体的客观环境或客观要素起主导作用。依社会行为主、客观要素的具体作用而言，社会问题可分为社会反常性社会问题和社会解组性社会问题。

社会反常性社会问题是指造成社会问题是社会行为主体的主观选择性或主观要素起着主导作用，是部分社会行为对社会环境——社会认可的社会关系、社会规范、社会控制、社会管理、主导社会文化等的反叛，社会失调表现为部分人行为的失调或偏差行为、越轨行为。例如吸毒贩毒、自杀、卖淫和嫖娼等。

社会解组性社会问题是指造成社会问题是社会行为主体的客观环境或客观要素起着主导作用，是社会环境——社会关系的矛盾、社会规范体系相互矛盾、社会失范或社会规范的约束力减弱、社会失控或社会控制力减弱、社会管理混乱、社会文化冲突、社会观念混乱、社会凝聚力降低等对社会行为的影响，社会失调表现为倾向性的社会行为失调，或者说表现为社会整体、社会自身的失调。例如，我国许多城市的交通紧张、住宅紧张，长期存在的畸形社会化，近年出现的国有资产流失、短期行为、对策心理和行为等。

这两类社会问题，前一类社会行为的社会环境基本是和谐、稳定、平衡的，或者说是基本合理的，有利于引导人们的合理行为，由于部分人选择了反社会的行为目标和方式，从而造成了社会某些方面的失调。而后一类社会行为的社会环境存在不和谐、不稳定、不平衡的因素，甚至某些方面就处于不和谐、不平衡、不稳定的状态，或者说是基本不合理的，将对人们的行为产生误导或偏颇的影响和刺激，社会环境的不合理性导致人们行为的不合理性，从而造成社会某些方面的失调。

对社会问题的这一分类，可以进一步认识诸种社会问题不同社会失调的具体内容，以及其不同的具体表现状态；可以认识社会问题现象与社会行为之间的联系，社会行为对社会失调现象所产生的具体作用；还可以进一步认识社会问题现象与其他社会现象乃至社会整体之间的关系，特别是一定社会历史环境对社会失调的具体影响作用；也为认识具体社会问题的普遍性、社会性、历史性等特征提供了具体分析和量化的思路，从而也从一个角度深入剖析了诸多社会问题产生的不同原因，为分析解决社会问题的条件和寻求解决对策提供了重要基础。

（三）以社会问题的表现程度划分

以社会问题的表现程度为标准进行划分，社会问题可划分为显性的社会问题和隐性的社会问题两类。

显性的社会问题，即客观方面或原生社会事实的社会失调现象，其事实表现充分、清晰，人们普遍对失调现象有较明确、较集中的感受、认识及解决的期望，并公开表示、表明或表现出来，而且大都具有一定的科学研究和科学认识。被社会学者指称和研究的社会问题，大多是这类的社会问题，例如，我国的人口问题、环境污染、假冒伪劣产品、毒品、卖淫、经济秩序混乱、腐败等等。

隐性的社会问题，即客观方面或原生社会事实的社会失调现象，其事实表现尚欠充分、清晰或被掩盖，人们对失调现象大都尚未有较明确、较充分、较集中、较公开的认识、态度和期望，及缺少相应的科学研究。例如，我国普遍存在的集体越轨、畸形社会化、短期行为、内耗、怠工等等。

区分这两种类型的社会问题，有助于认识社会问题现象的特征、不同的表现状态，以及发生发展过程中的一些特性，同时更有助于引导公众对社会问题的认识，提高对社会问题的社会反应能力和社会承受能力，正确分析解决社会问题的条件，调动解决社会问题的社会力量。

（四）以社会问题存在的空间范围划分

由社会问题的空间性特征可将社会问题区分为：全球性的或世界性的，如环境污染、吸毒贩毒等；主权国家范围的，如美国的种族矛盾、俄罗斯的酗酒、日本的高龄少子等；自然区域范围的，如某些地方的流行病、性别比例失调、民族矛盾等；社区区域范围的，如某些城市社区的住宅紧张，某些农村社区的贫困等；行政区域范围的，如上海市、广州市、武汉市的交通紧张；还有经济区域范围的、文化区域范围的、民族区域范围的。

社会问题的空间形态是其存在形式或表现形式之一，不同范围的社会问题，其产生的具体原因、对社会的影响程度、解决的条件和方式等均有所不同。因此，认识不同类型空间范围的社会问题，对于分析社会问题产生的原因，认识社会问题的影响范围，分析解决的条件和寻求解决的对策，具有重要的意义。

三、以社会问题的影响及解决分类

（一）以社会问题的性质划分

任何社会问题作为一种本质上的社会失调现象，都在一定方面、一定程度上破坏社会的平衡、稳定与和谐，妨碍社会机能、社会生活乃至影响到社会的各方面。但是，各种社会问题产生的原因不同，对社会的影响状况、对社会发展的作用也不同。因此，社会问题可分为消极性的社会问题和积极性的社会问题。

消极性的社会问题打破社会的某些平衡、稳定、和谐，在一定方面、一定程度上妨碍社会机能、社会生活，从根本上延缓、阻碍社会的前进。积极性的社会问题虽然也会打破社会的某些平衡、稳定、和谐，但却孕育或促进、推动社会的进步。例如二战以来，社会变迁中社会化的环境、内容、速度、方式的不同，致使两代人（在我国表现为父子、婆媳、师生、师徒等）之间在价值观、伦理观、人生观、生活态度、生活目标、生活方式等方面产生许多差异，即代沟（或代差）。这一在各国普遍存在的现象，被许多社会学者认为是社会问题。这一现象虽然引起人们之间及社会生活诸方面的矛盾、冲突，但正是这种矛盾和冲突促使了社会观念、生活方式的更新，推动着社会的进步，因而其对社会的影响从根本上是积极性的。

这两种类型社会问题的区分，不仅有助于科学地认识社会问题的本质及社会影响，科学地认识社会问题现象与社会各方面的关系，特别是消除"社会问题即社会弊端、社会阴暗面"之误解和偏见，而且对于确定解决社会问题的社会效益原则、社会进步原则等，提供了现实的基础，也为社会问题的实际解决提供了一定的思路。

（二）以解决社会问题的条件划分

人类对社会问题的认识能力和解决能力，从根本上是无限的、绝对的，但一定时期或一定历史阶段中，又是有限的、相对的。从社会问题解决的条件，可将社会问题分为两类。

一类是一定时期内有条件、有能力解决的。例如我国的住房问题，目前已得到社会的普遍关注和政府的高度重视，随着经济的发展和住宅建设的发展，改革的深入，各项政策的调整，观念的变更，消费方式和消费观念的更新及生活水平的提高等，我国的住房问题有望得到解决，并达到住房小康水平。

另一类是一定时期内暂无条件和能力解决（当然完全有可能阻止其进一步发展或恶化）的。例如我国的人口问题，由于人口增长的规律、经济发展的水平、观念变迁的状况等因素的影响，决定了我国不可能在很短的时间内完全解决人口素质偏低、人口性别比失调、人口高龄化严重等问题。当然，通过加速经济发展、调整人口政策、实行人口立法、提高国民素质等方式，完全可能阻止人口问题的恶化。

解决社会问题的条件，是实施解决社会问题措施的基础，也是社会问题实际能否解决的前提。因此，在分析研究解决社会问题的条件时区分这两种类型的社会问题，对于引导人们对社会问题的科学认识、科学态度，形成对社会问题影响的社会承受能力，以及提供制定解决社会问题方案中科学可行的思路，都是非常重要的。

第四节
社会问题的基本理论

社会问题是社会学研究的重要领域之一。自社会学产生以来，探索社会问题的成因并寻求解决之道一直就是社会学家的重要任务。在社会学历史上，几乎每一个学派都提出了解释社会问题的理论。时至今日，有关社会问题的理论解释已经各成体系，其中较有代表性的观点主要有以下几种：社会病态论、生物社会论、社会解组论、文化失调论、亚文化论、价值冲突论、群体冲突论、偏差行为论、标签理论等等。

一、社会病态论

社会病态论是社会学用于分析和解决社会问题经常使用的一种理论观点，是早期社会学中较为普遍流行的一种观点。该理论源于传统功能主义对社会问题的考察。社会病态论主要受到英国社会学家斯宾塞（H. Spencer）的社会有机体论的影响。斯宾塞认为，社会与有机体一样具有结构性、功能性和相互依赖性。社会有机体如同单个的有机体一样，只有在结构和功能相对均衡的条件下才能够得以生存和进化。如果社会有机体的均衡遭到破坏，社会就会出现问题。从社会运行的角度来看，健康的社会是一个良性运行的社会，即社会具有合理的社会结构，且组成社会的各组成要素之间能够发挥正常的功能，而病态的社会则是社会正常的功能遭到破坏的社会。斯宾塞将社会比作一个生物有机体，认为社会问题的发生是由于社会中某些人产生社会疾病，不能保持与整个社会的协调关系。继斯宾塞之后，查尔斯·汉德森（Charles Henderson）和塞缪尔·史密斯（Samuel Smith）成为社会病态论的主要代表人物。

社会病态论的主要观点包含以下几个方面：其一，社会问题是违背社会道德期望的现象，或者社会本身就是不道德的社会。换言之，社会问题指个人或群体不能保持健康的状态，或者社会本身就是不健康的。其二，社会问题产生的原因主要在于个人和社会两个方面。早期社会病态论者常把社会问题的发生归因于某些所谓"闹事者"，并强调社会病态主要是一种道德问题，是少数人与社会道德、信仰相违背造成的。早期的社会病态论认为社会是健康的，将社会问题归于不健康的个人或某些人，把社会认可的、支持的现象和人看成是正常的、健康的，而把那些社会不认可、不支持的看成是非正常的、非健康的，认为社会问题即是非正常、非健康或非道德的现象。社会问题就是社会中某些错误或病态的现象，它们对社会的影响就像有害的细菌对人类身体健康的危害一样。[①] 20 世纪 60 年代

---

① 参见贾馥茗著：《教育大辞书 4》，803 页，台北，文景书局，2000。

以来，国际上出现了一种新的社会病态论，将社会问题产生的原因直接归结为社会的病态。它比传统的观点更激进一些，认为某些人处于病态是因为社会本身就处于病态，其口号是"不道德的社会制造了不道德的个人"。其三，关于解决社会问题的办法，早期社会病态论者多半侧重于从社会道德的重整以及个人品德的陶冶方面来解决社会问题。社会病理学者的基本原则是治疗社会中"带菌的"、"有毛病的"部分或个人，着眼于个人品德的熏陶，认为优生优育是解决社会问题的有效办法。后期的社会病理学者则着眼于改造社会环境，认为对全民实行道德教育是解决社会问题的唯一办法。无论是早期社会病态论者，还是新的社会病态论者，两者都把教育作为解决社会问题的主要手段。

社会病态论曾经在 20 世纪初期占据主导地位。社会病态论侧重于描述病态的个人和病态的社会，但是该理论对于病态社会产生的原因解释不足，不能从根本上解释社会有机体之所以发生"疾病"的深层次原因。

二、生物社会论

生物社会论主要是从生物学角度来解释社会问题的成因。生物社会论解释社会问题集中于探讨具有某种生理特征与犯罪的关系，主要代表性观点有两个：一是体质论，一是染色体论。[①] 19 世纪中叶，意大利著名犯罪学家龙勃罗梭最早从体质论方面解释了社会问题产生的原因，他通过解剖 383 名意大利罪犯的颅骨，发现其中 210 名罪犯有与众不同的异常特征，认为有 5 种或更多异常特征可以表明该犯罪人是一个"天生的犯罪人"[②]。这些典型的异常特征包括巨大的上下颚、高耸的颧骨、眼眶倾斜、毛发卷曲丛生、耳朵大等，这些特征正是野蛮人和类人猿所共有的。他据此得出结论：罪犯是退化的人，是人类返祖现象的产物，是再现于现代文明社会的野蛮人。哈佛大学人类学家胡顿（E. A. Hooton）也是先天犯罪人的支持者，他还专门研究了体型与越轨的关系。他的研究发现，高而瘦的人容易犯杀人或抢劫罪，高而胖的人容易犯欺诈罪，矮而瘦的人容易犯盗窃罪，矮而胖的人容易犯伤害、强奸和其他性犯罪[③]等等。20 世纪 50 年代，美国学者S. 格卢克（S. Glueck）和 E. 格卢克（E. Glueck）在对比研究了多名有犯罪行为的青少年和没有犯罪行为的青少年之后也得出了类似的结论，即身体强壮、肌肉发达等与青少年犯罪有关。此外，也有研究者基于染色体异常学说提出了染色体论。该理论认为，正常男性的性染色体为 XY，正常女性的性染色体为 XX，现代医学发现有一些男性的性染色体是 XYY，比正常男性多了一个 Y 性染色体，这些男性有可能比其他男性具有更强的攻击性，这一人群的犯罪率比其他人群高得多。染色体理论认为，染色体异常是导致越轨行为的生理原因。

① 参见青连斌：《社会问题的界定和成因》，载《中共中央党校学报》，2002（3）。
② 转引自皮艺军：《越轨社会学概论》，86 页，北京，中国政法大学出版社，2004。
③ 参见上书，88 页。

生物社会论解释社会问题的角度虽然各有不同，但是也包含了一些共同的特征：其一，强调人的自然的、生物的和机体方面的因素与社会问题的关系，强调人的先天生理因素与社会问题的关系；其二，试图从生物和人类的生理方面来解释社会问题的成因，认为人们行为上的千差万别是由人的生物或生理本能决定的，一些人先天的生理因素使其行为造成社会问题，换言之，社会问题即由一些人先天生理因素所导致的某些行为现象。[1]

生物社会论解释社会问题同样存在着明显的不足：一方面，将对社会问题原因的解释归结为人的先天的生理因素，并未得到广泛的证实和认同；另一方面，单纯从个人层面来解释社会问题，忽视了个人与社会的关系问题。

三、社会解组论

第一次世界大战后，社会病态论逐渐被社会解组论所代替，它主要源于查尔斯·库利（Charles H. Cooley）、托马斯（W. I. Thomas）、弗洛里安·兹纳涅茨基（Florian Znaniecki）和威廉·奥格本（William F. Ogburn）的理论。该观点认为，社会问题的产生并非错在个人本身，而是源于社会解组。社会解组则由社会规则欠缺或丧失，文化冲突或规则矛盾所致。[2]

社会解组论包含了以下几方面的内容：其一，社会解组就是传统秩序的解体，也就是说社会生活"规矩乱了"。一个常态或无解组现象的社会是组织严密、结构有序的，它的各个组成部分之间的关系是协调的、和谐的；而一个解组的社会则相反，它的组织结构发生了分裂，有些部分已与整体脱节，或丧失了正常的功能。社会解组论将社会失去规则或失控的现象分为三种不同的情况：一是失范，即原有的规范不能有效地发挥作用，而社会中又没有一个现存的可以指导人们应如何行动的规则和规范，因而形成规范真空；二是文化冲突，社会中同时存在几种相互对立的价值规范和规则，人们左右为难，无所适从，多种文化形态形成人们价值观的多元化，持不同价值观的个人之间、群体之间，以至个人的内心都容易发生价值冲突；三是制度失效，即按社会某种规则行为，其结果回报是赏罚不明的，规则失去效用。其二，社会问题源于社会解组，而社会解组的原因在于社会缺乏规范。造成社会解组的根本原因是社会规范的欠缺或丧失，而失范又是由剧烈的社会变迁所致。在常态社会下，社会的各方面处于相对动态的平衡，社会的秩序依靠传统与风俗习惯来维持。一旦社会发生急剧的社会变迁，社会的原有平衡遭到破坏，传统社会的权威、约束和控制力量减弱，就会引发社会解组。其三，社会解组论认为，解决社会问题最有效的方法是尽快重建社会规范和秩序，重建社会的均衡体系。

社会解组论虽能从一定程度上对社会转型，尤其是社会快速变迁过程中所产

---

① 参见雷洪：《试析社会问题范式及其理论见解》，载《江汉论坛》，1996（5）。

② 参见贾馥著：《教育大辞书4》，804页，台北，文景书局，2000。

生的社会问题有一定的解释力，但是应该看到有些社会问题的产生并非源于社会解组，在社会组织很严密的情况下也可能存在社会问题。因此，此种观点用于解释快速工业化的发展中国家的社会问题比较合适，但对于发达国家的社会问题的解释力不足。

四、文化失调论

社会解组论的演化和发展产生了文化失调论，也称文化堕距论。文化堕距理论是建立在社会及文化功能整合理论基础之上的。整合理论认为，社会文化体系的各部分、各分支在功能上是互补的，部分和分支对于整体有不可缺少的功能，若各部分的变化不一致，就会发生社会解组现象。该理论的主要代表为美国社会学家威廉·奥格本。奥格本在1923年出版的《社会变迁》一书中首先使用这个概念，用来指称物质文化和非物质文化由于变迁速度不同所发生的脱节现象。奥格本把文化分为物质文化和非物质文化两大类。他认为，物质文化变迁必然要引起非物质文化的变迁，但文化各部分变迁速度不等，物质文化发展较快，而非物质文化发展较慢，文化的变迁总是从经济、科技等物质文化开始的，然后是各种精神文化，最后才是风俗、习惯发生变迁。而人们通常容易接受新的工具而不是新的思想观念，由此产生的后果就是物质文化会先于非物质文化发生变迁，人们也通常会先接受物质文化而不能很好地适应非物质文化，由此带来一种文化的脱节，或者说文化堕距。文化滞后过多，会导致社会问题丛生，甚至引起社会解体。以后有学者将他的这一观点加以发展，提出关于社会问题的文化失调论。文化失调理论认为：其一，社会问题就是文化失调的问题，是文化变迁中由于文化的各部分变化的速度不一致而产生的文化失调现象。其二，社会问题产生的原因主要在于速度不一致的社会文化变迁。一个社会的文化的各个部分是相互依赖的，在社会变迁中，当各个部分的文化以不同的速度改变时，其中的一部分可能脱离整体而造成混乱，现代社会的许多问题是由我们的观念、道德与物质、技术层面不相适应引起的。文化失调理论详解了社会解组的过程，对于分析社会变迁过程中的社会问题具有较强的指导意义。

五、亚文化论

所谓"亚文化"，是指仅为社会上一部分人所接受的，或为某一社会群体所特有的文化和价值观念体系。比如民族亚文化、职业亚文化、越轨亚文化等。社会不是由单一的文化构成，而是由共同的文化与众多的亚文化所构成。研究亚文化的代表性人物包括汤姆斯、兹纳涅茨基、科恩（A. Cohen）、米勒（W. Miller）、刘易斯（O. Lewis）等。汤姆斯和兹纳涅茨基研究了在美国的波兰移民的状况，认为他们所面临的规则太多并互相冲突，表现为移民从本国带来的规则同新环境的主体规则不相宜，产生文化冲突。后来的学者把他们研究的现象解释为亚文化与主体文化之间的冲突，提出关于社会问题的亚文化论见解。科恩提出了青少年犯罪的亚文化学说。在《失足的男孩》（1955）一书中，他提出，犯罪的青少年往往成长于社会底层，低下的地位使他们很难获得社会所认可的成功，他们对自己在生活中的地位灰心丧气，会失足加入到团伙帮派之中，形成与主文化相冲突的价值观念，如帮派亚文化鼓励不遵从和诸多的不良行为。[1] 此外，米勒提出了社会下层阶级亚文化的观点。他认为，社会是由若干群体或文化群构成的，每一群体或文化群都各自共享着一套与其生活地位相联系的独特的价值观，社会下层阶级不过是一个独特的文化群，它所共享的价值观以及生活方式与处于主流地位的中产阶级的价值观和生活方式大相径庭，因而会与之发生冲突。[2] 这种与社会中产阶级观念相对抗的价值观，不仅仅为一小部分人所具有，它甚至为整个社会下层阶级所提倡。在美国，这种下层阶级亚文化的价值观有六个方面：敌视上层、主张强硬、赞赏精明、寻求刺激、宿命论、主张自由自主。[3] 刘易斯则研究了亚文化与贫困的关系。他认为，社会上一些人之所以处于十分贫困的地位，是因为有一种"贫困的文化"。穷人长期生活于社会的底层，他们离开了社会生活的主流，天长日久便形成了一种亚文化，也就是"贫困的文化"。这种亚文化形成之后，一代代传下去，穷人的孩子在生活中长期接受它的熏陶，因而他们很难改变自己的生活方式，很难进入社会中上层。

亚文化论认为，社会问题的实质是主流文化与亚文化的冲突问题。当社会中存在的某些亚文化与主流文化发生大的矛盾和冲突时即产生社会问题，或社会的亚文化与主流文化的矛盾和冲突即是社会问题。一些功能主义者运用亚文化的理论来解释社会问题，认为产生社会问题的原因，就在于亚文化的价值标准与社会上的主流文化有重大冲突。

六、价值冲突论

20世纪二三十年代，出现了运用价值冲突观点对社会问题进行的研究，这种理论是在综合了欧美社会学关于冲突理论的思想观点的基础上产生的。1925年劳伦斯·福兰克（Lawrence K. Frank）曾把价值冲突的观点应用到住宅问题的研究上。这是美国最早运用价值冲突论来解释社会问题的代表。这种见解的代表人物是理查德·富勒（Richard C. Fuller）和理查德·迈尔斯（Richard R. Myers），他们两人整理了早期运用价值冲突观点的研究，第一本教科书就是依据他们两人及早期社会学者的论文写成的。他们主张所有的社会问题都经历三个阶段：认知、政策决定、改革。在认知阶段，群体开始意识到某种社会问题已威胁到他们所重视的价值；在政策决定阶段，价值对立的双方根据各自的价值原

---

① 参见檀传宝主编：《当代社会问题与青少年成长》，41页，福州，福建教育出版社，2005。

② 参见皮艺军：《越轨社会学概论》，154页，北京，中国政法大学出版社，2004。

③ 参见吴忠民主编：《社会学理论研究》，172页，北京，中共中央党校出版社，2003。

则，论证基于各自的利益基础之上的变革措施和政策；在改革阶段，行政机构介入，各利益群体之间的冲突得以协调。在这三个阶段中，如果不同团体的利益和价值无法协调，彼此为争夺各自的利益而发生冲突，社会问题便会随之产生。[①]

价值冲突论认为：其一，社会问题即是某些群体之间的价值不能相容共存的社会状况，或是指不同群体的价值观发生矛盾致使社会思想准则混乱的状况。其二，当代社会是价值多元化的社会，价值冲突是社会的常态。冲突不仅是社会生活中的一个主要事实，而且也是社会问题的构成要素。其三，造成社会问题的根本原因是价值或兴趣上的冲突。不同的群体有不同的兴趣，他们彼此之间是相互对立的。所有的社会问题都源于"文化价值上的冲突"，正是因为群体间存在着价值观念的不同。尽管统治阶级经常将自己的价值标准强加到被统治阶级身上，但是，阶级之间、阶层之间、群体之间价值观的冲突是显而易见的。其四，价值冲突论主张以三种方式来解决不同利益群体之间的利益和价值的分裂状况，即交涉、达成协议和使用权力。如果相互对立的双方能够在彼此认同的更高价值中寻求理解并取得共识，那么，"交涉"是最好的解决问题的办法。如果双方想在结果中达成利益共享，那么，双方会在"讨价还价"中寻求妥协以达成协议，使问题得到解决。如果双方利益和价值尖锐对立，则有较多权力的一方就会用权力掌握解决问题的控制权，使问题的解决有利于自己一方。[②]

七、群体冲突论

社会中的冲突并不仅仅只是价值上的冲突，群体之间的利益冲突也是非常重要的一个方面。奥斯丁·塔克（Austin Turk）和理查德·昆尼（Richard Quinney）从群体利益冲突的角度研究了犯罪问题。他们认为社会中的冲突现象不仅表现在价值方面，同样表现在权力和利益方面，冲突的结果将会导致社会问题。群体冲突论认为：其一，社会是由不同的利益群体构成的，不同的人归属于不同的利益群体，为了争夺稀缺的社会资源而相互竞争冲突是一种普遍的社会现象，社会问题往往是与不同群体利益密切联系在一起的。其二，群体之间的矛盾和冲突不仅仅在价值观方面，群体之间的矛盾和冲突主要是利益矛盾和利益冲突，社会问题是各种社会群体之间的利益相异而发生的矛盾和冲突，或者说由于各种社会群体之间的利益相异而发生的矛盾和冲突便造成社会问题。各个群体为维护自身的利益而与其他群体发生冲突，这就是社会问题产生的原因。社会上的各种群体都可能发生冲突，并导致社会问题的产生。比如，工会与资方的冲突产生劳资问题，激进派与保守派之间的冲突产生政治问题等等。[③]

冲突理论从不同阶层、不同群体在经济社会等方面的不平等角度考察社会问

---

① 参见贾馥茗著：《教育大辞书 4》，804 页，台北，文景书局，2000。
② 参见郭强主编：《大学社会学教程》，340 页，北京，中国社会出版社，2001。
③ 参见青连斌：《社会问题的界定和成因》，载《中共中央党校学报》，2002（3）。

题，认为社会问题是和不同阶层、群体的利益联系在一起的，只要社会上存在着利益冲突，就会有社会问题存在。弱势群体与强势群体在资源分配与占有上都是极为不平等的，弱势群体往往被排除在社会的政治经济文化生活之外，在社会最底层艰难地挣扎，而强势集团则垄断了社会的各种稀缺资源，正是这种利益之间的巨大冲突，致使社会问题广为发生。对社会问题的冲突性质进行阶级、阶层、群体利益分析，是冲突论的独特视角。社会问题的本质与根源是社会的不平等，因而，解决社会问题需要从解决社会的不平等上来着手。

八、偏差行为论

偏差行为（deviant behavior）理论的观点是建立在社会解组观点之上的，自20世纪50年代创立以来一直比较盛行。20世纪50年代，西方社会出现相对稳定的局面，社会冲突现象有所减弱，社会的解组、失控、冲突的解释理论暴露出越来越多的缺陷。社会学研究社会的角度也有所调整，一些学者将越轨理论运用于研究社会问题现象。其主要代表为罗伯特·默顿（Robert K. Merton）。默顿在其1938年发表的论文《社会结构与迷乱》中认为，当文化目标被过于强调，而且当获取这些目标的合法机会受到阻碍时，就会造成社会的迷乱（失范）。默顿的失范概念主要包括三个要素：第一是文化所规定的目标，第二是达到这些目标的可行方式，第三是做出相应行动的集团成员在社会结构中所具备的资格。他指出，当三个要素分裂时，所带来的"文化结构的崩溃"就是失范。也就是文化认同的目标与达成该目标所许可的手段之间脱节，就会产生偏差行为和社会问题。默顿认为，合法化工具与文化目标之间的差距可造成四种主要偏差：创新、仪式主义、退却主义和反叛。创新是指接受社会的目标，但是为达到目标，采取了各种手段，无论是否合法。如敲诈勒索、贪污受贿获取财富的犯罪者，就是采取非法手段致富的。仪式主义指墨守成规者。他们严格遵从社会的规则，但是看不到这些规则背后的价值观。退却主义指个人同时拒绝合法的目标和合法的手段，完全放弃了竞争，在某种意义上"脱离"社会，如流浪者。反叛，指造反者，他们创造新的目标和新的手段取代旧的，认为重建新的目标更具合法性，如激进的改革者和革命者。

偏差行为论认为，社会问题是人们的行为偏离社会规范的现象，换言之，是个人或群体的越轨行为造成危害普遍社会原则的现象。该理论认为，偏差行为产生的原因主要包括两个方面：第一，偏差行为并非完全是价值冲突的结果，也不是由社会解组造成的，而是社会为其成员所提供的达到其个人目标的机会不均等的结果。也就是说，当个人缺乏合法途径来实现其目标时，将可能采取越轨行为来达成目标，从而导致社会问题的产生。第二，偏差行为虽受社会解组的影响，但在根本上是不恰当的社会化的结果。个人在所属的初级社会群体中学习行为规范，如果这个初级社会群体的行为模式本就偏离社会规范和社会期望，那么个人在社会化过程中就会不知不觉地学会偏差行为。① 行为偏差论者认为，解决社会问题需要对实现其目标的生活机会进行重新分配，增加个人合法实现其目标的途径，同时要减少个人与偏差角色模型的联系机会，防止个人在社会化的过程中习得偏差行为。

行为偏差论仅能解释那些缺少成功机会，无法通过合法途径来达成成功目标的非常有限的社会成员的越轨行为，但是对于其他社会成员，尤其是社会中并不缺乏机会的特权成员的越轨行为的解释明显不足。

九、标签理论

标签理论是 20 世纪 50 年代后发展起来的观点。标签论的理论基础是乔治·米德（George Herbert Mead）的社会互动理论和阿尔弗雷德·舒茨（Alfred Schutz）的象征互动理论。标签论受符号互动论的影响，最初由埃德温·莱默特（Edwin Lemert）和霍华德·贝克尔（Howard Becker）提出，后来埃里克森（Erikson）、西克雷尔（Cicourel）和基特苏斯（Kitsuse）进一步做了发展。贝克尔认为，社会问题是由社会群体导致的，因为社会群体标定了哪些人的行为属于违反规则的行为。它们能把规则用于特定的人，使他们被贴上越轨标签而成为"局外人"。1963 年贝克尔的《局外人》一书被视为该理论的代表之作。标签理论的核心观点是，社会问题是社会的主观定义，即人们对某些人、某些行为、某些现象所做的主观性社会反应。标签理论认为，统治集团出于统治的需要，将某些标准和规范强加到其他群体身上，把一些行为贴上了异常和偏差的标签，社会问题就这样被人为地制造出来。标签的核心在于自我认同，即标签影响了一个人的自我认同，进而产生更严重的偏差行为。而一旦撕去了"坏"的标签或改变了标签的性质，所谓的偏差和异常就不存在。标签理论主要侧重从主观方面着手来分析社会问题，其主要观点是依据一连串的假设，分析人们如何界定各种社会情境，认为社会问题是一种贴标签过程的产物，是由人们创造出来的。标签论的研究在于探讨社会如何根据其价值体系将各种现象贴标签的过程，并探讨人们如何具体将该过程运用在个人身上，社会对此标签反应如何，对被贴标签者采取何种控制行动，以及被贴标签者如何反应等，即标签理论关注何种情况下的何人被界定为有问题的人。这一理论感兴趣的是，为什么某些行为会被定义为越轨，为什么有些群体，而不是其他群体被贴上了越轨者的标签。标签论认为，解决社会问题在于如何重新定义，主张透过观念的变革与重新贴标签的过程来解决社会问题，而观念的变革和重新贴标签主要借助于法律和教育。法律的修订可改变社会情境，教育则会将新的社会问题定义标准传达给社会大众。

标签理论的局限性在于，其主观唯心色彩比较浓重，对贴标签的后果解释简单化，对社会反应的揭示不全面，片面强调了外在因素，否定了越轨行为与行为

---

① 参见风笑天主编：《社会学导论》，197 页，武汉，华中科技大学出版社，2008。

人之间的内在联系。

本章要点

1. 社会问题是指在社会中存在的人与自然、人与社会以及人与人之间关系的严重失调或冲突现象。

2. 社会问题的特征是社会问题本身所特有的性质和属性。社会问题具有普遍性、复杂性、持久性、历史性、变异性等特征。

3. 按照不同的标准可将社会问题划分为不同的类型。

4. 有关社会问题的理论主要有社会病态论、生物社会论、社会解组论、文化失调论、亚文化论、价值冲突论、群体冲突论、偏差行为论、标签理论。

复习思考题

1. 判断一种社会现象是否成为社会问题的条件是什么？

2. 试述社会问题的主要特征。

3. 社会问题的主要类型有哪些？

4. 试述社会解组论是如何分析解释社会问题的。

5. 试述偏差行为论的主要观点。

推荐阅读书目

1. 孙本文 . 现代中国社会问题 . 上海：商务印书馆，1942—1943.

2. 刘修如 . 社会问题释义//社会学论集（中华学术与现代文化丛书第十册）. 台北："中华学术院"，1976.

3. 龙冠海 . 社会学 . 台北：三民书局，1968.

4. 雷洪 . 社会问题——社会学的一个中层理论 . 北京：社会科学文献出版社，1999.

5. 朱力 . 当代中国社会问题 . 北京：社会科学文献出版社，2008.

6. 张向东 . 当代社会问题 . 北京：中国时代经济出版社，2006.

7. 皮艺军 . 越轨社会学概论 . 北京：中国政法大学出版社，2004.

8. 王尚银 . 中国社会问题导论 . 杭州：浙江大学出版社，2005.

9. 吕庆广，王一平 . 当代社会问题研究 . 北京：中共中央党校出版社，2007.

10. ［美］文森特·帕里罗，等 . 当代社会问题 . 北京：华夏出版社，2002.

11. 樊新民 . 当代中国社会问题 . 北京：中国社会出版社，2009.

第二章

社会控制与社会问题

　　社会问题威胁着社会秩序与社会安全。因此，必须通过有效的社会控制对社会问题进行干预。作为一种确立和维持社会秩序的机制，社会控制有助于预防、抑制、调节和矫治社会问题。社会控制随着社会发展不同历史阶段社会问题的嬗变而变迁。在社会转型期，社会问题呈现出交织性、伴生性和复杂性特征，由于国家与社会关系的重塑、转型期控制规范的二元性及控制手段的失灵，社会在行为、关系和制度三个层次分别出现了不同程度的失控。如何重塑转型期的社会控制体系，是社会问题研究者所应关注的一个重要议题。

第一节
社会控制概述

一、社会控制的含义

（一）什么是社会控制

　　"社会控制"（social control）这一概念最早是由美国社会学家罗斯（E. A. Ross）提出的。在《社会控制》一书中，罗斯指出，社会控制是一种由某种社会组织实施的、有意识的、有目的的社会统治系统。作为一种优于自然秩序的"人工秩序"，社会控制是通过舆论、法律、信仰、社会暗示、宗教、个人理想、礼仪、艺术、人格、启蒙、幻象、社会价值观、伦理法则等多种手段来实施的。自罗斯正式提出社会控制这一概念以来，社会控制开始成为社会学研究的一个重要领域。

　　关于社会控制的定义，学术界有广义和狭义之分。广义的社会控制是指社会组织体系运用社会规范以及与之相应的手段与方式，对社会成员（包括社会个体、社会群体及社会组织）的社会行为及其价值观念进行指导和约束，对各类社会关系进行调节和制约的过程。[1] 狭义的社会控制是指对越轨行为或偏差行为进行预防和制约、对社会越轨者进行惩戒和教育的过程。

　　社会学研究一般在广义上使用社会控制这一概念，但随着社会问题的不断涌现和越轨行为的不断增加，越来越多的社会学者把社会控制看作是"人们如何定义越轨行为并对其做出反应的"[2]。本书仍然在广义上使用社会控制这一概念。

---

[1]　参见郑杭生主编：《社会学概论新修》，3 版，401 页，北京，中国人民大学出版社，2002。

[2]　Donald Black, *Toward a General Theory of Social Control*, p. 5, Academic Press Inc., 1984.

（二）社会控制的构成要素

社会控制有四个构成要素，包括社会控制主体、社会控制对象、社会控制目标和社会控制工具。

构成要素一：社会控制主体。根据广义社会控制定义，社会控制主体是社会组织体系，具体包括国家、社会组织及社会场三类不同层次的主体。其中，国家是社会控制的首要主体，它以军队、警察、法院、监狱等暴力工具为后盾，通过法律系统和行政系统实现对整个社会的控制；社会组织是社会控制的重要主体，它们分别通过经营机制和自治机制来形成对组织成员的社会控制；社会场是社会控制的重要组成部分，它是由各种文化因素综合形成的一种社会环境，它既通过舆论监督、道德约束等机制造成无形的压力，迫使人们遵从社会规范，又通过社会成员的规范内化与自省实现内在控制与自我控制。

构成要素二：社会控制对象。社会控制的对象可以分为三个层次：在微观层次上，社会控制的对象是社会行为与价值观念；在中观层次上，社会控制的对象是社会关系；在宏观层次上，社会控制的对象是社会制度。

构成要素三：社会控制目标。社会控制的目标是社会秩序。作为社会控制的目标系统，社会秩序至少应分为三个层次：稳定、有序和发展。其中，社会的稳定和有序是社会控制的显性目标，社会发展是社会控制的终极目标。也就是说，社会控制首先是为了社会稳定和有序，而社会稳定和有序最终是为了促进社会发展。

构成要素四：社会控制工具。社会控制的工具即社会控制的手段与方式。在《社会控制》一书中，罗斯将社会控制的手段与方式分为两大类：一类是伦理控制手段，包括舆论、暗示、个人理想、社会宗教、艺术和社会评价等；一类是政治控制手段，包括法律、信仰、礼仪、教育和幻象等。[①] 上述两类手段均可称为社会规范，即社会成员在社会实践中创造出来的调整人与人、人与社会之间关系，制约人们行为的一系列准则。社会规范确立了社会行为的标准，在社会控制体系中发挥着行为导向的作用。

二、社会控制的作用机制

社会控制是对社会成员的行为和价值观念进行约制的过程。人们不禁要问，社会成员为什么会遵从社会规范，从而使社会控制成为可能呢？社会控制之所以能够发挥作用，主要源于人们对同辈的从众倾向和对权威的顺从倾向。

（一）从众

大量研究表明，人们常常倾向于在知觉、态度和行为等方面与舆论或多数人

---

① 参见［美］E. A. 罗斯：《社会控制》，313 页，北京，华夏出版社，1989。

保持一致，而不管舆论或多数人的选择是否得当，这种行为倾向在心理学上被称为"从众"。研究表明，人们的从众倾向往往发生于同辈群体成员之间，即与之处在相同地位且没有特别权力对其行为进行指导的群体成员之间（Stanley Milgram，1975）。从众倾向的存在使得社会场的控制成为可能。也就是说，社会控制通过从众过程影响了人们，尤其是同辈群体的态度与行为。

（二）顺从

顺从是指与习惯、规则或普遍意见一致的行动。与从众往往出现在地位没有显著差异的群体成员之间不同的是，顺从往往发生在地位相异的群体成员之间，即往往表现为社会成员对具有较高权威者的依从。如，军队里的新兵会服从地位较高的军官的命令，公众会依赖或遵从专家提出的行为建议等等。米尔格拉姆所做的电击实验表明，在现代社会中，我们习惯服从于非人性的权威当局，而他们的地位则是由头衔（教授、医师等）或制服（技术人员的制服）决定的。结果，顺从的个人将其行为的责任转移给权威人物。[①] 正是这种顺从倾向的存在，使得组织控制和国家控制成为可能。

三、社会控制的类型

根据不同的标准，可以将社会控制分为不同的类型。一般来说，对社会控制的分类主要有如下几种。

（一）积极控制与消极控制

依据社会控制的主要途径，可以将社会控制划分为积极控制与消极控制。积极控制是指通过正向引导和激励等手段防止社会成员越轨所施行的社会控制；消极控制则是指通过训诫、警示、惩罚等负面激励手段对已经产生的越轨行为施行的社会控制。

积极控制的最高境界是"从心所欲不逾矩"，即通过社会场的作用，使社会成员内化社会信念与主流价值，在社会行为中自觉遵从社会规范；其次是通过社会奖赏，如奖励模范行为来引导人们有意识地遵守社会规范；再次是通过思想政治教育来劝服人们遵从规范，防止越轨行为的发生。

与"防患于未然"的积极控制不同，消极控制表现为对各种已经发生的越轨行为的限制、制止和制裁，因而往往采取惩戒性的手段，如批评、警告、谴责、处分、限制自由、惩罚等，其主要目的在于纠偏、威慑、隔离与改造，从而防止类似越轨行为的再次发生。

---

① 参见［美］理查德·谢弗：《社会学与生活》，插图修订 9 版，208 页，北京，世界图书出版公司，2006。

（二）硬控制与软控制

依据控制手段的强制性程度，可以将社会控制划分为硬控制与软控制。硬控制是指运用强制性手段，如政权、法律、纪律等迫使社会成员去遵守既定规范的社会控制，又被称为强制性控制或统治；软控制是指运用非强制性手段，如舆论、风俗、习惯、伦理道德等引导社会成员去认同并遵守规范的社会控制，又称为非强制性控制或制约。

硬控制建立在外在的强制力量基础之上，其控制规范具有明确性和刚性，运用的手段具有强制性和惩戒性，对偏离规范行为的惩罚一般也比较严厉。

与硬控制不同的是，软控制建立在人们对共同规范的认可或认同之上，其控制规范具有群体差异性和弹性。违反软控制规范的越轨行为虽然也会受到相应的制裁，但这种制裁主要表现为舆论谴责、群体隔离或自省时的不安与自责，往往不及违反硬控制规范时那样严厉。

（三）正式控制与非正式控制

依据控制规范形态的不同，可以将社会控制划分为正式控制与非正式控制。正式控制是指以正规、明确的成文规范为依据，通过一定的控制机构实施的有组织的社会控制，又被称为制度化控制；非正式控制是以非系统化的、未明文规定的规范为依据，通过社会成员的社会互动实现的社会控制，又称非制度化控制。

在正式控制中，成文规范主要是指以文字形式表达并依照某种程序正式发布的规范体系，包括政权、法律、纪律、规章及各种社会制度。依据这些规范，社会成员可以明确地知道"什么可为"、"什么不可为"和"什么应为"，也明确地知道违反相关规范将有可能获致什么样的制裁。正式控制一般通过拥有强制力的正式机构来实施，以保障规范的遵从，因而具有较强的教育、导向、威慑和惩罚作用和较高的强制性。

然而，并不是所有的社会行为都必须通过正式控制来进行调节。作为与正式控制相对应的另一种控制，非正式控制中的规范（如道德、习惯、风俗等）虽然不那么成型，但在日常生活的互动中，多数社会成员对善与恶、美与丑、是与非、真与伪、荣与耻等方面的行为标准与价值观念已基本形成共识，并能自觉地服从社会规范；非正式控制虽然不像正式控制那样具有较高的强制性，但它可以依靠社会舆论的力量来实现道德控制，依靠人们的信念、习惯和传统来实现内在控制，依靠非议、冷落、疏远、声讨等社会压力来实现习俗控制。非正式控制的作用主要通过人们在日常生活中的社会互动过程得以实现[①]，因而往往比正式控制更有效，尤其是当这种控制发生在互动比较频繁的初级群体之中时。因此，社

---

① 参见吴铎主编：《社会学》，361～362 页，北京，高等教育出版社，1992。

会学家认为，正式控制是社会化和非正式控制失效后的最后凭借手段。[1]

（四）外在控制与内在控制

依据社会控制的直接来源，可以将社会控制划分为外在控制与内在控制。外在控制是指通过社会力量促使社会成员遵从社会规范的社会控制，它以社会力量的强制性为基础；内在控制是指通过社会成员对社会规范的内化来约束和指导其社会行为的过程，它以社会成员高度认同社会规范为基础。

外在控制主要来源于强制性的社会力量，这些社会力量包括国家的法律体系、组织的规章制度和社会的道德习俗。上述社会力量之所以能够发挥作用，主要是源于人们的"避害"心理，即害怕因违反规范而受到法律制裁、道德批判、纪律惩处或舆论压力。从这个意义上讲，外在控制是通过强制性社会力量促使社会成员不得不遵从社会规范。

内在控制主要源于个体对规范的高度认同，即社会成员将外在的社会规范内化为自己的信念与需求，内化为个体人格的有机组成部分和个人行为的动力。在内在控制中，社会成员将遵从社会规范视为理所当然，因而在用社会规范指导自身行为时几乎感觉不到外部压力，也不会产生压抑感。从这个意义上讲，基于规范内化而产生的内在控制是最有效的社会控制方式。

四、社会控制的功能

对于社会控制的功能，不同的社会学家有不同的主张。就其关注视角而言，主要有功能论和冲突论两类不同的观点。

（一）功能论的观点

功能论认为，社会控制是维持秩序的重要机制。就其积极功能而言，社会控制对于维持社会秩序、促进社会发展具有重要作用；就其消极功能而言，不合理的社会控制可能扼杀社会活力、制约社会发展。

第一，合理的社会控制有助于维持社会秩序。社会秩序是社会各组成部分在结构上相对稳定和有序、在运行中相互协调与平衡的状态。[2] 社会控制的基本功能是维持社会秩序，正如罗斯所说："如果不打算让我们的社会秩序像纸牌搭成的房屋一样倒塌，社会就必须控制它们。"[3] 一方面，社会控制通过为社会成员提供合乎目标的社会价值观念和社会行为模式，制约和指导社会成员的社会行为，规定其社会地位、权利与义务，调整其社会关系，避免产生大规模的对抗性

① 参见［美］理查德·谢弗：《社会学与生活》，插图修订9版，209页，北京，世界图书出版公司，2006。

② 参见王思斌主编：《社会学教程》，2版，234页，北京，北京大学出版社，2004。

③ ［美］E. A. 罗斯：《社会控制》，48页，北京，华夏出版社，1989。

冲突，从而使社会结构处于相对稳定和有序状态；另一方面，社会控制通过协调社会运行的各个子系统，调节它们之间的关系，修正其运行轨道，控制其运行方向和运行速率，使之功能耦合、结构协调，从而使社会各系统的运行处于相互协调和平衡状态。[①]

第二，合理的社会控制有助于促进社会发展。维护社会秩序是社会控制的基本目标，但维护社会秩序的最终目的是促进社会的良性运行与协调发展。合理的社会控制在使社会处于有序状态的同时，有助于最大限度地保障绝大多数社会成员的自由，促进公共秩序与个人自由之间的良性互动，推动社会发展。

第三，不合理的社会控制可能扼杀社会活力，制约社会发展。社会学家认为，适度的社会控制固然有助于维护社会秩序、促进社会发展，但过度的社会控制有可能限制个人自由与人类社会活动空间，束缚创新与改革行为，阻滞社会制度的自我调适与完善，积聚社会矛盾，甚至引发社会危机，从而使社会陷入不发展的恶性运行状态。

（二）冲突论的观点

与功能论不同的是，冲突论倾向于将社会控制视为一个或多个群体将自身价值观和利益强加于其他群体的工具。从这个视角来看，社会控制源自于统治精英试图将对其有利的社会格局永久化的愿望。因此，从根本上讲，社会控制是暴力和压迫的工具。如，马克思认为，在资本主义制度下，政府实施社会控制本质上是为了政治经济的正常运转，即通过使用相关的暴力手段镇压任何对资本主义秩序的威胁。作为一种暴力和压迫的工具，社会控制主要通过如下途径实现其功能：

第一，通过权力技术对人们进行操控和塑造并最终将之驯服。福柯（Michel Foucault）指出，在传统社会，统治者主要通过惩罚机制，如对罪犯的身体惩罚、对围观群众的恐吓等镇压性权力使人们臣服；在近现代社会，一种精心计算的规训权力开始慢慢通过人体的各个部位控制着人类个体，如强加于行动的"时间表"、"层级监视"、"规范化裁决"以及该权力特有的检查程序。[②] 福柯认为，无论是在监狱、军营和学校，还是在工厂和医院，到处都充斥着这种权力机制。它通过细致的规则、挑剔的检查和吹毛求疵的监督，严格控制着社会的每个人，从而制造出驯服的、训练有素的肉体。通过这种技术，个体在经济和军事角度的力量得到增强，而其反抗政治、反抗纪律的力量则得到削弱。[③]

第二，通过规制人们的信仰和欲望，建立统治的正当性与合法性。[④] 葛兰西（Gramsci）认为，对被统治者进行有效的控制，不能仅仅依赖于镇压，而且要通

① 参见郑杭生主编：《社会学概论新修》，3 版，404 页，北京，中国人民大学出版社，2003。
② 参见［法］米歇尔·福柯：《规训与惩罚》，3～256 页，北京，三联书店，2003。
③ 参见张羽佳：《权力与革命：福柯的 1968》，载《世界哲学》，2008（6）。
④ 参见［英］马丁·因尼斯：《解读社会控制——越轨行为、犯罪与社会秩序》，29～30 页，北京，中国人民公安大学出版社，2009。

过控制一个在社会上占主导地位的理念和价值观，以建立现行政体的正当性和合法性。阿尔都塞（Louis Althusser）则认为，对一个社会主导理念的控制，就是规制人们的信仰和欲望，从而实现对社会的全面统治。

五、社会控制的度

（一）什么是社会控制的度

"度"是事物保持其质的量的界限、幅度和范围，常常用来表示事物在大小、强弱、高低等方面的特征。社会控制的度则是指社会规范对社会行为与社会关系的制约程度。具体而言，社会控制的度包括控制力度、控制网络致密度和控制刚度三个方面。[①]

（1）控制力度。控制力度用来表示社会成员的社会活动空间的大小。力度越大，表明社会活动空间越狭小；反之，表明社会活动空间越宽广。

（2）控制网络致密度。控制网络致密度用来表明社会规范的严密程度。致密度越大，表明受到控制的社会行为越多；反之，表明受到控制的社会行为越少。

（3）控制刚度。控制刚度用来表明越轨行为受到社会制裁的可能性大小以及制裁强度的高低。刚度越大，表明越轨行为受到制裁的可能性越大，受到的制裁越严厉；反之，表明受到制裁的可能性越小，受到的制裁越轻微。

在社会控制的三个维度中，控制力度与控制网络致密度主要反映的是积极社会控制的程度，即社会组织体系在多大程度上对社会成员"可以做什么"、"禁止做什么"、"必须做什么"等行为准则做出了明确的规定；控制刚度主要反映的是消极社会控制的程度，即社会组织体系是否能够及时、有效地对越轨行为进行制止、限制和制裁。

（二）何谓适度的社会控制

适度的社会控制是指与社会发展规律相适应，既能促进社会稳定，又能激发社会活力的社会控制。考察社会控制是否适度，可以从以下三个方面来衡量。

一是从历史的角度来看社会控制是否符合社会历史的发展规律。从历史发展的角度来看，一定时期的社会控制应与当时社会的生产力水平相适应。在前工业社会，人类对自然的认知能力和改造能力很低，社会生产水平较为低下，社会产品较为匮乏，人类对社会资源的争夺较为激烈，为了防止人类社会竞争的无序化及社会冲突的激化，社会控制的力度、网络致密度和刚度均比较大。随着人类对自然改造能力和社会生产力的提高及人类智识水平的提升，人类的自主控制能力和合作能力得到提升，社会控制的度越来越趋于宽松化。

二是从社会秩序的角度来看社会控制是否有助于促进社会稳定。社会控制的

① 参见郑杭生、郭星华：《试论社会控制的度》，载《天津社会科学》，1993（5）。

基本功能是维持社会秩序，促进社会发展。从这个意义上讲，社会越稳定，表明社会控制的功能越健全、越有效。反之，若社会管理松懈、纲纪废弛、民心涣散、动荡不安，则表明社会控制处于欠度状态。需要指出的是，社会稳定只是衡量社会控制是否适度的标准之一，而不是唯一标准。事实上，过度控制也有可能带来社会稳定的局面，但这种稳定只是表面的、暂时的，稳定的背后可能蕴藏着深刻的社会危机。在我国长达两千年的封建社会时期，农民起义连绵不断，社会动乱不绝如缕，其重要原因就是大多数封建统治者奉行的是以严刑峻法为特色的过度社会控制。上述历史经验表明，过度社会控制不仅不能带来社会的长治久安，反而会引起社会动荡，导致社会陷入恶性运行状态。①

三是从社会活力的角度来看社会控制是否有助于最大限度地保障社会成员的自由。社会控制的最终目标是促进社会发展，社会发展的中心则是人的发展。正如马克思所说，人类发展的历史中，"各个人自由发展为一切人自由发展的条件"②。从这个意义上讲，适度社会控制应是能最大限度保障社会成员自由的社会控制，即能够保障社会成员在"现有的生产力所规定和容许的范围之内"，在确保社会稳定的前提下，最大限度地实现对自然、社会和自身的驾驭的社会控制。

第二节
社会控制与社会问题的关系

一、社会控制与社会问题的一般关系

作为一种普遍存在的社会现象，社会问题威胁着社会秩序与社会安全。因此，必须通过有效的社会控制对社会问题进行干预。从这个意义上讲，社会控制实质上是对社会问题的控制，社会问题则是社会控制失度的表现。作为一种确立和维持社会秩序的机制，适度的社会控制有助于预防、抑制和矫治社会问题，失度的社会控制则可能引发或激化社会问题。

（一）适度的社会控制与社会问题

适度的社会控制之于社会问题的作用主要体现在三个方面。

---

① 参见郑杭生、郭星华：《试论社会控制的度》，载《天津社会科学》，1993（5）。
② 《马克思恩格斯全集》，中文1版，第4卷，491页，北京，人民出版社，1958。

第一，适度的社会控制有助于预防社会问题。从狭义上讲，社会控制即"预防人为越轨行为的技巧与策略"[①]。适度社会控制对社会问题的预防功能主要有如下几条实现途径：一是以社会规范和社会舆论为依托，建构社会导向机制，对社会成员的理想信念、价值观念与行为方式进行规范、指导和约束，使社会成员有法可依、有章可循，使社会生活得以有序进行，避免社会失调；二是通过建立社会沟通机制，促进个人、家庭、群体、国家之间的良性互动，增进理解、共识与合作，减少矛盾、冲突与对立；三是通过建立社会预警机制，预测、监控可能引发社会结构和社会环境失调的障碍因素；四是通过建立社会整合机制，调节和制约各类社会关系，协调各类矛盾、冲突和对立，将社会失调对人们社会生活的影响控制在最小范围内，从而避免社会问题的发生；五是通过建立社会激励机制，对遵从社会规范的行为和理念进行正强化，对违反社会规范的行为和理念进行负强化，从而防止类似社会问题的再次发生。

第二，适度的社会控制有助于抑制社会问题。社会控制固然可以预防一部分社会问题的出现，然而，基于社会问题的普遍性特征，社会问题依然会无所不在、无时不有，但这并不意味着社会问题是不可控的。适度社会控制可以通过如下两种途径实现对社会问题的抑制：一是通过改善引发社会问题发生的社会环境因素与社会结构因素，舒缓社会压力，消除社会问题的根源与土壤，使社会秩序恢复到有序状态；二是通过建立社会应急机制，从客观层面消除环境与结构失调对公众生活的消极影响，从主观层面消除公众的恐慌心理和不满情绪，将社会问题对社会生活的消极影响控制在最小范围之内。

第三，适度的社会控制有助于矫治社会问题。适度社会控制对社会问题的矫治主要通过如下途径得以实现：一是以教育手段引导社会成员理性行为，防止因社会结构或环境失调而诱发破坏性集群行为；二是通过劝服、批评、排斥、隔离等手段对越轨者实施群体压力，促使其停止越轨行为；三是通过社会舆论倡导社会合作、批判越轨行为、促进社会信任，尽可能降低社会问题对社会生活的消极影响及其对社会秩序带来的危害；四是通过政权、法律等制度控制手段对因社会问题而受到威胁的社会成员实施社会保护，对制造社会问题的越轨者实施社会制裁，使社会秩序恢复到有序状态。

（二）失度的社会控制与社会问题

失度的社会控制有三种表现形式：一是过度，即社会控制的某个维度超出了适度范围；二是欠度，即社会控制的某个维度低于适度范围；三是过度控制与欠度控制并存，即社会控制体系的三个维度中，有些维度超出适度范围，另一些维度却低于适度范围，从而造成过度与欠度控制杂然并存。无论是欠度的社会控制，还是过度的社会控制，都有可能引发甚至激化社会问题。

---

① ［美］理查德·谢弗：《社会学与生活》，插图修订 9 版，206 页，北京，世界图书出版公司，2006。

第一，欠度的社会控制可能导致社会失序甚至社会动乱。在欠度的社会控制状态下，与社会控制力度过小相伴而生的规范缺失和规范冲突可能使社会成员无所适从，从而导致社会行为、社会关系乃至社会生活处于无序化状态；与社会控制密度过低如影相随的规范真空或规范漏洞，可能使越轨者有机可乘，使守法者权益受损，从而影响社会公正与社会和谐；社会控制刚度过小则可能导致大量违规、违警和违法行为未能受到有效规制和矫治，大量越轨行为者未能受到应有的制裁，从而产生消极示范效应，激发社会矛盾与社会冲突。

第二，过度的社会控制可能扼杀社会活力，阻滞社会发展。在过度的社会控制状态下，社会控制力度过大可能限制人类的社会活动空间，禁锢人类自由，不利于人的全面发展，从而背离社会发展的终极目标；控制网络致密度过高可能扼杀社会活力，抑制创新精神，不利于社会成员积极性和创造性的发挥，从而使社会陷入无发展的稳定状态；社会控制刚度过大可能导致人人自危，进而导致社会关系紧张、社会矛盾积聚，从而诱发深层次的社会危机、剧烈的社会冲突甚至社会解组。

二、社会问题的演变与社会控制的变迁

社会问题因社会环境与社会结构的失调而生，也会因社会发展不同历史时期社会环境与社会结构的变迁而呈现出不同的特征。作为一种预防、抑制和矫治社会问题的社会秩序维护机制，社会控制也会随社会发展不同历史阶段社会问题的嬗变而变迁。

(一) 传统社会的主要社会问题及其社会控制

传统社会是以农业为基础，以手工劳动为主要生产方式，以血缘、亲缘和地缘为主要社会关系和组织形式，以乡村社区为主要活动场所，社会分化程度较低，同质性较强的自给自足的、封闭性社会。传统社会的突出特征是：社会产业基础和生产方式的单一性决定了传统社会的生产活动受自然环境的影响较大，生产力发展水平相对较低且呈现出不稳定状态，社会财富相对有限；社会成员因有着类似的背景和生活经验而呈现出较高的同质性；社会成员因生活空间的封闭性而在社区内部有着频繁的互动，社区成员之间相互熟悉，并对社区有较高的认同感。

在社会生产对自然环境的依赖程度较高、社会财富相对有限、社会封闭程度较高、社会成员的归属感较强的背景下，传统社会所关注的主要社会问题分别是：贫困问题及财富分配不均的问题、社会礼俗与社会风气问题、灾害与保障问题、战乱与治理问题，而上述一切社会问题的核心是社会的稳定和统治阶级政权的长治久安问题。与传统社会面临的主要社会问题相适应，传统社会的社会控制体系呈现出如下几个方面的特征。[①]

———————————

[①]　参见田北海：《试论我国传统社会控制体系的构成》，载《求索》，2006 (3)。

第一，以社会稳定为社会控制的基本目标。传统社会中社会控制目标是根据统治阶级的既得利益而确定的，它是统治阶级自觉追求的目的和方向，这一社会控制目标的具体内容是追求社会系统的内部稳定和自我生存与调节的发展方式，从而使得社会生活在原有的水平上不断地复制和循环，以保持自己统治的稳定。这一控制目标是通过传统社会中经济结构、政治结构和文化观念结构三个子系统各自的功能及这些功能的耦合来实现的。首先，传统社会自给自足的小农经济结构特点决定着经济发展的内在稳定性；其次，传统社会的政治结构即君主专制的等级制度保证了权力私有化的控制目标；再次，传统社会以"忠"、"孝"为主体的文化观念结构对社会控制目标提供了论证和维护。[①] 长久以来，社会的稳定和长治久安一直是传统中国社会控制的基本目标，正如梁漱溟先生所说："百年前的中国社会，如一般所公认是沿秦汉以来两千年未曾大变过的。我常说它是入于盘旋不进状态，已不可能有本质上之变。因此论'百年以前'差不多就等于论'两千年以来'。"[②] 围绕社会稳定这一基本目标，"治国之术"便成为传统中国社会控制体系的核心所在。

第二，以传统型权威为基础的宗法制度构成社会控制体系的核心制度。在中国传统社会，家庭国家结构相同，所异之处仅在于规模：家小国大。在国的层次上，君为臣纲；在家的层次上，父为子纲、夫为妻纲。层层级级的官员都成了"子民"们的"父母官"。[③] 相应地，在"家国同构"的基础上形成的宗法制度则延续数千年之久，父权、族权、夫权与皇权紧密结合，形成了对每个社会成员的严密控制。这种"家国同构"的社会基础形塑了中国传统社会控制体系的基本特征：中国传统社会控制体系建立在传统型权威（即伦理道德和风俗习惯）基础之上，它以家长制、族长制、皇权制等宗法制度为核心制度，其主要控制目标在于追求一种上下尊卑有序、和谐和睦、亲亲融融的大一统格局。

第三，人治是实施社会控制的基本手段模式。在传统型权威类型中，统治者因具有传统所承认的统治地位，而享有让他人服从的权威，统治的合法性来源于历代相传的神圣规则和权力。传统社会中的社会控制方式与手段还取决于其社会控制目标并为控制目标服务。如前所述，传统中国社会的控制目标是维护社会的稳定和长治久安，也就是为了维护统治者的根本利益。相应地，统治阶级便把其阶级利益升华为整个社会的利益，把君王或统治阶级意志升华为全民的意志或上天的意志，并在此基础上建立起高度的中央集权和控制主体超然于控制之外的集中控制模式。这种控制模式一方面通过法律、政令、礼仪等手段实现对社会成员的硬控制；另一方面又通过德化、仁育、宗教、伦理等手段来实现对社会成员的软控制。

纵观传统社会尤其是中国古代社会的社会控制体系，我们可以发现，传统社

---

① 参见吴忠民、刘祖云主编：《发展社会学》，331页，北京，高等教育出版社，2002。

② 梁漱溟：《中国文化要义》，11页，香港，香港集成图书公司，1963。

③ 参见童星：《中国当前腐败现象根源的社会学分析》，见周晓虹主编：《中国社会与中国研究》，687页，北京，社会科学文献出版社，2004。

会是集外在控制与内在控制、硬控制和软控制于一身的。而无论是外在控制与内在控制，还是硬控制和软控制，这些控制手段和方式都是为统治者所用的，都是为维护统治阶级的利益、为保障统治阶级的长治久安服务的。也就是说，"礼"、"乐"、"德"、"法"都是君王手中的工具。总的来说，它们共同构成了统治者手中的德、刑"二柄"。从这个意义上讲，传统社会控制体系实质上是一种"人治"。

（二）现代化进程中社会问题的演变及社会控制的变迁

工业革命以来，随着社会生产力的不断发展，社会分工的日益发达，人类社会正在从传统的农业社会向工业社会转变，从乡村社会向城市社会转变，从同质单一型社会向异质多样型社会转变，从封闭半封闭社会向开放社会转变，从伦理社会向法理社会转变。随着传统因素与现代因素的此消彼长，人类社会的生活空间日益拓展，社会利益日渐分化，潜在与显在的社会冲突日益加剧，社会问题也变得日益复杂和多变。

在现代化进程中，社会问题呈现出普遍性问题与特殊性问题并存、结构失调性问题与功能失调性问题并存、显性问题与隐性问题并存等历史特征。与现代化进程社会问题的历史特征相适应，社会控制体系也在经历从传统到现代的转型。

第一，社会控制目标从强调稳定型向强调发展型转变。在现代化进程中，社会稳定是社会控制最基本、最直接的目标，但所谓稳定，并非一种完全静止的情形，而是指社会运行系统处于一种相对有序的状态[①]，是一种发展中的稳定，它不会必然地将人们对不满的宣泄、建设性的批评等正当的表达行为视为危害社会稳定的行为。相反，它会越来越重视上述行为在作为"安全阀"、"出气孔"和"心理发泄与倾诉"方面的功能，以一种动态的、具有张力的、多元的秩序观代替静态的、无矛盾的、一元化的秩序观。[②] 相应地，现代社会控制模式的目标便由片面追求静态的稳定转变为动态的稳定，即在稳定中求发展，在确立和维护良好社会秩序的同时，保持社会发展的活力。

第二，以法理型权威为基础的民主、法治制度日渐取代宗法制度成为社会控制的核心制度。在现代化进程中，社会由封闭走向开放，人们对血缘关系、地缘关系的依附性逐渐减弱，"家国同构"与"差序格局"的社会结构模式被打破，社会成员的主体意识、平等意识和民主意识不断得到张扬，社会控制模式的基础也相应地发生转变。这种转变体现在：法理型权威日渐取代传统型权威成为社会控制与社会统治的基础，民主与法治制度日渐取代家长制、族长制、皇权制等宗法制度而成为社会控制制度的核心。

第三，"法治"日渐取代"人治"成为实施社会控制的基本手段模式。在现代化进程中，市场经济日渐成为占主导地位的经济形态，民主制度日渐取代专制

① 参见刘祖云：《从传统到现代——当代中国社会转型研究》，214 页，武汉，湖北人民出版社，2000。

② 参见转轨时期社会稳定课题组：《社会稳定的理论考察》，载《学海》，2001 (5)。

制度成为占据主导地位的政治形态，社会成员的平等意识和公民意识日益高涨，法理型权威日渐取代传统型和个人感召型权威成为社会统治的基础，社会控制的基本手段模式也日益由"人治"向"法治"转变，即权力成为一种非人格化的力量，一切权力都要受到法律的支配，而一切法律都是为了维护和保障人民权利。

第三节
转型期的社会问题与社会控制

在社会转型期，传统因素与现代因素杂然并存、共起作用，导致社会生活在社会行为、社会关系及社会制度层面均出现了不同程度的失调，从而引发了各种社会问题及一定程度的社会失控。如何建立有效的社会控制体系，以促进社会问题的解决和社会秩序的稳定，是社会问题研究者所应关注的一个重要议题。

一、转型期的社会问题

作为从传统社会向现代社会的过渡过程，社会转型是传统因素与现代因素此消彼长的社会整体性发展。一方面，社会转型带来经济、政治、文化等方面的进步与发展；另一方面，由于转型社会是由传统社会向现代社会过渡时期的过程态，它必然要打破传统社会中稳定的因素，这就不可避免地加剧社会问题。

第一，社会转型加剧社会结构分化，导致结构性社会问题空前突出。在社会加速转型期，传统社会结构的均衡状态被打破：传统社会的农业生产方式被工业生产方式所取代，传统的乡村社会结构被城乡一体化的进程所打破，传统单一的农业产业结构被工业、服务业和农业并存的产业结构所打破，传统的同质化、封闭性的阶层结构被异质化、开放性的阶层结构所取代，传统的家长制、宗法制的组织结构被现代的科层制、民主制的组织结构所取代。在社会加速转型背景下，社会结构要素的变动异常活跃，也异常动荡不安，结构各部分、各要素相互交织，充满了矛盾，结构性社会问题因之空前突出，如城乡关系失调问题、人口老龄化问题、就业问题和贫富差距问题等。

第二，社会转型加剧社会利益分化与失衡，导致社会问题的消极影响空前突出。在社会加速转型期，尤其是市场化转轨以来，人们成为独立的市场行为主体，社会成员可以自由、平等地参与市场活动。商品经济的发展在促进生产力发展的同时也加剧了社会利益的分化与失衡，这种分化与失衡不仅表现为贫富差距的加剧、经济不平等程度的提高、相对剥夺感的产生，还表现为社会成员参政需求扩大与传统的政治体制无法满足这一需求之间的矛盾突出，政府决策与群众期望之间的反差过大。这些矛盾与冲突相互交织、大量涌现，加大了社会控制与社会治理的难度，并随时可能威胁着社会秩序的稳定和社会的进一步发展。

第三，社会转型与文化多元化相伴，削弱了矫治社会问题的文化基础。社会转型是社会由封闭走向开放的变迁过程，也是传统文化向现代文化转型和更替的过程。社会文化的转型和更替是传统文化与现代文化、本土文化与外来文化的互动过程。在互动的过程中，既会产生文化的传播与融合，也会产生文化的冲突。文化的互动和更替削弱了传统伦理道德等社会规范的社会控制和行为导向作用。在多元文化格局之中，人们感到无所适从，文化主体陷入迷失境地，从而导致社会文化的失范，弱化了矫治社会问题的文化基础。

正如艾恺所言："现代化是一个古典意义的悲剧，它带来的每一个利益要求人类付出对他们仍有价值的其他东西作为代价。"[1] 社会问题与社会转型是相伴而生的社会现象。

就其类型而言，转型期的社会问题既有由社会结构变迁直接引发的结构性社会问题，如人口问题、就业问题、贫富差距问题等，又有由社会结构转型和经济体制转轨而引发的变迁性社会问题，如农民工问题、环境问题、老龄化问题、婚姻与家庭问题等；既有由个人行为偏差引发的越轨性社会问题，如吸毒问题、自杀问题、犯罪问题等，又有因为社会关系失调而导致的关系失调社会问题，如诚信缺失问题、不正之风问题、社会关系淡漠化、功利化、对立化问题等。

上述不同类型的社会问题相互交织，并呈现出如下特征。[2]

第一，转型期的社会问题具有交织性。在社会结构内部的诸要素之间，传统因素与现代因素之间的位置与关系远没有理顺、整合。在社会转型期，不仅有传统社会遗留下来的社会问题，也有因社会结构转型和经济体制转轨而引发的社会问题，还有在全球化进程中多元文化互动产生的文化冲突、文化震惊、族群冲突及文化认同等社会问题，以及因互联网与移动通信革命而出现的虚拟世界生存、网络与手机依赖、网络暴力[3]与网络犯罪等新的社会问题，上述问题错综复杂地交织在一起，使社会问题的解决更为困难。

第二，转型期的社会问题具有伴生性。"现代化是一个创造与毁灭并举的过程，它以人的错位和痛苦的高昂代价换来新的机会与新的前景。"[4] 从这个意义上讲，社会问题是人们在社会转型期所必须付出的代价，是社会转型的伴生现象。首先，社会转型打破了传统社会变迁缓慢、相对和谐有序的稳定状态，使社会变得更加不稳定甚至混乱；其次，社会转型意味着先进的现代生产方式与落后

---

① 艾恺：《世界范围内的反现代化思潮》，212 页，贵阳，贵州人民出版社，1990。

② 参见朱力等：《社会问题概论》，79～80 页，北京，社会科学文献出版社，2002。

③ 网络暴力是指网民在网络上的暴力行为，是社会暴力在网络上的延伸。网络暴力往往以舆论监督和伸张正义的名义出现，其实质是对网络权力的滥用。其主要表现为：在网络上"人肉搜索"并公开他人的个人隐私，侵犯其隐私权；在网络上发表具有伤害性、侮辱性和煽动性的失实或过激言论，侵犯当事人名誉权，并对相关部门依法行政施加舆论压力。

④ ［美］布莱克：《现代化的动力》，38 页，成都，四川人民出版社，1988。

的传统生产方式杂然并存、共起作用，意味着贫穷与富裕共存、发展与欠发展并存，于是就凸显了与之相伴而生的贫穷问题、贫富差距问题、就业问题、弱势群体问题；再次，工业化和城市化进程使流动人口问题、环境污染问题、征地问题、公务员腐败问题、资源危机问题显得更加突出；最后，市场化在推动经济快速发展的同时也加剧了食品安全问题、腐败问题、道德沦丧和信任危机等问题。

第三，转型期的社会问题具有复杂性。在社会转型期，由于不同地区的发展基础有别，发展策略有异，发展速度不均衡，发展中面临的矛盾不同，引发的社会问题也不尽相同。以中国为例，在社会转型期，既有全国性的社会问题，如贫富差距问题、腐败问题、人口问题、就业问题等，也有地区性的社会问题，如富裕地区面临的主要是环境污染问题、贫富分化问题、犯罪增长问题等，贫困地区主要面临的则是贫困问题、就业问题。即使是同一个社会问题，在不同地区也有不同的表征，如残疾人问题，在富裕地区主要表现为就业不充分问题，在贫困地区则主要表现为生存困难和入学困难问题。

二、转型期的社会失控

转型期的社会问题纷繁复杂，对已有的社会控制体系形成了巨大冲击，并在一定程度上导致了社会失控。

所谓社会失控是指社会规范体系未能发挥其应有的指导和约束行为、调节社会关系、维护社会秩序的功能，从而使社会生活出现行为失范、关系失调和制度失灵等问题。依据社会失控的不同层次，可以将其划分为社会行为失控、社会关系失控和社会制度失控三种类型。

社会行为失控是指社会成员在社会生活中未能遵从社会规范的引导和约束，从而在社会行为中表现出越轨行为，也就是社会越轨。社会行为失控是社会失控的最低层次，是社会结构中"点"之间的失控，这种"点"之间的失控是社会失控在微观层面上的体现。在这一层次上，社会失控还被约束在局部范围内，整个社会还处于可控状态。在社会转型期，社会行为失控主要表现在三个方面：一是因偏差行为而出现的失控，表现为因社会个体或组织超越或违反某些具体规章制度、既定程序，偏离或违背社会传统道德、习俗，如弄虚作假、拉帮结派、以公谋私、虐待老人、集体违纪、损人利己、炫富、"拼爹"等，从而对社会公德、社会信任形成消极影响，使社会生活处于无序状态。二是因违警行为而出现的失控，表现为因社会成员危害社会治安和社会公共秩序或违反法律，如打架斗殴、聚众闹事、非法同居、破坏公物、形式主义、官僚作风等，而对社会治安、公序良俗、社会安全形成破坏性的影响。三是因犯罪行为而出现的失控，表现为因社会成员触犯刑律，如危害公共安全、危害国家安全、侵犯他人人身权利和民主权利、侵犯他人财产、妨害社会管理秩序、危害国防利益、贪污贿赂、渎职等，威胁了公民生命和财产安全，并影响了社会公共秩序。

社会关系失控是指由于社会关系的不和谐而导致的社会无序，包括人际关系失控、群体关系失控及组织关系失控等。社会关系失控是社会结构中"面"之间的失控，这种"面"之间的失控是社会失控在中观层面上的体现。在这一层次上，社会可能处于可控状态。在社会转型期，社会关系失控主要表现为：在经济领域，商品意识泛化、社会信任缺失、贫富差距悬殊、仇富心理加剧，社会关系出现功利化、淡漠化、疏远化和对立化倾向；在政治领域，权钱交易、权色交易和权学交易问题突出，警民关系、干群关系紧张，集群行为频发，政府信任缺失；在道德领域，家庭伦理道德失范导致家庭关系脆弱，职业道德滑坡导致医患关系、师生关系紧张，道义关系失调导致社会信任感和安全感降低、社会成员合作精神弱化和社会整合力下降；在生态领域，因环境污染导致人与自然关系失调，因资源过度开发导致代际关系失调。

社会制度失控是社会系统中因各子系统之间相互影响、相互冲突而使社会结构处于全面的失衡状态从而引起的社会失序。如，在转型时期，旧的体制已渐次趋于瓦解，而新体制尚未形成，这种新旧体制之间的间隙与冲突往往导致社会经济、政治、文化、道德及生态系统之间的全面失序，从而导致社会制度失控。社会制度失控是社会结构中"体"的失范，这种"体"的失范是社会失控在宏观层面上的体现。在这一层次上，如果社会控制主体无力，控制手段不灵，社会信息渠道堵塞或断裂，往往会导致整个社会的完全失控。在社会转型期，社会制度尚未出现根本性失控，但局部失控依然存在。

就我国而言，转型期的社会失控及其原因主要表现在以下几个方面。

（一）国家与社会关系的重塑导致主体控制能力的弱化

从新中国成立到 20 世纪 70 年代末，我国逐步建立起一套高度集权的社会控制体系，通过以下几个方面来实现其对社会的控制。首先，以建立高度集中的计划经济体制为目标，国家通过行政手段实现了农业的集体主义改造和民族资本主义工商业的社会主义改造，从而把所有的经济成分和经济资源都纳入国家计划经济的范畴内，使经济成为政治的附庸，形成了国家对经济领域的社会控制；其次，通过建立以共产党为领导的多党合作和政治协商制度，将各大民主党派纳入人民民主专政的政治体系之内，将工会、共青团、妇联等群众组织置于党和国家的直接支配之下，从而使社会力量和群众性自治组织高度依附于国家而丧失其独立性，形成了国家对政治领域的社会控制；再次，国家以"阶级斗争为纲"作为基本方针，通过政治宣传、讨论辩论、斗私批修、自我反省、检举揭发等方式来控制舆论与人们的思想意识，从而实现了对意识形态领域的全面社会控制；最后，国家通过单位制和身份制，即劳动人事管理和户籍制度，将所有社会成员都纳入到国家行政框架之内，使个人成为"单位人"和"组织人"，从而在组织层面实现对社会成员的全面控制。总的来说，改革前我国社会控制体系是计划经济的产物，与建国初我国的经济社会发展状况是相适应的。[①] 但社会加速转型期，

---

① 参见刘祖云：《从传统到现代——当代中国社会转型研究》，206～207 页，武汉，湖北人民出版社，2000。

在社会结构转型和经济体制转轨的形势下，单一的行政式、集权式控制体系的弊端日益凸显出来。

就国家控制而言，社会转型意味着"国家与社会关系"的重塑，即从传统社会和计划经济时代的国家与社会高度一体化、"强国家、弱社会"的状态向国家与社会适度分离的状态转变。国家与社会关系的转变要求政府从不该管、管不好的领域退出来，让位于市场组织与非政府组织。① 随着市场经济的发展，社会主体的自主性、独立性和自治性增强，社会物质和文化资源部分地从国家权力中剥离出来，归公民和社会组织所有，开始发挥其对社会和国家的影响力。一方面，国家将过去计划经济体制下"蚕食"掉的社会权力还给社会，形成新型的社会权力；另一方面，独立的社会主体自发新生权利和权力。随着国家的民主化和现代社会向多元化发展，以及经济的全球化，国家权力在逐渐地向社会让出"地盘"，由国家权力内部的分权，发展到国家向社会分权。同时，由于各种非政府组织如雨后春笋般成长，社团组织成为现代社会的重要权力来源。社会权力越来越多样化、分散化和强化。② 这标志着国家权力不再是所有领域唯一的权力中心，同时也意味着国家控制能力的弱化。

此外，在社会加速转型背景下，社会问题频发且复杂多变，党和政府施行社会控制的负担大大加重，单一的集权式行政控制体系的滞后性、低效性等不足日益暴露出来。从这个意义上说，党和政府也急需"减负"，充分动员社会力量协同参与社会控制与社会治理。然而，由于社会建设滞后于经济建设与政治建设，我国社会力量发展迟缓，对社会控制与社会管理的承担能力不足，进一步弱化了国家的整体控制能力。

就组织控制而言，在市场化改革前，我国几乎每个成年的社会成员都归属于某个组织，每个人以单位归属为依据确定自己的身份、社会地位，个人的发展高度依附于"单位组织"。相应地，国家可以依托单位组织实现对社会成员的全方位控制。市场化改革以来，一方面，我国的单位组织由计划经济时代功能普化的全能型组织③向功能专化的专业化组织转变，单位组织的一些社会控制功能开始剥离出来；另一方面，在社会福利社会化改革进程中，计划经济时代的"单位办"社会福利模式开始向个人、企业、政府共担责任的社会福利模式转型，相应地，个人对单位组织的依附性、服从性减弱，独立性、自主性增强，单位组织对组织成员的控制力减弱，对越轨性社会问题的控制难度也日益增大。

就社会场的控制而言，亲缘、血缘和地缘关系是社会关系的主要构成形式，

---

① 参见金家厚：《转型期的社会管理：我国非政府组织的发展定位与模式构建》，载《云南社会科学》，2003（5）。

② 参见郭道晖：《社会权力与法治社会》，见徐显明、刘瀚主编：《法治社会之形成与发展》，54～76页，济南，山东人民出版社，2003。

③ 作为功能普化的全能型组织，计划经济时代的单位组织不仅承担着生产、工作功能，还承担着政党、政府、群众团体、社会、家庭的功能。对于单位成员而言，单位组织既是经济中心，又是政治、生活和福利中心。参见刘祖云：《从传统到现代——当代中国社会转型研究》，226页，武汉，湖北人民出版社，2000。

人们的社会交往也往往局限于由血缘关系和地缘关系延伸开来的"关系网"中，这使社会成员之间的互相监督或自我约束成为有效的社会控制形式，社会场的控制功能得以有效发挥。在社会加速转型过程中，工业化和城市化使社会日趋开放，使社会的流动性日益增强。在大转型大流动背景下，人们的出生地、居所与工作场所不再像传统农业社会那样三位一体、高度统一，而是普遍发生着分离与迁移。人们的社会交往不再局限于传统社会中相对封闭的熟人关系网络中，而是大大拓展到基于社会分工和市场交换而形成的陌生人群体之中，进而弱化了相互监督与自我约束机制的控制能力。需要指出的是，在国家治理体系由社会管制、社会管理向社会治理转型的背景下，社会成员协同参与社会控制的意识正在增加，社会参与度亦有所提升。然而，一方面，基于改革前"国家社会一体化"背景下长期形成的单方位、单指向、纵向垂直、自上而下的社会控制体制的强大路径依赖效应，相当一部分社会成员习惯了"被管理"和"被控制"的外在控制格局，其自我控制、协同参与社会控制的自主性、积极性和主动性仍有待进一步提高；另一方面，由于缺乏相应的实践经验，社会成员的自我控制、协同参与社会控制的素质和能力还亟待提升。[①]

综上所述，一方面，国家行政权力不断弱化，但新的、与市场经济相适应的现代社会控制模式尚未建立、健全，与国家权力相分离的社会权力的作用机制尚未形成与完善，从而出现社会控制的"真空"地带；另一方面，政府职能转变远未到位，社会结构、社会关系仍处于急剧变化之中，政府也并未完全从本属于组织控制及社会场控制的领域中脱离出来，组织控制与社会场的控制功能未能得到有效发挥，从而导致主体控制能力的弱化。

（二）转型期控制规范的二元性导致社会秩序的混乱

社会规范的统一性是社会秩序存在的前提。只有规范统一，社会成员的行为才能有章可循，社会关系才能和谐有序。在社会转型期，传统因素与现代因素杂然并存、共起作用，"规范真空"、"规范迷乱"和"规范软化"现象大量存在，使社会控制规范呈现出显著的二元性特征，与社会秩序所需要的规范统一性发生冲突，从而导致社会的内在秩序发生"劣变"，外有的秩序出现混乱。[②]

转型期控制规范的二元性首先体现为"规范真空"，即在社会转型过程中，旧的社会规范已经被社会否认并失去其社会功能，而新的规范却不能立刻发挥其社会功能。"规范真空"的出现必然导致社会控制无法可依、无规可从，从而为社会问题的滋生和蔓延提供了社会条件和活动空间，弱化了社会控制能力。

转型期控制规范的二元性其次体现为"规范迷乱"，即在社会转型期，与自然经济相适应的传统社会规范及其价值观念和与市场经济相适应的现代社会规范

---

① 参见刘祖云：《从传统到现代——当代中国社会转型研究》，206 页，武汉，湖北人民出版社，2000。

② 参见宫志刚：《社会转型与秩序重建》，366 页，北京，中国人民公安大学出版社，2004。

及其价值观念杂然并存、共起作用，导致人们感到无所适从。"规范迷乱"的社会失控后果是，当人们不知道到底应当遵守何种规范时，社会规范就会成为一种可供选择性利用的工具，即人们遵从那些可以使自己受益的规范，而规避那些可能使自己受损的规范，其结果是控制规范的权威性受损、合法性阙如与社会秩序混乱。

转型期控制规范的二元性还体现为"规范软化"，即形式上合法的显规则在实际运作过程中被潜规则所取代，失去对社会个体的约束力和对社会整体的整合力。如，从应然上看，辛勤劳动、团结互助、诚实守信、遵纪守法、艰苦奋斗等是社会成员广泛认可的、合法的价值规范体系；而在实然层面，好逸恶劳、损人利己、见利忘义、违法乱纪、享乐主义、拜金主义、炫耀性消费等隐性价值规范却仍然大行其道，以至于上述显性规范在一定程度上，沦为一种"装饰的门面"，失去其应有的社会约束和向导功能。[1]

（三）转型期控制手段失灵限制其控制功能的发挥

在市场转型过程中，我国已确立了"依法治国、建设法治国家"的治国方略，提出了"以德治国"的口号，加强了对传媒的舆论导向控制，为社会控制体系从传统型的"人治"模式向现代型的"法治"模式转型奠定了基础。然而，在社会转型期，由于受几千年传统文化的影响，当前中国仍然是"人治"大于"法治"，道德控制的有效性不强，舆论控制水平有待提高，从而限制了其控制功能的发挥。

转型期控制手段的失灵首先表现为"硬控制不硬"，即"法治"程度有待提高。近年来，我国社会主义法治建设取得了一定的成就，但因为历史、政治、观念等方面的原因，在操作层面上，当前我国法治进程仍然存在着一些问题：其一，宪法的权威性还有待进一步加强。表现为个别法律或政策性文件与宪法相抵触、宪法修改频繁、宪法实施保障不力、违宪行为大量存在、违宪审查与违宪责任追究机制不够健全、宪法适用制度有待完善等。其二，政策与法律关系混乱。"不仅要靠政策，而且要靠法律"在不少地方仍然被当作口头禅，政策与法律相冲突、政策凌驾于法律之上的现象在一些地方仍然存在。其三，法律实施失范。有法不依、执法不严、法律监督不够、执法犯法等现象大量存在。其四，法权交易、法钱交易、法欲交易等司法腐败现象严重。其五，法制本身不够健全。表现为：现有法律总体上仍以义务为本位，权利驱动机制缺乏；现有法律总体仍以国家为本位，容易导致人治主义；某些法律法规之间不和谐，甚至相互抵触；一些法律法规比较抽象、笼统，造成操作上的困难；现有法律体系与国际接轨不够，不利于加入 WTO 后中国社会主义法治的发展。[2] 其六，法律观念薄弱。在解决

---

[1] 参见刘祖云：《中国社会发展三论：转型·分化·整合》，243～245 页，北京，社会科学文献出版社，2007。

[2] 参见倪正茂：《当代中国法律体系及其发展模式探索》，见徐显明、刘瀚主编：《法治社会之形成与发展》，767～781 页，济南，山东人民出版社，2003。

各种问题时，人们首先想到的往往不是法律手段或途径，而是"托关系"、"走后门"、"私了"等非法手段或方式。

转型期控制手段的失灵其次表现为"软控制过软"，即道德控制的有效性有待提高。长期以来，道德规范一直在人们的社会生活中发挥着巨大的作用。伴随着市场经济的建立，人们的社会道德观念也在发生着重大的转型，表现为主体意识的觉醒、社会主义功利目标的认同、对全人类共同道德的尊重和道德主体性的增强，社会主义道德控制的作用日渐凸显。^① 但在转型社会，由于文化价值与观念的多元化，道德理想层次滑坡、社会公德缺失、个人欲望膨胀、个人道德沦丧、封建迷信道德死灰复燃、家庭道德和职业道德滑坡等道德失范问题突出，影响了道德控制的有效性。

转型期控制手段的失灵还表现为舆论控制水平有待提高。在现代社会控制体系中，大众传媒正在成为一种重要的工具和手段。大众传媒以其特有的方式影响着人们的生活方式、思维习惯和价值观念，推动着社会教育的发展，丰富着人们的文化生活，于潜移默化中形成对受众的有效控制。但由于大众传媒自主性和独立性的缺失、传播方针的误置、传播主体素质的制约及传播内容的不合理规划，当前我国大众传媒的舆论控制功能出现了失调，具体表现为：自主性和独立性缺失导致大众传媒的舆论监督功能未能得到有效发挥；传者本位的传播方针导致大众传媒的传播方式仍以说教、灌输为主，难以实现对社会成员的内在控制；传播主体素质参差不齐导致传媒议程的不合理设置和媒介真实的不科学构建，大众传媒公信力下降，舆论控制效果软化；传播内容的不合理规划导致社会成员的规范迷失。^②

近年来，随着互联网科技和新媒体技术的发展，网络媒体的舆论监督功能越来越强大。然而，囿于网络空间的匿名性和少数网民对网络权力的滥用或失度利用，近年来频发的网络暴力事件正在以其独有的方式破坏着公共规则，引发新的社会问题。因此，如何引导网民理性参与社会管理，防止道义正确的舆论监督走向失当的网络暴力，是规范舆论控制功能的一个重要课题。

三、转型期社会控制体系的重构

（一）社会控制理念的创新

一是从社会控制向社会治理转型。如前所述，我国传统社会的控制目标是社会稳定。改革开放以来，我国社会控制目标正从强调稳定向促进发展转型。然而，长久以来，稳定仍然是我国社会控制的首要目标，"稳定压倒一切"是国家社会控制体系建设的主导意识。片面强调静态的稳定，可能会导致"无法实施会

---

① 参见吴仲炎、徐敏豪主编：《道德导向控制论》，25～31页，武汉，武汉大学出版社，1993。
② 参见田北海：《论大众传媒的社会控制功能失调及其重塑》，载《求索》，2005（7）。

触动基本利益格局的体制变革，在促进社会公平与正义上举步维艰"，也可能会导致"自我预言的实现"，即"本来社会中有些问题和矛盾没有那么严重，但由于把这些事情看得过分严重，该采取的有效解决措施不敢采取，使得能够解决的问题得不到及时解决，矛盾和问题日益积累，结果倒真得变得严重起来"[①]。片面强调社会稳定，也使得国家倾向于在社会控制体系建设中选择社会管制模式，即强调对社会成员行为和思想的管控，倾向于用压制手段管制社会[②]，忽视社会协同参与的积极作用。当前，中国社会已经从"整合性社会"转变为"多样化社会"，这一变化冲击着传统的一元化社会控制或社会管理模式[③]。面对社会事务日益复杂化和社会生活日益多样化的新形势，"社会治理"应成为我国社会控制体系重构的转型方向，应在社会治理的体制框架下，在坚持党委领导、政府负责的同时，大力发展多元化社会治理主体，充分发挥社会的协同治理作用。

二是由消极控制向积极治理转型。在稳定压倒一切的意识形态下，消极控制是我国全面深化改革前主要的社会控制模式，这种模式以被动防范为手段，以维持现状为目标，以公权力介入私生活为控制途径[④]，以高昂的维稳成本为代价。消极控制往往仅能起到"头痛医头，脚痛医脚"的治标功能，难以从根本上消除社会问题产生的社会根源，维持社会的长治久安。因此，转型期社会控制体系的重构应致力于从消极控制向积极治理的转型，即以主动的社会变革和社会建设为手段，通过调整和优化社会利益分配格局、改善民生与社会保障、提升国民幸福指数，改善社会发展状况，促进社会和谐有序。

（二）多元化社会控制主体的重塑

首先，要充分发挥执政党在社会治理中的领导作用。要遵循"党委领导、政府负责、社会协同、公众参与"的社会治理原则。一方面，充分发挥党在社会治理理念引导、社会治理政策制定、社会治理资源整合、社会协调、推动社会建设与基层带头社会服务等方面的领导功能。另一方面，要解放思想、转变党的领导方式，坚持统揽全局、协调各方，避免事事干预；要把握好社会问题与政治问题的关系，既防止社会问题过度政治化，又防止不顾及社会问题的政治影响而过于简单化处理；要善待社会组织，把握好党与各类社会组织的关系，既尊重社会组织的独立性，又加强对社会组织的引导；要改进党的决策方式，秉持社会公正的宗旨来制定社会政策；要处理好党的领导与基层群众自治的关系，在加强基层自治领导的同时防止基层自治行政化。[⑤]

其次，要通过转变政府职能形成合理的国家控制机制。在市场经济社会中，

① 孙立平：《重建社会：转型社会的秩序再造》，3、9页，北京，社会科学文献出版社，2009。
② 参见郭星华、石任昊：《从社会管制、社会管理到社会治理——改革开放以来中国现代法治建设的变迁》，载《黑龙江社会科学》，2014（6）。
③ 参见麻宝斌、任晓春：《从社会管理到社会治理：挑战与变革》，载《学习与探索》，2011（3）。
④ 参见孙立平：《走向积极的社会管理》，载《社会学研究》，2011（4）。
⑤ 参见高新民：《执政党在社会管理中的地位与作用》，载《学习时报》，2011-02-28。

政府仍将是社会控制的核心主体，但此时的政府职能要发生重大的转变，即政府将从传统的"全能无限"型向"有限"型转变。[1] 具体而言，这一转变主要是通过以下几个方面实现的：第一，政府要加强对市场经济的宏观调控，主要通过法律的和经济的手段，而不是行政的手段来做好规则制定、协调工作；第二，政府要通过规范市场秩序，保护公平经济来履行"裁判员"和"监督员"的职责，促进社会经济健康发展；第三，政府应加强社会保障工作，完善社会福利事业，保证社会分配的公平、公正；第四，政府及各级部门要依法行政；第五，对于一些无法通过市场调节且对国民经济和社会发展具有重要意义的公益事业，如国防、安全、环境保护、社会救济、国有资产和国有资源的保护等，政府仍然应加强直接控制。

再次，要积极培育现代组织，完善和加强组织控制功能。组织结构的转型意味着要走出现阶段中国社会组织表层结构与潜层结构的二元并存现状，实现现代组织体系由名到实的转变。这就要求我们健全组织规章制度，形成组织内部的层级控制机制，即通过体制改革，促进组织内部、组织之间的流动，减少单位制的束缚；通过建立、完善组织领导人的选拔、任免与监督制度，实行民主决策，保证组织目标实现过程中的相对独立性。组织控制功能的完善和加强则意味着要切实调整国家与社会的关系，为现代社会组织发展和控制功能的发挥创造条件：要为现代组织目标的合法性提供保证；为现代组织目标的正常运行提供有效资源构成和发展动力；为现代组织目标的继续和转移提供宏观引导；对影响现代组织目标正常实现的行为予以监督控制和调节。此外，还要加强农村基层组织建设，改善农村社会的组织控制，即要大力加强村党支部和村民委员会的建设，要注意村级组织建设的配套化和整体化。[2]

最后，促进社会参与，加强社会场的控制。一方面，要加强舆论宣传和引导，倡导集体主义、爱国主义，积极动员广大社会成员广泛地参与民主自治，加大对社会管理和公共事务参与的广度和深度；另一方面，要通过积极稳妥地推进政治体制改革，坚持和完善社会主义民主制度，丰富民主形式，扩大公民的民主权利，为社会成员参与社会控制创造条件，以加强社会场的控制力量。

（三）社会控制规范的弥合

首先，要在改革中不断完善社会主义的政治、经济、文化三大制度，实现社会三大系统的良性运行与协调发展。一方面，要通过完善权力配置形式和权力制约机制，使现行政治体制与市场经济的发展相适应；另一方面，要通过加大文化整合、构建新的文化格局，重构价值体系，塑造国民精神，重建集体主义的道德导向，全方位开展社会主义核心价值观建设，使现行文化制度与市场经济的发展

① 参见周明侠：《当代中国社会控制模式转型与对策》，载《社会科学战线》，2007（1）。
② 参见刘祖云：《从传统到现代——当代中国社会转型研究》，227～231页，武汉，湖北人民出版社，2000。

相适应，并为之提供精神动力和智力支持。

其次，要实现体制改革与各种公共制度之间的良性运行和协调发展。一方面，要通过完善的社会服务和劳务系统使社会主义家庭及家庭关系的建设与体制改革协调一致；另一方面，要通过失业保险、养老保险、医疗保险制度的改革，使体制改革与社会保障制度的改革相配套。

最后，要完善制度的规则系统。即通过成文规则与不成文规则相结合，对人们的社会生活进行指导和制约，通过确立和完善市场主体法律制度、交易法律制度、市场宏观调控法律制度和社会保障法律制度来建立适合社会主义市场经济发展的规范体系，为推动社会的良性运行和协调发展提供规范保障。[①]

（四）社会控制手段的整合

首先，要实现法治从应然向实然的转变，使"硬控制更硬"。第一，要充分发挥市场在资源配置中的决定性作用，完善市场经济体系，为法治的实现创造经济基础。第二，要加强社会主义民主政治建设，为法治的实现创造政治条件。具体而言，要处理好执政党、政府与法律的关系，党和政府必须在宪法和法律的范围内行事，党和政府的决议、指令、政策、文件都不得违背宪法或法律；要建立合理的"权力—权利"结构，一方面要大力保障公民权利，另一方面要加强人民代表大会制度的建设。[②] 第三，提高公民法律观念，为法治的实现创造文化条件。一方面要加强公民法律教育与宣传，增强公民法律意识与法律信仰；另一方面要正确处理传统法治与现代法治、西方法治与中国法治、资本主义法治与社会主义法治的关系。第四，完善社会主义法律体系，为法治的实现提供制度基础。要以权利为本位，通过利益和权利的驱使，调动人民履行义务的自觉性、积极性和主动性；要以社会本位为主，在为市场主体创造自由竞争机会的同时，救济社会弱者，维护其基本权利；要以宪法为最高行为规范，用以指导一般法律、法规、政策、文件和社会行为；要完善宪法的司法适用制度、违宪审查和违宪责任追究制度；要通过对《民法通则》等抽象性、原则性法规的条文细化和具体化，提高其可操作性；在法律的价值取向方面，要坚持民主政治是法律的核心价值，要坚持法律是良法，保障宪法和法律的正当性。

其次，要强化道德控制，使"软控制不软"。第一，要建立和完善社会主义市场经济条件下的现代道德评价标准。[③] 坚持道德评价标准合规律性与合目的性的辩证统一，现代道德评价标准应在以社会主义共同理想和共产主义目标为向导的同时，与市场经济发展规律相适应；坚持事实评判与价值评判和审美评判的辩证统一，尽量追求真、善、美的结合；要坚持现实与理想的辩证统一，既不能脱离现实提出过高的道德要求，又不应迁就落后；要坚持义与利的辩证统一，"正

---

① 参见刘祖云：《从传统到现代——当代中国社会转型研究》，217～224 页，武汉，湖北人民出版社，2000。

② 参见周叶中主编：《宪法》，184～185 页，北京，高等教育出版社，2000。

③ 参见吴仲炎、徐敏豪主编：《道德导向控制论》，11～24 页，武汉，武汉大学出版社，1993。

其谊以谋其利，明其道而计其功"；要坚持传统与现代、民族性与世界性的统一；要坚持动机与效果的辩证统一；还要坚持个人、集体与社会的辩证统一。第二，要加强"官德建设"，建立与社会主义市场经济相适应的行政伦理体系。一方面，要加强领导干部的自律，不断强化领导干部自身的道德良知，敦促其做到"自尊"、"自重"、"自励"、"自省"、"自警"；另一方面要通过司法、舆论、建议等手段强化道德监督机制。第三，要通过充分重视和发挥道德示范效应、道德群体效应和道德舆论效应，繁荣社会主义文化来加强市场经济条件下的道德环境建设。第四，要加强社会主义制度下的道德制度建设。通过制定系统、配套的道德行为规则，促进道德规范的制度化、具体化和可操作化；通过建立完善的道德奖惩机制和监督机制，弘扬社会主义核心价值观。

再次，要优化舆论控制。要按照适当自主、相对独立原则，加强舆论监督；要遵循大众传播规律，改善舆论宣传方式，增强与受众的双向沟通与互动，提高大众传媒的公信力；要以受众需求为导向，充分关注受众呼声，在上传（将受众需求反馈给有关部门）和下达（将国家意志传达给公民）方面履行桥梁和纽带功能；要提高大众传媒从业者政治素质、道德素质与文化素质，科学规划舆论宣传内容，提高大众传媒的公信力和权威性；要加强对网络的法制建设，引导网民合理利用网络权力促进社会公序良俗。①

最后，要合理运用其他社会控制手段。除了法律、道德、舆论以外，习俗、礼仪、信仰、社会暗示、个人理想等都是重要的社会控制手段，它们都将在社会控制中发挥越来越重要的作用。因此，要在夯实"法治"、强化"德治"和优化舆论控制的同时，合理运用其他社会控制手段，促进社会控制手段的多样化。

（五）社会控制机制的完善

第一，建立社会预警机制。就社会发展的一般规律而言，人类社会从未有过绝对的稳定。在社会转型期，体制转轨与社会结构重组交错进行，必然会引发各种社会冲突与社会问题，因而影响社会稳定的风险因素更为复杂。但社会风险的生成及其演化并非无规律可循。建立社会预警机制的目的就是要通过科学的方法，根据社会风险的生成和演化规律，对其进行预测，及时认识警源、预报警情，为预防和排除警情提供依据，从而把社会风险控制在一定的范围内，维持一种动态的、相对的稳定。社会预警机制的建立体现在操作层面便是社会稳定指标体系和社会风险预警指标体系的建立，上述指标体系的建立应遵循两个原则：一是指标体系的建立不仅应包括社会发展的客观指标，还应涉及价值观念等主观指标；二是指标体系的建立不仅应包含社会系统自身的稳定影响因素，还应涉及社会系统外部的稳定影响因素。我们认为，可以从生存保障指数（含个人保障指数和社会保障指数）、经济支撑指数（含经济增长指数和协调发展指数）、社会分配

---

① 参见田北海：《论大众传媒的社会控制功能失调及其重塑》，载《求索》，2005（7）。

指数（含空间差距指数和阶层差距指数）、社会控制指数（含硬性控制指数和软性控制指数）、社会心理指数（含民众满意指数和民众容忍指数）和外部环境指数（含域外扰动指数和灾害扰动指数）等方面①来构建转型期社会稳定指标体系；可以从经济风险指标（如失业率、物价上涨率等）、社会风险指标（如生活水平与贫富差距指数、社会公共安全指数、社会精神卫生指数等）、政治风险指标（如国家公务员职务犯罪率、群体事件发生率等）、价值观念风险指标（如公民对国家政治、经济发展和社会发展的满意率，对收入差距、腐败现象、司法不公正及物价上涨的可容忍度等）及外部环境风险指标（如国家安全指数、环境破坏指数、资源危机指数、灾害发生率及灾害破坏指数）②等方面来构建转型期社会风险预警指标体系。

第二，健全社会决策机制。社会预警机制只是对社会风险及社会发展趋势的预测，要真正实现社会的相对稳定，还需要相应的社会决策机制。社会决策机制的功能在于为实现社会的协调发展和可持续发展提供政策支持和运行保障。就当前而言，社会决策机制的完善和健全将主要通过如下三个途径得以实现：首先要改善社会决策机制的运行环境，即通过体制创新、教育创新和观念更新来完善我们的政策环境、法治环境和人文环境，为社会决策机制的现代化提供环境支持；其次要加强社会问题及其社会控制的理论研究和现实探讨，为进行科学的控制决策提供理论依据；最后要以一定的理论为指导，以特定时期的特定社会控制情境为背景，在经济、政治、文化、法律及社会保障等各个方面形成可行性政策，促进决策目标的实现。

第三，强化社会整合机制。转型期社会结构的分化和价值观念的多元化在一定程度上导致了原有社会整合机制的失灵，影响了社会的稳定和可持续发展。因此，需要将制度性整合、功能性整合与认同性整合③相结合，建立新型的适应社会发展需要的整合机制。我们认为，新的社会整合机制可以通过如下几个方面得以实现：一是建立健全市场经济体制和法制体系，促进制度性整合功能的有效发挥；二是加强区域间的沟通与合作，改善区域发展不平衡的现状，合理缩小区域差距与分化，促进区域间的整合；三是改革现有劳动人事制度、户籍制度，形成合理的职业机制、分配机制及社会流动机制，弱化边缘群体和弱势群体的"相对剥夺感"，促进阶层分化由分化型走向整合型④，尽可能地实现社会机会的平等；四是一方面要积极鼓励社会组织的发展，充分发挥其在社会调剂、社会沟通、社会服务和社会管理方面的正功能，另一方面要对非政府组织进行合理的引导和管

① 参见阎耀军：《社会稳定的计量及预警预控管理系统的构建》，载《社会学研究》，2004（3）。
② 前四个指标参见邓伟志：《关于社会风险预警机制问题的思考》，载《社会科学》，2003（7）。
③ 制度性整合是指运用国家的各种政策、法规和法律对各种社会关系进行合理化和合法化梳理，使其纳入统一管理和控制轨道的整合，具有强制性和契约性特征；功能性整合是指从统一社会劳动的角度出发，对伴随社会分工出现的职业异质性进行的整合，它是在市场引导下的自发过程；认同性整合则是在意识形态领域里进行的思想性整合，目的是让人们在社会的互动过程达到认识上的一致。上述定义参见文军、朱士群：《分化与整合：加速转型期中国社会稳定性分析》，载《科技导报》，2000（12）。
④ 参见刘祖云：《社会转型时期阶层分化的一般规律探讨》，载《江苏社会科学》，2002（2）。

理，有效克服和避免组织的负功能；五是充分发挥大众传播的导向作用，加强社会主义共同理想和共同信念的培养，强化社会成员对协调发展观和可持续发展观的认同感，促进认同性整合的有效性。

本章要点

1. 社会学研究一般在广义上使用社会控制这一概念。但随着社会问题的不断涌现和越轨行为的不断增加，越来越多的社会学者把社会控制看作"人们如何定义越轨行为并对其做出反应的"。

2. 社会控制之所以能够发挥作用，主要源于人们对同辈的从众倾向和对权威的顺从倾向。

3. 对于社会控制的功能，社会学主要有功能论和冲突论两类不同的观点。功能论认为社会控制是维持秩序的重要机制；冲突论倾向于将其视为一个或多个群体将自身价值观和利益强加于其他群体的工具。

4. 在一定意义上讲，社会控制实质上是对社会问题的控制，社会问题则是社会控制失度的表现。适度的社会控制有助于预防、抑制和矫治社会问题，失度的社会控制则可能引发或激化社会问题。

5. 在社会转型期，社会问题呈现出交织性、伴生性和复杂性特征，由于国家与社会关系的重塑、控制规范的二元性及控制手段的失灵，社会在行为、关系和制度三个层次分别出现了不同程度的失控。转型期社会控制体系的重构有赖于多元化社会控制理念的创新、社会控制主体的重塑、社会控制规范的弥合、社会控制手段的整合和社会控制机制的完善。

复习思考题

1. 什么叫社会控制？试述社会控制的作用机制。

2. 简述社会控制的不同类型。

3. 试述社会控制与社会问题的关系。

4. 试比较传统与当代社会问题及其社会控制特征的异同。

5. 试述转型期中国的社会失控与社会控制体系的重构。

推荐阅读书目

1. ［美］E. A. 罗斯. 社会控制. 北京：华夏出版社，1989.

2. 费孝通. 乡土中国 生育制度. 北京：北京大学出版社，1998.

3. 梁漱溟. 中国文化要义. 香港：香港集成图书公司，1963.

4. 刘祖云. 中国社会发展三论：转型·分化·和谐. 北京：社会科学文献出版社，2007.

5. ［英］马丁·因尼斯. 解读社会控制：越轨行为、犯罪与社会秩序. 北京：中国人民公安大学出版社，2009.

第三章

社会秩序与社会问题

社会秩序是社会学研究的一个中心问题。社会秩序体现了社会结构的相对平衡，社会各系统之间功能的协调以及社会生活相对稳定的状态。社会之所以出现问题就在于这种相对稳定协调的社会秩序遭到了破坏，即出现了社会失序。社会失序则与社会规范的缺失、迷乱和弱化以及社会控制的失灵和失度有着直接的联系。社会失序是任何社会所不可避免的现象，尤其是在社会转型期，社会失序现象将会明显增加。认识社会秩序和社会失序问题，协调和重构社会秩序使之适应社会发展的需要，是研究社会问题不可回避的重要主题。

第一节
社会秩序概述

一、社会秩序的研究历史

个人与社会的关系一直是人文社会科学的基本论题，研究个人与社会的关系问题，实质上是在探索个人行动与社会秩序的关系。无论是研究社会转型、社会变迁、社会流动，还是社会协调、社会控制、社会整合，都绕不开"社会秩序"这个中心问题。可以说，社会秩序问题是中外思想家在考察社会运行过程中非常重视的一个基本主题。

从国内研究来看，早在先秦时代就有思想家在追寻构建良好社会秩序的理论和实践。孔子和孟子认为建立社会秩序的目标是达到个人与社会关系的和谐，强调个人与社会的协调，偏重社会利益，主张通过内在途径建构社会秩序。[①] 这种内在途径主要是指道德教化，包括所谓的"礼"和"仁"。老子强调"镇之以无名之朴"来治理民众，治理社会则要"以正治国，以奇用兵，以无事取天下"[②]，以此来维护社会秩序。韩非则主张"严刑峻法"，通过严刑峻法以实现社会的有序状态。秦汉以来，有关建构社会秩序的思想进一步发展成熟，许多思想家在总结借鉴前人思想的基础上提出了相应的社会秩序观。例如贾谊认为解决社会问题，维护社会秩序就像解牛一样，要遵循问题的内在规律，采取相适应的治理方案。他推崇以礼法并用、以礼为主的方法来建立社会秩序。作为汉初儒家思想的集大成者，董仲舒则从人的欲望控制、道德伦理规范等方面阐释了如何维护稳定的社会秩序，同时他还以"天人合一"的思想作为指导，构建了理想中的社会模

---

① 参见王兴周：《重建社会秩序的孔孟思想》，载《现代哲学》，2009（2）。
② 参见王处辉：《中国社会思想史》，76 页，北京，中国人民大学出版社，2002。

式，其中包括政治、经济、法律、伦理、教育、人与人的关系等内容。此外，魏晋时期形成的美学思想、佛教思想以及以陶渊明为代表的乌托邦社会构想等都对社会秩序的构建提出了不同的看法。近代以来，尤其是在西方社会学传入中国以来，"社会秩序何以可能"的问题再次成为研究者关注的重点问题。如费孝通在《乡土中国》一书中提出了"礼治社会"、"礼治秩序"等，这是对传统乡土社会秩序较为准确的定位。同时，费孝通用"差序格局"的概念从结构上对传统乡土社会秩序进行了精妙的解读。郑杭生主要从结构功能的角度来认识社会秩序，认为社会秩序就是社会的良性运行和协调发展，并将其视为社会学的元问题。邓正来在解读哈耶克的自由秩序的过程中，将社会秩序的型构及其正当性和可欲性问题作为自己学术研究的主线。此外，国内许多其他学者有关"社会转型"、"社会公平"、"社会稳定"、"协调发展"、"和谐社会"等时代性主流话语都反映了对社会秩序的关注，不一而足。

在国外，有关社会秩序的思想也源远流长。早在柏拉图（Plato）时代，他就寻求建立一种理想的政治秩序，使每个社会成员都各得其所而不互相干扰，和谐共存而不出现错位，从而使整个国家始终处于一种井然有序、和谐运转的"正义"状态。17 世纪，英国哲学家霍布斯（Thomas Hobbes）也曾用社会契约论来解释社会秩序的起源，他所关注的是众多从自身利益出发而采取行动的个人如何能够相互结合而形成有序的社会生活。这涉及两个对象，即个人行动和社会秩序，集中体现为社会秩序如何经由个人行动得以可能的问题。[①] 18 世纪，法国哲学家卢梭（Jean-Jacques Rousseau）在《社会契约论》中描述了一个人类社会的完美图景，他将社会秩序视为为其他一切权利提供基础的一项神圣权利，认为社会秩序并非来自自然，而是建立在约定之上。[②] 19 世纪 40 年代，自孔德（August Comte）创立社会学起，社会秩序超越了哲学研究的范畴，成为社会学研究的一个中心主题。孔德提出了社会动力学和社会静力学，分别研究社会变迁和社会秩序，社会静力学主要是研究各种社会的基本秩序及某个特定整体的各个机构之间的相互关系。孔德从社会的横断面考察了人类社会的结构和制度，寻找确立和维护人类社会的共存和秩序的原则。[③] 迪尔凯姆（Emile Durkheim，也译涂尔干）也将社会秩序作为一生学术研究的主题。他的主要著作《社会分工论》、《自杀论》、《宗教生活的基本形式》都紧密围绕着秩序和整合的主题展开。迪尔凯姆认为社会是一种仪式秩序，建立在人们互动的情感基础上的集体良知（意识）之上。[④] 韦伯（Max Weber）则通过理解对个人有意义的行动，来解释社会中从社会行动到社会秩序的持续性发展过程。他认为社会行动是社会秩序的产生基础。哈耶克（Friedrich A. Hayek）作为自由主义的代表人物之一，将社会秩序归为

---

① 参见赵昆：《霍布斯的秩序解说及理论启示》，载《沈阳工程学院学报》，2005（4）。

② 参见卢梭：《社会契约论》，8～9 页，北京，商务印书馆，2002。

③ 参见侯均生主编：《西方社会学理论教程》，23 页，天津，南开大学出版社，2006。

④ 参见［美］兰德尔·柯林斯等：《发现社会之旅——西方社会学思想述评》，160 页，北京，中华书局，2006。

自发秩序和人造秩序两种类型，尤其强调自发秩序对社会的意义，认为自发秩序避免了由人的设计的局限性而造成的障碍，使个人自由发挥其创造力，有可能最大限度地运用分散于个体之中的知识，从而实现社会文化、道德信仰、经济生活等方面的不断进化发展。[①] 福山（Francis Fukuyama）主要从技术的变革和自由民主社会的道德相对主义方面解释了社会的大分裂，并试图通过人的本性（包括理性）来重建社会秩序。[②] 此外，还有许多其他思想家从不同的角度对社会秩序问题进行了研究。

二、社会秩序的概念界定

社会秩序（social order）不仅仅是一个社会学的概念，这个概念也在政治学、经济学、法律学等方面得到广泛应用。如政治学通常倾向于研究政治参与、政治稳定和政治制度的关系。法学主要侧重于从社会规范（尤其是法律规范）方面来理解社会秩序。经济学中的社会秩序往往是指一种竞争秩序或保障竞争的制度秩序。基于不同学科的背景，学者们对于社会秩序的界定也不尽相同。从社会学的角度来看，对社会秩序的关注主要从社会关系和社会结构的平衡与失衡的关系出发，把社会秩序看作表示社会有序状态或动态平衡的社会学范畴。社会秩序更加强调人与社会的关系构成以及相对稳定结构的达成方式。社会学中的社会秩序实际上就是对个人与社会关系的考察，回答"社会是如何可能的"这样一个问题。总的来看，社会学对"社会秩序"内涵的认识大致包含三个方面的内容：一是社会秩序体现了一定的社会结构，即所有社会成员都被纳入一定的社会关系体系；二是社会秩序经由各种社会规范得以建构，体现了社会秩序的形塑过程；三是无序和冲突被控制在一定的范围之内，体现了社会秩序的相对稳定状态。[③] 从对社会秩序的研究来看，目前的探讨主要集中表现为三种不同的范式。

（一）状态范式

将社会秩序看作社会有序运行的一种状态。社会秩序就是社会的一种和谐状态，一种有规则的状态。如孔德的社会静力学强调社会的基本秩序及某个特定整体的各个机构之间的相互关系。主要是静态考察人类社会的结构和制度，寻找确立和维护人类社会的共存和秩序的原则。[④] 库利认为，社会秩序就是个人与社会的有机统一状态。一方面，个人把全人类作为一个整体而通过社会和遗传的渠道从中吸取生命的养料；另一方面，社会整体也依赖每一个个人，每一个个人都给

---

① 参见陈湘文：《哈耶克的"自发社会秩序"观及其与马克思的分歧》，载《南京师范大学学报》，2001（1）。

② 参见张立平：《对秩序的忧虑——评弗兰西斯·福山的〈大分裂：人类本性与社会秩序的重建〉》，载《美国研究》，2002（2）。

③ 参见黄祖军：《社会秩序研究范式探微》，载《前沿》，2009（3）。

④ 参见侯钧生主编：《西方社会学理论教程》，23页，天津，南开大学出版社，2001。

整体生活贡献力量。[1] 孙尚扬在《宗教社会学》中从狭义和广义的角度分别描述了社会秩序的平衡与和谐状态。他认为狭义的社会秩序指的是某种社会活动或活动场所中的规则与有规则的状态；广义的社会秩序则指的是社会共同体在运动和变化过程中，其内部的各个方面或者社会活动和社会关系的各个方面相对平衡、稳定、与和谐的发展状态。[2] 刘少杰[3]、王建明[4]等直接将社会秩序定义为社会生活相对稳定而协调的存在状态。社会秩序的状态范式事实上是将社会运行置于一种社会有序状态的基础之上。这种有序状态是社会良性运行的表面状态，但是社会秩序也是一个不断发展和进步的过程，也体现了社会运行的协调状态。

（二）结构范式

将社会秩序看作是由社会结构内生的，往往从结构的角度论述社会秩序，认为只要社会的结构合理，社会就能从根本上有秩序，而一个没有合理结构的社会不能从根本上拥有良好的秩序，社会的矛盾和冲突也难以根除。[5] 社会结构包括经济结构、阶级结构、分层结构、组织结构、人口结构、家庭结构等，只有这些结构趋于合理，才能形成稳定协调的社会秩序，社会才不至于发生冲突。马克思主义经典作家从人类历史发展的一般本质和规律的角度深刻阐释了社会存在和社会意识、生产力和生产关系及经济基础和上层建筑的对立统一关系，指出这种结构性关系是支撑人类社会存在和发展的根本性关系。人类社会的变化发展集中体现为这种根本性的结构性关系的性质变化过程，其他的结构性社会关系的生成和性质变化都会因这种根本性的结构性关系的变化而变化。这种根本性的结构性关系本身就蕴涵着内在矛盾，其合理解决是使社会生活处于协调状态的关键。[6] 也有学者从社会结构的相对稳定来分析社会秩序。认为在一个有序的社会中，社会成员都被纳入一定社会关系的体系，每一个人都被置于一种确定的社会地位，各成员及各种社会地位之间的关系都被社会明确规定。如齐美尔（Georg Simmel）在《群体联系的网络》（*The Web of Group Affiliations*）中就讨论了个体联系与多样化的社会结构的关系，认为个体拥有的多重群体联系将降低社会两极分化的可能，从而使社会秩序趋于稳定。纳德尔（S. F. Nadel）则将社会结构理解为有能力相互进行角色扮演的行动者之间关系的模式或者网络（或系统），结构里存在着以各种关系为特征聚集人们的亚群体。[7] 纳德尔强调的社会结构中的关系特质实际上就是一种相对稳定的社会秩序。封建的社会秩序、资本主义的社会秩序、社会主义的社会秩序，就是指不同社会类型相对稳定的社会结构。郑杭生评

① 参见王兴周：《重建社会秩序的先秦思想》，载《社会》，2006（5）。
② 参见黄祖军：《社会秩序研究范式探微》，载《前沿》，2009（3）。
③ 参见刘少杰：《展开中国社会秩序研究的新视野》，载《光明日报》，2009 - 08 - 25。
④ 参见王建明：《中国社会新秩序形成的经验与启示》，载《光明日报》，2009 - 08 - 25。
⑤ 参见黄祖军：《社会秩序研究范式探微》，载《前沿》，2009（3）。
⑥ 参见高峰：《社会秩序的本质探析》，载《学习与探索》，2008（5）。
⑦ 参见［美］特纳：《社会学理论的结构》，435、441 页，北京，华夏出版社，2006。

价社会是否良性运行的标准之一就是社会系统的结构性协调原则，他认为社会结构是社会运行的基础，对社会运行状况起着根本性制约作用。如果社会结构不协调，社会将无法从根本上呈现出良性运行状态，即社会在结构不协调的情况下无法达到一种有序状态。因此结构性协调要求社会各要素之间或者社会各子系统之间相对平衡与和谐。

（三）结构功能范式

社会学关注社会秩序不仅从社会结构的平衡与否出发，考察社会各要素是否合理地处于社会的不同位置，同时也注重社会结构如何对社会整体发挥积极的功能。结构功能范式在对社会秩序的研究中具有重要的地位。它认为社会是具有一定结构或组织化手段的系统，社会的各组成部分以有序的方式相互关联，并对社会整体发挥着必要的功能。整体是以平衡的状态存在着，任何部分的变化都会趋于新的平衡。孔德、斯宾塞、帕森斯、默顿等社会学家都曾从功能主义的视角论述过社会系统各部分功能的发挥对维护社会秩序的重要作用。如孔德在其社会静力学中说明了社会各组成部分在维持社会秩序中具有不同的功能，构成社会的元素、组织、器官在同一社会、同一时期、同一阶段具有相互作用、相互影响的功能。从结构功能的角度来阐述社会秩序，认为社会秩序就是社会结构合理、结构各组成部分的功能协调以及社会整体结构功能协调的结果。如果构成社会的各组成要素不能充分发挥其各自的功能，则社会的协调稳定的秩序状态将会被打破，社会秩序将会被破坏，社会将会陷入一种无序状态。帕森斯（Talcott Parsons）则认为社会学就是关于秩序问题的科学，他从社会行动的分析入手，试图把行动系统描述为文化系统、社会系统、人格系统和有机体系统四个子系统，并且通过每个行动系统的适应、目标获取、整合和模式维持这四个功能来分析系统整合和社会秩序形成的机理。

虽然不同的学者对社会秩序研究的侧重点有所不同，但是最终的落脚点都是社会的良性运行和发展。综合来看，社会秩序的概念中包含了以下几层意思：其一，社会结构相对平衡；其二，社会各系统之间功能协调；其三，社会生活相对稳定。由此，我们可以将社会秩序界定为：社会运行中表现出来的社会结构合理，社会功能协调以及社会生活相对稳定的状态。

依对社会秩序的不同研究重点，社会秩序类型可有不同划分。社会秩序包含了政治秩序、经济秩序、文化秩序、道德秩序、法律秩序等等。政治秩序是指政治生活的相对稳定的状态，体现了政治生活的有序性、稳定性以及连续性。如柏拉图的《理想国》就是对政治秩序的研究。他设计的理想国是一种追求正义和有秩序的国家。经济学中强调经济秩序，经济秩序是经济运行中的各种经济要素的合理配置和协调发展的状态，如哈耶克在其经济学著作中常常使用市场秩序的概念。文化秩序是文化生活的稳定与协调状态。文化秩序也可相应地看作由文化价值内核、文化规则和文化权威有机构成的系统整体。[1] 道德秩序则是以道德规范

---

[1] 参见高峰：《社会秩序的层次探析》，载《内蒙古社会科学》，2013（1）。

的正常实行和维护，有序的有效控制为标志。法律秩序则是指由法律确立和保护的人与人相互之间有条不紊的状态。

三、社会秩序的生成途径

任何社会的存在和运行都需要建立起正常的社会秩序。没有社会秩序的社会不能称其为社会。没有必要的社会秩序，社会将会失去合理的结构，社会关系将会紊乱，社会生活将不能持续进行。社会秩序可以说是社会存在的基础。社会秩序从何而来？这也一直是学者们探讨社会秩序时不可回避的重要问题。例如迪尔凯姆将集体意识、社会分工和宗教视为社会秩序的重要基础。帕森斯则认为，社会的共享价值或道德规范被制度化，并且被社会成员内化为行动准则，从而产生了稳定的社会秩序。罗斯认为，社会为其成员提供行为的准则以及社会控制机制维持着社会秩序。[①] 无论是道德、价值、情感、宗教、传统等非正式规范的内在约束还是正式规范的外在控制，共同构成了社会秩序的生成元素。总的来看，学界趋向于认同自发秩序和建构秩序两种社会秩序的生成途径。

(一) 自发秩序

在建立社会秩序的途径方面，部分研究者认可自发秩序。所谓自发秩序，是指社会成员在相互交往中所保持的并非他们有意建构的一种行动的状态，这种行动的常规性并不是命令或强制的结果，而是牢固确立的习惯和传统所导致的结果。[②] 自发秩序也是一种内生秩序。如孔子强调通过"礼"这种内在途径来建立社会秩序。他认为"道之以政，齐之以刑，民免而无耻。道之以德，齐之以礼，有耻且格"，亦即治理社会靠的就是德和礼，只有当民众从内心深处自动自发地遵守社会规范时，社会才是一种有序状态。如果社会礼乐崩坏，天下必然大乱，社会将会陷入一种混乱的无序状态。

哈耶克也强调自发秩序。他在考察社会秩序的来源时将社会秩序分为两种：自发秩序和人为秩序。自发秩序是一种非经个人或权威机构设计的，自我生成的内部秩序。他认为自发秩序具有以下几个特征：(1) 自发秩序的有序性是人之行动的非意图的后果，是非人之设计的结果，也不是人类所能把握的。它的特定的、丰富的内容不是任何头脑所能确认和操纵的。(2) 自发秩序的型构，乃是这些秩序的要素在回应它们的即时环境时遵循某些规则的结果；这些规则的特别之处是它不必以明确阐述的或形之以文字的方式存在，只要它们在人们的行动中事实上被遵循着。任何社会主体不得不生存于社会规则体系中，受社会规则的制约，因而社会主体的理性能力及其发挥是有限的。自发秩序中，社会主体对社会规则体系的态度往往是更加注重适应和顺从，并且拒斥绝对权威的建构性作用。

---

① 参见王鹏：《基于情感社会学视角的社会秩序与社会控制》，载《天津社会科学》，2014 (2)。
② 参见宫志刚：《社会转型与秩序重建》，173 页，北京，中国人民公安大学出版社，2004。

因此，在自发秩序中往往缺乏明确的社会权威，或者说，权威的力量处于分化状态或未凸显状态。自发秩序没有一个特定的目标。它不是外在力量构设的，不会有被设定的目标。

在人类秩序如何产生的问题上，福山也认为社会秩序主要来自自身。他大量引用一些灵长目动物学家的研究成果，认为人类的社会秩序来自人类的遗传基因。他特别强调了非正式的社会规范（诚实、信任、责任和互惠）对于社会秩序以及对于一个有效的自由民主社会的重要价值，提出通过人的本性（包括理性）来重建社会秩序。美国社会学家罗斯（Ross）将"自然秩序"类同于自发秩序，认为人性中本有的"自然秩序"，包括同情心、社交性及正义感三种成分。人们彼此同情，互相帮助，相互约束，自行调节行为，处于自然秩序状态。当人性中的自然秩序遭到破坏时，就必须通过社会控制来维护社会秩序。

自发秩序可以被看成是一种非正式规范约束下的社会生活的稳定协调状态。自发秩序对于社会运行和发展发挥着重要的作用。自发秩序避免了由人的设计的局限性而造成的障碍，可以极大地发挥个人的创造力，从而实现社会文化、道德信仰、经济生活等方面的不断进化发展。此外，自发秩序内生于社会习惯和传统，具有相对的稳定性，在社会变迁的过程中不易遭到破坏，对社会发展的影响持续深入。

（二）建构秩序

社会秩序自发形成的理论并不能完全解释不同社会的治乱现象，这种从本性上或者单从习俗伦理方面来思考社会秩序来源的做法显然失之偏颇，更多的人从理性与社会秩序的关系角度来探索社会秩序的产生。所谓建构秩序，是指人们自己有意识构建起来的社会秩序，是一种人为秩序，源于人类的意愿和意图。大部分思想家和研究者都是支持通过理性建构的方式来产生社会秩序的。如孔德认为国家和政府具有强大的社会控制力，监控社会成员实现人类公共的社会秩序。霍布斯也从理性建构的角度阐释了社会秩序的来源，霍布斯把国家及其所代表的社会秩序看作人经由理性审慎思考并运用理性能力设计的结果。他指出，理性是社会秩序的主宰者，国家的形成是人的理性的运用及其胜利。虽然契约的缔结产生于人的畏死之情和乐生之欲，但是人们面对人人交战的危险，最终能够达成契约，产生秩序，正是因为人们愿意服从理性的指引和启示，是人们理性设计的结果。[①] 哈耶克在承认自发秩序的同时，也强调了建构秩序。他认为建构秩序是一种人造的秩序或由外力产生的组织秩序，他指出人造秩序是由自发秩序之外的某种力量决定的，是外生的或外力实施的，这种秩序是人对各种因素特意进行安排或指定其明确的功能而产生的，从而以某个特定的目标为前提。[②] 罗斯则将社会控制视为一种与"自然秩序"相对应的秩序产生途径，他认为社会控制是一种由

---

① 参见李庆钧：《霍布斯：理性与社会秩序》，载《江海学刊》，2004（6）。
② 参见朱富强：《三位一体的人类合作之扩展秩序》，载《北方法学》，2008（3）。

某种社会组织实施的、有意识的、有目的的社会统治系统。社会控制作为一种优于自然秩序的"人工秩序"，是通过舆论、法律、信仰、暗示、宗教、个人理想、礼仪、艺术、人格、社会价值观、伦理法则等多种手段来实施的。[①]

建构秩序具有以下几方面的特征：（1）该种秩序不仅与其他秩序形式一样渗透了社会主体的价值追求，而且在这种秩序变化的过程中，社会主体的价值追求和价值取向明显左右了秩序的变革方向。（2）集中体现了秩序主体的建构性作用。特别强调社会权威的力量，认为在任何时代和领域社会权威的作用都不可忽视，这种权威可能是社会个体，也可能是制度或组织，包括特殊的组织——国家。

建构秩序在社会生活中非常重要。在社会建设、构建和谐社会的政策和话语情境下，理性化将是社会秩序发展的重要趋势，而理性化社会更强调理性设计和以明确的规章制度约束复杂多变的人际关系。[②]

第二节
社会失序问题

社会秩序是社会运行中表现出来的社会结构的合理、社会功能的协调以及社会生活相对稳定的状态。一旦社会规范和社会控制在对社会秩序的约束上出现问题，就有可能导致社会的失序状态。

一、社会失序的内涵

社会失序作为与社会秩序相对的概念，并非是指社会无序。失序并不是指整个社会没有秩序，它只是指社会秩序出现了一定程度或一定范围的紊乱。当失序现象超过了一定的阈值，即当法律、道德甚至风俗习惯等规范对社会成员的社会行为完全失去约束作用时，社会才真正陷入"无序"。因此，社会的秩序状态可以划分为三类，即有序、失序和无序。[③] 关于社会失序的内涵，有学者认为，"由于个体的心理或行为失调，以及社会控制系统功能的失调等，社会秩序在一定范围内和某种程度上受到破坏，出现混乱的状态，就称之为失序"[④]。有学者认为，"失序是指社会秩序因社会转型以及由此而导致的社会失范所引起的社会

---

① 参见向德平、田北海：《转型期中国社会失范与社会控制研究综述》，载《学术论坛》，2003（2）。
② 参见王建民：《社会秩序的理性化及其限度》，载《新华文摘》，2009（12）。
③ 参见刘祖云主编：《发展社会学》，255页，北京，高等教育出版社，2006。
④ 吕耀怀、刘爱龙：《失范、越轨与失序》，载《长沙电力学院学报》，1999（2）。

秩序在一定程度或一定范围内的紊乱"①。也有学者认为，"社会失序是指在社会生活中，社会规范缺失或有效性降低导致社会控制减弱，不能对社会生活发挥有效的调节作用，从而在社会行为层面表现出混乱状况"②。由此可见，社会失序是指社会结构的失衡、社会功能的失调以及社会生活的紊乱状态。

社会失序的内涵包括三个方面：（1）社会秩序在一定程度上出现了紊乱的状态；（2）现有社会结构出现调整和转化；（3）社会各组成要素不能正常发挥其功能。

二、社会失序的表现

（一）社会行为失范

社会规范是社会秩序形成的重要条件之一。一旦这些规范不能对社会关系起到良好的约束作用，就会表现出社会行为的失范，从而产生社会失序状态。迪尔凯姆直接用社会失范来表示社会失序状态，他认为社会失范表现为政局动荡、传统价值观念震荡以及新的城市社会工作秩序的不稳固。社会行为失范，是指社会个体、单位表现出偏离或违反社会规范的行为，主要指对社会发展有负面作用的破坏性越轨行为。社会行为失范对社会秩序的破坏表现在各个方面：如失序行为增多，失序行为对正常社会秩序造成了破坏，导致个体行为不能够与社会秩序达成协调统一的整合状态；再如越轨犯罪行为突出，这类行为表现为对现有成文规范的违背；此外，病态行为增多，如赌博、吸毒、沉溺色情、追求享乐、挥霍浪费、见死不救等。这些失范行为都是社会失序的具体表现。

社会行为失范是由多种原因造成的。首先，在于社会规范自身的失序状态。社会中的法律法规、道德、习俗等规范处于不断的变化发展之中，旧有社会规范及其价值观念与现代社会规范及价值观念并存，规范自身处于一种紊乱的状态，人们在新旧规范的冲突之中不知所从，社会行为缺少了指向，自然导致了行为的失范。其次，社会规范的真空状态。即原有的社会规范的约束力有所减弱，甚至于新的社会现象和行为无法从原有的规范中得到指导，而新的规范尚未形成，或者新规范的约束力尚未被人们普遍接受和发生效用，因而难免出现社会行为的失范状态。

（二）社会关系失调

社会学研究的中心问题就是个人与社会的关系问题，社会关系是社会秩序的存在论基础，社会关系的性质决定着社会规范体系或社会制度的性质，从而也决

---

① 刘祖云：《中国社会发展三论：转型·分化·和谐》，237 页，北京，社会科学文献出版社，2007。
② 罗谟鸿、邓清华、胡建华等编著：《当代中国社会转型研究》，178 页，重庆，西南师范大学出版社，2007。

定着社会秩序的性质和状态。[①] 社会关系实质上是指个人之间的关系、个人与集体之间的关系、个人与国家之间的关系的总和。社会关系的失调最主要的表现是个人与社会的关系失调。这种社会关系的失调具体表现为以下几个方面：其一，社会关系结构的变化。在现实社会生活中，每个个体都不是孤立存在的，而是社会结构中的一个元素，有其自身的位置，一旦个人与他人之间、个人与社会之间的相对位置发生了改变，社会关系结构也就随之发生了变化。其二，个人与社会相互依存、相互制约的协调状态被打破。社会是由无数个人组成的，人的生存离不开社会，人的发展更需要社会提供各种条件。个人与社会之间是一种相互联系、相互制约的关系。一旦这种相对稳定协调的制约关系被打破，就会导致个人与社会之间关系的冲突。

社会关系失调，将会影响社会大部分成员的共同生活，破坏社会正常活动，妨碍社会协调发展。一方面，社会关系失调，个人与个人之间的利益平衡关系将被打破。另一方面，个人与社会关系失调，个人无法认清自身在社会中的位置，无法促进社会的发展，社会也无法为个人的发展提供条件。

（三）社会结构失衡

社会结构是社会体系各组成部分或诸要素之间比较持久、稳定的相互联系模式。可以从广义和狭义两个层面来理解社会结构。广义的社会结构是指整个社会系统中的各个子系统，如政治系统、经济系统、文化系统等相互之间联系的一般状态，是对整体的社会体系的基本特征和本质属性的静态概括。狭义的社会结构指由社会分化产生的各主要的社会地位群体（如阶级、阶层、种族、职业群体、宗教团体等）之间相互联系的基本状态。

社会结构的失衡实际上就是指组成社会系统的各要素之间相互联系的基本状态失去了平衡和协调，从而使社会处于一种失序的状态。人类文明的发展过程中，经济发展、社会发展和政治发展之间极有可能处于一种失衡的状态。例如强调经济发展而忽视社会发展，导致发展出现单极化趋向，即社会发展不能很好地与经济发展相适应，为经济发展提供支持和持续的动力；如政治发展滞后于经济发展，经济发展已经由计划经济体制向市场经济体制转变，但政治发展却还停留在计划时代，不能够为经济发展提供相应的规划和政策支持，等等。结构的失衡也是社会失序的重要表现。

社会结构的失衡破坏了社会各组成要素之间动态的平衡。从小的方面来看，将会阻碍社会各构成要素的功能的发挥；从大的方面来看，社会结构的失衡将会影响政治稳定和社会安全，甚至导致社会解体。

---

① 参见王兴周：《重建社会秩序的孔孟思想》，载《现代哲学》，2009（2）。

三、社会失序的原因

社会发展过程中出现的短暂的社会失序现象是一种正常状态。一般来说，社会经济体制、政治体制、社会规范、价值观念等方面变化时，社会原有的相对平衡稳定的状态最容易被打破，当社会规范和社会控制弱化的时候，就会出现社会失序。总的来看，社会失序与社会规范和社会控制有着密切关系。

（一）社会规范与社会失序

这里的社会规范是广义的社会规范，不仅包括成文的法律、规章、制度等，也包括不成文的风俗、习惯、道德、宗教等。各种行为规范互相配合，有机地组成为一个社会规范体系，调整人们各个方面的社会行为，维护一定的社会秩序，使社会活动纳入一定的轨道。规范与社会秩序有着重要的联系。如迪尔凯姆强调道德规范对社会秩序的作用，他认为，社会失范的原因在于社会秩序的基础即道德受到反常社会分工的削弱。正常的社会分工可以创造出新的团结基础，即职业道德，它支持现代社会人们联结的纽带和高度有机的社会结构。但反常的社会分工却导致社会失序。[1] 除了道德规范对社会秩序有着重要的影响外，其他诸如法律、习俗、规章制度等规范都和社会秩序有着密切的联系。社会规范的缺失、迷乱、弱化是社会秩序紊乱的重要原因。特别是在社会转型时期，容易出现社会规范的缺失、迷乱和弱化，从而导致社会失序。具体来看，社会失序主要是由以下几种非正常的规范状态所引起的。

1. "规范缺失"与社会失序

当旧有的规范已经不能作为人们行为的准则，而新的规范尚未建立或者新建立的规范尚未在指导人们的行为方面发挥应有的作用时，规范的"真空"地带就容易出现。尤其是在社会经济体制转轨的过程中，容易出现规范真空。经济体制转轨改变了原有高度集中的计划体制，引入了市场竞争的机制，这一过程对于中国而言是一个全新的尝试，是摸着石头过河的尝试，而建立起与商品经济相适应的规范体系需要长期的探索和实践。相当多的社会失序状态源于"规范缺失"。例如，改革开放之初，中国开始建立市场经济体制，但是对于如何由市场来配置资源和进行生产没有相应的配套规范的约束，以至于出现大量市场主体的失序行为。建立规范的社会主义市场经济秩序，贯穿于建立和完善社会主义市场经济体制的全过程。"不以规矩不能成方圆"，"规范缺失"必然导致失序现象的滋生和蔓延。

---

① 参见肖云忠：《失序与重构：哈贝马斯与迪尔凯姆社会秩序思想的比较》，载《成都理工大学学报》，2005（4）。

2. "规范迷乱"与社会失序①

社会发展过程中，社会规范也处于一种传统与现代共同作用的过程中，与传统社会相适应的各种规范和刚刚建立的现代社会规范及其价值观念并存，共同作用。社会规范表现出多元化的趋向，缺少主流的价值判断标准，孰好孰坏、孰对孰错本身就是一个艰难的抉择过程，规范时常处于迷乱的状态。规范迷乱主要表现在两个方面：其一，传统规范与现代规范的冲突。例如，在中国改革开放后，为了适应现代社会发展的需要，国家出台了相当多的法律法规，但是某些新的规范与旧有规范之间存在着明显冲突，即所谓的"规范打架"，以何种规范指导行为成为一个难题。其二，传统规范与现代规范的影响力共同存在。传统的旧的规范虽然已经不能很好适应新形势发展的需要，但是其影响力仍然存在，尤其是一些不成文的习俗、道德等规范，对人们行为的影响将会长期存在。而新规范虽然建立了，但是还不能被普遍接受，人们思维观念的转变需要时间。在多种规范并存的情况下，人们往往会表现出无所适从。

"规范迷乱"必然导致大量与规范相左、相异甚至相违的失范行为的产生。例如，传统规范要求大学成为求真育人的地方，但现实是中国大学教育的官本位、行政化、市场化，与大学的本质属性之间存在着冲突，实际上是指导大学教育的高等教育制度规范出现了迷乱。传统规范要求将大学作为一个社会特区，作为一个文化试验场，但是现代教育制度又将大学推进市场，要求大学教育市场化，要求大学主体紧随市场经济的步伐，结果导致大学教育秩序混乱。没有明确的规范指导，这种失序状态还将会长期存在。

3. "规范弱化"与社会失序

社会规范除了缺失和迷乱之外，还存在着一种弱化的情况。所谓规范弱化，是指现有规范在新的社会发展背景下对社会成员行为的引导和控制能力减弱，规范应有之功能不能得到充分发挥。规范弱化也可以分为两种情况：其一，传统旧有规范功能的弱化。旧有规范对于新的社会仍然具有指导意义，但是由于受到多方面转型的冲击，其功能已经大打折扣，不能够很好地约束人们的行为和治理各种社会问题。其二，适应现代社会的规范刚刚建立，还不完善或未被充分接受，其功能还不足以引导人们的行为。例如，传统儒家道德规范"五常"中的"信"，指"言无反覆、诚实不欺"，这对于规范个人行为，协调人与人之间的关系具有重要的指导意义，但是这种指导作用却随着传统社会向现代社会的转型被逐渐削弱。尤其是在市场经济活动过程中，"信"的道德规范对经济活动的作用越来越弱，"不信"、"不诚"的现象越来越多。假冒伪劣、坑蒙拐骗的行为在社会中时有发生。这就是典型的规范弱化带来的社会秩序的混乱。再如，在政治体制转型过程中，国家新出台的规范要求政府依法行政，但事实情况是，新规范还并不完善，没有被行政执法主体所完全接受，受到传统官本位思想的影响，还存在大量公共权力的滥用、长官意志、层级制度等依"权"行政、依"个人意志"行政的

① 参见刘祖云主编：《发展社会学》，261页，北京，高等教育出版社，2006。

社会失序状态，结果导致"官民"之间社会关系的紧张和冲突。

"规范弱化"无疑会便于或利于失序现象的产生。在当前我国的社会中，无视规范、逃避规范、有令不行、有禁不止等现象在经济、政治、文化和社会生活领域中屡屡发生。其直接后果就是会导致社会关系的失调，影响到社会的正常运行和发展，甚至影响社会的稳定和发展。

（二）社会控制与社会失序

社会控制是指社会组织通过社会权威的力量，利用某种方式或手段对社会成员的行动进行调节引导和制约，实现和维护社会秩序的过程。美国社会学家罗斯在1901年出版的《社会控制》一书中从考察社会秩序入手提出社会控制的概念，他认为社会控制的目标是社会秩序，机制则是规范个人的行为，使其符合社会秩序的要求。可以说，社会控制是建构社会秩序的重要环节，也是稳定社会秩序的重要途径，没有社会控制就没有社会秩序。在人类文明的早期，人类活动表现出一种自然秩序，随着社会的发展，社会关系变得越来越复杂，单纯的自发秩序已经不足以对人的离轨、犯罪等社会行为起到约束作用，不能很好地调节人与人、人与社会之间的关系，必须经由社会控制而人为地构建社会秩序或维护社会秩序来实践社会的良性运转。社会控制的功能包括三个方面的内容：（1）为社会成员提供合乎社会目标的社会价值观念和社会行为模式，调适人际关系，制约和指导社会成员的社会行为；（2）规定各个社会群体或社会集团的社会地位、社会权利和义务，限制它们之间利益竞争的范围，调整它们之间的利益关系，避免大规模的对抗性冲突；（3）协调社会运行的各个系统，调节它们之间的关系，修正它们的运行轨道，控制它们的运行方向和运行速率，使之功能耦合、相互配套，尽量使各社会系统同步运行，促进社会良性运行和协调发展。[①] 从功能来看，社会控制就是为了维系正常的社会秩序。

一旦各种控制方式失灵或者控制力度减弱，社会秩序的稳定状态将会被改变，社会失序的现象将会出现。具体来看，社会控制与社会失序的关系主要体现在以下几个方面。

1. 控制失灵与社会失序

社会控制的手段非常多。如罗斯将社会控制的手段分为伦理控制手段和政治控制手段。伦理控制手段包括舆论、暗示、个人理想、社会宗教、艺术和社会评价等，政治控制手段包括法律、信仰、礼仪、教育等。总的来看，可以将社会控制分为三大类，即制度控制、组织控制和文化控制。制度控制是利用成文的法律法规、条文条例等来约束社会行为，协调社会关系，优化社会结构，实现社会的有序运转；组织控制是运用组织章程对组织内成员的行为进行指导和约束；文化控制是利用未成文的行为准则和价值标准对社会成员进行控制。如运用风俗、道德、宗教等方式进行的社会控制。

---

① 参见郑杭生：《社会学概论新修》，3版，404页，北京，中国人民大学出版社，2003。

任何社会要想实现良好的社会秩序都需要借助多元化的社会控制手段。由于社会控制的目的不同、社会行为复杂多样，要求运用各种具有不同特点和作用的控制手段来互相补充，实现控制的最优效果。只有充分利用各种社会控制手段，发挥各种社会控制手段的互补和综合作用，才能实现社会控制的根本目标，维护社会秩序，促进社会的良性运行。一旦社会控制的各种手段中的任何一类出现失灵，就会导致社会控制某方面功能的丧失，从而引发社会失序。例如，改革开放之初，邓小平提出让一部分人先富起来的目标，就要求对先富起来的行为进行社会控制，以使这种先富起来的经济行为有序进行，但事实上由于缺少公平的制度保障，一部分人通过投机倒把先富起来，不仅没有能够实现先富带后富的目标，而且损害了大部分未富人的利益，激化了社会矛盾，使社会的协调关系遭到破坏。

　　2. 控制失度与社会失序

　　社会控制在维护社会秩序的过程中，不仅强调多种手段的共同作用、互相补充，而且强调一个"度"的限制。社会控制的度包括三个维度：控制力度、控制刚度和控制网络致密度。① 其中控制力度表明社会成员的社会活动空间的大小；控制刚度表明越轨行为受到社会制裁的可能性的大小以及制裁强度的高低；控制网络致密度表明社会规范的严密程度。社会控制中"度"的把握就是要合理处理社会与个人之间的关系。社会控制失度主要表现在两个方面：社会控制过分严格和社会控制过分宽松。

　　社会控制过分严格是指控制在力度、刚度和网络致密度方面超过了正常水平，实际上是控制过度。社会控制过度可能导致社会的紧张气氛，遏制社会活力，不利于社会成员发挥积极性和创造性。例如迪尔凯姆在《自杀论》中提出了"利他型自杀"，当高度的社会整合使得个性受到相当程度的压抑，个人的权利被认为是微不足道的，他们被期待完全服从群体的需要和利益时，会导致利他型自杀，这种自杀行为源于群体规范和权威过度控制群体成员。如 1983 年我国实行的严厉打击刑事犯罪分子活动（简称"严打"），原意是为解决一定时期中突出的社会治安问题而依法进行的打击严重刑事犯罪的活动。但是与此同时，将一些轻微触犯法律的情况甚至是治安事件也纳入"严打"的范围，结果导致社会气氛一度紧张。社会控制过分宽松是指社会控制在力度、刚度和网络致密度方面低于正常水平。与此相反，过分宽松的社会控制会导致社会成员无视社会规范、逃避社会规范的行为，最终会影响社会稳定和秩序。社会控制的过分严格和过分宽松都将会对社会秩序产生影响，容易导致社会失序甚至是社会风险。正确把握社会控制的度，对于维护社会秩序非常重要。我国的社会转型还处于一个渐进的过程中，经济和社会的发展都还处于不断探索的过程中，如何把握好社会控制的度，维护正常的社会秩序，实现社会发展与稳定、效率与公平之间的协调与平衡，仍然还需要不断探索。

------

　　① 参见郑杭生：《社会学概论新修》，3 版，410 页，北京，中国人民大学出版社，2003。

第三节
社会转型期的社会失序

一、社会转型与社会失序的关系

任何社会的转型都是为了创造更好的社会秩序，但转型的社会实践过程却并不会自然带来社会的有序发展。恰恰相反，正如亨廷顿（Samuel P. Huntington）所指出的，任何的社会转型过程往往都是一个阵痛的过程，极易产生社会失序。[①]

社会失序与社会转型之间有着密切的联系。一般来说，发展中国家在社会转型期都会出现暂时的社会失序现象。总的来看，社会转型与社会失序之间的关系可以概括为两个方面。

（一）社会转型包含秩序转型

从社会转型的内容来看，学术界普遍认为社会转型包括三个方面：一是体制转型，即从计划经济体制向市场经济体制的转变；二是社会结构变动，即一种整体的和全面的结构过渡；三是社会形态变迁，即中国社会从传统社会向现代社会、从农业社会向工业社会、从封闭性社会向开放性社会的社会变迁和发展。无论是体制的转型，还是结构的变动、社会形态的变迁，从某种意义上来说都是一种新的社会秩序的形成过程。可以说，社会转型包含了秩序的转型和重建的过程。从社会秩序的属性来看，秩序是社会生活的一种相对稳定和协调的状态。稳定性是社会生活是否有秩序的重要根据，协调性则体现了社会秩序的动态变化的过程。任何社会秩序都具有阶段性的特征，是一定社会形态相对稳定协调的状态，它只能适应一定阶段和一定形态的社会发展的需要。社会秩序不会永恒不变，它本身具有相对性和变动性的特征。它会随着社会的发展而改变自身的形式和本质。亦即社会秩序也是处于不断的调整和变化过程中以适应新的社会发展的需要。社会转型就是对不能适应社会发展的旧有秩序的扬弃，和对新秩序的重建。从社会发展的历史进程来看，社会转型期都可以看做是一个秩序重建的过程。

社会转型与秩序的转型并不一定同时完成，往往是社会转型先发生，社会秩序随后重建以适应转型后的社会。在转型的过程中，原有的社会相对平衡的结构被打破，社会各系统之间的功能处于新的协调过程中，社会生活的稳定状态暂时

---

① 参见吴兴智：《国家、组织化与社会秩序——当前我国社会发展模式再思考》，载《上海行政学院学报》，2014（3）。

被打破，社会出现了暂时的失序状态。我国现在也正处于社会转型的过程中，由传统社会到现代社会的转变还需要很长时间，与这一过程相伴随的社会秩序的紊乱，是一种必然现象。

（二）社会转型导致社会失序

社会转型对社会秩序会产生深刻的影响。社会转型的快速发展时期，也是一个极易出现失序的时期。一方面，旧的社会秩序不能适应转型社会的发展需要，失去了协调社会发展的功能；另一方面，新的社会秩序还没有建立，从而出现了严重的社会失序现象。可以说，当代中国社会秩序的变革根源于社会转型。社会转型是社会秩序变革的一般动因，也是社会失序最重要的原因。社会转型导致了社会失序，这种影响主要体现在两个方面：

第一，社会规范体系的更新导致了社会失序。社会规范作为建构秩序的重要"契约"，在推动社会秩序形成的过程中发挥着重要作用。在社会转型期，社会规范受到了前所未有的挑战和冲击，"失范"成为转型社会的一种突出社会现象。在我国社会转型的过程中，社会规范也经历着更新与重建的过程，这一过程最容易出现社会失序状态。社会规范的缺失、迷乱以及弱化，必然引起社会上大量的非规范性关系的产生。人们之间不再遵循以往的交往原则，也不再遵循旧有的行为模式，从而导致社会行为的失范和社会关系的失调。同时，社会规范的权威性降低使受控群体失去了行为导向。

第二，社会控制机制的弱化导致了社会失序。社会转型也是社会控制机制的转型过程。社会控制机制是一个社会的秩序得以持续性存在的前提。[①] 在计划经济条件下，主要通过政治和行政手段来实现高度集中和统一的社会控制，社会控制的手段是单一的，但是却是有效的，由此建立起稳固的社会控制机制，而在社会转型期，政治、经济、文化都处于不断转型过程中，社会控制的手段由集中向分化，由单一向多元化的方向发展，维持原有社会秩序的控制机制正在发生重大变革。由于这一变革相对落后于社会发展，因此在一定时期内出现了社会控制的失灵或者失度的情况，从而使社会出现失控的局面，社会秩序出现了紊乱。

二、社会转型期社会失序的表现

社会转型期社会失序现象非常普遍，主要表现在政治领域、经济领域和思想文化领域。在每个领域都存在着大量的行为失范、关系失调和结构失衡的现象。

（一）政治领域的失序

现代化必然导致一定程度的社会政治失控，也就是政治领域的失序问题，这种失序一旦超出限度则会酿成社会动荡。政治领域的失序主要表现为行政低效和

---

① 参见宫志刚：《社会转型与秩序重建》，14 页，北京，中国人民公安大学出版社，2004。

权力失控。

1. 行政低效

主要表现为政府机构的运转缺乏效率，政府机构的功能不能得到充分发挥。政府是一个非市场机构，其职能主要是依法对国家和社会公共事务进行管理。与市场化的企业经营相比，政府机构的运转本身就缺少明确的产出标准，难以从经济上进行度量。这使得政治领域的行政低效成为可能。再者，政府垄断着公共物品的供应，导致公共产品的供给缺乏竞争活力，在追求公共政策目标的实现过程中不会太考虑成本和效率的问题。中国在改革开放前，是单纯的计划经济体制，建立了政社不分的"大政府、小社会"的管理模式，效率低下是其重要的特征，虽然经过30多年的改革发展，但是传统的政府机构运转效率低下的弊端仍然不能够完全根除。例如，当前全国各地政府不计成本的大兴土木，大规模的城市建设，追求政绩工程等，都是行政效率低下的表现。

2. 权力失控

社会转型过程中的一个普遍共性主要表现为权力腐败。在政治领域里以寻租为主要特征的腐败现象广泛蔓延。例如，当前经济资源的分配很大程度上仍然取决于政府，市场主体能够获得经济资源的多少和优劣，主要是依照其与权力的关系远近而定的。政府官员仍然掌握着很重要的资源的配置权力。比如土地配置权力基本掌握在政府手里，而不是由市场机制进行配置。吴敬琏曾经指出，我国由计划经济体制向市场经济体制转型过程中的最大体制障碍之一在于，各级政府仍然保持着过大的资源配置权力。权力经济的存在，加之转型时期各种制度的缺位，为政府及其官员政治寻租行为提供了可能性，不可避免地会出现各种寻租行为。政府机构及其工作人员利用自身所掌握的公共权力而谋取自身利益，不仅影响政府公信力，甚至危及政权稳定。此外，权力失控所导致的贪污腐败现象也是层出不穷。腐败是任何国家都存在的问题。我国由于处于特殊的政治、经济体制转型期，政治体制和经济体制中传统和现代因素交织并存，腐败现象也就表现得非常突出。

（二）经济领域的失序

社会转型的一个重要内容是由计划经济体制向市场经济体制的转型，但是对于我国而言，经济体制的转型完全在摸索中前进，与市场经济配套的一整套制度安排不完备，经济领域的失序不可避免。但是，当前我国经济领域的失序已经超出了合理的范围，制约着经济的持续健康发展，甚至会危害到我国社会的稳定。经济领域的失序主要表现在以下几个方面。

1. 市场主体不清

市场主体是指在市场上从事经济活动，享有权利和承担义务的个人和组织。只有以市场主体为本位，一切为了市场主体，一切依靠市场主体，社会经济才能发展。但是，当前我国的市场主体却并不是十分明确，非常混乱。一方面表现为政府机构对经济领域的干预过多。总的来说，政府对经济"管得过多、统得过死"的弊端虽有改善，但并未从根本上消除，尤其是在资源的配置方面，政府仍然发挥着重要的作用。政府机构不仅可以通过行政手段干预经济，甚至于直接参与经营活动，成为享有种种"特权"的市场经营主体。另一方面，不具备市场主体资格的其他单位或组织（如某些财政全额拨款的事业单位）也以各种方式进入市场，开展经营活动。而本来作为市场主体的个人、企业等却并不能很好地享受权利和承担义务。一切以经济效益为目标使得经济领域的市场主体极度混乱。

2. 市场行为失范

主要表现为生产经营的盲目化、短期化以及违规经营和信用危机。当前我国经济的发展缺少合理的制度安排和制度引导，市场主体的逐利特征导致生产经营的盲目化和短期化。市场行为失范还体现在违规经营方面。受经济利益的驱使，大部分市场主体在经营过程中都存在着违规的现象。比如偷税漏税已经成为市场经营中的潜规则。如假冒伪劣、走私贩私等无处不在。"饿死胆小的，撑死胆大的"成为市场经济时代投机行为的写照。此外，市场行为失范还表现为信用体系的溃败。不讲诚信在经济领域时有发生。对产品和服务进行虚假广告宣传，骗买骗卖、强买强卖等恶意欺诈的行为时有发生，伪劣产品横行市场等。如由"三鹿奶粉事件"导致的牛奶危机、由农药超标引发的蔬菜危机、由地沟油引发的食用油危机等等，都是市场信用体系溃败的生动例证。

（三）思想文化领域的失序

思想文化是相对于物质的一切意识领域中的现象，是一个国家和民族共同遵奉的文化传统、观念体系、思想智慧等等，是独立于主体之外而又要求主体遵循的一种精神存在。社会转型的进一步深入，也带来了思想文化领域的变迁，社会在政治和经济方面的转型往往比较明确直观，而思想文化领域的转型却是模糊而隐晦的，不容易发现的。思想文化的转型不可能在一朝一夕内完成，大约要经过几代之后才能看出社会文化的嬗变，而其给社会和历史的影响却更深远。

改革开放和市场经济的发展使中国社会发生了深刻的变化，也带来了思想文化冲突。这种思想文化领域的失序主要表现在两个方面：

1. 价值观念迷失

社会转型带来了价值观念的多元化，传统的价值体系趋向于瓦解，从而导致不同社会主体之间价值观念的冲突。价值观念冲突是一种正常的客观存在，价值观念冲突是社会转型的必然产物。但是在社会转型时期，旧的价值体系已经不能合理地解释社会生活，不能适应社会生活发展的需要，而新的价值体系还没有建立起来，由此则会出现社会主导价值观念的迷失。社会主体缺少对各种事物、行为以及可能做出的选择等进行评价的准则，以及正确的态度及行为倾向。各种价值观念纷纷出现，尤其是受到西方社会价值观念的冲击，造成价值多元化的局面。价值多元化的必然结果是价值冲突，从而引起价值观念方面的失序。例如，现代社会普遍存在的权力崇拜和金钱崇拜就是价值观念迷失的重要表现。

2. 道德观念滑坡

无论是中国还是其他国家，转型期都会出现道德观念的深刻转型。随着中国的改革开放，市场化浪潮的涌起，社会环境日益复杂化和多样化。随之而来的各种新兴观念的出现，外来思想的流入，使人们久已习惯的道德信念、善恶标准受到了挑战。传统道德观念对人们行为的指导作用降低，出现了道德的真空。在市场经济条件下，很多人一切从自身利益的最大化和自身享乐出发，抛弃了道德约束，从而出现严重的行为失范和越轨行为。唯我主义、拜金主义、享乐主义成为了社会中一部分人追求的方向，传统的明理、守法、仁爱、信义、礼仪等道德价值观正在被一部分人逐渐淡化抛弃。

三、社会转型期社会失序的价值评析

社会转型过程实际上也是一种新的社会秩序的重建过程，在这一过程中社会失序不可避免。社会失序对于社会发展究竟是一种阻碍，还是一种推动，必须客观地进行评判。可以从正反两个方面来理解社会失序的价值。

（一）社会失序的积极意义

在现有对社会失序的研究中可以发现，大部分研究者强调社会失序带来的负面影响，但是不可否认的是，从社会历史的发展进程来看，社会失序对于社会发展同样具有积极的意义。

第一，社会失序是社会发展的内在环节。社会失序对于社会转型的影响并不一定是负面的，社会失序是社会转型过程必经的阶段，经历过短暂的社会失序可能会过渡到一个新的稳定协调的社会状态。在人类文明的发展过程中，短暂的社会失序总是不可避免，但是社会在经历了秩序—失序—秩序的否定之否定过程后将会迎来新的形态。

第二，社会失序能够促进新秩序的生成。转型时期的社会失序将会打破旧有秩序的束缚，激发社会内各种因素自身的活力，为新体制、新制度的产生创造条件。有些时候，社会失序是不可避免的，不打破旧的社会秩序就不能建立适应生产力发展需要的新的社会秩序。从这个意义上来讲，社会秩序具有积极的意义。

（二）社会失序的消极意义

社会失序体现的是社会生活的一种紊乱的状态，其消极意义是毋庸置疑的，其对社会发展的影响是显而易见的。有研究者认为，破坏性失序强烈冲击了旧有的规范，在新的规范尚未建立和社会控制弱化的过程中，社会发展就会出现所谓的"规范真空"、"价值真空"等状态，就必然会造成社会秩序的混乱，使社会处于失控的无序状态，从而偏离改革和发展的预期目的，严重的会导致社会的崩溃。[①] 总的来看，转型期社会失序的消极意义主要体现在三个方面：

其一，阻碍社会的正常运行。社会的良性运行就是一种协调的有序状态，社

---

① 参见宫志刚：《社会转型与秩序重建》，76 页，北京，中国人民公安大学出版社，2004。

会失序必然会打破这种社会的协调状态，阻碍社会的正常运行，甚至威胁到社会的稳定。

其二，阻碍社会转型。社会转型既可能导致社会失序，但是同时也是社会秩序的转型过程，社会秩序的转型不过是社会短暂的失序过程，最终将会建立起相对稳定协调的社会秩序，如果社会长期处于紊乱的失序状态，新的社会秩序无法生成，将无助于社会转型过程的实现。

其三，影响社会和谐。和谐就是个人与社会关系的协调，是政治、经济、文化、社会系统的协调，也就是社会协调有序的状态。显然，社会失序将会破坏这种美好的状态。

社会失序的价值分析是社会转型时期理论界十分关注的问题，也是一个颇有争议的话题，应该从历史的角度辩证地看待社会转型时期的失序问题，不能简单地得出好或坏的结论。

第四节
社会秩序的协调与重构

在人类发展的历史进程中，社会失序状态的出现不可避免。尤其是在社会转型的过程中，一种社会形态向另外一种形态转变，一种社会结构向另外一种结构转变，一种体制向另外一种体制转变，都将带来大量的社会失序现象。社会失序可能会带来暂时的社会生活的紊乱，但是也可能孕育着适合社会发展的协调的新秩序，关键在于如何认识社会秩序，如何对社会转型中的社会秩序进行协调和重构，使之适应新的社会发展的需要。

一、社会秩序协调与重构的必要性

（一）社会正常运行的必要条件

秩序在人类生活中也起着极为重要的作用。整个历史的研究似乎可以表明，有序生活方式要比杂乱生活方式占优势。正常情形下，传统习惯、已经确立的惯例、社会规范以及法律规范，都有助于将集体生活的发展趋势控制在合理稳定的范围内。古往今来，思想家都在为协调和重构社会秩序而不懈努力。例如，我国古代的孔孟之道，如今提倡的和谐社会实际上都是对良好社会秩序的追求。为什么思想家们都非常重视社会秩序的问题？因为在任何一个社会，都必须解决提供秩序的基本问题。人类历史之所以能够不断向更高程度的文明发展，就在于社会有着良好的运行秩序。可以说，社会秩序的协调和重构是一个社会正常运行的必要条件。秩序混乱的社会是不健康的社会。没有秩序的社会是不长久的社会。

我们可以从政治、经济、文化系统的运行与社会秩序的关系来理解秩序之于社会运行的重要性。从政治方面来看，政治系统是一个既有层次分工又有完整系统的有机整体，政治系统不仅是整个社会生活大系统或总系统中的一个子系统，而且政治系统内部的各个部门、各个环节和各个要素以及系统内部和外部环境之间都是相互联系、相互影响和相互制约的。一个社会的正常运行需要政治系统的协调运转。政治系统的失序严重者可能导致国家机器的瘫痪。从经济方面来看，社会的正常运行离不开经济系统的支撑，而经济的发展和社会民众生活质量的提升都需要有一个良好的经济秩序。一旦出现秩序的混乱，生产要素无法有效配置，人们的生产活动不能开展，经济活动将陷入停滞。没有经济基础的上层建筑也是不可靠的，社会的运行也不会长治久安。从文化来看，文化系统作为社会生活的反映，在社会上发挥着重要的作用。文化使一个社会中的规范和观念更加系统明确，体现了一个社会的价值观和规范体系。文化给社会中的人们提供了行为标准，协调了人们之间的关系。从经济、政治、文化各个系统之间的关系来看，三者之间互相联系，相互影响并相互制约。三者的正常运行必须要有秩序保障。

（二）社会转型的内在需要

社会转型与社会秩序之间存在着密切的联系。一方面，社会转型可能在某种程度上导致社会规范的缺失、迷乱、弱化以及社会控制的失灵、失度等，从而导致社会失序；另一方面，社会失序又将反过来成为社会转型的障碍，使社会转型陷入不可控的状态。而良好的社会秩序则可以促进社会转型。人类历史发展证明，任何一个社会的转型都是伴随着社会秩序的协调和重构的过程，社会秩序的协调和重构往往是与社会转型相生相伴的。社会转型是一个由传统到现代的过程，也可以理解为社会结构、社会体制、社会关系等方面的重新组合，实际上就是以一种新的社会秩序来取代旧的社会秩序。可以说在传统社会向现代社会转型的过程中，社会秩序的协调和重构是社会转型的内在需要。没有社会秩序协调和重构，就不可能有真正意义上的社会转型。

具体来看，社会秩序促进社会转型主要体现在以下几个方面：其一，实现经济转型。传统计划经济的体制不能再适应现代经济发展的需要，经济的转型实际上就是要建立在规范化和制度化制约下的市场经济。打破旧有经济模式，实现经济要素的重新分配、经济结构的转变等都离不开秩序的重构，经济转型与经济新秩序的重建是同步发生的。其二，实现政治转型。政治转型是以民主政治为发展目标的，这种新的政治秩序的实现也需要长期的过程，政治转型更需要避免无序混乱的状态，这种秩序能否协调和建立是政治是否成功实现转型的重要标志。其三，实现文化转型。现代型文化的形成也离不开秩序的协调和重构。可见，经济、政治和文化的现代化转型其实就是三者的规范化和秩序化的过程。协调和重构社会秩序也就是实现社会转型的过程。

（三）社会和谐的根本任务

社会秩序反映的实际上就是一种社会稳定协调的状态。协调和重构社会秩序，有利于使社会保持一种健康和谐的状态。这是古往今来思想家们追求社会秩序的最终目标。无论是中国古代的孔孟、老庄，还是西方的柏拉图、亚里士多德，其对社会秩序的思考和探索都是为了实现社会的和谐状态。在中国社会转型的过程中，社会进一步发展的任务不仅是经济和社会的高度发展，而且要努力实现以人为本的全面、协调、可持续发展，就是要建立一个和谐的社会。和谐也就是实现社会结构合理、功能协调、社会生活稳定的最高境界。经过 30 多年的改革开放实践，当代中国已形成了相对稳定的新的社会秩序，中国社会在整体上是和谐的、稳定的。正是这种新的社会秩序才使得我国的经济、政治、文化等得到了快速发展。这种新的社会秩序无疑将进一步支持社会主义市场经济建设、社会主义和谐社会的建构以及社会转型的最终完成。[①] 从目前来看，社会秩序的协调和重构所要达到的社会状态也就是社会和谐的最终状态。

二、社会秩序协调与重构的目标

自从人类社会产生以来，建立什么样的社会秩序就一直是人们思考的问题。当一种社会形态过渡到另外一种社会形态时，新的社会秩序伴随而生，换一句话说，并不存在一个在所有社会形态都适用的，所谓最好的社会秩序。但是从社会秩序的本质属性来看，无论是中西方，还是不同阶段社会形态所形成的社会秩序都是为了维护社会的稳定和发展。从这个意义上来看，社会秩序协调与重构的总目标是要实现社会的稳定和协调发展。具体到当前我国社会转型的过程中，尤其是我国建设和谐社会的背景下，社会秩序的协调与重构又包含了具体的目标。

（一）促进现代化的进程

社会现代化是社会发展的必然结果，当今世界各国均以社会现代化作为发展的目标，在社会转型的过程中，现代化是当前中国社会面临的一个根本任务。从本质上来讲，社会现代化就是社会结构体系协调发展的过程。现代化不仅仅要实现经济的增长，而且要实现社会发展和人的全面协调发展。现代化也是一种社会转型的过程，社会秩序的建立是现代化的内在要求。当前阶段社会秩序的协调与重构要以建设现代化为目标，使新的社会秩序不仅体现现代化的要求，而且要为促进现代化服务。这个目标是现阶段我国协调和重构社会秩序最现实的目标之一。

---

① 参见董才生：《社会学研究主题的深化：从社会转型到社会秩序》，载《光明日报》，2009 - 08 - 25。

（二）促进社会的稳定

社会失序是社会规范缺失和社会控制减弱所导致的社会结构的失衡、社会功能的失调以及社会生活的紊乱状态。从个人层面来看，失序将会导致个人发展受阻，从社会层面来看，失序将会影响到社会的稳定。尤其是个人与社会的关系失调之后，社会冲突将会更加激烈，矛盾将会更加深化，社会的稳定和安全将会受到挑战。在当前社会转型的过程中，一些社会失序导致的社会矛盾和社会冲突将不可避免，而且非常普遍。在经济秩序、政治秩序、文化秩序等方面都出现了一些问题，导致部分人在社会转型的过程中利益受损，已经给社会发展带来了风险。因此，协调和重构当前的社会秩序非常急迫，而且应该将化解社会矛盾、促进社会稳定作为重要的目标。

（三）促进社会的和谐

协调和重构社会秩序是促进社会和谐的基本任务，同时，协调和重构社会秩序也应该以促进社会和谐作为最高目标。和谐是由社会秩序的基本属性所决定的，是各种社会秩序所要达到的理想状态。稳定和谐的社会状态是社会有序的一种表现。当前阶段，社会秩序的协调和重构需要体现这种和谐的精神。事实上，在社会秩序的构建过程中，尤其是理性建构中，仍然存在着诸多并不和谐的内容，从而导致社会结构和功能的紊乱和冲突，以及社会生活的无序。因此，以促进社会和谐为目标，将会有利于协调和重构新的社会秩序。

社会秩序不仅是一种社会稳定和谐的状态，它也是不断变化发展的。随着社会转型的不断推进，协调和重构社会秩序的具体目标也将会随着社会历史条件的变化而发展。

三、社会秩序协调与重构的途径

社会秩序包含了自发秩序和建构秩序，在日益复杂的社会生活中，自发秩序所能发挥的作用正在降低，更多的时候需要通过人为建构的方式来产生合乎社会发展需要的新秩序。尤其是在转型过程中，社会出现了各种失序状态，更需要协调和重构社会秩序，来保证社会的良性协调运行和发展。但是如何协调和重构社会秩序是一个非常庞杂和困难的系统工程。总的来看，社会秩序协调与重构的可选途径包括以下几个方面。

（一）重建价值体系

价值体系是一个民族和社会在一定时代社会意识的集中反映。价值体系是一个整体系统，包含着丰富的内容和诸多要素，如指导思想、理想、信仰、信念、价值取向、价值评价，等等。价值体系是逐渐形成和建立起来的，但一旦形成之后，它又具有相对稳定性。

价值体系对于社会秩序的建立具有重要的意义，理想、信仰、信念等将会直接影响到个人对社会的看法和评价，从而影响其社会行为。科学合理的价值观念将会指导人们处理个人与社会的关系问题，相反，价值观念的冲突和矛盾将会导致社会行为的无序混乱状态。

　　社会转型不仅造成了社会结构的广泛而深刻的变化，而且引起了社会价值观念的转变，人们的政治信仰、生活态度、职业理想、道德判断等方面都发生了改变。有研究者指出，当代中国社会转型造成的价值观念的转变及其结果具有六个方面的特征，即价值目标的差别性、价值标准的相对性、价值行为的合理性、价值选择的自主性、价值追求的实用性、价值实现的多样性。① 所谓价值目标的差别性，是指社会转型过程中不同的社会群体、不同的个人价值取向之间存在着差别，呈现出多元化的趋向；价值标准的相对性是指人们判断是非的标准相对稳定，随着社会的发展变化也发生着变化；价值行为的合理性是指人们价值的依据是一种理性计算，而不是情感或信仰等；价值选择的自主性是指人们的价值选择自由，在价值选择的过程中不会受到过多外界环境的限制和约束；价值追求的实用性是指人们以追求自身利益的最大化为价值导向，价值追求由神圣转向世俗；价值实现的多样性是指人们实现价值目标的手段和方式多样化，不再局限于某种单一的实现途径。价值观的转变一方面可能让人们更加适应社会生活，另一方面有些改变可能导致尖锐的价值矛盾和价值冲突。

　　转型时期价值观念的变化、矛盾和冲突，造成了社会的价值观念的混乱、价值行为的失范及某些价值真空，严重影响了改革开放和现代化建设的进行，迫切需要进行价值整合与重建。（1）坚持科学理性重建价值体系的指导思想。在重建价值体系的过程中应该坚持科学理性的原则，对于社会中现存的多样性的价值观念进行重新整合，取其精华，弃其糟粕，将传统价值观和现代价值观、中国价值观和西方价值观结合，以科学理性的态度重建价值体系，不能全盘否定，也不能照搬照用。（2）以建设社会和谐为价值体系重建的目标。现阶段我国的核心价值体系包括"马克思主义指导思想，中国特色社会主义共同理想，以爱国主义为核心的民族精神和以改革创新为核心的时代精神，社会主义荣辱观"四个方面，社会主义的核心价值体系对于社会和谐而言非常必要，但是现有价值体系仍然显得过于宏大和空泛，缺少指导人们具体行动的实践基础。应该以建设社会和谐为目标，进一步深化和整合现有的价值体系。

　　当然，重建价值体系是一项浩大的工程，而且价值体系的重建需要引导，而不是将价值判断的标准强加给个人，非一朝一夕可就。

（二）完善社会规范

　　社会规范是满足社会发展的需要，保证社会生存和发展的基本条件。它为人们的行为与活动提供了秩序保证，使人们的利益与要求能在一定的范围

---

　　① 参见吴家华、翟文忠：《中国社会转型中的价值矛盾与价值冲突》，载《求实》，2002（2）。

内得以实现。在一些学者的话语系统中，社会规范等同于社会秩序，社会失范等同于社会失序，因此，完善社会规范是很多研究者重建社会秩序的重要选择。

社会转型时期的社会失范现象增多已经成为研究者的共识。如前文所述，转型期的社会失范主要表现在规范的缺失、迷乱和弱化上面，由此而产生了大量的社会失序现象。当社会生活缺少强有力的规范的引导，社会将会陷入某种紊乱状态。因此，完善社会规范是协调与重构社会秩序的重要手段。当然，完善社会规范不仅仅是要弥补规范的缺失，同样要加强规范对社会主体的制约作用，尤其是硬性规范的控制要加强。

完善社会规范要重点考虑两个方面的内容：（1）加强道德规范。道德是社会的内凝剂，是实现秩序建构的内在力量。如迪尔凯姆就非常强调道德规范对社会秩序的作用。他认为，社会危机在本质上是一种道德危机，并提出了建立一种与社会分工结构相适应的多层次的社会道德体系来实现社会的有机团结。道德规范是维系社会正常运行不可缺少的条件，道德规范内化后，成为人们做人做事的内在标准，将会对个人的社会化或者社会行为产生巨大的影响，对社会而言是社会所需的最基本的社会交往秩序。在中国社会转型期，建构良好的社会秩序，离不开主观道德。（2）完善法律规范。完善法律规范也是一些学者重建社会秩序的重要方案。从社会秩序的理性建构方面来看，加强法律规范具有更强的可操作性和实践意义。法律规范对于实现社会的秩序化具有重要的意义。现代社会最重要的特征是"法治"。我国在1997年也提出了依法治国的方略，其含义就是广大人民群众在党的领导下，依照宪法和法律规定，通过各种途径和形式管理国家事务，管理经济文化事业，管理社会事务，保证国家各项工作都依法进行，逐步实现社会主义民主的制度化、法律化，使这种制度和法律不因个人意志而改变。协调和重构社会秩序的过程中必须完善法律规范，使社会结构的调整、关系的协调等都有法可依。

（三）加强社会控制

社会控制作为一种优于自然秩序的"人工秩序"，能够使价值观念和社会规范与个体的行为相结合，从而起到引导和约束行为、协调社会秩序的作用。社会控制有一个度的问题，过度严格和过度宽松都不利于社会秩序的生成和重构。这里所指的加强社会控制实质上指合理的社会控制。但是在社会转型的过程中，一般不会出现社会控制的过度状态，而实际存在着社会控制的不足，导致社会控制力的减弱，从而引起社会失序。在协调和重构社会秩序的过程中必须加强社会控制的力量。

加强社会控制需要注意以下内容：首先要强化控制主体的权威性。社会控制机制强化的前提在于控制主体。控制主体是决定社会控制力强弱的基本要素之一。"控制主体是控制受体心目中的反映对象，其行为形象沉淀于受控体的心理状态之中。""这种心理状态通过感觉、印象、评价和信念逐步形成和表现出来，并最终决定控制主体形象的被判断及其言行的被接受和被拥护的程度。"① 强化控制主体的权威性要从多方面进行努力，不仅要着力提升政府的行政能力，而且要加强控制主体的制度建设，树立良好的形象。其次，提高社会控制的效率。社会控制的手段包括制度控制和文化控制两类，两种手段必须实现结合，才能较好地实现控制目标，构建新的社会秩序。尤其是运用法律控制手段，需要提高效率，保证各种法律法规能够顺利实施，做到有法可依，有法必依。

本章要点

1. 社会秩序是社会问题研究中一个非常重要的主题。社会秩序是指社会运行中表现出来的社会结构合理、社会功能协调以及社会生活相对稳定的状态。学界普遍认为，社会秩序主要通过自发生成和理性建构两种方式产生。

2. 在社会发展的过程中经常会出现社会的失序状态。社会失序与社会秩序相对应，是指社会结构的失衡、社会功能的失调以及社会生活的紊乱状态。社会失序具体表现为社会行为失范、社会关系失调和社会结构失衡。社会失序产生的原因是多方面的，主要与社会规范和社会控制有关。社会规范的缺失、迷乱、弱化是社会秩序紊乱的重要原因，同时社会控制的失灵与失度也会导致社会失序。

3. 社会转型期是社会失序的多发时期。一方面，社会转型本身包含了秩序转型；另一方面，社会转型导致了社会失序。转型时期的社会失序主要表现在政治、经济、思想文化等诸多领域。政治领域的失序主要表现为行政低效和权力失控；经济领域的失序主要表现为市场主体不清和市场行为失范；思想文化领域的失序主要表现为价值观念迷失和道德观念滑坡。社会失序既具有积极意义也具有消极意义，可以从正反两个方面来理解社会失序的价值。

4. 协调和重构社会秩序具有重要的意义，社会的正常运行、社会的顺利转型与和谐社会的建设都离不开社会秩序的协调与重构。社会秩序协调与重构可以通过重建价值体系、完善社会规范和加强社会控制等手段来实现。

复习思考题

1. 如何理解社会秩序的内涵？
2. 如何理解自发秩序与建构秩序？
3. 如何理解社会失序的表现和原因？
4. 如何理解转型期不同领域的社会失序？
5. 如何理解社会秩序协调与重构的路径？

推荐阅读书目

1. ［英］哈耶克. 自由秩序原理. 北京：三联书店，1997.
2. 宫志刚. 社会转型与秩序重建. 北京：中国人民公安大学出版社，2004.

---

① 张纯：《社会控制与社会秩序构建》，载《中国人民公安大学学报》，2006（2）。

3. 王处辉. 中国社会思想史. 北京：中国人民大学出版社，2002.

4. 侯均生主编. 西方社会学理论教程. 天津：南开大学出版社，2006.

5. 刘祖云. 中国社会发展三论：转型·分化·和谐. 北京：社会科学文献出版社，2007.

第 四 章

社会失范与社会问题

社会规范是协调人们的社会交往与社会关系，维护社会正常秩序与社会共同生活，调节人们社会行为和社会活动的规矩与准则。社会失范是相对于社会规范而言的，指社会规范的缺乏或丧失。社会失范既是社会问题的重要成因，也是转型期一个突出的社会问题。解决社会问题必然要求社会规范的发展和完善。本章首先介绍社会规范的内涵、形式、特征与功能，阐述社会失范的内涵、理论与类型，在此基础上，重点探讨社会失范与社会问题的关系。

第一节
社会规范

一、社会规范的内涵

"规范"一词来源于拉丁文"Norma"，原指木匠手中的"规尺"。社会科学家将其应用于研究人的行为，把它视作行为的标准，由此形成了"社会规范"（social norms）的概念。

学者们从不同的学科视角出发，对社会规范的内涵进行了深入探讨。由于研究的视角不同，不同学者赋予社会规范的含义也不同。概括起来，较有代表性的主要有以下五种视角。

第一，哲学视角的界定。如美国哲学家库恩认为规范就是范式，是科学共同体成员共有的认识事物、反映事物的一套模式或规定，这些规定决定着共同体成员的共同信念和价值标准。

第二，经济学视角的界定。如美国经济学家凡勃伦指出，"集中意识"就是一种规范，它是个体意识的集中，在个体的互动过程中通过习惯和一般认可具有公理性和不可或缺性。

第三，行为科学视角的界定。社会规范指一个社会诸成员共有的行为规范和标准，规范可以内化为个人意识，从而约束着人的行为。

第四，社会心理学视角的界定。如社会心理学家谢里夫指出，社会规范是建立在群体中引导社会成员做出反应的那种共同标准或思想。它是个人内心或公认的通则，这些通则导致人们在简单的行动或复杂的道德判断中达成一致从而增强群体的团结。也就是说，社会规范是一种行为规则，它是组成社会群体成员可以接受或不可以接受某种行为的各种文化价值标准。

第五，社会学视角的界定。一是从强调社会规范对于维护社会秩序的积极意义出发，把社会规范看作社会控制的手段，因而将社会规范界定为占统治地位的各种社会标准，即制度性规范。如社会规范"是社会用于调整人们的相互关系，维护正常社会秩序的各种行为准则"①。二是认为社会规范存在合理与否的区别，把非制度性规范也纳入了研究范围，认为社会规范泛指人们社会行为的一切准则。如社会规范是"指整个社会和各个社会团体及其成员应有的行为准则、规章、制度、风俗、习惯、价值标准或模式。社会规范有对与错、好与坏、妥与不妥之分"②。很显然，第一种观点是在狭义上使用社会规范这一概念，而第二种观点则是在广义上使用社会规范的概念。

尽管不同学科对社会规范的界定各不相同，甚至同一学科不同的研究者对社会规范的认识也存在着较大差异，但有一些观点是基本一致的。如大多认为社会规范是一种价值标准，是一种行为准则，是各种社会关系的反映，是对社会关系加以固定化的一种手段等等。因此，可以认为，社会规范是协调人们的社会交往与社会关系，维护社会正常秩序与社会共同生活，调节人们社会行为和社会活动的规矩与准则。它是人们为了共同生活的需要，在生产和生活过程中共同创造出来的，在各个领域都存在的一种社会现象，其本质是对社会关系的反映。

米歇尔·鲍曼指出："如果社会学家只有通过认识存在于现实之中的规范才能认识社会现实，那么他的任务就是理解规范的意义与内容……可以对规范'内在'意义和规范之间在意义上的联系有深刻的理解，这些方法对社会学家是不可缺少的。对于社会学家来说，对实证规范的理解并非为理解而理解，这与他具有直接的经验信息含量有关，因为规范制定者和规范对象的实际行为在基本意义上均以这些规范为指导。假如以'意义'为指导是事实上发生作用的人类行为的决定性因素，那么理解意义关联总的来说是认识社会现实所必需的……"③因此，从社会学的视角来认识社会规范的内涵，我们不仅要认识到社会规范的规制性，看到它对社会成员的约束力，还要认识到社会规范对不同人的意义是不同的，对社会精英来说是更多社会规范的识别和制定问题，对普通社会成员来说则是更多社会规范的学习与遵守问题。

二、社会规范的形式

就具体表现形式来看，社会规范主要有习俗、道德、宗教、纪律与法律等五种基本类型。这些类型的社会规范之间相互作用，互为补充，共同形成约束人类社会行为的社会规范体系。

（一）习俗规范

习俗是人类社会最早出现、存在最普遍的一种社会规范。习俗的产生与发展

① 章人英主编：《社会学词典》，272页，上海，上海辞书出版社，1992。
② 时蓉华主编：《社会心理学词典》，79～80页，成都，四川人民出版社，1988。
③ ［德］米歇尔·鲍曼：《道德的市场》，54～55页，北京，中国社会科学出版社，2003。

经历了一个漫长的历史过程。在人类发展的最初阶段，由于人们在共同劳动和生活中的社会行为总是会产生各种社会后果，这些行为经过无数次重复后，人们逐渐认识到一些行为具有合理性，希望在现实生活中再现它、巩固它，与此同时，人们也发现有一些行为具有社会危害性，要求对这种行为进行防治。人们的这些要求和愿望在世世代代的社会历史经验中逐渐凝结、积淀和巩固下来，由此就形成一些在原始群体相互关系中应当如何不应当如何的习俗规范。

作为社会规范体系结构中最原始、最悠久的部分，习俗是对人类社会发展初期的血缘群体和地缘群体关系的反映，是社会成员在集体生活中逐渐形成并共同遵守的习惯和风俗，是一定文化背景下群体的行为模式。习俗遍及社会生活的各个方面，与人们衣食住行方面的行为联系密切，主要协调婚丧嫁娶、节日盛典、人情往来等方面的行为。习俗是一种带有规范性质的社会习惯，它在社会中形成，从社会中习得，由社会所传授，对社会中任何个人的行为都具有一定的约束作用，违反者将会受到社会舆论的谴责。

由于某一特定社会的习俗是该社会的成员在相互交往过程中所形成的共行共信的常规，这一常规既是社会共同体得以形成和维系的基本条件，也是大致相同或相似的民族文化心理得以形成和维系的不可或缺的要素，因此习俗一般都是传统的、长期存在的。习俗规范的遵从依赖于社会成员的信念、习惯和社会舆论的力量，它具有广泛性、自发性和普遍性等特征。一个民族的习俗总是相沿成习的，因而它对社会的制约作用具有持续性和稳定性。习俗又是不断发展变化的，任何社会都会以其是否有利于该社会的利益以及是否有助于社会的稳定和秩序为准则对已有的习俗进行扬弃。

（二）道德规范

道德规范是比习俗高一个层次的社会规范。它由习俗发展而形成，经过统治阶级的提炼和整理，成为教化人们自觉遵守的规范方式和控制手段。相比较而言，习俗对社会的影响范围较大，人们有一定的选择自由，而道德以信念、习惯和内心情感等内在因素为基础，以善与恶、诚实与虚伪、荣誉与耻辱等观念作为评价尺度，在舆论和教育等强制力下发挥作用，它作用的范围较小，但是具有更大的强制性，如果不遵从将会受到社会的谴责。

与法律、纪律不同，道德主要是通过教育、示范和社会舆论的力量，通过社会成员内心的信念来实施约束的。尽管在不同文化背景、不同时代、不同阶级中，道德标准是不同的，但由于道德比法律、纪律具有更大的感召力，作用范围也更为广泛，同时它又比习俗具有更大的约束力，因此，历朝历代的统治者都十分重视道德教化在维持和治理社会秩序中的作用。

（三）宗教规范

宗教是人们对超自然力量的信仰、解释的产物。宗教观念的最初产生，来源于在生产力极低的情况下，原始人由于对自然现象的不解和恐惧而产生的神秘感。人类在社会实践中，由于对各种自然灾害、社会动乱缺乏正确、客观的认识，因而往往乞求神的启示，追求虚幻、神秘的忠告和上帝的启示。

宗教规范是一种神化了的社会规范，它是自然力量和社会力量在人们思想中一种虚幻的、歪曲的反映，是一种与神圣象征相联系的信仰和行为准则。与习俗和道德不同，宗教的约束力在于神，违反宗教教规将受到神的惩罚。

一般来说，宗教的约束力比道德的约束力要强，越是虔诚的宗教教徒宗教规范的约束力越强。作为一种重要的社会控制手段，宗教规范的基本精神就是教导人们安分守己、逆来顺受、积德行善。因此，统治阶级历来非常重视通过宗教来维护社会政治的现状。他们常常以重新解释宗教教义的方式达到用宗教进行社会控制的目的。这正如马克斯·韦伯所言："'宗教'观念对生活方式和经济的首要的和基本的影响，总的来说，就是起了固定化的作用。"①

（四）纪律规范

纪律规范是社会群体为实现自己的行为目标给自己的成员规定的行为准则，主要是用来维持和治理社会工作和公共场所的秩序。纪律维持和治理社会秩序的作用是以强制性和服从性为前提的。如果取消纪律的强制性和服从性，社会及其群体就会成为一盘散沙，社会群体的社会目标就难以实现。如在军队里，官兵必须遵守军纪，如果违纪，就会降低军队的战斗力，以至影响整个国家的利益。一般的社会组织中也是如此。因此，人们常把纪律称为铁的纪律。

值得注意的是，与法律相比，纪律的强制性相对较弱，违反后所受到的惩罚一般也比违反法律受到的惩罚要轻，其应用具有一定的局限性。

（五）法律规范

法律规范是由国家制定或认可，并由国家机关强制实行的行为规范，它是一种具有强制性的行为规范。

法律规范是社会规范的最高等级，它的出现和发展是人类文明发达程度的重要标志。作为社会规范的特殊形式，与其他类型的社会规范相比，法律规范具有以下基本特征。第一，法律规范是由国家制定或认可的行为规范；第二，法律规范以权利与义务双向规定为调整机制；第三，法律规范是普遍适用并能反复适用的；第四，法律规范由国家强制力保证其实施；第五，法律规范具有概括性、普遍性和严谨性。

作为一种重要的社会规范，法律规范与宗教规范具有很多相似之处，主要体现为：法律在起源阶段同宗教具有一致性关系，每一种法律体系确立之初，都与宗教典礼和仪式密切相关；在人类早期阶段，公共权力常借助于神的力量作为支撑，君主为了论证自己统治的合法性，往往把其统治的渊源归结于上帝或神；宗教同法律的价值也具有某些相通之处，它们的出发点和目的都是使社会有秩序。

---

①　［德］马克斯·韦伯：《经济与社会》，上卷，460页，北京，商务印书馆，1997。

但两者又具有各自的特征，它们的区别主要在于：（1）产生的历史条件不同——宗教的产生远早于法律，法律的产生是社会发展到更高阶段的产物。（2）产生方式不同——法律是社会系统强制性的产物，它以一定的社会物质生活条件为内容，又通过相应的国家机关制定和认可，其基础则是人的理性的自觉力量；宗教则是在社会生活中自行萌发或对先知学说经典化的产物，是与科学相悖的社会异己力量，其基础是迷信和盲目的信仰。（3）调控范围和作用不同——法律只调整那些对社会生活秩序的稳定有较高价值的社会关系，宗教规范则覆盖了几乎全部的社会关系；法律规范一般只规范人的外部行为，宗教规范不但规范人的外部行为，而且更侧重于规范人的内心活动。（4）调整方式和实现的方式不同——宗教和法律虽然都是人们的行为规范，但法律是通过国家强制来进行调控，宗教主要通过控制人的良心来控制、调节人的行为，通过说教和人的内心感悟来达到社会调控的目的。（5）形式不同——法律通过规定明确的权利和义务，给人们的行动指明方向，有权利性规范和义务性规范两种基本形式；宗教规范则以强调人对神的服从义务为主，人在神的面前是没有权利可言的，所以宗教规范主要是义务性规范。

三、社会规范的特征

作为人类社会普遍存在的社会现象，社会规范具有以下基本特征。

（一）标准性和复杂性

社会规范的标准性是指，社会规范规定了在一定条件下哪些行为是可取的、必不可少的和应予鼓励的，哪些行为是不可取的、有害的和应予禁止的。它通过建立应当怎样、必须怎样、不准怎样的行为界限，为人们的社会行为提供了模式和标准。

社会规范的复杂性是指社会规范系统是一个复杂的社会现象。这一方面表现为随着社会分工的日益发展，满足人们不同需要的各种社会组织不断增加，维持不同组织之间、组织与人之间、人与人之间关系的社会规范数量也随之不断增加；另一方面则表现为由于个人的主观因素和所处的社会环境不同，人们内化社会规范的程度各异，对同一社会规范的理解也不尽相同。

（二）普遍性与差异性

社会规范的普遍性特征是指社会规范是普遍存在的，没有一个国家，没有一种社会形态能够脱离社会规范而存在。社会规范在不同历史阶段和不同国家、不同民族的社会中是一个普遍存在的社会现象。社会规范是人类社会生活历史进程的衍生物，由社会成员创造的有形物（物质层面的）与无形物（精神层面的）所构成。一个社会如果没有社会规范，就无法建立社会秩序。因此，只要有人群居住的地方，就有社会规范的存在。

社会规范的差异性特征是指在不同的历史阶段和不同的地域环境中，社会规范是不同的，社会规范具有明显的历史差异性和地域差异性。在不同的历史阶段和地域中，由于社会的生产力发展水平不同，自然形成了不同的社会规范。风俗习惯、道德、宗教等社会规范的地域差异性表现尤为突出。在这个地区中视为是道德的行为，在另一个地区中则可能被认为是不道德的，甚至是犯罪行为。

（三）历史性与恒常性

　　社会规范的历史性主要表现在两个方面。首先，社会规范作为一种文化现象，具有较强的历史积累性。它是社会群体的产物，是一代代人在前人的基础上不断创造、不断选择和补充的结果。其次，社会规范是与一定历史时期的社会背景、社会环境相联系的，是该历史时期社会背景、社会环境的产物。社会规范是在社会需要的基础上产生和发展起来的，因此其内容与形式会随着社会需要的变化而不断发展变化。在不同的社会历史阶段，会有不同的社会规范产生并发挥作用。最初级形态的社会规范是风俗习惯，次级形态的社会规范是道德，高级形态的社会规范是法律。从最初的以风俗习惯为主要社会控制方式到以法律为最主要的社会控制手段的现代社会，这充分体现了社会规范的历史变异性。永恒不变的社会规范体系是不存在的。

　　社会规范的恒常性则指社会规范虽然会随着社会的发展而不断发展变化，但它在一定的历史时期具有相对的稳定性，一般不会频繁发生变化。社会规范的根本目的和任务是保证社会需要得到有序的满足，而这是以社会规范自身的相对稳定性作为前提的。因此，社会规范的具体内容一旦形成，就会在一定的时期和一定的地域范围内保持稳定。这种恒常性既是其内在性质的必然要求，也是社会存在和发展的需要。"朝令夕改"不仅会影响社会规范功能的发挥，而且会使社会成员无所适从，从而破坏社会秩序，造成社会动乱。正是因为如此，社会规范对社会发展的影响具有双重性，它既能为社会生活带来稳定和效率，也可能会阻碍社会的进一步发展。因为相对稳定的社会规范虽然能够产生稳定的社会秩序，但僵化的或不适时的规范也可能使社会成员失去活力。当然，社会规范的稳定性总是相对的、暂时的，随着社会发展，那些僵化的、不适应时代发展的社会规范必然会被新的社会规范所取代。

（四）共有性与阶级性

　　社会规范的共有性指社会规范对社会中的每一个人都会发生影响。社会中生活的任何个体，都不可能与社会规范绝缘。在不同的社会里，各种形式的社会规范犹如一张无形的大网，对社会中的每个人都产生着影响，时刻左右着人们的生活，约束着每一个人的行动，这同时也充分体现了社会规范的普遍性。

　　社会规范的阶级性指社会规范是社会关系的反映，属于上层建筑，在阶级社会中，它必然反映统治阶级的利益，打上统治阶级的烙印。不仅在法律、制度上集中体现了统治阶级的利益，在道德等其他形式的社会规范上，也同样具有明显的阶级性。不同的阶级都有不同的道德标准。不同社会形态的社会规范必然捍卫和发展不同的阶级利益，这就表现了社会规范的阶级性倾向。

四、社会规范的功能

社会规范是人类精神文化的重要组成部分，它在社会运行与发展中发挥着重要的作用。

首先，从社会的角度来看，社会规范具有整合、协调、维护、延续和促进社会进步的功能。社会规范是为了保障社会生活需要而确立的基本规则，是社会生存与发展的必备条件。人类社会是由个体组成的。个体在成长的过程中具有不同的需要和追求。在满足个体需要的过程中，个体与他人、个体与社会之间不可避免地会发生各种各样的冲突。为了有效地调节矛盾，维持正常的社会秩序，促进社会的发展，必须建立各种社会规范。正如我国古代著名的思想家荀子所指出的："人生而有欲，欲而不得，则不能无求，求而无度量分界，则不能不争。争则乱，乱则穷。先王恶其乱也，故制礼义以分之，以养人之欲，给人之求。使欲必不穷乎物，物必不屈于欲，两者相持而长，是礼之所起也。"（《荀子·礼论》）事实上，各种形式的社会规范都是维持和治理社会秩序的具体方法。习俗、道德、宗教、纪律和法律规范之间相互补充、印证，共同发挥着综合治理与维持社会秩序的作用。

其次，从个体的角度来看，社会规范是个体社会行为选择的依据，也是保障个人权益和自由的基础。作为个体行为的社会准则，在个体社会行为发生之前，社会规范是个体社会行为的选择依据；在个体社会行为发生之后，社会规范又成为个体社会行为的评价标准，用于判断个体的行为是合法的还是非法的，是正义的还是非正义的。与此同时，社会规范为个人权益的保障和自由的张扬提供了良好的生存条件。因为，"自由（我指的是一种合理的自由，是应该得到社会尊重的自由）是一系列规范的产物。我若想得到自由，首先就要杜绝其他人的肉体、经济以及其他领域内所享有的利益和特权，防止他限制我的自由。只有社会规范才能限制他们滥用这些权力。"[1]

值得注意的是，社会规范不仅具有正功能，也具有负功能。一般来说，社会规范严重的负功能通常都是在社会规范功能失调的情况下产生的，其结果常常表现为社会失范、社会失序等。

---

[1] ［法］涂尔干：《社会分工论》，15页，北京，三联书店，2000。

第二节
社会失范

一、社会失范的内涵

（一）社会失范概念的产生与发展

　　失范（anomie 或 anomy）一词来源于希腊文。"a"表示否定，"nomos"则有规则、原则、规范、规律等多种含义。因此，从词源上来说，anomie 含有 sin，sacrilege，normative，individual derangement 或 marginalization 等含义。[①]就其中文译名来说，失范的字面意思就是规范的缺乏或者丧失。

　　作为社会学研究中的一个重要概念，失范是由迪尔凯姆引入社会学研究的。在其名著《自杀论》中，他用失范这一概念描述当社会规范和价值相互矛盾、冲突或社会规范与价值相对脆弱时，在个人和社会中都会出现的混乱状态。迪尔凯姆之后，失范便作为一个社会学概念被广泛运用，只是不同学者赋予它的含义及表达方式各不相同。默顿（Robert Merton）继承并进一步发展了迪尔凯姆的失范理论。他把失范看作"规范的缺席"，认为失范是在人们用社会认为是合法的制度化手段不能实现自己的文化目标时发生的，而对于这种情形的一个共同反应就是越轨行为。而美国社会学家克利纳德（Marshall B. Clinard）则认为，失范论的基本观点是：任何复杂社会的正常运转都会产生愿望、价值观念、法律、信仰、期待、活动同结果之间的脱节，这种脱节以某种方式促使或推动人们做出被社会认为是违反社会准则的事情。

（二）社会失范的定义

　　从社会失范概念的产生与发展过程可见，社会失范实际上是一个动态的、多义的、广泛的理论范畴。一方面，随着社会的发展，社会失范的内涵在不断发展变化；另一方面，不同视角的研究使社会失范的含义日益多样化。

　　朱力在对社会失范概念进行系统分析归纳的基础上指出，失范概念的内涵分为微观和宏观两个层面。宏观层面的失范属于社会规范、制度体系的稳定性与社会秩序问题，即指社会规范系统的瓦解状态——社会解组。微观层面的失范主要是指社会团体或社会成员的失范行为，它与越轨行为是同义语，指社会团体或个

---

　　① See N. Passas，"Continuities in the Anomie Tradition"，in F. Adler and W. S. Laufer（eds），*The Legacy of Anomie Theory*，with introduction by R. Merton，p. 91，Transaction Publishers，New Brunswick，1995.

体偏离或违反现行社会规范的行为。社会失范是指社会规范体系本身的瓦解、混乱；行为失范是指社会的主体即社会成员作为社会中的行动者自身的行为与规范发生的冲突。前者是规范本身的失范，后者是规范对象与执行者的失范。单独讨论"失范"，主要还是从宏观角度把它理解成一种社会状态混乱的比较多，若要用它行为层面的含义，一般就直接用"失范行为"这个概念了。①

失范概念内涵的宏观和微观两个方面有内在的、紧密的关联。一个社会处于解组状态是失范行为产生的宏观社会背景，而失范行为的增多又是一个社会产生解组问题的明显表现。当从宏观角度理解社会失范时，社会解组便成了越轨行为发生的宏观社会背景或宏观社会原因。由社会转型的不同所引起的社会结构的断裂，导致社会规范解组和价值标准体系崩溃，并进而导致社会、群体和个人在社会关系、社会心理和社会行为等方面的混乱和不适情况的出现。从微观的行为层面看，在社会解组的情境下，稳定的社会关系纽带断裂，社会原子化现象出现，社会群体或个体，在心理上产生不安、恐慌等不适应心态，在思想认识上无所适从，在行动选择上产生迷惑，以及行为与规范相背离。社会失范表现为两个层面：规范体系与社会制度的混乱、破坏；人们行为层面的道德的败坏、越轨、犯罪等。一个社会规范层面的瓦解状态是失范行为产生的宏观社会结构背景，而失范行为的增多又反过来进一步恶化该社会规范秩序，两者互为因果，相辅相成。社会结构处于急剧变动时期的失范，总体上体现了社会秩序的不稳定状态和人的行为处于偏离规范的状态。因此，所谓社会失范，一方面是指社会的价值与规范体系产生紊乱而导致功能丧失，无法指导与约束社会成员的思想与行为，使整个社会秩序呈现无序化状态；另一方面也是指社会成员违背主导的社会规范的行为。②

（三）与相近概念的关系

在社会学研究中，有许多与社会失范相似或相近的概念，如社会越轨、社会解组、犯罪等。这些概念之间的关系错综复杂，因此，要正确把握社会失范的内涵，必须明确社会失范与一些相近概念的区别和联系。

1. 社会失范与社会越轨

当从微观层面来理解社会失范时，最容易与之产生混淆的概念是社会越轨（deviance）。社会越轨是指超出常规的、违背一个群体或社会规范的行为，是社会成员对其所属群体、社会或文化体系的行为模式或社会期待的偏离。它的中文译名很多，有社会离轨、社会异常、社会差异等。"越"指超越、违反、背离、偏离等含义，"轨"主要是指社会的主导性规范、社会秩序。越轨就其最一般的含义来说，是对于社会规范的背离或违背。但就如杰克·D·道格拉斯和弗兰西斯·C·瓦克斯勒所指出的那样，社会越轨是难以定义的，是仁者见仁、智者见

①② 参见朱力：《失范范畴的理论演化》，载《南京大学学报（哲学·人文科学·社会科学）》，2007（4）。

智的，"可以认为它指的是某些错误的或恶劣的，或陌生的，或违法的，或与众不同的"[①] 现象、状态和行为。

社会失范不等于社会越轨，但它与社会越轨关系非常密切。虽然社会失范概念可以从宏观和微观两个层面来理解，但西方学者的研究自默顿之后一直更为偏重微观个体行为层面，而标签论、亚文化群理论等基本上都把越轨看作一种失范行为。所以，西方论述失范问题的论文使用更多的并不是失范（anomie）概念本身，而是诸如 deviance/deviant（越轨/越轨的）、crime（犯罪）、delinquency/delinquent（违法/违法的）、accidence/accident（意外事、意外的）等概念。这是因为 anomie 是一个类属概念，它包括了上述种种具体的行为；也正是因为如此，当谈到具体的行为时，anomie 就不够精确，所以学者们常常会直接使用更为具体的概念来表述。而"越轨行为"概念由于外延较广，学者们通常把它看成是"失范行为"的同义语。因此，可以认为，当失范概念用于微观的个体行为层面时，它与"越轨"、"偏差"、"离轨"、"偏离"、"反常"、"异常"基本上是同义的。越轨社会学有时也被一些学者称为失范社会学，正是缘于这个道理。

2. 社会失范与社会解组

当从宏观层面来理解社会失范时，容易将其与社会解组（social disorganization）概念相混淆。

所谓社会解组，是指社会规范对社会成员的约束力减弱，社会凝聚力降低，社会出现松散、离析的现象，但仍保持在原有的社会制度结构、社会体系内的一种状态。社会解组主要有三种形式。一是无规范，即社会生活中没有一套现存的社会规范来指导人们应该如何行动；二是文化冲突，即社会生活中有两种相互对立的价值规范和规则同时并存，使人们无所适从；三是价值崩溃，即价值体系和行为方式完全混乱，人们各行其是。

造成社会解组的根本原因是社会变迁，其中最强有力的变量主要有工业化、城市化、人口流动、科技发展等等。美国芝加哥学派认为社会解组会导致越轨行为的发生，即人们与某一社会团体发生联系时越是采用非个人方式，他们就越有可能违反该团体的价值观念，社会解组的程度越高，越轨行为就越多。失范被认为是社会解组的一种形式与后果。

3. 社会失范与犯罪

社会失范概念在使用中还常常与犯罪概念相混淆。

由于不同的国家和地区有不同的刑事立法，因此刑法学上的犯罪概念不尽相同。依据我国《刑法》第十三条规定："一切危害国家主权、领土完整和安全，分裂国家、颠覆人民民主专政的政权和推翻社会主义制度，破坏社会秩序和经济秩序，侵犯国有财产或者劳动群众集体所有的财产，侵犯公民私人所有的财产，

---

① ［美］杰克·D·道格拉斯、弗兰西斯·瓦克斯勒：《越轨社会学》，2 页，石家庄，河北人民出版社，1987。

侵犯公民的人身权利、民主权利和其他权利，以及其他危害社会的行为，依照法律应当受刑法处罚的，都是犯罪，但是情节显著轻微危害不大的，不认为是犯罪。"这是对我国社会上各种犯罪的科学概括，是认定犯罪和划分罪与非罪的基本依据。从这一犯罪的概念可知，犯罪具有社会危害性、刑事违法性、应受惩罚性三个特征。

从社会失范与犯罪的概念的关系来看，两者的区别主要在于：社会失范不一定都是犯罪，但是犯罪一定是社会失范。社会失范和犯罪的差异主要表现为社会危害程度的差异。由于社会失范也常常体现为对社会发展和进步的破坏和阻碍，因此社会失范也可能具有一定的社会危害性。但是，并非一切具有社会危害性的行为都是犯罪行为，是不是犯罪要看其社会危害性达到什么程度。只有当行为的危害性达到一定的程度时，才构成犯罪。严重的社会危害性是犯罪的基本特征之一。从这个意义上说，犯罪只是一种比较严重的社会失范行为。

二、社会失范的理论

(一) 迪尔凯姆对社会失范的研究

迪尔凯姆在《社会分工论》和《自杀论》中对社会失范进行了深入论述。他的观点可以概括为以下三个方面。[1]

1. 失范直接与集体意识相互关涉

集体意识是社会存在的基础，是社会的精神象征，它为社会本身赋予了主体地位，使社会摆脱了对时间和空间的限制，成为具有自身特征和存在方式的生命。由集体意识确定的共同信仰和道德规范，对整个社会具有约束和强制作用。但是，在社会发生急剧变化时，集体意识所规定的社会界限会不断被突破，个人欲望会超出道德意识所允许的范围，这就使社会控制机制陷入瘫痪状态，整个社会呈现出价值真空的局面。在这种情况下，原有的集体行动目标丧失了，社会维系个人的纽带不断松弛下来，道德生活领域出现了去中心化的趋势。在迪尔凯姆看来，从宏观的社会环境背景看，集体意识衰落的根源是宗教生活已经走入穷途末路。宗教不仅是维系群体成员的共同信仰，也是进行社会整合的主要手段。更重要的是，宗教作为社会的象征，经常以集体精神的形式在场。宗教借助圣物、信仰和仪式的方式使社会神化为信仰客体，使宗教体悟变成了真正的现实，使社会获得了至高无上和令人敬畏的力量。然而，以工业经济和政治民主为基础的现代社会发展实际上却经历了一个世俗化和去神秘化的过程。宗教的衰落是失范产生的根源，在新旧宗教的交替和过渡过程中，集体意识的匮乏必然导致社会长久的混乱。

---

[1] 参见渠敬东：《缺席与断裂——有关失范的社会学研究》，32～35页，上海，上海人民出版社，1999。

2. 失范是一种与正常现象相对的反常现象，是一种社会病态

社会是以有机体的形式存在的，它的各个器官和组织相互协调地发生联系，可以为各种需要提供必备的功能，社会机体在相互匹配的结构模式中，始终处于正常周转的状态。从这个意义上说，任何社会事实都是普遍的和规则的，都把社会本身作为自己的起点和目的。然而，失范却意味着对这种社会整合模式的分解和破坏。在集体意识转变和社会结构转型的时期，经济生活的非道德取向使普遍的公共生活产生了危机，造成了结构失调和功能紊乱。个人的物欲和情欲取代了社会，变成了行为目标，从而最终使社会的健康状况急剧恶化，道德秩序遭到了破坏，行为规范失去了效力，整个社会凸显出了病态的征兆。迪尔凯姆认为，如果分工不能带来社会的整合和团结，不能使各个社会结构之间的规则关系得到确立，失范现象就不可避免地会产生出来，但这不能归咎于社会分工本身。

3. 个体意识在失范问题上扮演着重要的角色

尽管迪尔凯姆非常强调独立于个体之外的社会支配作用，但是面对社会变化的特定情境，个体意识在失范问题上所扮演的角色绝不能忽视。迪尔凯姆认为，个体意识与集体意识并不是以彼此对立的姿态呈现出来的，相反，现代社会的主要特征就是有机团结形成了个体意识。个体的发展是一个双向过程：一方面是个体化，即个体作为自主性主体首次具有了对自己的行动做出自由规划的能力；另一方面则是社会化，即社会通过纪律等手段，使个体具有了自我规定和自我控制的道德实践能力。因此，在社会的正常状态中，社会与个体始终是相互匹配的，社会为个体提供存在的基础，个体将社会纳入到具体化的过程里。失范意味着与集体意识相和谐的个体意识的丧失，意味着社会在个体意识上的不充分在场，换言之，个体意识失去了自我规定的属性，把社会抛在了一边，只是在单一向度上寻求发展。由于个体存在于社会的双重控制之中，一旦社会本身退避三舍，那么个体内在的社会属性就会消失殆尽，个体欲望继而急剧膨胀起来，冲破所有内在的和外在的极限，最终造成了个体意识游移不定、居无定所的状态。因此，失范不仅是集体意识的缺席，也是真正的个体意识的缺席，它的最终结果就是使社会和个体共同丧失原有的基础。

需要指出的是，尽管迪尔凯姆对社会失范进行了不少论述，但是并没有形成一个完整的社会失范理论体系。

（二）默顿对社会失范的研究①

默顿从功能主义的观点出发，在迪尔凯姆的社会失范研究的基础上对失范概念进行了发展，并将它应用于对犯罪现象的分析，发展形成了比较完整的社会失范理论。

默顿认为，社会失范研究的目的就是要将偏差行为的社会和文化根源揭示出

---

① 参见渠敬东：《缺席与断裂——有关失范的社会学研究》，38～57页，上海，上海人民出版社，1999。

来，去发现某些社会结构是如何对那些非规范行为施加压制力量的，行为目标又是如何与结构约束产生差异的。社会失范的本质就是文化目标与制度化手段之间的张力结构。在默顿看来，任何社会的文化都确立了一些它认为值得追求的目标，鼓励每个社会成员为追求这样的目标而奋斗。虽然在不同社会中这种目标的内容可能有所不同，但是所有社会中都有这样的目标。在美国社会中，最重要的文化目标是获取财富。人们通常把积累起来的财富看成是个人的价值和长处，并且赋予那些拥有大量财富的人以很高的声望和社会地位。与此同时，任何社会都以规范、制度等形式规定了达到目标的手段。所有的人都应该利用这样的手段去达到目标。例如，在美国文化中，应当用来获取财富的制度性手段，一般可能被看成是"中产阶级的价值观"或"新教徒的工作道德"，它们包括艰苦劳动、诚实、接受教育和延迟满足欲望（即克制欲望）。使用武力和进行欺骗可能会是获得财富的更有效手段，但是是受到禁止的。在默顿看来，一个理想社会中，所有的社会成员都可以用社会所认可的手段来获得社会所赞许的目标。但是在现实中，社会往往无法在所有的时刻、所有的地方，为所有的成员提供达到理想目标的正常途径，因此，一些社会成员就有可能去寻求非法的途径来实现自己的理想目标。这时，社会所推崇的目标和社会所认可的手段之间就会出现脱节和冲突，于是，失范就出现了，犯罪也就产生了。

默顿建构了著名的偏差行为类型，如表 4—1 所示。

表 4—1　　　　　　　　　**默顿提出的偏差行为类型**

适应模式	文化价值	制度化手段
顺从（conformity）	＋	＋
革新（innovation）	＋	－
仪式主义（ritualism）	－	＋
退却主义（retreatism）	－	－
反抗（rebellion）	＋－	＋

注：＋表示接受；－表示拒绝；＋－表示拒绝现存价值，用新价值取代。
资料来源：R. Merton, "Social Structure and Anomie", *American Sociological Review*, 1938 (3)。

默顿认为，各种偏差行为的类型是文化价值与制度化手段之间的不同组合。由表 4—1 可见，顺从是文化价值与制度化手段相一致的模式，它是大部分社会成员遵循的适应模式，是一种较为理想的社会整合状态，即社会行为既能够满足整个社会的基本价值需要，又可以通过合法的手段实现自己的目标，从而把社会纳入到稳定的和持续的发展轨道，因此不会产生偏差行为。偏差行为一共有四种类型，即革新、仪式主义、退却主义和反抗。

革新是社会成员接受社会所赞许的目标，但并不通过社会所认可的方法来达到目标，而是另行寻求社会所不认可的途径。这是因为固有的阶级结构和等级秩序没有为所有人提供同等的机会，而整个社会的文化价值却在不断膨胀，甚至在某些特殊群体中形成了与社会普遍规范相反的"正常"观念。这种类型的失范主要包括两种因素：一是机会的匮乏，二是目标的扩张。社会普遍存在的价值目标无法与合乎规范的制度化手段相互协调，个人无法通过合法途径实现自己的"实际目标"，在意识层面和规范层面之间，价值出现了裂隙。例如，一个人希望通过高考进入理想大学，但是他不愿意刻苦学习，而是通过作弊来实现目标，这是一种最普遍的偏差行为模式。

仪式主义是社会成员不认可社会赞许的目标，但又不得不接受，同时被动地使用社会所认可的方法。实际上，仪式主义只是对制度规范采取了顺应的态度，而不是认同的态度，就社会规范的纯粹标准来说，仪式主义并不能算偏差行为，但它确实丧失了自己的基本价值取向和目标。例如，一个人并不喜欢医生这一职业，但又没有更好的选择，只能应付式地给病人看病。

退却主义则是一种双重的失败，社会成员在这里不仅放弃了社会所赞许的目标，同时也放弃了社会所认可的方法。诸如幽闭症患者、流浪汉、瘾君子等，都属于这一类型。

反抗被认为是具有重要意义的偏差行为类型，它是社会成员拒绝社会所赞许的目标和社会所认可的方法，并代之以新的目标和方法。反抗类型包含了价值转换的因素，不仅排斥了原有的价值，也试图去除原有价值，并提出重建价值的主张。例如，中国古代的农民起义。

默顿还区分了 anomie 与 anomia 两个术语，将它们分别视为社会系统的失范与个体的失范。其中，anomie 指社会系统层面的目标匮乏状态，anomia 则指特定的社会条件下，特别人所具有的特殊状态。就两者的关系来看，可以认为，anomie 是 anomia 的扩散过程，也是 anomia 现象的集合。但 anomie 并不是 anomia 的简单集合，它是社会系统层面的匮乏，因而也是 anomia 产生的前提和条件。

（三）索罗尔对社会失范的研究[①]

与迪尔凯姆和默顿侧重于宏观层面的失范研究不同，索罗尔（Leo Srole）关注的是个体层面的失范。他认为个体的失范可以由社会失范来解释，但是心理失范可以产生社会失范。据此，他发展出了一个在心理层面测量失范的量表。他把失范划分为五个维度，并将其操作化为五个问题，由此建构了一个失范量表（见表4—2）。

表 4—2	索罗尔量表
（1）个体是否感到社区领袖离他很远，并且对他的需要漠不关心；	
（2）个体是否感到社会秩序变化无常，不可预测；	
（3）个体是否感到社会目标离他远去，无法实现；	
（4）个体是否感到生活毫无意义；	
（5）个体是否感到人与人之间的关系不再能够说得清楚，指望不上任何人给予帮助。	

在索罗尔量表中，第一个问题测量的是个体对政治系统所规定的纵向人际关系的评价；第二个问题测量的是个体对社会秩序的脆弱程度和不可预见程度的态度；第三个问题测量的是个体对已经达到和尚未达到的生活目标的态度；第四个问题测量的是个体对规范和价值的内化程度以及对生活意义的评价；第五个问题

---

① 参见朱力：《失范范畴的理论演化》，载《南京大学学报》，2007（4）。

测量的是个体自我认同程度与人际关系程度。

索罗尔量表的基本假设是社会系统的整合度，包括宏观层面的不同系统之间和子系统之间的整合以及微观层面上与社会规范相关的个体的功能性的整合。为此，他使用了 anomia 这个词来说明自我与他者异化的心理上的特点。在他看来，anomia 即个体与社会之间无法整合或功能失调。具体来说，失范的个体通常表现为对政治系统、文化系统、经济系统、内化的社会规范与价值观以及初级社会群体的异化。

索罗尔量表为失范概念提供了一个经验的基础，是"对一种在经验上行之有效的失范量表的解说，使得它的解释重点从失范的结构性因素转向了心理环境对个体的态度和条件的影响。失范不再是一种有待解释的现象，而是成为一种解释变量。索罗尔的方法把确认失范的现状与范围的重担从理论家的身上转到了个人行动者的手中。为这种转变赋予失范以一种标准的、客观的尺度"[①]。其理论意义在于，无论是从宏观还是微观层次，失范的状态都是一种社会问题。但是社会子系统或者个人与这些社会子系统之间的功能上的失调，如资本的竞争、文化断裂以及剧烈的社会变迁并不必然会带来社会问题。事实上是因为社会系统和个人没有办法重新达到功能性的平衡，才带来了社会失范和心理失范。索罗尔的工作暗合了默顿的观点，他们都认为不应当对美国社会的文化目标做评判，因为，他们都隐约地觉得这种判断在科学上是不合适的。他们都将重点放在了社会子系统和个人心理状态的不协调所带来的后果上。这种不协调不是规范上的不协调，而是经验上的不协调。问题在于手段的正确与否，而不是规则的正确与否。索罗尔的失范量表与默顿的失范理论一样，主要的关注点在于检测功能平衡的存在或是消失，但这一量表并不致力于从理论上来解释失范这一概念，而是尝试提供一个测量失范的工具。

此外，麦克维尔（Maciver）在其 1950 年出版的《坚守城堡》（*The Ramparts We Guard*）中对失范的心理学研究和理斯曼（Riesman）在《孤独的人群》中从性格学角度出发对失范的心理结构及其对社会的作用机制进行的剖析，都对社会失范理论的发展起到了重要的推动作用。

三、社会失范的类型

社会失范依据不同的分类标准可以划分为不同的类型。

（一）依据失范的性质

社会失范可以分为常态下的社会失范与转型时期的社会失范两种类型。常态下的社会失范是指失范所赖以形成的那个社会生活方式在根本上仍然没有失却其存在的合理性依据。这种类型的社会失范大多是局部性、暂时性的，通常不会形

---

① See M. Orrù, *Anomie: History and Meanings*, p. 127, Boston, Allen & Unwin Inc., 1987.

成大规模、全局性、持续的社会失范现象。转型时期的社会失范是指由于既有的社会生活方式、交往方式、生活世界失却了存在的合理性依据，曾经在相当长一段时间中对社会生活发挥有效调节作用的社会价值规范体系受到强烈冲击，但一个新的社会规范却又尚未形成，由于两种价值规范体系的更替而导致的社会失范。[①]

（二）依据失范发生的领域

有学者将其划分为政治型失范、经济型失范、文化型失范和社会型失范四种类型。[②] 也有学者将其划为经济领域失范（即经济失范）、政治领域失范（也可称为行政失范）、道德领域失范（即道德失范）、知识领域失范（即知识失范）、治安领域失范（也可称为秩序性失范）以及风气失范六种类型。[③]

（三）依据失范的主体

可以分为个体失范与群体失范。个体失范是指个体自身所做出的失范行为。群体失范则是指失范的行动者是一个团体、组织或单位，群体为了自身的利益，有组织、有计划地做出违背社会规范的行为。群体失范又可以划分为偶集人群失范、非正式群体失范和团伙犯罪三种类型。

（四）依据失范的结果

一般区分为积极的失范和消极的失范。也有学者提出应划分为三类，即积极的失范、消极的失范和中性的失范。其中，积极的失范代表新的社会因素，对社会有推动作用；消极的失范会阻碍社会发展与进步，破坏社会正常秩序；中性的则对社会既无益也无害。

（五）依据"价值—规范—行为"三维分析框架

社会失范可以划分为八种类型，如表4—3所示。

表 4—3　　　　　　　　价值—规范—与行为三维视角下的失范的模型

	失范类型	价值理念	社会规范	行为
1	无失范（秩序型）	＋	＋	＋
2	价值理念失范型	－	＋	＋
3	行为失范型	＋	＋	－
4	价值、行为失范型（真正的、普遍的失范）	－	＋	－
5	价值、规范失范型	－	－	＋
6	规范、行为失范型	＋	－	－
7	规范失范型	＋	－	＋
8	全失范	－	－	－

注：＋表示认同、遵从；－表示不认同、不遵从。

资料来源：朱力：《失范的三维分析模型》，载《江苏社会科学》，2006（4）。

[①] 参见高兆明：《社会失范论》，50～51页，南京，江苏人民出版社，2002。

[②] 参见朱力：《变迁之痛——转型期的社会失范研究》，114页，北京，社会科学文献出版社，2006。

[③] 参见陈程：《当前我国社会失范的类型分析》，载《社会》，2002（12）。

八种类型是价值—规范—行为三维标准的不同组合。其中，无失范是一种理想模型，是价值理念、社会规范与社会成员的行为相吻合的一种形式，是社会处于良性运行状态时出现的一种完美的类型。全失范型则表现为价值理念崩溃、规范混乱与人的行为越轨同时发生，一种极端的失范现象。除了这两种极端类型，其他六种类型中，有的是既不符合理论的逻辑也不符合生活的经验的，如（5）价值、规范失范型；有的是理论上可能发生但现实上不普遍的，如（2）价值理念失范型，（3）行为失范型，（6）规范、行为失范型。而那些既符合理论逻辑又符合经验事实的，比较普遍的则是特别值得关注的类型，如类型（4）价值、行为失范型，类型（7）规范失范型。

（六）依据所违反的社会规范的类型

可以划分为违反习俗的失范、违反道德的失范、违反宗教的失范、违反纪律的失范和违反法律的失范五类。

第三节
社会失范与社会问题的关系

一、社会失范是社会问题的重要成因

"社会学家关心的是社会事实，是人的事实行为。他并非生活在一个规范的理想世界中，而是生活在由严酷的经验事实所组成的现实世界中。"[①] 人们所生活的世界并不是社会规范完美无缺的理想世界，而是社会规范存在缺失和不完善的现实世界。社会规范的缺失和不完善即社会失范，是导致社会问题产生的重要原因。

在社会问题的研究中，成因探讨一直是一个重要的研究内容。学者们从不同的视角对社会问题的成因进行分析，形成了功能主义的社会问题成因论、冲突理论的社会问题成因论、心理学视角的社会问题成因论三个主要的理论流派。其中，功能主义的社会问题成因论影响较大。功能主义认为，社会是由相互联系、相互作用的众多部分所构成的统一整体，每一部分都为维持社会整体的平衡担负着一定的社会功能，对社会的稳定和平衡作出自己的贡献。如果每一部分都正常地发挥其功能，则它们都有助于社会的稳定和平衡；如果某一部分不能正常发挥其功能，社会就会因此出现不稳定和不平衡，由此导致社会问题的产生。简言之，社会问题的产生是因为社会系统中的某一部分不能正常地发挥它的社会功

---

① ［德］米歇尔·鲍曼：《道德的市场》，43 页，北京，中国社会科学出版社，2003。

能。功能主义社会问题成因论的早期代表主要有孔德、斯宾塞和迪尔凯姆等人，帕森斯、默顿等人则进一步对其进行了发展。

　　社会解组理论是功能主义社会问题成因论的典型。这一理论认为，社会之所以能够有秩序地运转，是因为有一系列的规范、规则在发挥作用。社会规范规定了什么可以做或不可以做、什么应该受到赞许或应该遭到反对，它控制着个人与群体的行为。当社会发生急剧变迁时，旧的社会规范受到了人们的怀疑或不再适用，新的社会规范又没有建立起来或还没有被人们广泛地接受，由此人们便失去了行为准则。这时，也可能出现几种行为规范互相对立的情况，使人们陷入矛盾之中。在这种情况下，社会规范对人们的约束力被削弱了，甚至被瓦解了，于是社会问题应运而生。美国社会学家威廉·奥格本的文化堕距论和默顿的社会机会结构与社会目标结构失调观点都是社会解组论的典型代表。奥格本认为，文化的各个部分是相互依赖的，但在文化变迁过程中，构成文化的各组成部分其变化速度并不一致，当文化各部分之间出现了较大的差距和错位时，文化堕距现象就产生了。一般来说，人们接受物质文化比接受新思想等精神文化容易得多。因此，文化的变迁总是从经济、科技等物质文化开始的，然后是制度、风俗的变迁，最后才是思想观念的变迁。正是这种变化速度的差距引起了文化失调，造成了社会问题。默顿则认为，社会解组是社会系统的失调现象，它的发生使个人或群体的目标无法充分实现，由此引起越轨行为与社会问题。

　　以青少年犯罪问题为例，可以认为，社会失范是当前我国青少年社会化处于困境，青少年犯罪成为一个广泛关注的社会问题的重要原因。社会学研究表明，儿童和青年处于早期社会化阶段。早期社会化要顺利进行，必须满足两个特定条件，一是相对稳定和统一的社会规范和社会价值标准，二是令人敬佩和信服的社会权威形象。如果缺少这两个特定条件，就会造成早期社会化困难。[①] 在社会发展的大多数时期，这两个条件都是可以满足的。但是，在社会转型期，旧的社会规范已经打破，新的社会规范尚未形成，社会规范体系处于一个断层时期，即社会整体处于一个宏观上的社会失范状态。这样一种社会失范对青少年的社会化影响是非常大的。第一，社会失范会导致社会中缺乏公认的权威。在青少年社会化过程中社会权威具有重要示范意义，这种示范意义可以体现在青少年行为习得、道德发展和人格塑造各个层面。第二，社会失范会使社会缺乏统一的价值标准，而多元价值标准的存在会使青少年价值混乱。第三，社会失范还会使青少年对所要扮演角色的行为标准模糊不清，从而导致角色失调。正是权威缺乏、主导价值混乱和角色失调等原因，导致了当前青少年在社会化过程中出现困难，从而产生了大量的违法违纪行为。

　　由于任何社会都依赖社会规范来协调社会关系、维持社会秩序，因此，如果某一社会的规范是一个"坏"的社会规范，就会出现大量的社会失范行为，由此导致社会问题的产生。有的社会规范在建立时就是"坏"的社会规范，具有价值偏差问题，有损社会公平，不尊重弱势群体的权益或规范对象的权益，不符合社

　　① 参见郑杭生：《社会学概论新修》，3 版，98 页，北京，中国人民大学出版社，2003。

会发展的方向或社会上大多数成员的利益。有的社会规范在建立时虽然不是"坏"的社会规范，但在社会的发展过程中不再适应社会的需要，就转变为"坏"的社会规范，限制了社会的发展进步。"坏"的社会规范是社会问题产生的重要原因。

二、社会失范是转型期突出的社会问题

从人类社会的发展史来看，每一种社会规范就代表着一种社会文明的状况。因此，社会文明的进步必然伴随着社会规范的发展和丰富，而社会规范的发展和完善，反过来也会不断推动社会文明的发展进程。人类社会的发展历程可以看做一个由社会规范建立—社会规范丧失或被破坏—社会规范重新建立而构成的周而复始、循环往复的过程。在这样一个发展过程中，社会失范现象或多或少、或轻或重都会存在，只是在一般情况下，它不会成为一种普遍现象，而是局限于一定的范围和限度之内。但是当社会发展进入转型期，情况就明显不同。社会转型期常常是社会失范的多发期，社会失范会成为这一时期的普遍现象，对整个社会运行都造成影响和冲击。这是由社会转型期的特殊性所决定的。

所谓转型，是指事物从一种运动形式向另一种运动形式转变的过渡过程。社会转型，是指社会从一种类型向另一种类型的过渡过程。社会转型是一种特定的社会发展过程，它既是一种渐进性的社会发展过程（即是传统因素与现代因素此消彼长的进化过程，是由外到内、由表及里、由名至实的发展过程），又是一种整体的社会发展过程。[①]

当社会处于转型期，这就意味着原有社会类型下的既定秩序已经被打破，随着社会向新的类型的转变，需要建立与之相应的新秩序；但在社会转型正在进行、尚未完成之前，新旧两种社会秩序只能处于交替过渡之中，这时的社会运行就会表现出一种非常规状态。正是在这种特殊状态下，旧的规范、价值观念和行为模式被普遍否定或遭到严重破坏，逐渐失去对社会成员的约束力，新的规范、价值观念和行为模式尚未形成或未被普遍接受，还不具备对社会成员的有效约束力，社会成员的行为缺乏明确的社会规范约束，出现规范真空、规范迷乱、规范软化等现象[②]，从而使社会失范问题成为一个突出的社会问题。

第一，规范真空。在社会转型过程中，作为人们行为依据或行为准则的社会规范也面临着更替或转换。而在新旧社会规范秩序的更替或转换过程中，一般来说，新的规范发生作用的过程往往要慢于旧的规范失去作用的过程。也就是说，当社会认可某一新的规范时，这一规范并不可能立刻发挥其社会功能。这一方面是因为人们从思想上认可某一新规范到行为上遵从该规范要经历一个过程，另一

---

① 参见刘祖云：《社会转型解读》，3～12页，武汉，武汉大学出版社，2005。
② 参见刘祖云：《中国社会发展三论：转型·分化·和谐》，243～245页，北京，社会科学文献出版社，2007。

方面是因为新的规范的制度支持系统的建立并切实发挥作用也要经历一个过程。与此相反，当社会否定某一原有规范时，这一规范可能会立刻失去其社会功能。这样，社会转型时期必然会出现"规范真空"，即形式上有规范而实际上无规范的状态，亦即规范形同虚设的状态。这样便为失范行为，特别是团体失范行为的滋生和蔓延提供了社会条件和活动空间。

第二，规范迷乱。即各种性质不同甚至大相径庭的社会规范杂然并存、共起作用，由此导致大量与规范相左、相异甚至相违的失范行为的产生。"规范迷乱"会对社会产生影响，其中一个重要的运作方式是"规范变通"，即规范在实际执行中没有得到严格遵守。从司法角度看，"规范变通"现象归纳起来无非两个层面：一是以规范的"灵活性"动摇甚至破坏其"原则性"，二是以事实的"虚构性"粉饰甚至改变其"真实性"。

第三，规范软化。转型社会的一个基本特征是社会的应然与实然不相吻合，即"什么是什么"与"什么应该是什么"相互脱节。从名实关系的角度看，现代因素的生成与发展一般要经历无名无实（传统社会）、有名不完全有其实（转型社会）、有名有实（现代社会）这样三个阶段。这样，转型期的社会规范首先取得现代社会规范的名称和形式，然后才实际发挥现代社会规范的作用和效力，即先有现代化之名，后有现代化之实。这种转型期出现的"规范软化"现象会导致规范的实际控制力（包括对社会整体的整合力和对社会个体的约束力）相对减弱，应当尽早解决。"规范软化"无疑会便于或利于失序现象的产生。社会上令不行、禁不止之类的现象在经济、政治、文化和社会生活领域中的屡屡发生就是"规范软化"的表现。这种明明有规范却不去遵守的现象不仅会威胁社会的运行和发展，而且会影响个人的生存和发展。

1978 年以来，中国的社会转型进入快速发展期，社会转型的速度、广度、深度、难度和向度等都是前所未有的。[①] 当前中国社会转型的基本特征主要表现为"六大转化"：中国社会正在从自给半自给的产品经济社会向有计划的商品经济社会转化，正在从农业社会向工业社会转化，正在从乡村社会向城镇社会转化，正在从封闭半封闭社会向开放社会转化，正在从同质单一型社会向异质多样型社会转化，正在从伦理社会向法理社会转化。[②] 这就使转型期的中国社会具有以下三个典型特征：一是异质性，即传统因素与现代因素杂然并存；二是形式主义，即应然与实然不相吻合，"什么应该是什么"与"什么是什么"相互脱节；三是重叠性，即结构的分化与不分化，功能的专化与普化相互重叠。[③]

正是由于中国社会转型的快速发展，使社会失范呈现普遍化趋向，所以中国转型期的社会失范问题也成为一个突出的社会问题。这也使社会失范成为学术界研究的一个重要课题。转型期中国社会失范的表现主要有：（1）经济生活领域里

　① 参见郑杭生：《中国社会大转型》，载《中国软科学》，1994（1）。

　② 参见陆学艺、景天魁：《转型中的中国社会》，32 页，哈尔滨，黑龙江人民出版社，1994。

　③ 参见金耀基：《从传统到现代》，73～77 页，北京，中国人民大学出版社，1999。

的欺诈、诋毁、贬低、引诱、胁迫、虚假广告、贿赂等"不正当竞争行为"；（2）政治生活领域里的"权力私有化"和"权力资本化"；（3）思想、文化生活领域里的价值失范和道德失范；（4）在新的经济秩序的建立、政治结构的调整过程中，不同的价值观的冲撞，引起的社会主体的社会心态的巨大变化。① 这些不同领域的社会失范行为相互影响，对中国社会的稳定和发展产生较大的消极影响。

转型期中国社会失范的原因是错综复杂的，很难归结为某个单一的因素。有学者将已有研究概括为以下几种观点：

（1）社会结构失衡论，即社会转型时期，体制转轨与社会结构转型交错进行，势必引发出两方面的问题，即体制改革导致相应的社会结构的调整，新旧体制的更替和摩擦使各种社会矛盾明显化。社会结构性失衡导致社会失范的加剧和越轨行为的增多。

（2）动态平衡论，即社会是一个庞大、复杂、运动着的系统，它的各方面受着社会制度、社会规范的协调和控制。如果社会控制和社会规范结构合理、运转正常，社会就组织严密、结构有序，各部分的关系和谐，处在一种动态的平衡状态。如果相反，就会经常陷入某种解组和失范状态。在社会转型期，新旧体制之间的间隙与冲突往往导致社会失范。

（3）经济转型论。转型时期是从前市场经济社会向市场经济社会过渡时期的"过程态"，它必然要打破前市场经济中稳定的因素，努力建立起新的社会秩序。因此，结构秩序的失范状态是转型社会的必然现象。

（4）道德文化冲突论。社会转型削弱了传统伦理道德等社会规范的社会控制和行为导向作用，使人们的思想观念和道德标准出现多元化和混乱的局面。原有的道德约束力有所减弱，新的价值观念和道德观念正在形成，新的道德约束力尚未被人们普遍接受和发生效用，因而导致人们心态浮躁，引发社会不安定。

（5）价值冲突论。价值规范体系由两个子系统组成，其中，显性价值规范体系主要以官方所宣传和褒奖的价值规范体系为主体，通过人们的行为方式发挥作用，隐性价值规范是指已内化为个人心理结构的规范体系。当两种规范体系高度和谐、统一时，社会就呈稳定的发展与良性的运行；而当两者发生激烈的冲突时，社会就处于不稳定的失范，从而引发大量的社会问题。社会转型期正是隐性价值规范与显性价值规范激烈冲突的时期，因而也往往导致大量失范和越轨行为的产生。

（6）社会控制弱化论。在转型时期，我国社会呈现出高分化低整合的特点，社会整合与社会控制机制出现了明显的滞后和弱化。一方面，社会分化和社会变动的加速使得社会整合力量不断弱化，社会控制机制的整合能力不断下降；另一方面，由于新的整合机制一时难以形成进而安全运作，社会分化与社会整合过程中存在着严重的空白环节，从而导致大量社会失范现象的出现。

---

① 参见夏玉珍：《转型期中国社会失范与控制》，载《华中师范大学学报（人文社会科学版）》，2002（5）。

（7）社会利益分化论。社会转型的过程同时也伴随着社会利益的分化。个体与个体之间、职业与职业之间以及单位和地区之间都在进行利益的重构与调整。而在利益分化的过程中，利益纷争与利益矛盾也日益突出，直接或间接地影响着社会的稳定和良性运行。在利益分化的过程中，"富人用货币购买失范的保险，穷人用失范来维持生存"。

（8）现代化进程说。中国的现代化属于后发外生型，其现代化进程错位，明显地打乱了早期现代化国家那种自然的逻辑演进过程，在社会结构及其构成要素上呈现出极为显著的混乱状态，破坏了中国社会基于自然经济与血缘关系建立的相对和谐与稳定的秩序，中国社会也因现代化过程的非逻辑发展及其矛盾冲突而呈现出越来越严重的社会失衡与失范现象。[①]

由此可见，从不同的视角来看，对转型期社会失范的原因有不同的认识。很显然，这些观点都有可取之处。事实上，转型期中国社会失范问题的产生既有宏观环境因素的影响，也有微观个体因素的作用，既有主观原因，也有客观原因。如果说其最根本的原因在于社会结构的变迁，那么，其最直接的原因，则是社会结构变迁所带来的社会规范系统出现的问题，具体表现为社会规范不完备、社会控制手段失当和个体对社会规范的认同差等。[②] 简言之，社会转型要求社会规范的转型，新的社会规范的缺失本身是转型期突出的社会问题。

三、社会规范的发展与完善是社会问题解决的必然要求

朱力指出，从时间维度看，历史上从来就没有出现过一种没有失范的社会，未来也不会出现这样一种完美无缺的社会。从空间维度看，任何社会形态都存在着失范的现象。失范是社会结构自身一种运动的不协调形态，即使通过社会整合而形成一种完善的规范体系与社会控制机制，也无法调节所有的社会行为与社会关系，也会有些集团与社会成员基于利益或价值的原因而产生失范。失范作为社会结构自身发展的伴生特征，是不可能消除的。[③]

因此，对于社会失范问题，我们不仅要认识到其消极的影响，还要看到其积极的作用。因为在社会发展的过程中，尤其是在社会转型的过程中，失范同时也意味着旧的社会规范已经不能适应社会发展的需要，新的利益格局正在形成，新的社会规范正在形成。事实上，正是在违反社会规范的尝试和较量中，新的社会力量在逐渐增强，新组织、新领袖、新精英在不断成长，最后将表现为新的社会规范的发展和完善。而新的社会规范的发展和完善正是社会失范问题解决的根本。

① 参见向德平、田北海：《转型期中国社会失范与社会控制研究综述》，载《学术论坛》，2003（2）。

② 参见樊平：《社会转型和社会失范：谁来制定和遵守社会规则》，见刘英杰等著：《中国社会现象分析》，北京，中国城市出版社，1998。

③ 参见朱力：《变迁之痛——转型期的社会失范研究》，406～445页，北京，社会科学文献出版社，2006。

从我国来看，新中国成立以来社会失范问题的发展可以划分为三个阶段。

第一阶段为 1949 至 1979 年。此阶段在社会结构层面上，政治、经济、文化、意识形态诸因素的整合度极高，以行政管理体系为主，依托各级组织与户籍制度运行的社会控制系统运行效率很高。由于社会利益结构中利益主体的分化程度极低，个体、组织没有自己的利益，也没有外在的客观条件获得利益，通过失范手段追逐利益的现象极少，社会失范度极低。

第二阶段为 1980 到 1992 年。这一时期社会规范特征是由高度的整合向逐渐松散变化，原有规范明显滞后与空缺，已经越来越无力调节、约束大量产生的新事物与失范现象，而新的规范却没有及时跟进，这时社会失范有日益增多的趋势。规范的制造单位自身也没有明确的价值理念的指导，对新的事物不知道其是一种恶果还是良果，许多规范迟迟不能出台。这时候，失范主要表现在以下三个方面。一是群体性失范。失范的主体不是个人层面的，而是群体层面的，以具体的利益小集团、单位为主。如许多腐败是集体性的行贿受贿。二是政府性失范。地方政府基于利益冲动或政绩冲动，率先置规范于不顾，与中央政府进行利益的博弈。三是利益性失范。失范的根源均是各个行动的主体出于利益的需要而引起的失范。失范在社会的各个领域、各个行业、各个阶层普遍地产生。失范开始逐渐成为一种普遍的社会现象。随着市场社会发育，计划社会的控制机制也逐渐解体，功能衰退；市场社会的控制机制还未健全，功能不完善，社会失范中规范层面的失范与行为层面的失范同时产生，社会失范步入高发期。

第三阶段从 1993 年至今。社会转型进入初步稳定化、定型时期和新规范逐步制定、产生时期。此阶段，针对新的失范现象，各种规范不断出台，规范之间的配套也不断地完善，这一阶段的主要问题不是没有规范，而是规范得不到落实。社会成员与利益群体都需要规范，达成了共识，但是，实施规范的机制没有形成，机构执行的力量还不强大，因地方利益、局部利益的牵制，规范的力量被瓦解。规范文化还没有形成，在社会成员中依照规范办事还没有成为一种习惯，有规范而不落实成为一种普遍的现象。

由此可见，当前我国社会失范问题处在一个特殊的时期，其典型特征是规范层面的失范逐渐减少，但行为层面的失范仍然居高不下。社会成员遵守规范并不是出于自觉，而是惧怕规范的外在强制力量。社会处于双重失范的时期。而且，这种规范层面与行为层面的双重失范还将持续下去。只有伴随着社会结构转换的逐步稳定，新的规范体系的逐渐形成，新的社会控制机制的不断成熟，社会将进入一个规范相对完善时期，社会转型逐渐完成，社会失范问题才会逐渐得到解决。

事实上，社会规范的发展和完善不仅是社会失范问题解决的根本，也是各种社会问题解决的必然要求。社会规范是维持社会秩序的基本手段，是社会控制的工具。要解决社会问题，社会必须建立与完善其社会规范体系，将社会成员的行为选择模式引上正确的社会轨道。要使社会成员认识到，遵守社会规范不仅在价值上是正确的、合理的，在行为上是合法的、正当的，而且在行为结果上是有利的、有益的。要形成一种良性的社会机制，使规范的正确价值与规范的有效利益回报是相吻合的。由此使社会成员可以通过经验事实的体验与理智的认识证明，遵守与实践社会规范，不仅是应当的，能够获得主文化的认同，而且也是这一条件下的一种明智的、理性的选择，能够获得发展的机会、获得规范的保障、获得收益，是一种自然的行为。相反，违反了社会规范，将会受到惩罚。因此，遵守社会规范是获得发展的最有利途径与方式。而要用失范的方式与手段去获取利益，机会成本会极大地提高，在行动选择上是得不偿失的。当这样一种社会规范体系逐渐建立和完善，大多数社会成员从理性的思索与生活经验两个方面能够清楚地预期遵守规范行为的良性后果，正确地认识和理解社会生产和生活中应遵循的基本规范并将其内化，形成遵守各种社会规范的行为习惯，自发地遵守社会规范，社会问题自然就迎刃而解了。

本章要点

1. 社会规范是协调人们的社会交往与社会关系，维护社会正常秩序与社会共同生活，调节人们社会行为和社会活动的规矩与准则。它主要有习俗、道德、宗教、纪律与法律五种基本类型，这些类型相互作用，共同形成了约束人类社会行为的社会规范体系。社会规范的基本特征主要有：标准性和复杂性、普遍性与差异性、历史性与恒常性、共有性与阶级性。

2. 社会失范即社会规范的缺乏或者丧失，它包括微观和宏观两个层面。依据不同的标准，社会失范可以划分为不同类型，如分为常态下的社会失范与转型时期的社会失范，个体失范与群体失范，积极的失范和消极的失范等等。

3. 迪尔凯姆、默顿、索罗尔均对社会失范理论的建构作出了重要贡献。其中，迪尔凯姆与默顿更侧重于宏观层面的失范，索罗尔则更关注个体层面的失范。迪尔凯姆深入分析了社会失范的概念，默顿建构了偏差行为类型，索罗尔发展了失范量表。

4. 社会失范与社会问题的关系主要表现在：第一，社会失范是社会问题的重要成因；第二，社会失范是转型期一个突出的社会问题；第三，社会规范的发展和完善是社会问题解决的必然要求。

复习思考题

1. 什么是社会规范？社会规范具有什么特征？
2. 社会规范有哪些类型？这些类型之间的关系如何？
3. 什么是社会失范？简述社会失范的类型。
4. 简述社会失范的理论。
5. 试论述社会失范与社会问题的关系。

推荐阅读书目

1. 渠敬东. 缺席与断裂——有关失范的社会学研究. 上海：上海人民出版

社，1999.

2. 高兆明. 社会失范论. 南京：江苏人民出版社，2002.

3. 朱力. 变迁之痛——转型期的社会失范研究. 北京：社会科学文献出版社，2006.

4. ［法］埃米尔·迪尔凯姆. 自杀论. 北京：商务印书馆，2003.

第五章

社会问题研究方法

在社会现实生活中，由于社会系统和人类活动的复杂性，不可避免地会产生各种各样的社会问题。这些社会问题反过来对于社会生活产生的影响也将是千差万别的。我们针对社会问题的研究则有助于预防、缓解社会问题，甚至解决社会问题所带来的消极影响。因此，本章我们有必要探讨如何在正确的方法论的指导下，按照相对稳定的程序，运用具体的研究方法对各种社会问题进行深入而细致的研究，力图找出有规律性的东西，为我们应对各种社会问题提供有益的指导。

第一节
社会问题研究方法论

一、社会问题研究的层次

要对社会问题进行研究，就需要对研究对象的范围有全面的了解。社会学家认识到社会是一个多层次的整体。"社会学的对象包括各部分具有深度的社会现实，从社会表层及形态基础（地理的、人口的、生态的、工具的等等）到由活的日常实际所构成的上层建筑，复至集体的价值观念和思想，最后直至既是集体的又是个人的社会意识，都在不断往复运动，组成了社会现实，所有这些纵深层次互相渗透，构成一个不可分割的整体——总的社会现象。"① 因此社会问题的研究对象也是一个多层次的整体。研究者选取的层次不同，则采用的研究方法也就不同。

（一）宏观层次

是将社会视为一个有机的整体，侧重从文化和历史的角度来研究社会问题整体的性质和发展规律。从历史演化的角度来发现并解释社会问题发生、发展的规律；从社会系统的相互联系入手来分析社会体制对社会问题可能产生的影响；将许多个人的行为或态度视为一个整体，由此来分析、预测人们的社会行动。简单来说，就是从社会变迁、社会结构、或是社会行为与态度的视角对社会问题进行宏观层面的研究。

（二）中观层次

是从群体结构和集体行为入手，直接考虑实际的社会单位，比如社会组织、

---

① ［法］古尔维什：《当前社会学的使命》，7页，巴黎，巴黎法兰西大学出版社，1950。

社会群体或者是社区。针对社会组织，通过变量分析来描述组织内部各部分的相互关系，以及组织与外部系统的关系；针对社会群体，可以通过参与观察的方法，尽可能记录下各种信息，还可以采用实验方法，引入某项变量、控制其他变量来观测实验变量对群体行为或态度的影响；针对社区，既可以是面向社区整体，也可以是面向社区中具体的社会问题进行研究。

（三）微观层次

是从个人或群体入手，通过观察人们的社会交往来发现社会行动的意义、特点与其社会环境的复杂关系。微观层次的研究不注重社会整体的性质，也不试图发现所谓的客观规律，而是注重实际的社会过程和个人的活动。

二、社会问题研究的特点

社会问题的研究方法是科学的研究方法，基本特点是科学性、客观性以及工具性。[1]

（一）科学性

社会问题研究方法的科学性，应该是理论的科学性和研究方法、技术科学性的统一。理论对社会问题研究的作用表现为在研究开始阶段提出理论假设，以及对收集的资料进行理论分析和理论概括，即在研究设计阶段提出对研究问题的设想或假设，在研究的基础上，通过对资料的分析与综合，证实或证伪原有的理论设想或理论假设。社会问题研究方法的科学性表现为具体方法和技术的科学性。在社会研究中，研究者或者从一定的理论出发，演绎出系统的理论假设，经过资料的收集、分析和综合，归纳概括出研究结论，证实或证伪原先的理论假设；或者在大量观察的基础上，掌握大量的事实，运用归纳方法，经过抽象思维，提出对社会现象具有解释和预测功能的一般理论。

因此，社会问题研究方法的科学性是理论科学性和具体方法科学性的统一。没有正确的认识论和科学理论，研究方法和技术再先进，也无法得到对社会问题正确的、规律性的认识。没有科学的研究方法和技术，就无法发现理论、证实或证伪理论，有时甚至不能获得客观事实。

（二）客观性

社会问题研究方法的客观性是指研究者在收集资料的过程中要保持客观、中立的立场，获得的经验事实是客观的。也就是说，客观性意味着社会问题或者说是社会现象客观存在，当大量的社会现象表现出共同的趋势时，就可以发现社会现象内在的规律，并对社会现象的变化做出准确的预测。研究者在研究社会问题

---

①　参见仇立平：《社会研究方法》，4～8 页，重庆，重庆大学出版社，2008。

的过程中要超越阶级、党派、个人的利益，排除外界的各种干扰，严守科学研究的道德准则，客观地观察事物、现象，从而获得客观事实和对事实的客观认识。但是，由于社会问题研究属于社会科学研究的范畴，而社会科学研究与自然科学研究相比，具有其自身的特殊性，会对社会研究方法的客观性产生较大影响。首先，与自然现象相比，社会现象有着不同的特点。其次，现代社会是一个异质性较高的社会，人与人之间、不同群体之间、不同文化之间存在很大差别。再次，由于社会现象所具有的特殊性，社会科学还未进入高度的理论概括和演绎阶段，人们对社会现象的认识大多还处于资料积累阶段，还未形成经过反复验证、高度概括、具有普遍意义的社会理论。最后，社会问题研究过程中往往涉及活生生的有"情感"的人，同时研究者本身也是有主观意向的人，因此要完全做到"价值无涉"、"价值中立"，对于社会问题研究者而言，是一个不小的挑战。

（三）工具性

社会问题研究方法是我们了解社会问题、分析社会问题乃至解决社会问题的工具。通过社会问题研究方法对各类社会问题进行研究，可以起到对研究对象描述、解释、预测和诊断的作用。所谓描述是指对社会问题的基本特征的阐述，它将反映问题的基本概况及其严重程度等，是要说明"是什么"的问题。比如，在研究艾滋病蔓延问题时，我们要运用"工具"讲清楚什么是艾滋病，它是怎样传播的，它的症状、表现等，目前在我国的蔓延情况以及危害程度等。解释就是要弄清楚社会问题产生和变化的原因，或者在概率上说明社会问题之间的因果关系，主要是用来解决"为什么"的问题。从人的认识来说，这是进了一步，它比单纯描述状况更为深入。研究者可以运用各种手段讨论问题之间的相互关系，以质性或量化或者兼而有之的分析工具，寻求产生这一问题的主要原因以及次要原因。比如，艾滋病的蔓延是否与贫困有关，是否与缺乏性的保护意识有关，或者是否与道德缺陷有关等等。人们了解了这一社会问题是什么，以及为什么会产生这一问题之后，可能还想进一步了解这一问题将会怎样发展，即预测。它是在大量观察和反复观察的基础上，发现和认识问题变化发展的规律，从而对问题的发展趋势做出准确的判断。比如，如果某些农村地区继续处于贫困状态，那么当"地下血头"出现时，艾滋病就将进一步蔓延；或者，当人们对安全性行为缺乏足够的认知时，艾滋病在一定条件下也将进一步蔓延。通过对社会问题的了解，深入探寻了它的产生原因，以及可能的趋势后，最希望找到的答案即是如何解决或缓解这一问题，即对社会问题进行诊断。研究者可以在分析问题的基础上，通过专家讨论，以及对其他有益经验的借鉴，提出解决该问题的对策与意见。

三、社会问题研究的视角

社会问题研究的方法论是社会问题的指导性原则，我们在研究社会问题之初，除了要明确该社会问题研究的层次，应遵循的原则之外，还应该明晰社会问题的研究视角，因为社会问题研究的方法论主要体现在研究社会问题的视角，即观察分析社会问题的特殊角度上，一般而言，主要有透视性视角、整体性视角、群体性视角以及客观性视角。[①]

（一）透视性视角

所谓透视性视角，是指我们在研究社会问题时，要透过表面的、虚假的、复杂的现象，掌握社会问题深层的、真实的、纯粹的本质，即要求我们"透过现象看本质"、"揭穿真相"，最终获得社会问题萌芽、形成、发展、消亡的规律性认识。在社会生活中，我们所看到的、获得的社会信息，往往只是社会的表象，或零碎，或孤立，或虚假，或扭曲，因此，在我们对各种社会问题进行研究的初始，就必须深入了解问题的实质，只有这样，才能对社会问题进行正确的分析，才能获得切实有效的应对策略。

1. 透视性视角要求我们要看到社会问题的隐功能

美国社会学家默顿指出，社会结构构成单位的功能可以是"显在的"（可以意识到和看到的），也可以是"潜在的"（未意识到和未看到的）。他指出："显性功能是有助于系统的调整和适应的客观后果，这种调整和适应是系统中参与者所预料的、所认识的；反之，隐性功能是没有被预料、没有被认识的。""若将隐性功能的概念引进社会研究，则会导致'社会生活并不如乍看之下那么简单'的结论。"[②] 默顿的这一观点对我们研究社会问题有很大的启发。由于社会问题产生的原因总是具有其深层次根源的，社会问题的隐功能、负功能并非是人们一开始就能意识到的，这就需要人们深入去研究那些不易被觉察的原因与影响等。了解某些社会问题的隐功能往往比了解其显功能更加困难，这需要具备敏锐的洞察力与预见力。

2. 透视性视角要求我们要看到社会的内幕

我们在社会生活中总要扮演各种各样的角色，而日常生活中所见到的角色，绝大部分是人们按照社会角色规范来扮演的。戈夫曼指出，人们在前台与后台扮演的角色是有差异的，戈夫曼把针对陌生人或偶然结识的朋友的行为叫做"前台"行为。而前台表现的往往是"戴着假面具的人"，只有在后台我们才能看到真面目。只有关系更为密切的人才被允许看到"后台"正在发生的一切，也就是说，了解行动者的真实情感。因此，在社会问题的研究中有必要区分人们幕前与幕后的活动，幕后的活动有"幕布"的遮挡，不易被发现，但却往往是"真面目"。美国社会学家帕克认为："社会学家最需要知道的是隐藏在人们面孔后面的东西。"社会学家为了获得第一手资料，探寻社会问题的真正的原因，有的深入街头了解青少年团伙，有的深入监狱了解犯罪心理，有的亲自到贫民窟了解社会下层实情。只有撩开"幕布"才不会被假象所迷惑，才能见到真实的活动，真实

① 参见朱力：《社会问题概论》，81～108 页，北京，社会科学文献出版社，2002。

② R. K. Merton, *Social Theory and Social Structure*, p. 105, New York, Free Press, 1986.

的一切。而对社会问题我们只是从表面上观察，就不能认识到它的决定性因素。只有掌握了人们背后的活动，才能了解事物的真实面貌，把握事物的本质。

3. 透视性视角要求我们要看到社会的另一个侧面

在社会生活中除了有众所周知的、光明的、美好的、积极的、体面的一面之外，还有另一个侧面，即社会中还存在不为人们察觉的、被人忽视的、阴暗的、丑恶的、消极的、不体面的一面，就好比一枚硬币的两面，都是客观存在的，我们不能因为自己的好恶就否认它的存在。社会的另一个侧面就是不符合社会主义文化，且消极存在的一面，包括阴暗心理、阴暗行为、阴暗群体及阴暗文化。[①] 社会的另一个侧面是相当复杂的，它的内容和活动以不健康的东西为主，是社会生活中的潜流。研究社会问题时，应该对这一社会侧面进行深入了解，才能有效地理解许多真实的社会问题。

4. 透视性视角要求我们要看到社会生活的多重本质

研究社会问题不能停留在对现象的描述上，不能停留在对生活表面的探究上。社会现象后面隐藏着多级本质，要揭示社会问题的本质和规律，必须在研究社会众多现象的基础上深入到引发这些问题、现象的因素上，即决定社会问题的根本原因上。只有这样才能更深刻、更正确、更全面地反映社会问题的实质。透视社会问题的多重本质是为了掌握社会问题产生的规律，进而寻求找出社会问题发展恶化的应对策略。因此，我们在对社会问题做出解释的基础上不能止步，还要继续对社会问题进行预测并制定对策。

透视性视角强调，虽然研究的内容是消极的，但是研究的态度应该是积极的。同时，研究时是无保留的，但报道和公布时要考虑社会效果，应该有所保留。它要求我们以积极的态度和立场研究消极的社会问题，描述要客观，解释要合理，预测要准确，规范要积极。透视性视角的方法论意义在于，它是透过肯定性主题进而研究某些揭露性主题和丑恶现象的，要求研究者透过假象看到真相，透过现象看到本质，透过消极看到积极，透过黑暗看到光明。

（二）整体性视角

所谓整体性视角，是指我们在研究社会问题时，要用整体和系统的观点来进行考察，要把社会问题放在社会整体中去看，明白社会问题不是孤立存在的，要将影响社会问题的各种因素联系起来进行分析。从某种意义上说，社会问题是一种社会现象，是社会整体中的一部分现象，其产生及与其他社会现象之间的联系受社会自身固有规律的支配，不认识社会整体状态及其内在规律性，就不可能认识作为社会一部分现象的社会问题与其他现象之间的联系。

1. 整体性视角要求我们将社会视为一个整体

从孔德的社会静力学、社会动力学到斯宾塞的社会有机体论，从帕森斯的社会结构功能理论到科塞的社会冲突理论，均强调社会是一个整体，社会整体是由

---

① 参见钟国兴等：《社会暗层简析》，载《中国社会报》，1993－03－06。

各个部分、各种成分有机地联系在一起的结构状态，而不是各类要素机械地凑合。我们只有把社会作为一个有机的整体来看待，才能全面地、科学地认识社会的各种组成部分和各种特殊的社会现象之间的关系。社会问题作为一种社会现象，不是由单一的某个领域中的因素决定的，而是与其他领域的相关因素紧密相连。

2. 整体性视角要求我们将社会问题放在社会整体中进行解释

作为社会现象中的一种，一旦离开社会整体，就不可能被科学地解释，就会有片面性。每一个具体的社会问题所发生与活动的规律，只存在于一定的整体要素之间的相互联系、相互作用、相互制约的关系之中。孤立地去研究某一社会问题，割断它与其他部分之间的联系，则不能揭示这一问题发生、发展的规律，只有把社会问题放在社会整体中，才能找到其产生的真正原因，把握其发展的规律。例如贪污腐败这一社会现象，已经发展成为重大的社会问题，而对腐败的研究也有着不同的视角。从法学的角度来看，这是由于现行法规的不健全和法治的不彻底，对腐败这种行为缺少有力的制约和打击。从经济学的角度来看，这是因为有些人需要通过金钱来换取权力，用权力来为自己服务，而权力的执掌者则在诱惑面前举手投降。从政治学的角度来看，当公共权力得不到控制，没有制度制约的时候，有的人就会进行"权力寻租"活动，即利用各种手段，如游说、疏通、"走后门"等，借助各种特权获取收益，寻求直接的非生产性利润。社会学的整体性视角要求我们在研究社会问题时，将这一问题置于整个社会的大背景之下，从全视角来考察，避免了单一视角方法的局限性，能够对社会问题做出全方位的解释。

3. 整体性视角要求我们认识到社会问题是一个自然的历史过程

每一个社会问题都有一个自然形成和发展的过程，所以在研究社会问题时，要充分考虑时间因素的作用。首先要考虑的时间端点是过去，社会问题的产生与发展都有一个历史过程，每一个社会问题之所以从无到有，从小到大，是因为社会问题的产生有个积累的过程，存在历史因素影响的问题。在解释社会问题时，考虑到时间的因素才能把握问题的来龙去脉，弄清楚问题产生的因由，对社会问题的解释才有力度和深度。另一个要考虑的时间端点是未来，社会问题的前景如何，将向什么方向发展，时间因素在对社会问题进行预测的时候特别重要，任何推断离不开时间的影响。这一观点要求我们在考察社会问题时，一定要做纵向的了解。只有准确地预测社会问题的发展趋势，才能制定有效的解决社会问题的对策。

4. 整体功能大于部分功能之和

整体功能大于部分功能之和，来自系统论观点的启发。社会各个部分的最优化，不一定能达到社会整体的最优化，整体的最优化也不简单地表明社会各种部分的最优化。因此，解决社会问题时要考虑到使部分的功能与目标服从社会整体的最佳目标和最佳功能。合理的结构联系，能使各个部分的结构所具有的功能达到最佳。我们考虑解决社会问题，要从社会的整体结构及社会的整体发展目标出发，从社会的整体功能来考虑。在对待社会问题或解决社会问题的过程中，人们会因利益的不同而形成不同的派别，产生不同的观点，提出不同的解决方案，而且很有可能某种观点、方法对解决某些问题是有一定效果的，对某些利益集团也是有利的。但我们最终判别解释社会问题的理论是否合理，解决社会问题的方法是否有利的标准不是少数人的、少数集团和少数部门的，而要从社会整体的角度来衡量，从社会整体的目标、社会整体的利益、社会整体的功能、社会整体的效益出发。

社会整体性观点要求我们全面性地看待问题，而不能从单一视角出发，只看到问题的一些方面而遗漏了另外一些方面，仅仅看到了局部而忽视了全局，仅仅照顾了部门而忘却了整体。

（三）群体性视角

所谓群体性视角，是指在我们看待社会问题时，不是把它看作个人的问题，而是看做群体的问题，在观察问题时要超越个人，要研究群体的结构和属性对个体的影响和制约。

1. 群体性视角要求我们认识到社会是由群体组成的

社会不是由单个个人构成的，而是由群体组成的。社会的最小单位不是个人而是群体。任何个人都不可能孤立存在，个人必须与他人结成各种各样的群体才能生存下去，这也是个人最重要的社会属性的体现。社会学中流传着一句名言："社会学家对个人不感兴趣。"意思是社会学家对孤立的、纯粹的个人问题不感兴趣。而对米尔斯所说的个人苦恼变为公共麻烦——社会问题很感兴趣。例如大学生就业问题，如果只是个别大学生找不到工作，则可能是个人的素质、能力、择业观念有问题。只是个别大学生的就业困难，社会学者不会予以太多的关注，而当一个城市有成千上万的大学生找不到工作时，这就变成失业问题，社会学者就必须予以关注。

2. 群体性视角要求我们认识到观察社会时要超越个人

研究社会问题时要跳出个人狭小的范围，一是要看到个人与个人之间的联系。他人是自己的一面镜子，我们正是依据他人对自己的反应来整饰自己在他人眼中的形象，调整自己的行为。二是要看到个人与群体之间的联系，因为人类的行为主要取决于所属群体和群体成员之间的相互关系、相互作用与相互影响。

3. 群体性视角要求我们要研究群体结构

这一视角要求我们要看到个人与环境之间的联系，个人的思想、情感及行为是由影响其生存的社会背景决定的。观察社会问题时要有穿透力，穿透个人所在的群体，穿透群体所在的社会环境。因此，当我们对个人进行研究时，首先要研究他所在的群体以及该群体所具有的亚文化；其次，我们还要研究群体所在的社会环境，从空间上来看就是社区。社区是相对稳定的群体的活动范围，在一个社区中，群体具有相对稳定的关系结构。我们可以从群体的结构中观察个人或小群体所处的位置，观察群体结构性力量对个人或小群体的影响。

4. 群体性视角要求我们认识到群体的特性独立于个人的属性

群体虽然是人们因某种需要组合而成的，但群体一旦形成，便会产生自己的品格、意志和特性，形成自己的规范系统，即群体亚文化。个人的行为深受群体特性的影响。一般而言，是群体的特性决定个体的思想和行为，而不是个体的意志左右群体的属性。不同的群体，其精神支柱和维系群体的精神纽带是不尽相同的，我们在研究中必须注意不同群体的精神品格和群体意志，将个人置于他所属的特定群体之中，用特定的群体属性来俯视个人的思维和行为，从而可以更清楚地了解个人的行为。

（四）客观性视角

所谓客观性视角，是指在研究社会问题时应采取客观的态度与立场。它要求研究者不能从狭隘的个人经验出发，对熟悉的社会现象熟视无睹，带着自己的价值倾向研究问题，而是应该站在超越个人经验的立场，带着新奇的眼光，不抱有先入为主的价值倾向，用广阔的世界性的视野去观察问题。

1. 客观性视角要求我们实事求是地研究社会问题

社会问题的产生有其客观必然性，我们在对其进行研究时，应该实事求是。首先，必须承认人性是自私的。人的一切言行都是在利己的目的下而做出的，没有人能例外。如果真有什么人有什么高尚情操的话，那也是因为他（她）为满足自我的精神陶醉而做出的。相反，我们看到的多是人们为了自己的种种欲望，罔顾自己的行为会给这个社会和他人带来多大的危害。其次，必须承认问题的客观存在及其严重程度，问题一旦出现并不断发展时，它是不以人的意志为转移而缓解甚至消失的。比如，当前社会的公平问题，它的存在及严重程度，并不会因为人们主观上的意愿而缓解或消失。最后，必须承认问题解决的有限性，因为当我们面对某一社会问题时，或许没有足够的能力迅速或完全解决，我们只有量力而行、循序渐进地逐步解决。

2. 客观性视角要求我们摆脱个人狭隘的经验，客观地表达各种发现

个人的生活经历、知识、智慧、能力是有限的，因而从个人的角度出发去看问题，难免会有片面性与狭隘性。尽管个人尽可能全面地看问题，但这种努力并不能完全排除局限和成见。米尔斯认为研究社会问题应有一种"社会学的想象力"[①]，即指社会学者要具有把个人经验与广阔的社会天地相联系的强烈的自觉意识。

社会学的想象力是一种社会的、历史的思维方式，是研究社会问题的学者必须具备的素质。它要求我们摆脱狭隘的个人观点，在思想上同我们在社会中所处的位置保持一定的距离，更清楚地认识个人活动同社会事件之间的联系，使我们能探索个人的生活方式和生活经历同社会事件和社会模式之间的错综复杂的联系。

---

① ［美］赖特·米尔斯：《社会学的想像力》，35 页，北京，三联书店，2001。

3. 客观性视角要求我们保持陌生人的观点

研究社会问题必须客观地、实事求是地看待事物。"陌生人"是指我们要做"熟识世界中的陌生人"，某些从个人生活天地看是熟悉的东西，而我们要作为陌生人来重新审视这些熟悉的社会现象，从熟悉的现象中发现新的问题，而不仅仅局限于常识性的认识。只有保持陌生人的观点，我们才能从独特的角度，用新颖的思路来解释社会问题，给人以新的启迪。

4. 客观性视角要求我们保持价值中立的观点

韦伯认为，价值因素不可避免地要影响研究者选择什么课题，但在科学研究中则是可以做到避免价值影响的。因此，首先要在伦理上做到价值中立。"一旦社会科学家根据自己的价值观念选定了研究课题，他就必须停止使用自己的或他人的价值观念，而遵从他所发现的资料的指引。他不能把自己的价值观念强加于资料，无论研究的结果对他有利还是不利。"① 其次，价值中立要求将价值和事实进行区分（应然和实然的区分），这是价值中立的基础。有学者把科学活动分成"发现系统"和"验证系统"，认为在前者中无需保持价值中立，事实上也不可能保持价值中立，而在后者中主张价值中立，而且也是可能的。

5. 客观性视角要求我们避免地方性观念，把世界作为整体来看待

世界上的事物都是相互联系的，世界是一个整体。特别是进入工业化社会以来，随着科学技术的迅猛发展，世界已经冲破通信与交通的障碍，其空间距离日益缩小。全球的经济、文化交流日益发展，世界各国之间的影响、合作、互动不断加强，全球呈现一种各国相互依存、共同发展的局面。各个国家正在成为一个整体，人们越来越认识到各国之间的相互依赖性和面临社会问题的共同性。有些社会问题是人类社会在一定的发展阶段必然会遇到的，具有共性。有些国家在治理这些社会问题方面已有了成功的经验，我们可以直接借鉴，不必花许多力气重新研究对策，重走弯路。例如，人口膨胀、环境污染、能源短缺、生态危机，这些问题本身就是全球性的，仅靠某一个国家是无法解决的。这类社会问题只有放在全球背景中去观察才能认清，也只有全球协作才能解决。要避免地方性观念，就必须在研究中注意进行比较研究，进行跨制度、跨文化、跨社会的研究，把社会问题放在世界大背景中认识与解决。

6. 客观性视角要求我们认识到任何事物都有一个从量变到质变的过程

社会现象同自然现象一样，有质的方面，也有量的方面，质的变化是由量的变化引起的。任何事物包括社会问题都同时具有质和量两个方面，是质和量的统一体。社会问题不是一下子爆发出来的，它有一个生长和累积的过程，有一个从量变到质变的过程，所以我们对社会问题的解释必须建立在科学的描述性研究基础之上，将定性研究和定量研究结合起来。定性研究是认识社会问题的开端，是考察社会问题特征及规律的前提，而定量研究则是认识社会问题的继续，是对社会问题的特征及规律认识的深化。这两类研究有各自的功能、特点与局限性，只

① ［美］刘易斯·A·科瑟：《社会学思想名家》，244～245页，北京，中国社会科学出版社，1990。

有将两者有机结合起来，才能揭示社会问题的规律。

第二节
社会问题研究的程序

一、确定社会问题

由于社会的变迁以及社会现象的纷繁复杂，存在的社会问题也多种多样。在进行研究前，我们首先应该明确我们所要研究的社会问题是可以并且值得进行科学研究的，也就是说，所要研究的问题必须是：其一，可以由科学研究来进行解答或解决；其二，具有一定的研究价值，即它是符合社会需要的。其次，我们必须对所研究的社会问题作出较为清晰的界定，而不能是一个含糊、宽泛、笼统的问题，即我们研究的社会问题应该是一个"轮廓"较为清晰的问题，有明确的研究内容、范围以及对象。最后，当我们确定研究的社会问题时，还需要考虑各种因素，包括研究的重要性、创造性、迫切性、可行性，以及研究者的主客观条件等。

重要性是研究课题所具有的意义或价值，即所选择的研究课题具有的理论意义，或是实践意义和社会意义。理论意义是指研究课题对一门学科的发展，对某种理论的形成或检验，对社会规律的认识，对社会现象的解释等所作出的理论贡献；实践意义是指研究课题对现实社会中存在的社会问题进行科学的回答并能对解决或改善这类社会问题提出建议和对策。研究课题的重要性还表现为所选择的课题具有重要的社会意义，例如，"三农"问题、基层政权的建设、城市社区建设、社会结构等都是社会改革发展到一定阶段需要研究的问题，这些问题的调查研究对于社会发展、体制建构具有很大的意义。创造性的含义在于首创和创新，它指的是在选择和确定研究课题的过程中，寻找自己的研究方向或具体问题，使得自己的研究能够为课题所在的学术领域增加新的知识。衡量创造性的标准主要有三个方面：首先，这项课题所研究的问题在现有的"知识库存"中还无法找到，是"史无前例"、"填补空白"、开创性的。例如"当代中国社会结构及其社会分层"、"当代中国的社会分化和社会整合机制的建构"以及"社会主义市场经济条件下的执政党执政方式的研究"等具有开创性的特点。其次，一项课题具有创造性，也可以说是指采用新的理论对一个已经被大量研究的问题给予新的诠释，或者采用新的方法对一个旧的问题进行研究。最后，研究课题的创造性还表现为随着社会的发展，已经做过的研究课题的对象发生了新的变化，或者是原来的理论已经不能有效地解释已经发生变化的社会问题。例如"大龄女青年结婚难"的社会问题，在 20 世纪 80 年代可能是因为大批知青从农村回来，因受传统男女婚配"婚龄差"的影响，导致部分女青年（高收入、高学历、高年龄）错过"最佳"婚龄，因而无法找到合适的婚配对象。但在当前社会，一些"三高"大龄女性无法找到自己满意的配偶，更多的原因是女性社会地位提高，获得了与男性一样甚至更高的教育，加上婚恋观念的变化，所以不少"三高"女青年宁可选择独身，也不愿意结婚。迫切性是指这一社会问题已严重影响到社会全体成员或部分成员的正常生活或者影响到社会的良性运行，必须及时有效地解决。比如，在我国当前社会全面转型时期，就面临着许多需要尽快妥善解决的问题，另外，随着工业化与城市化的发展，出现了许多新的、迫切需要解决的社会问题。可行性是指能够得到社会及各有关部门的重视和支持，在研究力量、研究经费、人员配合、资料提供、被调查者的协作等方面得到较可靠的保证。此外，研究范围的大小也对可行性有影响。一般而言，社会问题的研究大多依靠一个团队的协作来完成，因此研究范围的大小、宽窄则可视团队的力量与社会配合情况而定。如果研究团队的力量较强，且社会配合程度较高，则可以确定一个较为宽泛的范围，反之，则应该尽量缩小范围至一个合理可行的程度。研究者的主客观条件，指研究者本人的兴趣、学识、能力、精力、时间、研究条件等。[①] 研究者在确定所要研究的社会问题时，首先会有自己的兴趣倾向，选择自己感兴趣的问题，此外其自身所具备的学识以及能力也会影响到选择怎样的社会问题进行研究，而他是否有足够的精力与时间，现有的研究条件是否可以满足自己的研究需要，都是研究者在前期确定社会问题进行研究时需要考虑的因素。例如，一个年轻的男性大学生研究者如果选择"离婚妇女的心理冲突与调试研究"这样的研究问题，那么，从可行性方面来考察，就会发现这个问题对大学生研究者来说是不大可行的。因为无论是从他的年龄、性别、社会生活经历等个体因素来看，还是从他对这一领域的相关背景知识的熟悉程度来看，都与这一研究问题的特点和要求相差较大，往往很难圆满完成这一问题。除了上述因素以外，确定研究怎样的社会问题还受个人价值判断、政治信仰、社会意识形态和政治因素的影响。尽管如此，研究者在确定了研究的问题之后，就只受科学精神的制约，他不能把个人的价值判断强加于观察资料之上，而必须遵循客观的、"价值无涉"的研究方针。

总的来说，社会问题的确定是一个过程，它不是简单地确定一个题目而已，它必须是科学的，需要研究并且可以进行研究，是一个界限明确的具体问题。

二、进行初步探索

当我们已经选择了将某一社会问题作为研究课题之后，就要进一步了解与这一社会问题相关的知识，尽可能全面地掌握关于这一社会问题的相关信息。它主

---

① 参见袁方：《社会研究方法教程》，119 页，北京，北京大学出版社，1997。

要可以通过三个途径获得。

（一）通过各种大众媒介，包括电子媒介与纸质媒介

比如可以通过互联网、电视或广播节目了解这一社会问题存在的现状、可能的趋势、产生的影响、大众的态度等。也可以通过阅读与这一社会问题相关的现存的研究资料，比如报纸、杂志、学术期刊、论文、研究报告、政府文件、报告以及私人材料等，获取前人对这一社会问题的研究状况、基本观点、态度等。在理论上可以受到启发，掌握这一社会问题的研究重点及难点，了解其中有哪些问题已经解决，有哪些问题还有待解决，避免走弯路以及重复劳动，并且还可以有效创新。

（二）咨询相关人士

主要是对这一社会问题有接触和了解的相关人员，包括学者、专家以及相关实际工作人员。因为有关学者、专家已经对这一社会问题进行过相当深入的研究，有自己的见解，有理论的解释，因此他们的意见与建议可以使我们站在更高的起点上来研究这一社会问题。政府相关部门的负责人拥有处理这类社会问题的经验，且对政府的相关政策规定非常清楚。由于政府工作人员看待社会问题的视角较为宏观，需要全面考虑社会问题给各方面带来的影响，并且权衡利弊，因此可以帮助我们从较为宏观的视角来看待这一社会问题；一线工作人员直接面对这一社会问题，有应对这一问题的直接经验，由于他们身处一线，对这一社会问题的了解也较为细致、具体，并且有自己的体会，因此可以帮助我们从较为微观的视角来看待这一社会问题。

（三）实地观察了解这一社会问题的相关情况

只有身临其境，才可能对这一社会问题有更直观与深刻的了解，通过实地观察，通过与受这一社会问题直接影响的当事人的沟通，我们才能更深入地理解这一社会问题。

总之，在初步探索阶段，我们获取的相关信息与资料越丰富、越全面，我们对社会问题的思考就会越系统，因而才能提出有价值的研究假设，以及拟定合理的研究设计方案。

三、提出研究假设

假设是尚待检验的命题，是需要实证研究加以证明的理论，或者是理论的潜在形式。所谓假设就是以已有事实材料和科学理论为依据而对未知事实或规律所提出的一种推测性说明。提出假设必须从事实材料出发，根据已被证实的科学理论，进行逻辑论证。假设提出后还须得到实践的证实，才能成为科学原理。简而言之，假设就是研究者对于社会现象之间或者变量之间关系的推测或尝试性解

释，是社会研究中最常用的命题形式。[①]

科学研究一般是先建立研究假设之后再去收集资料。社会学家古德等人提出，假设必须满足以下几个条件：其一，以明确的概念为基础；其二，具有经验的统一性（即能被经验检验）；其三，对假设的适用范围要有所界定；其四，与有效的观测技术相联系；其五，与一般理论相关联。[②]

研究假设可以通过查阅理论文献来得出，也可以从实地考察或访谈中得到。当然，在有些研究中，还可以结合这两种方式来建立假设。研究假设主要运用在量化研究中，通过对假设的证实或证伪，可以对比较抽象的理论进行验证，从而使实证研究不再是经验上的描述，而成为理论性研究。虽然质性研究似乎很少采用"假设"的形式，但是实际上有些质性研究仍然具备研究假设，只是它的理论假设产生于研究之后，是在已有的研究结果上建立的初步结论，并经过进一步的个案研究来证实或证伪，从而验证和发展研究者的初步结论。另外，在质性研究中，研究设计的概念框架体系依笔者看来实际上也带有研究假设的性质，虽然它没有用明确的语言阐述概念之间的关系，但是概念之间的箭头指向实际上暗含了它们之间的逻辑关系。[③] 因此，无论是量化研究还是质性研究，研究假设都是对所研究的问题或现象提出的一种带有推测和假定意义的理论解释。它用来说明某种现象，但还未经资料证明的理论命题。

提出假设是整个研究的关键阶段。以前的各种构思和初步探索，就是为了帮助建立假设，而以后的研究工作，包括收集资料和分析资料，就是希望验证假设是否成立。提出假设时要确立可验证性，即是否可以找到相关的资料来检验它是对还是错。不能以事实来检验的假设是没有意义的。

四、拟定研究设计

进行研究设计主要是为了制定一个完整、详细的研究方案，它是对社会问题研究的具体程序和操作方式的规划，就好比我们一项工程的设计图与施工方案，有了合理的设计图与可行的施工方案，工程才能顺利进行。研究方案的具体内容涉及从研究题目确定开始，直到资料收集、分析，报告撰写为止的整个过程。因而在设计具体方案时，应将它与研究过程中的各个阶段、各个方面联系起来统筹考虑，既要考虑使研究各个阶段与各个方面有效顺利地衔接，也要考虑使各个阶段与各个方面必须围绕着研究目标展开。总的来说，研究方案设计可以包括以下几个方面：

（一）阐明研究课题的目的与意义

主要是说明为什么要选择这一问题进行研究及选择这一社会问题进行研究的

---

① 参见仇立平：《社会研究方法》，91页，重庆，重庆大学出版社，2008。
② 参见福武直等：《社会调查方法》，23页，长沙，湖南大学出版社，1986。
③ 参见陈向明：《质的研究方法与社会科学研究》，11、92、109页，北京，社会科学出版社，2000。

过程，即搞清楚这一研究课题的重大意义。同时也要说明研究这一课题是为了解决什么问题，达到怎样的目的。研究者在说明研究课题的目的与意义的同时，必须对自己的研究有一个非常清楚明确的认识，即这一研究课题的社会背景与学术背景是什么，只有这样，研究者才能明确清晰地认识到他的研究对学科理论或社会实际的应用价值。

例如，我国人口普查的目的和意义就是准确地查清我国人口数字，查清我国人口的地区分布和社会经济结构情况，为社会主义现代化建设，统筹安排人民的物质和文化生活，制定人口政策和规划，以及其他有关国计民生的政策和规划提供可靠的资料。

（二）研究假设或设想的说明

研究假设或设想是方案设计中最重要的内容，甚至可以说是研究课题的"灵魂"或导向。无论是研究假设还是研究设想，研究者都必须详细阐述本项研究中主要研究哪些问题，这些问题是怎样形成的，应该从哪几个方面着手研究，并具体提出详细的研究框架，或者对不同社会现象或变量之间的相互关系提出自己的认识。对于那些必须有研究假设的社会研究尤其是理论性研究来说，则应该在研究方案中对研究假设进行具体的陈述和说明。如果暂时无法形成研究假设或者研究本身并不需要的，那么必须有研究设想，即研究准备从哪几个方面展开，具体的研究项目和内容是什么。

（三）阐明研究内容、研究类型、分析单位

研究内容是对研究目的的具体分解和细化。在研究设计中，详细说明研究的内容，是落实目标的重要环节。在确定研究问题时，我们只是指出了研究对象的大致范围及基本方向，至于在这个问题之下，究竟应该研究哪些具体的内容，则是在研究设计中所要解决的问题及完成的任务了。为有效地选择研究方法或研究途径，必须从各种角度确定研究类型，并制定出相应的策略。一般而言，从设计的角度看，主要可以从研究目的——是描述性研究还是解释性研究，研究的时间性——是横剖研究还是纵贯研究，调查对象的范围——是运用普查、抽样调查还是个案调查等几个方面来划分和确定研究类型。分析单位是指研究描述和分析的对象，该课题研究的分析单位是个人，还是群体、组织、社区、社会产品。指明研究课题的分析单位，可以使研究者有针对性地收集研究所需的资料，同时也可以使研究者避免犯层次谬误或简化论的错误。

（四）研究人员的组织、组织结构及培训安排

对于一项较大规模的社会问题研究来说，往往需要很多研究者的共同参与才能完成。同时在调查中需要一些符合要求的调查员收集资料，因而还要挑选、培训调查员。所以，在研究方案设计中，必须根据研究课题的需要组织一支研究队伍，通盘考虑研究人员的素质和特点，给每个课题组成员分配研究任务，制定相

应的组织管理办法。对调查员的挑选、培训工作也要事先进行规划，制定出切实可行的培训方案，以保证调查工作的顺利进行。

（五）阐明资料的收集方式与分析方法

资料收集与分析的方法很多，但并不会在一项研究中运用所有的方法，因为根据条件的不同，有些方法适用，而有些方法则不太适用，因此，在研究设计阶段，就需要进行周密的权衡与考虑，选定适合本次课题研究的资料收集方法与分析方法。

（六）确定研究的时间进度和经费使用计划

一项研究从选择课题到完成报告，必须要有时间上的限定和要求。为了在规定的时间范围内完成研究任务，顺利达到预定的研究目标，研究者应该在研究开始之前，绘制一张工作流程图，对整个研究工作的时间分配和进度进行安排。指出研究的具体步骤，分几个阶段进行，说明每个阶段应该完成的任务和应该达到的目标。每一阶段所分配的时间要合适，要留有一点余地。特别要注意给研究的设计阶段多安排一些时间，不要匆匆忙忙开始收集资料的工作。此外，对于研究课题的经费使用，也应有一个大致的考虑和合适的分配，以保证研究各个阶段工作的顺利进行。

最后要说明的是，在进行研究设计时，研究者还应尽量注意和自己的研究题目相同或相似的研究，注意参考和借用这些研究在设计、工具选择、对象选取等方面的经验和做法。这样不仅可以避免在自己的研究中出错误，还可以使自己的研究成果与他人的研究成果进行对比，更易体现创新性。

五、收集相关资料

这一阶段是到调查规定的场所进行实际资料收集的过程。按照研究方案的设计，通过现场收集足够的、真实的、准确的资料以保证研究结论的可靠性和科学性，是这一阶段的基本任务。如何保证资料收集的质量，是这一阶段的关键问题，主要有两种措施：一是提高调查员的自觉性和责任感；二是加强对实际资料收集工作的组织管理和经常性的检查、监督，发现不符合要求的及时处理、纠正（如补充调查、重新调查）。在实际资料收集的过程中，研究方案设计中既定的方法可能会遇到各种无法预料的现实问题。因此，在保证不偏离研究目标的前提下，需要灵活执行乃至适当调整原来的研究方案。资料收集的方法有很多，包括问卷法、访问法、量表与测验法、观察法、实验法以及文献法等，每种资料收集方法都各有特点。问卷法与量表测验法多用于收集标准化的定量资料；访问法与观察法则多用于收集非标准化的、无结构的定性资料；实验法不仅是收集资料的方法之一，而且也是一套具有特定程序的研究方法（在下一节中我们将着重介绍）；文献法是历史研究和哲学研究的基本方法。

（一）问卷法

问卷法是现代社会问题研究中最常用的资料收集方法，特别是在调查研究中，它的使用更为普遍。因此，美国社会学家艾尔·巴比称"问卷是社会调查的支柱"。它的形式是一份精心设计的问题表格，用以测量人们的特征、行为和态度等。社会研究中所用的问卷，依据填答或使用的方式的不同，可分为两种主要的类型，即自填问卷和访问问卷。一般来说，问卷的基本结构主要包括封面信、指导语、问题及答案以及其他资料等。通过问卷法收集资料，可以有效节省时间、经费和人力，并且还具有较好的匿名性，同时可以避免偏见，减少调查误差。此外，通过问卷法回收的资料便于进行定量处理和分析。但是这种收集资料的方法也不可避免地存在一些局限性，比如，对被调查者的文化水平有一定的要求，而且问答率往往也很难保证，此外，也很难保证填答问卷的环境和填答的质量。

（二）访问法

访问法是一种最古老、最普遍的收集资料的方法，也是社会问题研究中最重要的调查方法之一。目前社会研究中广泛采用的是按照对访问过程的控制程度进行的分类，即结构式访问与非结构式访问。结构式访问又称标准化访问，它是一种对访问过程高度控制的访问。这种访问的对象必须按照统一的标准和方法选取，一般采用概率抽样。而非结构式访问又被称作非标准化访问，它是一种半控制或无控制的访问。与结构式访问相比，非结构式访问最大的特点是弹性大，能充分发挥访问者与被访问者的积极性。访问的过程实际上一个社会互动的过程，访问资料正是这种社会互动的产物。访问法的最大特点在于，访问是一个面对面的社会交往过程，访问者与被访者的相互作用、相互影响贯穿调查过程的始终，并对调查结果产生影响。这一特点是其他资料收集方法所不具备的，这使得访问法可能收集到通过其他方法无法获得的资料。此外，环境可控也是访问法的一大优点，这使得收集的资料具有较高的可靠性。不过由于访问是一个访问者与被访问者相互作用的过程，双方具有不同的价值观、社会经验、社会地位及思想方式，这些主观因素势必导致访问误差，因为双方都无法做到完全客观，互不影响。此外，由于需要面对面的互动，因此所需费用较大，耗时较长，需要的人力较多，这就可能限制了它的规模。

（三）量表与测验法

量表与测验法主要用于收集数据资料，与上述问卷法有类似之处，都是用来精确测量人们的态度和行为特征的。量表在社会科学研究领域中，是一种应用较为广泛的测量工具，主要用于测量复杂的概念。研究者由于所需要研究的概念往往不可能只用一个单独的指标来测量，因而创造出各种量表来达到测量的目的。测验是以间接的方式收集个人的态度、人格结构和心理行为等方面资料的方法。

它是一种标准化了的程序，在这个程序里，受测人对一组预先设计好的刺激作出反应，这些反应使得测验者能够以一个数或一组数来描写受测者，并由这个数或这组数推论受测者拥有这个测验所想测量的心理行为的状况。

（四）观察法

在社会科学中，观察法是一种收集社会初级信息或原始资料的方法。这种方法是指通过直接感知和直接记录的方式，获得由研究目的和研究对象所决定的一切有关的社会现象和社会行为的情报。但是由于研究目的的不同，所需要资料的性质不同，采取的观察形式也往往有着很大的区别。首先，从观察的场所来看，观察法可以分为实验室观察和实地观察。其次，从观察者的角色来看，观察法可分为局外观察和参与观察。再次，根据观察程序的不同，又可把观察法分为结构式观察和非结构式观察。最后，根据观察对象的不同，又可将观察分为直接观察和间接观察。观察法可以当时当地观察到现象或行为的发生，从而掌握第一手资料。而且，观察一般在自然环境中进行，因此，它对研究对象的干扰较小。如果研究的是无语言文字沟通的调查对象，则观察法非常适用。此外，观察法还可以弥补其他方法的缺陷，比如研究对象不愿接受访问或研究对象不愿交回问卷等。观察法的诸多优点是由其特点决定的。观察法的特点主要有以下几方面：首先是观察的直接性与自然性。其次，由于观察的直接性，观察者本人的主观意识和价值取向则更多地介入到观察对象和观测资料中。最后，观察还具有广泛性的特点。但是，也正是由于这些特点，使观察法也不可避免地具有一定的局限性：其一，由于观察的直接性和自然性，它难以控制环境变量和时间变量，很难进行数量分析和统计判断。其二，观察的主观性和情感性较强，易受到观察者的价值观和感情因素的影响。

（五）实验法

实验法主要通过控制情境和变量来研究社会行为和社会现象的变化，以建立变量因果关系。根据实施场所的不同，可以将实验分为实验室实验和实地实验。通常研究者预先提出一种因果关系的尝试性的假设，然后通过实验操作来进行检验。因此，通过实验法，能够确立变量间的因果关系，并且与其他方法相比，花费也较小。此外，易于重复、控制能力强也是实验法的优点。但是，它缺乏"现实性"、样本太小，不宜推论总体，而且实验对象的行为易受到实验人员的影响，在伦理与法律上也有限制。这些都是实验法所不可避免的局限性。此外，实验误差是一件引起普遍关注的事情。在实验过程中，因变量随时都可能受到其他因素而不是自变量的影响。因此，在实验过程中总是存在着误差。但是，一项良好的实验设计的目标，则要尽可能多地减少误差，努力提高实验的信度和效度。

（六）文献法

文献法是去收集和分析现存的，以文字形式为主的文献资料。根据文献具体来源的不同，我们既可以把文献资料分为个人文献、官方文献及大众传播媒介三大类，也可以把它分为原始文献（或第一手文献）和第二手文献（文献学上称二次文献）两大类。首先，由于文献法是收集那些业已存在的文字材料、数据资料以及其他形式的信息材料，不需要直接同人打交道，所以一般而言，研究对象不会受研究者的影响而发生变化，即文献法具有无反应性的优点。其次，利用文献法收集资料往往比问卷调查或访问法等调查方法所需的花费要小得多。再次，不论是访问法、实验法、量表与测验法，还是观察法或者问卷法，都需要研究者与研究对象有直接的接触，而针对那些无法或无力接触到的对象，则无法进行资料收集，但是文献法则使得收集到那些无法接触的研究对象的资料成为可能。最后，文献法不同于实验、观察等方法，它还非常适用于纵贯研究。但是，有些文献资料难以获得，而且所获得的文献资料的质量也难以保证，有些文献资料缺乏标准化的形式，造成难以编录和分析等问题，这也是文献法所具备的局限性。

关于资料收集的方法，还应注意的两点是：其一，某一种资料收集方法不可能适用于所有的研究课题或研究领域，针对某种具体的问题，研究者必须选择其中最适合的方法；其二，在任何具体的社会问题研究中，都可以采用多种不同的资料收集方法，这些方法可以相互补充、相互验证，有助于克服单一方法或技术的局限性。

六、分析研究结果

前一阶段，研究者通过多种方法收集到所需的资料，但是，这些得到的原始资料往往是粗糙的、杂乱的，虽然代表着事物的某种特征，具有社会实在性，但它们本身并不能深刻揭示事物或现象的本质，只有对其进行去伪存真、由此及彼、由表及里的操作，才能把握其内部的规律性，反映出事物的本质，因此，有必要对所收集的资料进行细致的分析。

研究者在资料收集过程中收集到的资料主要有量化资料与质性资料，根据资料类型的不同，资料的分析也可以划分为定量资料分析与定性资料分析。

(一) 定量资料分析

当研究者收集到一批数据资料后，接下来的任务就是要对这些资料进行统计分析。首先，要对资料进行审核，它是指研究者对所收集的原始资料（主要是问卷）进行初步的审阅，校正那些错填、误填的答案，剔出乱填、空白和严重缺答的废卷。其目的是使待分析的资料具有较好的准确性、完整性和真实性，从而为后续资料整理录入与统计分析做好准备。其次，要对资料进行编码，也就是给每个问题及答案一个数字作为它的代码。从资料处理的角度看，编码就是用阿拉伯数字来代替问卷中每一个问题的回答，或者说是将问卷中的答案转换成数字的过程。接着，要进行数据的录入。数据录入一般有两种方式：一种是直接从问卷上将编好码的数据输入计算机；另一种是先将问卷上编好码的数据转录到专门的登录表上，然后再从登录表上将数据输入计算机。再次，要进行数据清理。由于在数据资料录入的过程中，不可避免地存在着一些小的差错，因而在进行计算机统计分析之前，为避免对错误数据进行运算程序，有必要进行数据清理。主要的清理方法有：有效范围清理、逻辑一致性清理以及数据质量抽查。最后，就进入到数据的统计分析阶段。可以根据研究需要及研究目的进行单变量统计分析、双变量统计分析或者是多变量统计分析。

（二）定性资料分析

当研究者在资料收集阶段收集到的资料是非数据型的，不能运用定量资料的分析方法进行分析时，我们则往往采用定性资料的分析方法进行分析。这些资料具有来源多样性、形式无规范性以及不同阶段变异性等特点，使得定性资料往往显得杂乱无章。因此，定性资料分析的过程应该是一个对资料进行分类、描述、综合、归纳的过程。定性资料分析的基本逻辑是归纳法，即从具体的、个别的、经验的整合中逐步概括、抽象到概念和理论，其主要工作任务可以概括为对信息的组织、归类和对信息内涵的提取。在定性资料分析过程中，研究者所采取的典型的方法就是对在实地研究中观察、访谈所得到的资料进行重新研读，并按照基本的方法或范畴对它们进行分类。尽管定性资料分析的过程可以说是贯穿于整个研究的始终，但主要还是在资料收集结束后。这种分析大致可以分为三个不同的阶段①：包括初步浏览阶段，目的是对全部资料的整体有所了解和熟悉，使得研究者在对原始资料进行各种处理时更加心中有数；阅读编码阶段，研究者重新仔细阅读收集的定性资料，并在阅读中进行资料的各种编码工作，形成更为清晰的内容框架的资料；分析抽象阶段，研究者需要再次仔细审阅和思考，并从中归纳或抽象出解释说明现象和社会生活过程的主要变量、关系和模式。

七、撰写研究报告

当我们完成了资料的收集与分析工作后，最后的任务就是要把我们的研究结果以某种恰当的形式传达给其他人，同其他人进行交流，这就是撰写研究报告的工作。对于一项具体社会问题的研究来说，研究报告是其成果的集中体现。

研究报告是反映社会问题研究成果的一种书面报告。根据研究需要及研究目的，既可以是描述性报告，也可以是解释性报告；既可以是学术性报告，也可以是应用性报告；既可以是定量研究报告，也可以是定性研究报告。研究报告的撰写首先是要确立主题，然后要拟定提纲，接着要选择材料，最后再来撰写报告。一般而言，规范的社会问题研究报告往往有比较固定的格式，主要包括以下几个部分：

第一，导言，也称引论或绪论，是研究报告的第一部分。导言通常包括三个

---

① 参见风笑天：《社会学研究方法》，309 页，北京，中国人民大学出版社，2001。

方面的内容：研究的问题及问题产生的背景（包括研究的缘起、研究的问题及其界定以及研究的目的和意义）、相关文献的评论以及介绍自己的研究。

第二，方法，即说明研究所采用的方式方法、研究的程序和工具等。包括研究方式、研究设计的介绍，研究的总体、样本及抽样方法、抽样过程的介绍，研究的基本概念、变量、假设和理论架构的介绍，资料收集方法以及资料分析方法的介绍。

第三，结果，即说明通过研究发现了什么。这是在资料分析的基础上，阐述研究所发现的结论，同时也是对以上假设的证实或者证伪。

第四，讨论，即说明所发现的结果具有哪些意义，从这一结果出发，还能得到什么或还能继续做些什么。

第五，小结和摘要。一些较长的研究报告中，常常有一个非常简要的小结，即对以上内容的一个提纲挈领的总结。现在一些专业性的研究报告常用摘要代替小结，不放在报告的结尾，而是放在开头，主要介绍研究的主要内容、方法、结果等。

第六，参考文献。关于参考文献，学术性调研报告要求在报告的正文写完之后列出主要的参考文献，包括书籍和文章。对于书籍，一般先写作者，如果是翻译著作，那么紧接着是译者，然后是书名、出版社、出版时间。

第七，附录。将一些与该项研究或研究报告有关，但与研究主题和研究结论的联系相对松散，且内容相对独立、主要对研究过程或研究报告中的某些细节进行解释和说明的材料集中编排在一起，放在报告的后面，作为正文的补充。

第三节
社会问题研究的具体方法

通常，我们把社会问题研究的具体方法划分为四种主要类型，即调查研究、实地研究、实验研究和文献研究。

一、调查研究

调查研究（survey research）指的是一种采用自填式问卷或结构式访问的方法，系统地、直接地从一个取自某种社会群体的样本那里收集资料，并通过对资料的统计分析来认识社会现象或问题及其规律的一种研究方法。它的主要形式有普遍调查、抽样调查，是量化研究的主要形式。在社会问题的研究过程中，调查研究的方法应用得较为普遍，通过对问题的系统调查，了解问题的症结，为解决社会问题提供参考意见。就好比一个医生给病人看病一样，对各种社会问题进行"社会诊断"。比如在青少年犯罪、离婚、吸毒、老年人社会保障、独生子女教育等问题的研究中，大多采用了调查研究的方法。

调查研究的内容具有丰富性与多样性的特点。在社会问题研究中，调查研究的内容可以包括三个方面的内容。其一是某一人群的社会背景，即有关人们各种社会特征的资料。这种资料既包括某些人口统计方面的内容，比如性别、年龄、职业、婚姻状况、文化程度等，也包括人们生活环境方面的内容，比如家庭构成、居住形式、社区特点等。这类内容客观性很强，在调查研究中收集这方面的资料往往比较容易，较少出现问题。并且，几乎所有的调查研究都或多或少地包括这些内容。其二是某一人群的社会行为和活动。即有关人们"做了什么"以及他们"怎样做"等方面的资料。比如学生几点上课，每周上几次网，在家谁操持家务等。这类内容也较客观，它通常是调查研究的主体内容。其三是某一人群的意见和态度。即有关人们"想些什么"、"怎么想的"或"持怎样的看法或态度"等方面的资料。比如人们怎样看待同性恋现象、人们对交通制度有什么意见、人们选择对象的标准是什么等等。这类内容属于主观性的、观念性的，它是构成各种民意测验、舆论调查、社会心理调查的主要内容。

调查研究的主要工具是问卷（questionnaire）。一般而言，一份完整的、精心设计的问卷，应该包括封面信、指导语、问题、答案以及编码等。每一个部分在问卷中都有其独特的作用，因此，研究者在设计每一部分时，都应该认真考虑其特殊的功能及研究的需要。此外，要设计出"优质"的问卷，不仅仅只是要求其内容完整，还需要遵循一定的原则。首先，调查的过程是一个"调查者—问卷—被调查者"的过程，即调查者通过问卷了解被调查者的一个过程，因此，在问卷设计中，不仅要考虑调查者的需要，同时也应多为被调查者着想。其次，在问卷设计过程中，还应该预先考虑到被调查者在回答过程中的各种主观与客观障碍因素，并尽量在设计过程中加以克服。最后，要明确意识到本次问卷调查的目的、调查的内容、样本的性质等方面的内容，因为这些因素直接影响和约束问卷的设计工作。

调查研究中资料的收集方法主要有两大类：一类是自填问卷法（self-administered questionnaire），指的是调查者将调查问卷发送给被调查者，由被调查者自己阅读和填答，然后再由调查者收回的方法。其主要优点是节省时间、经费和人力，具有很好的匿名性以及可避免人为因素的影响。但其缺点主要是：首先，问卷的有效回收率有时难以保证。其次，自填问卷法对被调查者的文化水平有一定的要求。最后，调查资料的质量常常得不到保证。另一类是结构访问法（structured interview），则是指调查者依据结构式的调查问卷，向被调查者逐一地提出问题，并根据被调查者的回答在问卷上选择合适答案的方法。结构访问法的优点是能够对调查过程加以控制获得很高的回答率，适合任何调查对象。它的缺点主要是成本很高，对于比较敏感的问题或涉及个人隐私的问题，不太适合，尤其是当面访问法。在这两类方法中，我们可以根据具体实施方法的不同，进一步划分成不同的子类型。比如：自填问卷法还可以分为个别发送法、集中填答法、邮寄填答法和网络调查法；结构访问法也可以分为当面访问法、电话访问法以及随着网络发展出现的通过 QQ 或 MSN 等聊天工具进行的访问方法，我们将其称为网络工具访问法。我们可以用图 5—1 来说明。

资料收集法
- 自填问卷法
  - 个别发送法
  - 集中填答法
  - 邮寄填答法
  - 网络调查法
- 结构访问法
  - 当面访问法
  - 电话访问法
  - 网络工具访问法

图 5—1　调查研究的资料收集方法

调查研究作为应用较为广泛的一种研究方法，既有其无可比拟的优点，首先，调查研究的方式可以兼顾到描述和解释两种目的。它既可以用来描述某一总体的概况、特征，以及进行总体中各个部分之间的比较，同时它也可以用来解释不同变量之间的相互关系。其次，调查研究具有比较严格、规范的操作程序，这使得其研究结果具有较高的信度，即描述和概括事物的精确度较高。再次，调查研究可以迅速地、高效地提供有关某一总体的丰富的资料和详细的信息，在了解和掌握不断变动的社会现象方面具有很大的优越性。最后，调查研究所具有的定量特征和通过样本推断总体的特征，使得其应用范围十分广泛，受到广大社会研究人员、政府决策部门人员、市场研究人员以及大众传媒从业人员的高度重视。尽管调查研究有众多优点，但同时也存在着无法避免的不足。比如，在描述大样本特征时，调查研究是相当有用的方法；调查研究使得大样本的调查具有可行性，特别是自填式问卷方法；此外，标准化问卷对于测量相当有帮助。但是也正是由于其标准化，研究者常常削足适履。而且，调查研究很少能处理社会生活情境。[①] 因此，当我们采用调查研究方法来研究社会问题时，不仅要尽量制定出"完美"的问卷，同时也应该对其优缺点进行权衡，尽量在研究中扬长避短。

二、实地研究

实地研究（field research）也叫"实地调查"、"田野调查"。与"调查研究"方式相对应，它是一种质性研究方法，是指深入到调查现场，利用参与观察访问、座谈等方法收集少数单位的各方面信息，以便对调查对象作深入解剖分析的调查研究方式。[②] 早期的实地调查较多运用于人类学领域，它与"民族志研究"或"民族志"一起构成收集资料的有效方式。实地研究在一个自然场所里进行，

---

① 参见［美］艾尔·巴比：《社会研究方法基础》，233 页，北京，华夏出版社，2004。
② 参见袁方、风笑天：《社会调查原理与方法》，53 页，北京，高等教育出版社，1990。

观察人员试图成为他即将研究的亚文化或文化之一部分。[①]

实地研究是一种定性研究的方法，与其他研究方法相比，一个明显的不同之处在于，它不仅仅是一种研究社会问题的具体方法，同时也是一个理论形成与建构的过程。作为一种具体的社会问题研究方法，它的基本特征是强调"实地"，要求研究者亲身参与到研究对象的实际生活当中，即研究者一定要深入到所研究对象的社会生活环境中去，要在其中生活相当长一段时间，并且尽可能地融入到研究对象的群体中，通过全面与直接的观察与访问，靠观察、询问、感受和领悟，去理解所研究的现象，依靠研究者的主观感受和体验来理解其所得到的各种感觉、听闻及其他资料，并经过归纳、概括后建立起对这些现象的理论解释。其基本逻辑结构是：研究者在确定了所要研究的问题后，不带任何假设进入到现象或对象所生活的背景中，通过参与观察，收集各种定性资料，在对资料进行初步的分析和归纳后，又开始了进一步的观察和进一步的归纳。通过多次循环，逐步达到对现象和过程的理论概括和解释。[②]

实地研究通常是以一个社会实体或单位作为自己研究对象的，这个实体一般是个人或社区、群体。由于实地研究很多时候是在一个社区里进行的，在这个社区里进行有关个人、事件、群体、组织等方面的研究，因此也可以把实地研究单位分为个案研究和社区研究。个案研究主要是对个人、家庭（家族）、群体、组织和事件的研究。个案研究可以通过长期的观察和深入的访谈，获得非常丰富、详细、具体的资料，能够再现事物发展的全过程，或者作为事件发生的观察者，直接描述事件的全貌及过程，并能在个案分析的基础上，运用理论分析方法进行解释或诠释，也可能发展出一种新的理论。而社区研究基本上属于综合性研究，它是在长期观察和深入访谈的基础上，反映这个社区的地理、经济和历史概况，同时也详细描述社区内部或社区之间人与人的关系、社区生活状况等。例如费孝通的《江村经济》详细论述了"江村"的地理环境、人口与经济、家庭、财产与继承、亲属关系的扩展、户与村、生活、职业分化、劳作日程、农业、土地占用、蚕丝业、畜牧业、贸易、资金以及中国土地问题，涉及"江村"社会生活的方方面面。

实地研究的过程也可以简单地描述为"选择研究介入的地点或群体——设法获准进入——取得信任并且建立友善的关系——收集资料——整理和分析资料——报告研究结果"。具体来说，就是首先，我们要尽量选择那些既与所研究的问题密切相关，同时又比较容易进入的地点或群体。接着设法通过"关键人物"或是"中间人"的帮助，顺利进入研究地点或群体。然后寻找并抓住一些"自然的契机"，使自己逐渐从当地人眼中的"外群体"转换到他们的"内群体"之中，取得信任并建立友善的关系。再接着就是收集资料了，通过日常接触中的观察以及访问，做好记录。最后，对于这些记录，可以进行分类、描述、综合以

① 参见［美］肯尼思·D·贝利：《现代社会研究方法》，342页，上海，上海人民出版社，1984。
② 参见风笑天：《社会学研究方法》，257页，北京，中国人民大学出版社，2009。

及归纳，并在此基础上，撰写研究报告。

实地研究收集资料的方法主要是访问法和观察法，其中访问法是最常用的方法。但是实地研究的访问法是非结构式访问（问卷调查中的访问法称为结构式访问），即它是指根据大致的研究计划或者访谈提纲进行访问，或者是无主题谈话，即在"聊天"的氛围中，通过面对面的交流获取资料。而社会研究中的观察法主要是指观察者根据研究需要利用眼睛、耳朵等感觉器官和其他科学手段或科学仪器，有目的地对研究对象进行考察，以取得有关资料。所谓"眼观六路、耳听八方"，形象地反映了观察法的主要特点。

实地研究具有其自身的特点，主要表现在：其一，研究过程持续时间长。因为实地研究者不可能在短期内完成顺利进入并获取丰富资料的过程。其二，研究者与研究对象之间一般有充分的认识与情感交流。因为研究者需要结合当时、当地的情况并设身处地地解释和判断观察到的现象。这往往渗透着研究者本人对现象本质和行为意义的理解。其三，实地研究非常强调研究者是收集和分析资料的一种工具。研究者在实地研究中，需要广泛地运用自己的经验、想象、智慧和情感。其四，一般采用定性分析的方法整理收集到的资料。实地研究更多的是对研究对象和现场气氛的感悟和理解，没有实证性的数据。研究者根据一定的逻辑规则对资料实施定性分析。其五，研究结论只具有参考的性质。实地研究的结论并不是探究的最终结果，往往指导研究者进一步观察，以便获得更深刻、更新颖的资料，得出新的结论或改善先前的结论。

实地研究所具备的这些特征，也显现了它自身的优点与缺点。就优点而言，首先，实地研究强调深入到社会底层，深入到活生生的社会生活中，在经验的层面上去观察记录事实，寻求真实地反映社会事实的第一手的材料。因此其材料的深入性、全面性与真实性是它最明显的优势，也是实地研究构建理论的最有说服力的论据。它可以说是实地研究的独特魅力所在。其次，研究方法较灵活、弹性较大。它只需要简单的准备工作，在研究进行的过程中，可以随时修正研究的目标与设计。对于不同的研究背景或不同的研究对象，实地研究中的具体操作也比较灵活。最后，实地研究具有适合研究现象发展变化的过程及其特征。由于实地研究不仅要深入实地，而且要在实地生活相当一段时间，因此，对于研究社会现象的发展变化过程来说，是一种较好的方法。尤其是在对个人或小群体的研究中，这种优点更为明显。而诸如无法概括大的总体、信度较低、对研究对象容易产生影响、耗费时间较长等都是实地研究无法避免的缺陷。

三、实验研究

实验研究是一种最接近自然科学的研究方法。实验研究是根据一定的研究假设，改变或控制一个或几个变量，然后观察其他变量是否随之发生变化，从而检验变量之间的因果关系。

作为一种特定的研究方式，实验研究有着三对基本要素。这就是：（1）自变量与因变量；（2）前测与后测；（3）实验组与控制组。任何一项实验研究，一般都会涉及这些基本要素。实验研究的这三对基本要素，构成了实验研究所具有的独特的语言。

实验研究的方式应该说是社会研究中最接近自然科学研究的一种方式。实验研究的主要特点是：首先有严格的因果推断逻辑；其次是人工化的研究背景，这是由于实验研究对环境控制的要求很高，在一定程度上可以说它是一种"人工制造"式的研究方式；最后它受到政治、伦理、道德等方面的限制很大，其原因就在于它的控制性和可操作性特征。

作为一种社会问题研究的具体方法，实验研究的最大优点在于：通过引入或控制某些变量（自变量）产生的变化，可以在社会科学研究中建立类似于自然科学的变量间因果关系。而这主要依赖于实验中的控制实验对象、控制实验环境、设置实验组与控制组，使自变量的作用独立出来；多数实验可以重复进行，实验结果的可靠性和准确性能得以检验，尤其实验室实验更是如此。但是，实验研究也有着十分明显的缺点：第一，缺乏现实性。实验环境的控制程度越高，意味着离现实越远。因为现实社会中的大量社会现象和行为总是在一定社会环境中发生的，而离开这一环境，它们的发生也许根本不可能或者难以理解，尤其是在实验室实验中。第二，参与实验的实验对象往往难以代表整个社会大众，将实验结果推论到现实世界中的人们更要十分谨慎。第三，实验人员和实验对象的影响，在实验中经常发生，诸如实验人员有意无意地给实验对象以暗示，而且有些实验人员有时也会有意迎合或抵抗实验人员的意愿，从而影响了变量间因果关系的建立。第四，伦理与法律的限制。社会问题研究中，研究对象往往是人，因而实验中所能操作的自变量往往受到现实生活中伦理或法律的限制，如为了研究儿童成长与外界环境的关系，而将受试的儿童长期与外界隔绝[1]，这显然是不可行的。

实验研究的方式是建立在变量之间的因果关系上的，优于其他几种研究方式。但它的这一主要优点却是以其在必备条件、操作程序、环境控制等方面的各种限制为代价的。在实际社会研究中，实验的正确性还受到某些特定因素的影响。首先，受到重大事件的影响。由于大多数实验设计都需要进行前测和后测，并且常常是对实验对象在实验刺激前后的态度、观念、价值和行为进行测量，而前测和后测之间往往又会相隔相当长一段时间。因此，出现前后测结果上的差异除了实验刺激所造成的之外，还有可能受到发生在这一段时间中的某些重大事件的影响。其次，受到实验对象发育的影响。这是指在实验的前测和后测之间，实验对象在生理上、心理上的成长、成熟及其所带来的变化。这种变化对实验结果也会造成一定的影响，在一些特定的实验中，这种影响还会相当大。再次，受到前后测环境不一致的影响。实际上，除了实验对象的不同之外，进行前测和后测时所具有的环境也常常是不同的。即使使用的是同一份问卷，在同样的地点，由

---

① 参见高燕、王毅杰：《社会研究方法》，165～166 页，北京，中国物价出版社，2002。

同样的研究人员参与，有时也会造成前后两次测量在某些方面、某些细节、某些条件上的差别。最后，受到初试—复试效应的影响。由于前测和后测的突出的特点就是它们的形式、内容完全一样，这是实验方法的基本逻辑所要求的，也正是因为这一特点，所以容易产生初试—复试的影响问题。

实验研究与其他研究方法一样，遵循着从选题开始直到得出研究结论的基本逻辑过程。只是由于实验研究在对象选择、研究设计、变量测量、资料收集等方面有独特性，因而在具体的研究程序和步骤上也有所不同。纽曼详细列举了实验研究的 12 个具体步骤，见表 5—1。

表 5—1	进行一项实验研究的步骤
1. 从一个有关因果关系的简单明白的假设开始；
2. 根据实际条件决定一种合适的实验设计用来检验假设；
3. 决定如何引入实验刺激或如何创造一种引入自变量的背景；
4. 制定一种有效的和可信的因变量的测量；
5. 通过实验背景，对实验刺激和因变量测量进行预实验；
6. 选取合适的实验对象或个案；
7. 随机指派实验对象到不同的组，并对他们进行详细指导；
8. 对所有组中的个案进行因变量的前测；
9. 对实验组进行实验刺激；
10. 对所有组中的个案进行因变量的后测；
11. 告诉实验对象有关实验的真实目的和原因，询问他们的实际感受，尤其是当实验对象在某些方面被欺骗时，之后说明就更为重要；
12. 考察所收集的资料，进行不同组之间的比较，并运用统计方法决定假设是否被证实。

资料来源：W. L. Neuman, *Social Research Methods*：*Qualitative and Quantitative Approaches*, Second Edition, p. 176, Allyn and Bacon, 1994。

四、文献研究

文献研究（document study）是一种通过收集文献资料，来探讨和分析各种社会行为、社会关系及其他社会现象的研究方法。作为独立的研究方式，根据其具体方法和所用文献类型的不同，可以将文献研究的类型区分为内容分析方法、二次分析方法、统计资料分析方法。这三种文献研究方法的基本特征和内在逻辑都是相同或相似的，只是在具体应用上，它们各自的侧重点有所不同。内容分析主要用于对大众传媒信息，尤其是对报纸、杂志、广播、电视的分析，其适用面也最为广泛；二次分析主要是对其他研究者先前所收集的原始数据进行的再次分析和研究，这种方法的运用需要有一个基本的前提，这就是现实社会中应存在大量的原始数据，并且研究者可以找到和获得它们；而统计资料分析则主要集中于对那些由国家和各级政府部门所编制的统计数据进行分析。

前文中介绍的几种研究方法（调查研究、实验研究以及实地研究等）都具有一个共同的特点，即都要接触研究对象，都要收集与使用直接从研究对象那里获得的第一手资料，而文献研究则不同，它不是直接从研究对象那里获取研究所需要的资料，而是去收集和分析现存的，以文字、数字、图片、符号以及其他形式存在的第二手资料，即文献资料。这就使得文献研究体现了一个其他研究方法所不具备的优点，即无反应性。因为采用文献研究的方法可以不与研究对象直接接触，因此不会打扰到他们，也不会对他们产生任何影响。正是由于这种方法可以不与研究对象进行接触，相较于调查研究需要进行的一项大规模的调查，实验研究需要开展的一项严格的实验，抑或是实地研究需要进行的一次深入的实地研究而言，文献研究所花费的经费较少。它甚至可以仅由研究者一人来完成，只要是相应的文献资料可能查阅和收集到。另外，可以不与研究对象进行直接接触的特点，也使得文献研究方法可以用来对那些无法接触到的研究对象进行研究，这是其他方法所不能及的。文献研究特别适宜于纵贯分析，只要沿着历史的脉络，收集不同时期的文献资料即可。这一点也与调查研究、实验研究以及实地研究只能研究现时的情况不同。

文献研究虽然具备诸多优点，但是其缺点亦不可忽视。首先，研究者采用文献研究的前提条件是他能够获得研究中所需的各种文献资料，但是，在实际研究中，有许多文献资料未出版或者是只在有限范围内流通，这都给研究者获取文献资料设置了重重障碍。其次，即使是研究者想方设法收集到各种所需的文献资料，但是，这些文献资料的质量也很难保证，因为收集到的文献资料往往隐含着个人的偏见以及原作者的主观意图，而在形成文献时或许还受到了一些客观限制，凡此种种，都会直接影响文献资料的准确性、全面性以及客观性。再次，研究者收集到的一些个人文献，往往缺乏标准化的形式，给研究者在编码与分析上带来了很大的困难。最后，文献研究的信度与效度都存在一定的问题。

从以上介绍中，我们可以发现每一种方法都具备某些基本的元素或特定的语言，构成一项具体社会问题研究区别于其他社会问题研究的明显特征。同时，每一种方法可以独立地走完一项具体社会问题研究的全部过程。比如，调查研究的基本要素包括抽样、问卷、统计分析、相关关系等；实验研究的构成要素包括操纵与控制、实验组、控制组、前测、后测、实验刺激、因果关系等；实地研究包括参与观察、研究者的角色、投入理解、扎根理论等；而文献研究则包括内容分析、编码与解码、二次分析、现有统计分析等。从大的方面看，这四种研究方法反映了两种方法论倾向：以实验研究、调查研究和文献研究为代表的定量研究方法，比较集中地体现了实证主义方法论的倾向；而以实地研究为代表的定性研究方法，则集中地体现了人文主义方法论的倾向。类似地，不同的研究方法也分别被用于不同的研究目的，调查研究最经常地被用来描述一个大的、总体的状况，以及探讨不同变量之间的相关关系；实验研究则主要被用来探索和证明两个变量之间的因果关系；实地研究更多的是在深入理解社会现实，以及在提炼和建构理论方面发挥作用；而文献研究则常常被用于帮助研究者去探讨那些既不会引起研究对象的任何反应，又是其他方式在时间和空间上无法达到的社会现象和问题。表5—2对这四种研究方法的有关情况进行了概括和总结。

表 5—2　　　　　　　　　　　　社会问题研究方法

研究方法	子类型	资料收集方法	资料分析方法	研究的性质
调查研究	普遍调查 抽样调查	统计报表 自填式问卷 结构式访问	统计分析	定量
实验研究	实地实验 实验室实验	自填式问卷 结构式访问 结构式观察 量表测量	统计分析	定量
实地研究	参与观察 个案研究	无结构观察 自由式访问	定性分析	定性
文献研究	统计资料分析 二次分析 内容分析 历史比较分析	官方统计资料 他人原始数据 文字声像文献 历史文献	统计分析 统计分析 统计分析 定性分析	定量/定性

资料来源：风笑天：《社会学研究方法》，8 页，北京，中国人民大学出版社，2001。

本章要点

1. 社会问题的研究需要有方法论的指导。首先，由于社会问题研究的对象是多层次的，因此社会问题的研究层次也是多元的，包括宏观层次、中观层次和微观层次。其次，社会问题的研究方法是科学的研究方法，基本特点是科学性、客观性以及工具性，这也是社会问题研究中必须遵循的原则。最后，社会问题研究的方法论主要体现在研究社会问题的视角，即观察分析社会问题的特殊角度上，一般而言，主要有透视性视角、整体性视角、群体性视角以及客观性视角。

2. 社会问题的研究具有一定的程序要求，即确定社会问题——进行初步探索——提出研究假设——拟定研究设计——收集相关资料——分析研究结果——撰写研究报告。

3. 社会问题研究的具体方法一般有四种主要类型，即调查研究、实地研究、实验研究和文献研究。

复习思考题

1. 简述社会问题研究的特点。
2. 简述社会问题研究的视角。
3. 简述社会问题研究的具体方法及其优缺点。
4. 简述社会问题研究的程序。
5. 简述社会问题研究的层次。

推荐阅读书目

1. 何雪松，等. 社会问题导论：以转型为视角. 上海：华东理工出版社，2009.

2. 朱力，等．社会问题概论．北京：社会科学文献出版社，2002．

3.《社会问题论坛》编辑委员会．社会问题论坛．南宁：广西人民出版社，2001．

4. 风笑天．社会学研究方法．北京：中国人民大学出版社，2001．

5. 高燕，王毅杰．社会研究方法．北京：中国物价出版社，2002．

6. 袁方，风笑天．社会调查原理与方法．北京：高等教育出版社，1990．

7.［美］肯尼思·D·贝利．现代社会研究方法．上海：上海人民出版社，1984．

8. 仇立平．社会研究方法．重庆：重庆大学出版社，2008．

9. 福武直，等．社会调查方法．长沙：湖南大学出版社，1986．

10. 陈向明．质的研究方法与社会科学研究．北京：社会科学出版社，2000．

第六章

社会问题的成因及解决方法

随着社会的不断发展，各种新的社会问题也在不断产生，诸如新的犯罪形式、新的社会无组织状态，以及对生活道德秩序的某种新威胁等。任何社会问题都有发生的现实理由，了解社会问题的一般特征，明确社会问题的基本含义，有助于把握社会问题的本质，促进人们对于社会问题存在状态的理性认识。社会问题的产生和发展有着极为复杂的社会原因，导致任何一个具体社会问题产生的原因均呈现出异常复杂的状况。社会问题要得以解决，首先需要了解导致社会问题产生的原因。同时，社会问题的长期性、复杂性等特征也决定了任何一个具体社会问题的消除或解决都是一个复杂且长期的过程。在这个过程中，既表现出不同社会问题的特殊状态，同时也存在一定的规律性。一般而言，社会问题的解决取决于三个方面：解决的条件、解决的原则和解决的对策。

第一节
社会问题的成因分析

一、国外关于社会问题成因的理论

社会问题的成因是社会问题研究的重点内容，任何社会问题的产生都有其复杂的原因：既包括社会大环境的影响，也有行动者自身的因素；既有历史文化的原因，也有现实生活的特殊原因；既有偶然性的原因，也有必然性的原因；既有显现性的原因，也有潜在性的原因……上述原因往往不是单一的，而是不同类型的原因相互交织在一起。因此，任何社会问题的原因均呈现出异常复杂的状态。在社会学的历史上，几乎每一个学术流派都对社会问题的成因提出了很多有价值的理论观点，并为我们研究社会问题提供了基础。其中，有代表性的观点主要包括功能主义学派、冲突学派、生物社会论、标签理论、社会心理学派的观点。本书前文对此已详细阐述，本节仅做简单梳理。

（一）功能主义学派的观点

埃米尔·迪尔凯姆是功能主义取向的奠基人。在功能主义学派看来，社会是由相互联系、相互作用的众多部分构成的有机整体，其中每一个部分都担负着一定的社会功能，对社会的和谐、平衡和稳定作出贡献。如果社会的某一部分不能正常地发挥功能，就会引起社会的不平衡和不稳定，从而导致社会问题的产生。依功能主义学派的观点，社会问题的产生是因为社会系统中的某一部分不能正常地发挥其社会功能。这种观点的早期代表还有孔德、斯宾塞，帕森斯、默顿等人则做出进一步发展。具体地讲，功能主义关于社会问题的成因主要有五种理论。[①]

1．社会病态论（social pathology）

早期的社会学家将社会比作一个生物有机体，认为社会问题的产生是由于社会中的某些人或群体不能保持健康状态，不能保持与整个社会的协调关系，从而导致了社会问题的产生。受此认识的影响，早期的社会学家尝试用类似自然科学的方法研究社会问题。早期的社会病态论者总是把社会问题的产生归因于某些所谓的"有毛病的人"，这些人的问题是天生的，是遗传导致的。并且强调社会病态主要是一种道德问题，是少数人违背了社会的道德、信仰所造成的。20世纪60年代，美国出现了一种新社会病态论，认为某些人之所以处于病态，是因为社会本身就处于病态，因此提出了"不道德的社会制造了不道德的个人"的口号，将其看作社会化失败的结果，因而唯一可以真正解决社会问题的办法就是对全民施以道德社会化。

2．文化堕距论（cultural lag）（或文化失调论）

文化堕距也可译为文化滞后，是美国社会学家奥格本在研究社会变迁的过程中提出的一种理论。奥格本认为，社会变迁是一种文化现象，在文化变迁的过程中，由于构成文化的各个组成部分的变化速度不一致，所以当文化各部分之间出现较大差距或错位的时候，便形成了文化堕距。一般来讲，人们接受物质文化比接受新思想等精神文化要容易得多，因此，文化的变迁总是从经济、科技等物质文化开始的，然后是各种精神文化，最后才是风俗、习惯等的变迁。文化变迁速度的差距引起文化失调，进而带来社会问题。

我国社会现阶段正处于快速转型期，文化各部分失调或者文化滞后现象非常突出。例如，某些发达地区虽然引进了先进的物质设备，但由于人的素质、观念等的滞后，而限制了物质文化、经济的进一步发展。

3．社会失范论（social anomy）

"失范"一词最初由法国社会学家迪尔凯姆提出，他曾在谈到社会参与的某些情况时第一次使用了"失范"（anomie，anomy）一词。失范理论侧重从社会结构的视角来解释社会问题。所谓失范，是指社会规范之间相互矛盾或社会规范不得力甚至不存在。社会失范论认为，社会之所以能够有秩序地运转，是因为有一系列规范、制度在起制约作用，这一系列规范、制度控制着个人和群体的行为。当社会发生急剧变迁时，旧的行为规范受到人们的怀疑或者不适用了，而新的规范又没有建立起来或没有被人们广泛接受，这样人们便失去了行为准则。社会规范、规则、制度对人们的约束力便削弱了，甚至瓦解了，这就是所谓的失范现象。后来，美国社会学家默顿对这一概念做出了修正和发挥，用来解释产生越轨行为等社会问题的原因。在默顿看来，所谓失范，就是人们采取不符合社会规范的、不合法的手段去实现合法的目标。

_____

① 参见青连斌：《社会问题的界定与成因》，载《中共中央党校学报》，2002（3）。

4. 差异交往论 (differential association theory)

该理论最早是由美国社会学家萨沙兰提出来的。他认为，在每个人都有可能接触到遵纪守法者，也有可能接触到越轨行为者的情况下，既会受到遵从行为的影响，又会受到违规行为的影响。根据这一理论，一个人的行为主要是由他的社会交往所决定的。简言之，就是一个人是成为遵纪守法者还是成为越轨行为者，取决于他同什么样的人交往，即"近朱者赤，近墨者黑"。这一理论认为，当一个社会存在着多种独特的亚文化的时候，越轨行为通常比较普遍。因为一些亚文化与主流文化或另一些亚文化相冲突。在人口流动极其频繁的现代社会，每个人都会接触到各种越轨行为，因而也很可能学习和接受这些越轨行为。这种学习是在与其他人的交往过程中实现的，这种学习的过程往往完成于关系密切的群体中，在这样的群体中，青少年所受到的影响要远远大于在其他环境中所受的影响。当一个人学习犯罪行为时，也学到了犯罪的技能，同时还学到了犯罪的动机、理由和态度。一个青少年在走上犯罪道路的过程中，会受到违规犯法思想的影响，同时也受到遵纪守法思想的影响。同样，一个青少年在与行为不良的青少年接触时，也在与其他行为正常的青少年交往。然而，由于他所接受的违规犯法的思想超过了遵纪守法的思想，也由于他接触不良青少年和不良行为的程度超过了他接触正常青少年和正常社会行为的程度，所以才走上犯罪的道路，这就是差异交往理论的基本原则。

5. 亚文化论 (subculture theory)

亚文化理论由社会解组理论演化而来。兹纳涅茨基研究了波兰人在美国的移民状况，认为移民从本国带来的规则同新环境的主体规则不相宜，从而产生文化冲突。亚文化理论认为，当社会中某些亚文化与主文化发生大的矛盾和冲突时即产生社会问题，或社会的亚文化与主文化的矛盾和冲突即是社会问题。

（二）冲突学派的观点

冲突学派认为，社会问题是具有不同利益的群体相互竞争和冲突而产生的必然结果。个人之间、群体之间以及阶层之间的冲突也必然会导致一系列社会问题。冲突理论对社会问题成因的三种理论解释如下。[①]

1. 价值冲突论

在价值冲突论看来，所有的社会问题都与"文化价值上的冲突"有密切的关系，之所以会发生社会问题，主要根源是人们所处的社会地位和经济利益不同，对同一问题就会有完全不同的价值评判标准、立场、态度等，因而在采取某种措施改变某一社会现象时，通常会引起人们无休止的冲突。该理论提倡研究社会利益，主张以价值冲突的观点来研究社会问题，认为冲突不仅是社会生活中的一个主要事实，而且也是许多社会问题的主要成分之一。正是由于人们在社会生活中

---

① 参见青连斌：《社会问题的界定与成因》，载《中共中央党校学报》，2002（3）；蔡菁：《关于社会问题的几点看法》，载《社会学研究》，1987（6）。

存在着价值观念的差异，才引发出一系列社会问题。这一理论认为，现代社会的一大特点，就是价值观的多元化。持有不同价值观的人，在交往过程中必然会发生分歧甚至冲突。一方面是人们对同一社会现象存在着不同看法，另一方面是价值冲突造成人们思想的混乱。互相冲突的价值观渗透到社会生活的各个方面，人们如果长期受这种冲突的价值观的影响，就会失去协调一致的准则，就很容易做出越轨行为。价值冲突理论主张以三种方法来解决社会问题中存在的利益与价值分裂的情况。这三种方法是：交涉、达成协议和使用权力。交涉就是对立双方就发生冲突的问题进行接触和磋商；达成协议就是对立双方各自做出一些让步和妥协，从而做出双方均可接受的决定；使用权力就是拥有权力较多的一方运用权力掌握解决问题的控制权，从而使问题的解决有利于自己一方。

　　2. 群体冲突论

　　社会是由不同利益群体构成的。各个群体为维护自身的利益必然会与其他群体发生冲突。群体之间的矛盾和冲突不仅仅表现在价值观方面，也可表现为人们对同一社会现象的不同看法或社会思想准则混乱。群体冲突可以划分为三类：个人的心理冲突、群体中个人之间的冲突以及群体与群体之间的冲突。个人的心理冲突，是指个体自身所面临的不同形式的冲突，这种冲突是个体心理中两种不相容或互相排斥的动机而形成的；群体内个人间的冲突，是指群体内两人或两人以上由于意见、情感不一致而发生的分歧状态；群体与群体之间的冲突是在群体之间公开表露出来的敌意和相互对对方活动的干涉。群体冲突理论对领导者如何正确处理与下属之间的冲突、正确对待下属成员间的冲突、正确处理与同级领导以及组织之间的冲突，有着重要的借鉴作用。它对于提高各级领导干部对所属人员的心理和行为的预测、引导和控制的能力，及时地协调个人、群体、组织之间的相互关系，充分调动和发挥人们的积极性、能动性和创造性等，具有重要的意义。

　　3. 阶级冲突论

　　自人类进入文明时代以来，阶级便是最主要的社会群体。该理论认为，社会问题是各阶级之间利益矛盾、发生冲突的现象；或者说阶级之间因利益不同而引起的矛盾、冲突是社会问题的根本原因和主要表现。需要指出的是，这一学派的论者对阶级的理解与马克思主义者是根本不同的，他们时而认为阶级是一种主观的东西，是主观心理和行为方式具有一致性的群体，时而又认为阶级是一种收入层或权力层。

（三）生物社会论的观点

　　生物社会论者试图从生物学、人类的生理学角度解释社会问题的成因。生物社会论者认为，人们在行为上的差异是由其生物本能、生理本能决定的，社会问题的产生就在于有些人具有某种本能。

　　1. 体质论

　　19 世纪中叶，意大利著名犯罪学家龙勃罗梭最早提出了这种理论。他测量了一些罪犯的头骨后宣称，犯罪者的典型特征是有巨大的上下颚、高耸的颧骨、眼眶倾斜、毛发卷曲丛生、大耳朵等。上述这些特征正是野蛮人和类人猿所共有的。他据此得出结论：罪犯是退化的人，是人类返祖现象的产物，是再现于现代文明社会的野蛮人。20 世纪 50 年代，美国学者 S. 格卢克和 E. 格卢克对比研究了 500 名有犯罪行为的青少年和 500 名没有犯罪行为的青少年，得出了身体强壮、肌肉发达等与青少年犯罪有关的结论。事实上，这类研究除了说明身体上某些因素有利于或不利于犯罪外，并不能说明更多的东西。

　　2. 染色体论

　　20 世纪 60 年代以来又出现了建立在染色体异常学说上的生物染色体论。现代医学发现，有一些男性的性染色体是 XYY，比正常男性多了一个 Y 性染色体。虽然他们中间的绝大多数都是遵纪守法的公民，但是，这一人群的犯罪率的确比其他人群高得多。于是，染色体理论认为，染色体异常是导致越轨行为的生理原因。这一理论所不能解释的问题是：并非所有的罪犯身上都有两个 YY 染色体；妇女没有 YY 染色体，为什么有些妇女也成了罪犯；染色体对犯罪有什么样的影响等等。事实上，没有任何证据可以断定某些生物因素必然导致越轨行为。

（四）标签理论的观点

　　标签理论（labeling theory）起源于社会学中的符号互动论，注重的是过程而不是结构，是社会问题的主观方面而不是客观方面。标签论者认为，所谓社会问题，完全是一种主观的东西。某种社会现象之所以能成为社会问题，是因为它受到大众的关注，并被社会大众贴上了社会问题的标签。所以，社会问题本身并不重要，重要的是社会如何评价与对待它们，因而应着重研究某种社会状况或行为是在什么情况下以及为什么被视为社会问题。标签理论的代表人物是 E. 拉默特和 H. 贝克尔。贝克尔在 1963 年所写的《局外人》中指出：偏差行为者亦即被标示之人，偏差行为即人们加以标示化（指称）的行为。标示论提出解决社会问题的办法：一是改变定义，二是消除指称所能带来的利益。标签理论的意义在于它提出了两种完全不同于其他理论视角解决社会问题的办法：一是修改规范，提高"犯规"的标准和条件，减少对某些越轨行为和个人的指控；二是消除标签所能带来的利益，即减少因这种给他人贴标签而使自己获得某种利益和好处的机会。

（五）社会心理学派的观点

　　社会心理学派对于社会问题成因的解释有着自己独特的视角。人格理论认为，一些人之所以违反社会规范，是因为他们有着特殊的人格。犯罪违法的人具有"反社会人格"，他们不成熟、易冲动、好斗；搞种族歧视的人具有"权力主义人格"，他们对别人经常持呆板的、僵硬的敌视态度。心理失调理论试图将越轨行为、社会问题与人们心理上的失调联系起来，通过研究人的心理是否失调，预见一个人是否会发生越轨行为。弗洛伊德提出了精神分析理论，认为人格是由本我、自我、超我这三部分构成的。本我包含无意识的欲望和本能。本能按照快乐的原则行事，追求的是自私的满足。但是，本我的欲望和本能的冲动要受到自我和超我的约束。自我是通过后天的学习、通过与周围环境的接触而形成和发展起来的。它代表理性判断的能力，按照趋利避害的原则行事，在本我和超我之间、本我和外界现实之间起调节作用，使彼此的冲突降到最低限度。本我使本能仅得到象征性的满足。超我则是社会中的禁忌、准则、规范在人的意识中的反映。超我包括自我理想和良心，超我代表社会的道德标准，按照至善的原则行事。在人格中，超我使违背社会道德标准的人紧张、焦虑和紊乱，产生罪恶感。精神分析理论认为，本我、自我、超我三者间应该有一个平衡和协调的关系，如果自我和超我没有得到充分发展，本我便得不到应有的控制，就会发生越轨行为。但是，超我也不应该过分发展，否则也会产生越轨行为。因为，严重的、无时不在的犯罪感会使一个本来正常的人做出不正常的行为。

　　上述理论从不同的方面和视角探讨了社会问题的成因、发生发展的一般规律等。虽然各个观点均有其独到之处，但均带有各自的片面性。功能学派把资本主义社会的社会问题看成是部分的、暂时的失调；冲突学派把社会问题的根源完全归结为社会冲突；标签理论对社会问题的解释具有明显的唯心主义和相对主义；生物社会论仅凭人的生理特点就断定是否会做出越轨行为，则是根本错误的。因此，我们在研究社会问题时，可以借鉴、参考这些观点或理论，但绝不能照搬照抄，更不能牵强附会地、机械地搬用这些观点或理论来解释和分析我们的社会问题。

二、社会问题产生的主要原因分析

　　研究社会问题的成因，不能脱离具体的社会环境和社会因素。某一社会因素可能会同时引起多种社会问题，多种社会因素也可能促发同一个社会问题。因此，分析某一具体社会问题时，要抓住产生这个社会问题的主要因素，但不能忽视其他因素。一个社会问题的产生，往往是多种因素共同作用的结果。一般来讲，其成因主要又包括以下几个方面。

（一）自然环境的变化

　　自然环境是人类生存和发展的基础，是人类生存和发展所依赖的各种自然条件的总和。自然资源状况是人口规模与社会经济发展水平和速度的基本限制因素之一。自然环境的变化主要包括两个方面。[①] 一是自然灾害，如地震、火山喷发、海啸、水灾、滑坡、旱灾、雹灾、风灾等。在生产力水平低下的条件下，它们对人类社会的正常生活会造成很大的影响。在现代生活中，它们也往往是导致贫穷、饥荒和疾病等诸多社会问题的主要原因。二是对自然环境的人为破坏。人

---

① 参见王尚银：《中国社会问题研究引论》，12 页，杭州，浙江大学出版社，2005。

类改造自然、改造社会，从事各种经济活动，如果不尊重科学，不按客观规律办事，就会严重破坏自然环境。如乱砍滥伐森林，就会使水土流失，耕地减少；将工业废水、污水排入江河，会使水中动植物减少甚至绝迹，同时污染人们的生活用水等，这些对自然环境的人为破坏都会引起严重的社会问题。

（二）人口增速的影响

人口增速的影响主要是指人口增速不当和人口素质低下所造成的一系列社会问题。人口增长太快，超过经济状况和自然环境的承受能力，与经济发展速度和物质消费水平脱节，可能造成贫穷落后、住房紧张、交通拥挤、就业困难等社会问题；人口增长太慢，跟不上社会经济发展速度，则可能造成劳动力紧缺、人口过度老龄化等社会问题；人口素质低下，会带来低能、痴呆、聋哑、精神病等个人病态问题，加重社会保障负担。旧中国在较长的历史时期中，由于战争、疾病等原因，死亡率高，人口增长慢。新中国成立后，人口增长速度加快。当前，我国的人口特点是人口基数大、人口增长快，人口素质普遍较低。人口增长过快带来交通拥挤、住房紧张等社会问题；人口素质低下也已经引起严重的社会问题。在我国，职工队伍科学文化素质普遍偏低，择业竞争上岗能力不强，不适应社会发展的需要。从长远来看，这将成为生产力发展的重大制约因素，易使社会矛盾进一步加剧。人口文化素质低下，还会制约道德素质的提高，从而使整个国民素质处在一种较低的发展水平。国民素质低下是民族精神不振，社会道德滑坡，低级文化流行和社会丑恶滋生的又一重要原因。[①]

（三）经济方面的原因

当前，我国正处于社会转型与经济体制转轨时期，既非传统的计划经济，又非成熟的现代市场经济。过渡时期的经济体制存在着一些缺陷，如不合理的经济制度、新旧体制的冲突会导致一系列社会问题。我国经济体制正处在改革过程之中，由于采取先破后立、单项突进以及行政性分权的改革策略，旧的经济体制被多方突破，新的宏观控制的市场体系在不断完善中，在这种状况下，难免会出现经济秩序的混乱，导致社会财富严重浪费和大量流失，加速社会分配的不公，助长各种腐败现象，引起群众的强烈不满，这些成为全社会都关注的问题。[②] 同时，由于我国目前的劳动生产率还比较低，因而在生产、交换、分配和消费等经济环节，人与人之间的关系不可能做到完全协调，不可避免地产生这样或那样的问题。在发展社会主义市场经济的过程中，享乐主义和拜金主义成为某些人处理自己与他人、集体、国家关系的准则，种种不正之风和经济犯罪也就应运而生。生产力水平不高，社会物质财富还不能充裕地满足人们生活的需要，决定了种种

---

① 参见张建明：《当代中国社会问题产生的根源》，载《教学与研究》，1998（3）。

② 参见王强：《社会问题和社会失范的类型、成因、对策刍议》，载《中共南宁市委党校学报》，2004（2）。

差别和不平等现象是客观存在的，这是导致人与人关系不协调的直接因素。如住房紧张问题，就是消费关系不协调的直接表现，但造成住房紧张的根本原因，则是社会生产力还无法创造出充分满足人们住房需要的物质财富。

此外，不可忽视经济基础对上层建筑，尤其是对政治、经济制度、社会文化、意识形态等各因素的影响。制度的生长发育有其不可选择的历史前提，制度只能随着社会的发展而逐步完善，在此过程中，出现漏洞在所难免。例如，民主法治建设的滞后，增加了中央政府协调控制社会的难度，使某些社会矛盾难以化解。

（四）政治方面的原因

十八届三中全会以后，我国在治理体系现代化和治理能力现代化方面迈出了坚实的步伐。然而，尽管中央加大了对于腐败的惩处力度，但是我国的政治体制改革仍处在探索的过程中，新旧体制间的"真空"或结合部的断层，成为某些社会问题，特别是干部腐败、经济犯罪滋生蔓延的一个便利条件。特别是政治体制的不健全，使得党政机关部分工作人员官僚主义作风严重，并且滋生以权谋私、贪污受贿、腐化堕落等社会问题。[①] 当前，我国的政治体制中还存在若干突出问题，如权力的监督、约束机制严重滞后。在权力下放的过程中，缺乏相应的监督机制，导致权力运作失调；干部人事管理制度不完善，造成官员只"对上"负责，不"对下"负责，唯"人治"而不重"法治"；基层政权建设薄弱，基层党组织战斗力严重弱化，基层群体性事件屡有发生等。

（五）社会文化的变迁

社会文化的变迁是指文化内容或结构的变化。通常表现为新文化的增加和旧文化的改变。发生这种变化的原因有两种：一是因为文化累积成熟而产生的新发明；二是因为交通便利和日益频繁的文化交流导致新文化的源源输入。文化一经变迁，就可能引起文化失调而发生社会问题。处在当下的信息社会，资讯发展迅速，网络遍布全球，在社会发展的过程中，人们的思想观念往往发生变化。外来文化的引进和渗透，可能导致本土文化的重大变革。在对外开放的过程中，如果盲目吸收外来的社会文化，而缺乏正确的引导和教育，就可能直接导致社会问题的产生。

（六）社会问题的产生尚有价值观根源

社会如何发展需要价值观的引导，价值观判断是指导人们一切行动的基础。"社会转型时期，原来占主导地位的旧有价值观体系逐渐瓦解、重组，并将最终让位于适应社会主义市场经济的新价值观体系。然而，这一过程不可避免地存在滞后于社会发展、暂时混乱、局部失序的情况，从而加剧了社会转型中的社会矛

① 参见王尚银：《中国社会问题研究引论》，13页，杭州，浙江大学出版社，2005。

盾、社会冲突的产生和蔓延。"①

从上述几个方面，我们可以看出，社会问题的产生是多种因素共同作用的结果。如果详细分析产生各个具体社会问题的原因，就会发现社会问题的产生既有必然性的原因也有偶然性的原因，既有结构性的原因也有非结构性的原因，既有客观性的原因也有主观性的原因，既有直接原因也有间接原因。总之，任何一个社会问题的产生，都是这些不同层次、不同类型的原因因素综合作用的结果，同时，每一种因素又可能导致各种不同的社会问题。因此，必须根据实际状况才能确定。

第二节
解决社会问题的社会条件

一、研究社会问题解决条件的意义

社会问题的解决是一个复杂的过程，不仅取决于人们的主观活动状况，如采取的对策原则、措施等，也取决于制约社会问题产生、存在和发展的诸多因素或者说社会条件。社会问题的解决可归纳为三个方面，即解决条件、解决原则、解决对策。

现存事物和现象的消亡存在两种可能性：第一种是在普遍联系的世界中，社会事物运动、发展到一定阶段自然、自动消亡，即随着事物之间相互联系状况的自然变化而消亡；第二种是人类以自身的主观能动活动促使、推动事物消亡，即依据事物联系的规律性，通过一定力量改变事物之间相互联系的状况而使事物消亡。这是人类在创造世界和改造世界中具有的能力。显然，社会问题的解决是第二种可能性意义上的事物的消亡，即人们以自身的主观能动活动去消除社会问题这种特殊的社会现象②，其本质是人们主观能动性的活动。

因此，任何现存事物、现象的消亡，均取决于一定的条件，社会问题也不例外。一定的条件是社会问题消亡或者解决的基础。研究社会问题解决的具体条件，不仅是社会问题得以解决的基础，也是社会学阐释社会问题解决过程的首要内容。

---

① 中国人民大学社会发展报告课题组：《当代中国社会问题产生的根源》，载《教学与研究》，1998(3)。

② 参见雷洪：《社会问题——社会学的一个中层理论》，100页，北京，社会科学文献出版社，1999。

二、解决社会问题的基本条件

任何一种社会问题的产生和解决，都是一个复杂的社会过程，都需要多种社会条件。社会问题的解决条件，在本质上是人们主观能动性的活动，是人们为促使社会问题解决或消亡而进行的多种内容和方式的社会活动。

根据社会问题的多样性及其复杂性特征，不同的社会问题在具体解决条件上有不同的要求。一般来讲，社会问题的解决需要满足以下基本条件：相当量和一定范围内的科学研究、普遍的社会关注、足够的社会力量、科学的解决对策等。应注意的是，科学研究、社会关注、社会力量、社会对策都不属于个人范畴，而是社会多数成员进行的群体性、集团性活动。①

（一）相当量和一定范围内的科学研究

认识客观世界现象的本质及其产生、存在、发展的规律，是改造客观世界的基础。在人们对客观世界的认识活动和认识形式中，科学研究和科学理论是最主要的认识活动和最高的认识形式。只有科学研究和科学理论，才能达到对客观世界完整的、本质的、理性的认识。因此，任何具体社会问题现象的解决，首先需要对这些社会问题具有相当量和一定范围内的科学研究，从而对这些社会问题现象做出科学的解释。

这种科学研究表现在：在研究对象上，包括这些具体社会问题的本质、社会失调的具体内容、表现形式和社会影响状况，其时间性、空间性、普遍性、社会性、客观性、主观性、社会历史性等一般特征的具体表现，其产生的具体原因、原因的特征及具体作用。在研究的形式上，一般有较多学科不同角度的共同研究，特别是社会学科的研究，有较多学者参与研究，有较多的研究课题。在研究的功能或成果上，能够提供可以说明这些社会问题的丰富的资料，能够提供可以解释这些社会问题规律性的理论。相当的科学研究，是社会问题解决的先导，没有这一条件，解决社会问题的活动便失去科学的基础，任何社会问题都不可能得到真正的解决。

（二）普遍的社会关注

社会问题之所以会成为社会问题，是由于社会的普遍关注，或者说社会问题现象必定是社会普遍关注的现象。因此，社会问题的解决或消除也离不开社会的关注。但作为社会问题解决的条件，必须是形成普遍、充分的社会关注。普遍的社会关注，是动员解决社会问题的社会力量的前提，是社会问题解决的重要基础条件，没有这一条件，将丧失形成其他社会条件的可能性。

普遍的社会关注不仅是社会大多数人对特定社会问题的感受、认识、评价、

---

① 参见刘成斌、雷洪：《社会问题的社会性》，载《理论月刊》，2002（1）。

予以解决的期望具有相当的普遍性，而且是社会各群体、各集团对特定社会问题的看法具有相当的普遍性，是社会各群体、各集团、与特定社会问题具有不同关系的各种人，对特定社会问题的认识、态度达到相当程度的一致性。这种相当程度的一致性认识、态度是比较科学和正确的，至少是克服了大多狭隘、片面、偏见和误解；对解决特定社会问题的期望具有迫切性，并准备以各自的活动或力量去实现这一期望，且将这样的认识、态度、期望公开明确地表示出来，形成一定社会舆论。

普遍的社会关注，并不是任何时期的任何社会问题都可能具备的。例如，对社会上已经存在或发生的种种现象包括社会问题现象，人们予以关注的程度往往不一致，而且不与社会问题现象本身或对社会的影响程度成正比。一般而言，人们普遍只关心与自己直接相关的，不关心或少关心与自己间接有关的；普遍只关心与自己利益有关的，不关心或少关心与自己利益无关的；普遍只关心眼前发生的，不关心或少关心今后可能发生的。那么对同一社会问题，社会成员对其关注的程度必然不一致，关注的内容、出发点也会不一致，故对特定社会问题现象的社会关注可能不普遍。因此，解决社会问题需要引导和促使形成普遍的社会关注。

（三）足够的社会力量

社会问题现象必须动员足够的社会力量才能解决。所谓社会力量是指用于解决社会问题的资源和能量。资源指消除社会失调可利用的因素，包括：（1）自然资源，如自然环境、地下资源等，解决贫困等社会问题特别需要这些资源；（2）社会资源，如社会规范、社会制度、社会控制力量、社会信息、社会关系乃至社会文化背景、社会心理状况等。资源也包括物质的资源和非物质的资源。能量是指资源可能被利用于解决社会失调的程度和具体作用，如社会提供商品对社会需求可能的满足度，社会规范实际的制约程度，社会舆论对社会成员可能的影响程度等等。

需要指出的是，我们肯定社会问题可以通过社会力量予以解决，并不意味着任何针对或用于消除社会问题的社会力量都能够使社会问题得以解决。任何社会现象的产生和消亡，从某种意义上说都是诸种社会力量、社会能量之间的比较和作用发生变化，才引起相应社会现象的消长变化。社会问题的解决过程，即是抑制或消除社会失调的力量与社会失调所固有的力量之间比较和作用的过程。在这一过程中，如果抑制或消除社会失调的力量没能超过社会失调所固有的力量，或用于解决社会问题的资源的能量不足以达到消除社会失调的程度，社会失调现象仍然无法消除。因此，一个社会问题现象的解决，必须具备消除这一社会问题现象的足够社会力量，这是解决社会问题的必要基础和条件。

（四）科学的解决对策

社会问题的解决有赖于科学的社会对策，要求解决社会问题的一系列活动是正确的、合理的、可行的。这是社会问题得以解决的最直接条件和关键条件。一般而言，科学的社会对策，应包括解决对策的思路、出发点、基本原则、具体时间、具体措施、具体程序等方面的内容。因解决的具体社会问题的不同，解决对策方案的具体内容也会有所差别，具体的构成形式也有所不同，但一个科学的、完整的社会对策，应具有以下方面的主要内容：（1）对需解决的社会问题的分析，包括社会失调的具体内容、具体表现、具体影响，产生的诸种具体原因、原因类型、诸原因之间的关系、主要原因、其社会历史特征，所属的类型；（2）对解决条件的分析，包括客观需要的诸种具体条件，这些条件的具体作用，这些条件实际存在的可能性及程度；（3）对解决对策的出发点、思路、基本原则的说明，即具体的思路及遵循的具体社会原则；（4）对解决对策中理论基础的阐述，即诸解决对策和活动所依据的具体理论；（5）对解决对策目标的说明，包括总体目标、目标的层次、阶段目标和目标的指标；（6）对解决对策措施的说明，包括必要的规范调整、组织机构设立、具体方式、实施主体、实施的步骤和程序等，以及其措施的多样性；（7）对解决对策措施实施后果的预测，包括消除社会失调的可能性即对社会各方面的可能性影响；（8）对解决对策方案的评估分析，包括对策方案中实施依据的翔实性，理论基础的牢固性，解决条件判断的准确性，原则的科学性和合理性，目标的明确性、恰当性，措施的可操作性、可行性、可比较性和选择性，后果的可预测性，方案整体的系统性、完整性及逻辑性等。

三、解决社会问题的具体条件

　　任何社会问题的解决，都需要认识其解决的基本条件及其重要意义，同时，任何一个社会问题的解决，也需要对解决这一社会问题的社会条件做出具体分析和判断，以作为制定和实施解决对策的依据，否则便失去了认识解决条件的意义。对任何试图解决社会问题的社会条件，都需做出如下的分析和判断。[①]

（一）分析和判断解决特定社会问题所需要的具体社会条件

　　肯定解决社会问题的基本社会条件，只是说明解决社会问题的一般共性条件方面。由于诸多具体社会问题的产生原因、失调内容、表现形式、社会影响、社会历史特性等均不同，因此解决不同社会问题所需要的具体社会条件或社会条件的具体内容也不同。因此，对任何一个具体社会问题的解决，都需要对其解决条件的具体内容做出分析和判断。

（二）分析和判断解决特定社会问题诸多具体社会条件的特征和作用

　　每一个特定社会问题解决的诸多具体条件因素，对于特定社会问题的解决所起的作用有所不同。这一方面是由于具体条件因素与社会失调消亡过程的联系特

---

① 参见雷洪：《社会问题——社会学的一个中层理论》，104 页，北京，社会科学文献出版社，1999。

征不同，解决一个特定社会问题的诸多具体条件中，有些是促使社会失调消亡的直接条件，有些则是促使社会失调的间接条件；另一方面是由于具体条件因素与导致社会失调产生的具体原因之间的关系不同，以及诸多具体条件因素在一定社会环境中的状况不同。解决一个特定社会问题的诸多具体条件中，有些是促使社会失调消亡过程中起决定作用的主要条件，有些则是促使社会失调消亡过程中起非决定性作用的次要条件。值得注意的是，解决社会问题的直接条件可能是主要的条件因素，但直接条件因素并不等于是主要条件因素，间接条件因素也并不排除其能成为主要条件因素。

（三）分析和判断解决特定社会问题诸多具体条件具备的程度

特定社会问题实际解决的可能性，取决于解决条件要素实际存在的状况或者具备的程度，分析和判断多种解决条件因素实际存在的状况，是把握解决特定社会问题条件的关键。只认识解决特定社会问题的具体条件因素及其具体作用，而不了解诸多条件实际存在的可能性和现实性，就不能为解决社会问题的对策提供实际的基础。

对解决特定社会问题诸多具体条件实际存在状况的分析和判断，来源于对这一社会问题现象所处的社会环境或社会状况的研究。这一分析和判断的准确性、科学性，取决于对社会状况研究的深入性，掌握研究资料的丰富性、翔实性，研究方法的恰当性、科学性。显然，分析和判断特定社会问题诸多解决具体条件及其作用，如果说是使用抽象方法、逻辑方法进行理论分析，那么分析和判断特定社会问题诸多解决条件的实际存在状况，则需使用实证研究或经验研究的方法。

对解决社会问题条件的分析过程，是对社会问题解决的基础或可能性的研究，它是研究解决社会问题的现实性及实施解决过程的重要前提，是社会问题得以解决的重要方面。但需要指出的是，解决社会问题的任何条件，只是为解决社会问题提供了可能性，并非现实性，因为解决条件不是解决社会问题的社会实践本身，而且社会现实中存在或具备的条件，并非都能够以此为基础来确定解决社会问题的对策措施。

第三节
解决社会问题的原则

一、研究社会问题解决原则的意义

从某种意义上说，解决社会问题现象的过程同时也是人们发挥主观能动性改造客观世界的过程。但并非任何对策或人们的主观活动都可以解决社会问题。为防止人们主观活动可能存在的主观随意性、盲目性、狭隘性、片面性等倾向，保证解决社会问题对策措施的科学性、有效性，必须在研究、制定和实施解决社会问题的对策措施之前，确立解决社会问题必须遵循的一些基本准则，或者说是基本的思路、出发点、指导思想，我们称之为社会原则。[①]

在解决社会问题的社会实践过程中，我们首先需要科学认识特定社会问题的产生原因、特征、类型、具体本质，但这只是对人们解决问题主观性活动的对象的认识，它并不是对解决社会问题的社会实践本身的认识和把握；我们还需要分析和判断解决特定社会问题的条件，但这只是对人们解决社会问题主观活动的客观环境的认识，也并非是对解决社会问题的社会实践本身的认识和把握。要把握解决社会问题这一社会实践活动本身的科学性、有效性，必须理性认识和确立这一实践活动的出发点或遵循的一些基本的准则，并依此制定这一实践活动的计划和方案。

二、解决社会问题的基本原则

从某种意义上说，解决社会问题的过程是人们以主观意志改造客观世界的过程。为了保证解决社会问题的科学性和有效性，就需要首先确定解决社会问题必须遵循的基本准则。或者说是基本的思路、出发点、指导思想。具体来说，解决社会问题的原则包括规律性、规范性、公众性、效益性、进步性五个原则。

（一）规律性原则

规律性原则是指社会问题的解决必须符合和遵循社会的规律性。社会的存在和发展有其自身内在的规律性，人类任何创造世界和改造世界的社会实践活动，都必须以遵循社会的客观规律性为基本原则。遵循社会的规律性原则，要求我们不仅在理论上坚持和遵循社会的客观规律性，同时在解决社会问题的实际过程中也应坚持社会的规律性，做到在实践中具体认识和把握诸种社会规律，解决认识和把握规律性所面临的实际问题。[②]

首先，规律是事物内在的属性，是事物之间固定的联系，它不是可观察、可感知的表面现象本身，而是隐藏在表面现象的背后，因此，把握和遵循社会规律，不是感知、观察社会现象本身，而是发现、认识社会现象内在或背后的联系。社会问题现象及与之有关的社会现象的若干规律性，尚有待于在解决社会问题的实践中去不断发现和认识。

其次，解决社会问题将会涉及社会问题自身的规律性、解决条件中的规律性以及对策措施中的规律性，需要正确把握和运用这三个方面的规律性来确定

① 参见雷洪：《社会问题——社会学的一个中层理论》，108 页，北京，社会科学文献出版社，1999。
② 参见朱力：《当代中国社会问题》，46 页，北京，社会科学文献出版社，2008。

对策。

（二）规范性原则

规范性原则是指社会问题的解决必须确定和遵循一定的社会规范。社会规范是人们全部活动的准则，遵循社会规范，可以保证人们活动乃至生存的合理性、协调性和目的性；社会规范也是任何一个有序社会的重要基础，没有这个基础，社会必将陷入混乱之中。因此，社会规范也是人们解决社会问题这种特殊社会实践活动的准则，是消除不和谐现象，达到社会有序状态的基础。坚持这一原则必须：

首先，分析待解决的社会问题与现存社会规范之间的关系。许多社会问题现象的产生、内容、表现与现存的社会规范的状况有关，认识待解决的社会问题现象与有关的现存社会规范之间的关系，不仅有利于深刻认识待解决的社会问题现象的本质，而且是研究这一社会问题现象解决对策的规范性基础。

其次，确定解决社会问题中的社会规范。解决社会问题本质上是人们的社会实践活动，在进行这一活动时必须首先确定进行这一活动的社会规范，这包括两个方面：一方面是破除、废除、修正、调整与待解决社会问题有关的现存的那些不合理的社会规范；另一方面是制定、建立与待解决的社会问题有关的新的社会规范，包括明确规范的内容与选择规范的形式。确定社会规范，即保证社会问题解决对策及实施对策全部活动具有规则性、合理性、协调性和有效性。假若没有一定的社会规范或者说解决对策中没有有关社会规范的内容，解决社会问题的活动本身必然发生混乱，并造成社会各方面的混乱。

再次，分析解决社会问题的规范与其他现存社会规范之间的关系。任何社会中，只有各种内容、各类形式、各个方面的社会规范相互协调，才能组成社会规范稳定的系统或体系。

（三）公众性原则

所谓公众性原则是指社会问题的解决必须有利于维护和谋求社会公众的利益。社会公众的利益，表现在国家利益、民族利益、社会大多数人的利益。所谓维护和谋求社会公众的利益，是指社会公众的长远的、根本的利益及利益最大化。

一般而言，社会问题所存在和表现的社会失调，即社会区域之间、社会群体之间、社会集团之间、一部分人与另一部分人之间、少数人与多数人之间的利益矛盾，经济、政治、安全、受教育、就业、社会福利等诸方面的利益矛盾。例如，资源破坏问题是现实利益与长远利益的矛盾，少数人利益与国家利益之间的矛盾；城乡关系问题是农村社区利益与城市社区利益的矛盾；国有资产流失是国家利益与少数人利益的矛盾等。深入剖析社会问题，其几乎无一不包含这样或那样的利益矛盾，那么任何社会问题的解决对策、解决过程乃至消除，都会涉及一定的社会利益，都会发生各区域、各群体、各集团、各部分人、各方面社会利益的变化或调整，从某种意义上说，都是一种社会利益的重新组合和分配。因此，解决社会问题的对策和过程，必须慎重考虑和研究社会利益的调整，在社会利益的调整中必须坚持以公众利益为最高和最终原则。

（四）效益性原则

效益性原则是指社会问题的解决必须谋求人们改造客观世界活动社会效益的最大化。人类改造客观世界的活动总是追求最大的社会效益和最高的社会效率。社会问题现象对社会的根本影响之一，是破坏和削减了人们改造世界过程中的能量、效率和效益。因此解决社会问题的目的之一，在于增强人们改造世界的能量、效率和效益。

坚持社会效益原则，一是要注重社会效率，即谋求解决社会问题活动中所投入的一定能量的最大效果，或者说是社会投入与产出的最大比率，也就是说要以最少、最小的社会资源、社会能量、社会活动，达到最快、最彻底地解决社会问题的目的。一切解决社会问题的对策及活动，都必须谋求最高的社会效率。二是注重整体社会效益，即谋求解决社会问题活动中促使社会各方面的平衡和发展，及公众利益的实现。这就是说解决社会问题的对策和活动要考虑到社会各方面效益，特别是考虑到社会事务关联和效应的两方面的效益，如物质文明与精神文明、经济的与非经济的、生活水平与生活质量等。因此解决社会问题的对策不能单纯和片面谋求地方效益、经济效益等某方面、某部分的效益。

（五）进步性原则

进步性原则是指社会问题的解决不应以牺牲社会的进步和发展作为代价，而应将推动社会的进步和发展作为根本目的。任何一个特定的社会问题的解决，都是为了消除社会中的不平衡、不稳定、不和谐的社会失调现象，而通过诸如打击社会效益和社会效率，放弃社会长远目标，牺牲社会公众利益，打击和消除社会中新生的、积极的、进步的因素，也可能消除某种特定的社会失调，实现社会某方面暂时的平衡、稳定和和谐。但是，我们应该意识到，任何解决社会问题的对策不应仅仅是为了解决某些特定的社会失调，而且是为了并且最终为了推动社会的发展和进步，有利于社会的发展和进步是解决社会问题必须遵循的原则，不能以阻碍或延缓社会的进步来换取社会某方面或暂时的平衡、稳定、和谐。

坚持社会进步性原则，就是要在解决社会问题的对策和活动中，具体把握社会各方面发展的规律和趋势，扶持、支持、保护新生事物，积极的、有价值的事物，摒弃传统中陈旧、落后、保守、消极的事物。当前，我国就是要以坚持改革开放的路线、方针为准则，解决转型时期中的新旧矛盾、冲突，改变不平衡、不稳定、不和谐的现象，在经济、社会发展、进步中建设新的社会秩序。

上述解决社会问题需要遵循的五个基本原则，虽然在内容和功能上有所不同，但这五个基本原则是相互联系、协调统一的：遵循社会的客观规律性必然会推动社会的发展、进步，实现社会的发展、进步必须符合社会的客观规律性；社会公众利益、社会效益是推动社会发展、进步的必要前提条件，推动社会发展、进步必须坚持社会公众利益和保证较高的社会效益性。上述五个原则是迄今为止人类对社会理性的、科学的认识，是人们认识和解决社会问题现象的社会实践的经验总结，是我们在认识和改造客观世界的实践活动中必须遵循的基本的社会准则。

第四节
解决社会问题的对策

一、社会问题解决对策的特征

　　研究社会问题的直接和最终目的便是解决社会问题。虽然实际解决社会问题或实施解决社会问题的工作并非是社会学的任务，但实际解决社会问题有赖于对社会问题的科学认识，包括对社会问题消除或解决过程规律的科学认识，科学认识又有赖于科学理论。社会学的研究致力于解释社会问题解决过程的规律，或者说解释促使社会从不平衡、不稳定、不和谐状态向平衡、稳定、和谐状态转化的规律，因而关于社会问题的解决是社会学关于社会问题理论中的重要内容。[①]

　　所谓解决社会问题的对策，是指解决特定社会问题现象的具体措施、办法、程序、步骤、实施主体、目标等的实施计划体系及论证。具体来讲，主要是分析消除和解决社会问题的各种社会条件，研究和说明消除和解决社会问题的社会原则，提出消除和解决社会问题的科学思路，研究和提供消除或解决社会问题可供选择的方案。

　　对解决特定社会问题现象的科学认识、对解决社会问题条件的正确分析和判断以及对解决社会问题的社会原则的确立，为解决社会问题提供了可能性基础。同时，社会问题的解决还依赖于具体的社会实践活动，而社会实践活动又依赖于具体计划的指导，对策则是指导解决社会问题实践活动的具体计划，从某种意义上说，是解决社会问题指导思想的操作化形式。因此，对策对解决社会问题现象更具有实际的意义，是解决社会问题全部实践活动的具体依据，是解决社会问题的关键。

　　但是，并非所有的对策都可以使社会问题得以解决。任何一个可能使社会问题得以解决的对策方案，都必须具有如下特征。

---

① 参见雷洪：《社会问题——社会学的一个中层理论》，100 页，北京，社会科学文献出版社，1999。

（一）科学性

科学性是建立在系统的经验观察和合理的逻辑推理之上的。一个非盲目性、随意性、片面性的解决社会问题的对策，其根本特征在于其科学性。一个科学的社会对策应建立在对需解决社会问题现象的科学认识及对该社会问题解决条件正确分析判断的基础上；应遵循和体现解决社会问题的社会原则，并有一定的理论依据；应具有内容的完整性和内在的逻辑性。

（二）可操作性

一个解决社会问题的对策不应仅仅是一些认识、分析、判断、原则、理论和思路本身，而应是具体的、可行的、可供操作的，应是一些具体活动方式的计划，或是实现社会问题解决一系列基础、条件、原则、思路的操作化的形式。因为解决对策的目的就是要解决实际问题，制定出来的对策若无法操作也就失去了制定的意义。解决社会问题对策的可操作性要求有直接解决问题的政府部门或职能机构落实对策；要求有解决问题的具体步骤、方法；同时应考虑解决问题的时效性和必备条件，不能模糊不清、脱离实际，如果提出的对策忽略了主观、客观条件对它的影响和制约，那么对策极易失去可行性。总体来讲，一个可操作性强的社会问题对策，应具备以下四个条件：一是活动规范（即法律、政策、规章等）的操作化；二是解决社会问题的活动方式（即措施、办法、组织机构、实施主体等）的操作化；三是活动过程（即程序、步骤、时间等）的操作化；四是活动目标（即阶段和最终达到的具体状态）的操作化。

（三）可选择性

一般而言，实现一种具体的社会目标，具有多种活动方式、途径或可能性。社会问题的解决，就其解决的对策而言也有多种可能性，即解决一个具体的社会问题现象，有多种可行的措施、办法乃至方案，由于社会各方面的相互联系性，解决社会问题的不同对策将对社会产生不同的影响，并对解决特定社会问题具有不同的力度及相对不同的效果。因此解决社会问题对策的具体内容，应具有一定的多样性、可比较性、可选择性，在对若干可能解决对策的比较中，才可能选择、确定最为适合实际情况的对策。在对解决社会问题的方案进行选择时，应遵循择优选择的原则。对于解决一个社会问题有多种解决对策的，要选择效果最好的；对于一些可以达到相同效果的对策，要选择最为可行、成本最低的。

（四）可评估性

评估是指对效果的定期的、系统的研究与评价。通过对社会问题解决对策的自我评估，即对解决问题剖析的程度，解决条件分析、判断准确的程度，措施、方法、程序、目标的可操作性程度、合理性程度和可行性程度的分析和评估，以及对实施对策可能的结果的预测，可避免社会问题解决过程中可能出现的盲目性、随意性和片面性，可检验社会问题解决对策是否取得对策确立时的预期绩效，在此基础上判断是否应该继续、改善、撤销对策，有利于提高对策方案的影响及效果，分析对策方案成功或失败的原因等。可评估性是一个科学的对策必须具有的特征。

二、解决社会问题的对策

社会问题作为一种社会事实，不仅对人们的生产、生活的正常运行造成了障碍，也对社会的生产和生活造成了很大的负面影响。在当代，人口的巨大压力、就业的严峻形势、环境的污染与破坏、腐败的蔓延、收入分配的不公、犯罪的猖獗等，使每一个社会成员都感受到了社会问题的影响和危害，都希望能尽快将这些问题加以解决或消除。然而，任何社会现象的消失、消除或解决与其产生、发生一样都是一个复杂的过程，同时，社会问题的多因性、延续性等特征决定了社会问题的解决是一个长期的、艰难的过程。但是，随着社会的不断进步，科技的不断发展，人的思想觉悟的提升，人类解决社会问题的能力也在不断提高。因此，我们应积极寻求解决社会问题的对策和路径。

社会问题的解决一般分为治标与治本两个阶段，治标在于遏制社会问题继续恶化，治本致力于瓦解社会问题产生的条件。第一阶段，主要是动员社会各方面力量，集中力量来抑制社会问题的继续恶化。第二阶段，主要是消除社会问题产生的因素，瓦解社会问题产生的条件。这是一个艰难而复杂的过程。因为任何社会问题的形成不是一朝一夕的，而是长期累积的，是各种因素的结合。要解决它不能依靠一次性的突击，只能依靠逐步疏导来消融不利因素。[1]

一般来说，社会问题解决的对策主要有如下几种。[2]

（一）政策调控

政策调控是政府解决社会问题的主要方法之一。通过宏观的政策调控，调动全社会的力量，创造有利于瓦解社会问题的条件，创造不利于社会问题恶化的环境，遏制社会问题的发展。例如，为应对金融危机，国家采取"积极的财政政策"和"适度宽松的货币政策"；为解决贫困问题，党和中央政府制定了反贫困战略，调动各种社会力量支持贫困地区，通过政策加快推进再就业工程，创造更多的劳动岗位，加快建设由财政、社会保险基金、企业共同负担失业人员的保险制度，使失业问题得到了缓解；为了解决腐败问题，中央保持对于腐败的高压态势，坚持以零容忍态度惩治腐败。

---

[1] 参见朱力：《当代中国社会问题》，49页，北京，社会科学文献出版社，2008。
[2] 参见王尚银：《中国社会问题研究引论》，12页，杭州，浙江大学出版社，2005。

（二）法规调控

当某种社会问题经常、重复地出现时，就需要用一种制度化、程序化的方法来解决。法规制定了处理某一类社会问题的原则、程序，规定了什么能做，什么不能做，做了以后要承担什么样的后果等。法规的调控大大提高了处理社会问题的效率。例如，为应对各类社会犯罪问题，各个国家都制定了相应的刑罚，用于处理形形色色的犯罪。随着社会的不断发展和信息化的日益普及，由信息化、现代化设施故障和漏洞而引发的新型案件也逐渐暴露出来，亟待法规的完善。

（三）大众媒介的影响

在现代民主社会中，大众媒介的作用越来越大。它不仅对社会问题的发现、对策的规划、对策的决定具有重要影响，而且在社会问题的解决中也发挥着特殊的功能。大众媒介对社会问题解决的影响主要是通过以下方式实现的：一是通过对社会问题进行跟踪报道，引起全社会公众的关注，起到一种聚焦效应，社会的调节机制便可对此进行干预。如艾滋病的流行对社会造成严重危害时，传播媒介的呼吁与报道，能对这个问题起到一定的抑制作用。传播媒介能及时、迅速抑制社会问题的扩散。例如，引发全国性舆论关注的重大泄愤事件：厦门男子陈水总在快速公交上纵火导致 47 人死亡事件；山东农民冀中星因上访无门在首都国际机场引爆自制炸弹事件；河南安阳男子周江波公交车上持刀抢劫杀人事件；还有 2014 年 3 月发生的昆明火车站暴力恐怖事件等。二是对社会问题解决的效果和问题加以评论，让对策执行机构能及时地听取外界对对策的实施效果的意见和建议。值得警惕的是，大众传媒对于受众社会化的负面影响，要防范一些媒体别有用心的炒作和恶意抹黑。

（四）社区基层力量的化解

社区是人类生活的共同体，是一个极为复杂的事物或实体，是当前基层社会矛盾与社会冲突的多发地，也是我国解决社会问题的具体操作层面的承担者。社区中的政府组织街道、群体自治组织居委会是落实政府政策、实施社会制度的具体单位。社区基层政府与群众组织调动本社区的人、财、物等资源，通过就业、扶贫、助残、矫治等各种解决社会问题的具体实施路径，可将本社区中涉及社会问题影响的对象，纳入社区的扶助范围。建立一套有效的社会矛盾与社会冲突化解的社区机制是推动经济社会又好又快发展的重要保证，也是维护社会和谐稳定的重要基础。值得一提的是，近年来社区组织的发展为社会问题的化解提供了重要手段。2012 年，胡锦涛同志在"省部级主要领导干部社会管理及其创新专题研讨班"开班仪式上发表重要讲话，他强调引导各类社会组织加强自身建设、增强服务社会的能力，支持人民团体参与社会管理和公众服务，发挥群众参与社会管理的基础作用。社区组织已经成为社会经济发展和民主政治建设中一支重要力量，也是新时期巩固和扩大党的执政基础的重要领域。

（五）专业社会工作机构的介入

社会工作是综合运用专业知识、技能和方法，为有需要的个人、家庭、群体、组织和社区提供专业社会服务，帮助其整合社会资源，协调社会关系，预防和解决社会问题，恢复和发展社会功能，促进社会和谐的职业活动。社会工作的主要任务就是助人服务，助人是社会工作的基本功能。社会工作把帮助有困难的社会成员当作基本着眼点。人们的需要是多种多样的，主要包括生存、参与社会和发展等方面。每个社会成员都会遇到诸多困难，既有物质方面的困难，也有精神和社会关系等方面的困难。在社会成员遇到困难，依靠自身力量无法解决时，社会工作就将他们纳入自己的工作范围，分析受助者面临的困难，向其提供直接、具体的帮助。由此观之，社会工作正是以解决和预防社会问题为基础的，是解决社会问题的主要工具。而社会工作机构则是通过汲取社会的资源来解决社会问题的一种新的社会力量。社会工作机构运用社会工作的专业化手段，在社会问题的解决中发挥着越来越大的作用。一方面，专业社会工作者运用个案社会工作、小组社会工作和社区社会工作等社会工作方法，直接地解决大量已经现实存在的各种具体的社会问题；另一方面，专业社会工作者还可以采用社会行政、社会政策等社会工作方法，通过对社会福利行政、社会保障政策等施加影响，最大限度地预防社会问题的产生或间接地解决已经出现的社会问题。[①] 专业社会工作者对于社会问题的解决具有组织网络优势、人力资源优势和群众工作优势。目前，针对社会问题的专业性社会工作机构开始出现，针对社会问题的综合性社会工作机构也应运而生，如不良青少年的矫治机构、弱势群体的帮扶机构等专业性的社会工作机构正在发展壮大，成为解决社会问题的专业力量。由于社会问题危害了人们的生存环境，随着公民的自主意识与参与意识的增强，公众的资源服务意识也在不断增强，社会工作机构有了源源不断的人力资源，某些准社会工作机构（社会公益性团体）干预社会问题的力量也在不断增长。

本章要点

1. 国外关于社会问题成因的理论主要包括功能主义学派的观点、冲突学派的观点、生物社会论的观点、标签理论的观点、社会心理学派的观点。

2. 社会问题产生的原因主要包括自然环境的变化、人口增速的影响、经济方面的原因、政治方面的原因以及社会文化的变迁。

3. 解决社会问题的基本条件有：相当量和一定范围内的科学研究、普遍的社会关注、足够的社会力量、科学的解决对策。

4. 解决社会问题的原则包括规律性、规范性、公众性、效益性、进步性五个原则。

---

① 参见向德平：《社会工作：和谐社会建设的重要内容与有效手段》，载《西北师大学报（社会科学版）》，2008（1）。

5. 解决社会问题的对策主要包括政策调控、法规调控、大众媒体的影响、社区基层力量的化解以及专业社会工作机构的介入等。

复习思考题

1. 西方社会学家对社会问题成因研究的贡献有哪些？

2. 当代中国有哪些主要社会问题？它们是怎样产生的？

3. 解决社会问题的基本条件有哪些？

4. 解决社会问题应遵循怎样的原则？

5. 社会问题的产生原因和解决对策有哪些？

推荐阅读书目

1. ［美］L. A. 科塞. 社会冲突的功能. 北京：华夏出版社, 1989.

2. 郑杭生. 中国人民大学社会发展报告（1994—1995）：从传统向现代快速转型过程中的中国社会. 北京：中国人民大学出版社, 1996.

3. ［美］梅奥. 工业文明的社会问题. 北京：北京理工大学出版社, 2013.

4. 雷洪. 社会问题——社会学的一个中层理论. 北京：社会科学文献出版社, 1999.

5. 杨立勋. 社会问题界定之探微. 湘潭大学学报（社会科学版）, 1992（4）.

6. 邵道生. 社会问题的问题. 新长征, 2005（4）.

7. 黄忠晶. 社会问题刍议. 安徽大学学报（哲学社会科学版）, 2002（4）.

8. 朱力. 社会问题的理论界定. 南京社会科学, 1997（12）.

9. 蔡菁. 关于社会问题的几点看法. 社会学研究, 1987（6）.

10. 雷洪. 试析社会问题范式及其理论见解. 江汉论坛, 1999（5）.

11. 闫志刚. 社会问题理论研究的多维视角. 汕头大学学报（人文社会科学版）, 2003（6）.

12. 苏国勋. 社会学与社会建构论. 国外社会科学, 2002（1）.

13. 葛忠明. 社会问题：过程及其实践的空间. 文史哲, 2003（5）.

14. 闫志刚. 社会建构论：社会问题理论研究的一种新视角. 社会, 2006（1）.

15. ［美］默顿. 社会研究与社会政策. 北京：三联书店, 2001.

16. 青连斌. 社会问题的六大特点. 理论前沿, 2002（10）.

17. ［英］威尔金森, ［英］皮克特. 不平等的痛苦：收入差距如何导致社会问题. 北京：新华出版社, 2010.

18. 郑杭生, 杨敏. 社会实践结构性巨变的若干新趋势——一种社会学分析的新视角. 社会科学, 2006（10）.

19. 朱力, 等. 社会问题概论. 北京：社会科学文献出版社, 2002.

20. 雷洪. 我国现存社会问题的社会历史特征. 社会科学战线, 1997（6）.

21. 刘成斌, 雷洪. 社会问题的社会性. 理论月刊, 2002（1）.

22. 童星. 论中国当前社会问题的特点和对策. 江海学刊，1994（3）.

23. 袁华音. 社会问题论纲. 社会学研究，1994（2）.

24. 黎民. 当前中国社会结构转型与社会问题因果分析. 学习与探索，1996（2）.

25. 雷洪. 论隐性社会问题. 社会学研究，1997（3）.

26. 孙立平. 现代化与社会问题. 社会科学战线，1991（2）.

27. 罗玉达. 论社会转型期的主要社会问题与社会控制机制的运用. 贵州大学学报，1995（2）.

28. 欧阳马田. 现代化进程中的社会控制. 社会学研究，1990（2）.

29. 吴忠民. 社会问题预警系统研究. 东岳论丛，1996（4）.

30. 朱力. 当代中国社会问题. 北京：社会科学文献出版社，2008.

31. 曾家达，殷妙仲，郭红星. 社会工作在中国急剧转变时期的定位——以科学方法处理社会问题. 社会学研究，2001（4）.

32. 何雪松. 社会问题导论：以转型为视角. 上海：华东理工大学出版社，2007.

第七章

人口问题

人口是国家和社会的基本构成要素之一，人口状况不仅关系着国家和社会当前的发展状况以及今后的发展趋势，同时也关乎个人的日常生活。人口问题涉及面广，内容复杂，经济学、人口学、政治学和社会学等学科，均以不同的视角对人口问题做出了分析。社会学对人口问题的探讨，主要集中于人口对社会的良性运行和协调发展的影响方面。

本章从人口及人口问题的基本概念和理论出发，对人口问题的实质和内容进行说明，同时选取老龄化、人口性别比失衡和流动人口三个焦点问题进行深入分析，将人口问题纳入宏观的社会历史进程，通过对人口问题特点的归纳，分析其与社会环境之间的互动关系。人口问题的产生与界定，同特定的社会历史条件有着密切的关联，对人口问题的不同态度和处理方式，又将对社会及其不同领域产生迥异的影响。人口问题作为人类社会历史发展过程中的本质性问题，必须用审慎的态度加以全面研究。

第一节
人口问题概述

一、人口问题的理论分析

（一）人口及人口变动的特征

人口是指在一定历史时期内居住于某一地区的人的总数，它是一个国家得以存在的基本要素之一，是维持社会经济可持续发展的必要条件。

人口处在不断的变动之中，人口变动的特征，取决于人的自然和社会双重属性。作为一种社会历史现象的人口及其变动过程，具有如下特征：

第一，人口的集群性。人口（population）本身就是一个集合名词，是指由个人构成的集团。人口的这种集群性特征，使得对人口现象的分析既不能超越每个个体的属性和机能，也不能只对个体状况进行简单的累积合计，而应分析其作为一个总体的特点。

第二，人口变动是人口自身再生产的结果。出生和死亡是自然界包括人在内的所有生物必须服从的自然规律，随着人的出生和死亡，人口的数量和结构不断发生变化。

第三，人口变动是对社会条件的适应。人口再生产虽然是生物现象，但它的决定因素，即出生率和死亡率的高低却与当时社会的生产力水平、社会经济条件、文化等因素息息相关。也就是说，一定历史时期内的人口变动在很大程度上受到当时社会的经济、文化、政治等环境因素的影响。

第四，渐变性。人口变动受到社会条件的影响，但这种影响并不是即时的，而是有一定的滞后性。因为人口变动有自身的规律，有自身变动的惯性，不可能像物质生产一样，根据当下的需求决定产品的数量和结构。人口的这种渐变性，使得人口问题呈现出不同于其他社会问题的复杂性。

（二）人口转变的理论分析

人口转变是指随着社会经济条件的发展，人口出生率和死亡率的相对演变过程。一般来说，人口转变呈现出有规律的阶段性递进，人口转变理论描述的就是人口再生产类型从传统模式向现代模式转变的趋势。

人口转变论的创始人是法国人口学家兰德里（A. Landry），他最先分阶段论述人口转变，认为人口理论的中心任务是阐明和领会"人口转变"，即从高出生高死亡时代到低出生低死亡时代的转变。他把人口发展分为三个阶段，即原始的、中期的和现代的，它们分别与各经济发展时期互相适应并依次更替。原始阶段，生产力水平低下，经济因素主要通过死亡率来影响人口发展，对生育率没有抑制作用，人口增长的限度取决于生活资料。中期阶段，为维持既得生活水平，人们往往较晚结婚，甚至终身不结婚，从而降低了生育率和人口增长速度，经济因素对人口发展的影响是通过婚姻关系实现的。现代阶段，较高的生活水准和伴随经济发展而来的社会心理变化，逐步地完成了人类生育观的重新塑造，人们通常自觉地限制家庭规模，生育率普遍降到低水平。[①]

在中国，人口转变的人口学含义是调整人口的生育率、出生率和自然增长率，缓解人口增长势能，最终使人口增长与经济和社会的发展相协调。可以说，分析和把握人口转变的规律，兼顾人口转变的现实状况以及未来的发展趋势，将人口转变置于宏观的社会经济发展背景中去研究，才能有效解决人口问题以及与之相关的一系列社会问题，实现社会经济的均衡发展。

（三）人口问题的实质与特征

人口本身并不构成问题，只有把人口与社会、经济、生态和资源环境等因素综合起来考虑的时候，才有可能成为问题。人口问题的实质就是人口及其变动过程与社会经济发展不相适应。所谓的人口问题，就是人口的数量、质量或者结构不能满足社会良性运行和协调发展的需求，从而妨碍人类自身的进一步发展，具有历史性、地域性以及与自然资源和生态环境交互影响等特征。

1. 人口问题的存在具有历史性和地域性

（1）历史性。

人口问题古已有之，自从人类诞生以来，就有各种与人口有关的问题伴随而生，不同时代面临着不同的人口问题。在农耕社会，生产力的发展主要依赖于丰

---

① 参见钟庆才主编：《人口科学新编》，45~46 页，汕头，汕头大学出版社，2008。

富的劳动力，历代的统治者都将人丁兴旺看作社会繁荣的表征。因此，几乎在所有因战乱、疫病或灾祸而人口骤减之后，统治者都会颁布休养生息的政令措施，鼓励人口增长。而在当代中国，资源环境等生存条件的压力，使得人们必须将人口再生产纳入计划，严格地将人口与社会经济的发展进行统筹考虑。

（2）地域性。

不同时代有着不同的人口问题，同一时代的不同地域、不同国家，所面临的人口问题也有着不同的内容。比如在当今中国，人口基数大、人口结构不合理仍是社会经济发展的重要制约因素之一，调整人口数量、优化人口结构的政策仍然不能放松。而欧洲人口年自然增长率早在 1995 年就已降低至－0.1‰（《1995 年世界人口数据表》），如何鼓励国民生育就成为多数欧洲政府着力解决的人口问题。

2. 人口问题与自然资源和生态环境具有交互影响的特征

自然资源是人类赖以生存的重要因素。英国古典经济学家和人口学家马尔萨斯（Thomas Robert Malthus）、古典经济学家大卫·李嘉图（David Ricardo）等人都论述了人口增长对土地等自然资源所产生的经济效益及其长期动向。他们多持悲观态度，认为有限的自然资源最终将导致经济增长和人口增长的停滞，这种观点奠定了人口经济问题的基本论调。人口增长对自然资源的确有直接的影响，其后果是不断给自然资源增加压力。自然资源有其承载能力（carrying capacity）或称人口承载能力，它是指某一区域内，在不降低其未来支持人类生存能力的情况下，能够供养的最大人口规模。据测算，地球的人口承载能力为 100 亿人左右，1991 年中国科学院自然资源综合考察委员会发布了《中国土地资源生产能力及人口承载力研究》报告，指出我国人口承载量最高应控制在 16 亿左右，最合适的人口数量为 7 亿左右。

人口的过快增长往往伴随着生态环境的严重恶化。人类生存的环境，包括大气层、生物圈、岩石圈、水圈、土壤圈和能源等自然环境以及经过人类劳动建造的城市、村庄和人工建筑物等人工环境。在狩猎采集时期，生产力水平低下，人类的生存发展依赖于环境，能动作用微乎其微；在原始的种植与畜牧业时期，生产力得到提高，生产型经济取代了依赖型经济；随着早期城市的出现，人口集中给环境带来的影响开始显现，但是总体来说，在农耕社会，人类对生态环境的破坏程度有限；工业革命以来，人类进入了扩大再生产时期，开始了对自然环境的大规模开发，借助于科学技术的进步，人类除了对耕地、森林、草原等传统的农业性资源加大开发力度外，也开始了对矿产、石油、天然气以及海洋等自然资源的发掘利用。进入 20 世纪下半叶，世界人口的迅速增长，导致了人口与生态环境之间的关系更加紧张。联合国世界环境与发展委员会在 1987 年发布的报告《我们共同的未来》中指出：在最近的一个世纪，为定居耕作而开垦的土地数量比人类历史上各个世纪的总量还多，矿物燃料的使用量增加了近 30 倍，工业生产增加了 50 倍以上。人类在生态环境中，既有可能扮演破坏者的角色，也有可能扮演建设者的角色，如何在保持适度人口增长的同时，构建人口与生态环境之间的和谐关系，是当今需要我们思考的焦点问题。

（四）可持续发展战略与人口问题的解决

可持续发展战略思想的提出，为我国应对人口与自然资源环境之间日趋尖锐的矛盾，提供了一条可行的解决思路。可持续发展的核心是既满足当代人需要，又不对后代人满足其需要的能力构成危害。1994 年，中国发布了根据中国国情制定的《中国 21 世纪议程——中国 21 世纪人口、环境与发展白皮书》，提出了促进经济、社会、资源、环境及人口相互协调的可持续发展的总体战略。可持续发展是一种从人口、经济、社会、自然资源和生态环境的综合角度提出的人类长期发展的模式，它强调人口增长与经济和社会发展的互动关系，人口与自然资源、生态环境之间的平衡，以及自然资源和生态环境的长期承载能力与人口增长之间的关系。实现可持续发展的必要前提是保护自然资源和生态环境的可持续性，这是实现人类自身可持续发展的基础，人口是影响自然资源和生态环境可持续性的关键因素。自然资源和生态环境有其一定的承载能力，但一旦人口的增长超过了其承载能力，势必会阻碍经济发展和人类生活水平的提高。在当代中国，尽管人口增长趋缓，但是人口总量过大、人口结构不合理仍是既有事实，控制人口数量、调整人口结构，使之与社会经济、自然资源、生态环境的发展相协调，仍是目前我国实施可持续发展战略的首要立足点。

同时需要注意，人口增长是自然资源与生态环境问题的重要影响因素，却并非唯一因素，高能耗的生产模式和消费模式是造成许多资源和环境危机的主要因素，比如只占世界人口 20％的发达国家，年耗费资源占到世界资源消耗量的75％～80％。中国人口基数大、人均资源少，如果也采用这种高能耗的生产和消费模式，势必会造成对自然资源和生态环境的多重压力。目前，我国的人口与可耕地、淡水以及能源等资源环境之间的矛盾已十分突出。

我国人口问题的解决，须立足于可持续发展战略，将人口与社会可持续发展、经济可持续发展以及自然资源的合理利用和生态环境的保护相结合，走出适合中国国情的发展道路。

二、我国面临的主要人口问题

人口问题的形成并非一朝一夕，我国目前存在的人口问题，是在长期的历史过程中逐渐形成的，与我国的政治经济制度与生育文化密不可分。因此，把当前存在的人口问题同历史、政治经济制度与文化等因素综合起来加以分析是非常必要的。人口问题涉及面广泛，内容复杂，以下主要从人口数量、人口素质以及人口结构三方面对我国当前面临的人口问题做出分析。

（一）人口数量问题

人口总量大在我国现阶段是不争的事实。从历史上来看，我国的人口在不同时期高低跌宕，缓慢增长，到了明清，尤其是清朝乾隆以来，人口开始呈现连续增长的趋势。从清朝末年到新中国成立前，由于战争频繁、社会混乱，人口增长速度放慢，但仍维持着缓慢增长的态势。截至 1949 年，全国人口约为 5.5 亿（包括台湾和港澳地区）。[①] 新中国的建立结束了百余年的战争灾难，农村实行了土地改革，农业得到恢复和发展，工业也得到稳步发展，极大地解放和发展了生产力，中国的人口随之出现较大幅度的增长。由表 7—1 可以看出，在三年自然灾害时期，我国的人口自然增长率明显降低，人口总量增速放缓甚至停滞。1980年后因为计划生育政策的实施，我国的人口增长也逐渐减缓。然而基于我国人口基数大的现实，人口众多、人口规模相对于自然资源和生态环境仍旧过大的情况依然存在。

表 7—1　　我国人口数、出生率、死亡率和人口自然增长率（若干代表年份）

年份	人口数（万人）	出生率（‰）	死亡率（‰）	人口自然增长率（‰）
1949	54 167	36.00	20.00	16.00
1954	60 266	37.97	13.18	24.79
1959	67 207	24.78	14.59	10.19
1960	66 207	20.86	25.43	−4.57
1961	65 859	18.13	14.33	3.80
1962	67 296	37.22	10.08	27.14
1963	69 172	43.60	10.10	33.50
1968	78 534	35.75	8.25	27.50
1973	89 211	28.07	7.08	20.99
1978	96 259	18.25	6.25	12.00
1983	103 008	20.19	6.90	13.29
1988	111 026	22.37	6.64	15.73
1993	118 517	18.09	6.64	11.45
1998	124 761	15.64	6.50	9.14
2003	129 227	12.41	6.40	6.01
2008	132 802	12.14	7.06	5.08
2013	136 072	12.08	7.16	4.92

资料来源：国家统计局网站，http://data.stats.gov.cn/workspace/index? m=hgnd。

　　人口数量众多使得我国的资源在转换为人均数据的时候，大大落后于世界平均水平。我国陆地地表水资源总量居世界第 6 位，人均水资源占有量为 2 220m³，为世界人均占有量的 1/4；每公顷耕地占有水资源量 26 550m³，约为世界平均占

---

① 参见路遇、滕泽之：《中国人口通史》，934 页，济南，山东人民出版社，2000。

有量的 2/3；我国土地面积居世界第 3 位，人均土地占有量为 1.01km²，为世界平均水平的 1/3，人均耕地面积 0.1km²，为世界平均水平的 1/4；发达国家 1km² 耕地负担 1.8 人，发展中国家负担 4 人，我国则需负担 8 人；我国森林总蓄积量居世界第 5 位，人均森林蓄积量为 8.6m³，而世界人均水平为 71.8m³。[①] 虽然目前我国的人口增长率已经有所下降，但是由于人口的惯性作用，估计人口仍将持续增长约 30 年，这将使人口与资源的紧张关系难以缓解。

毋庸置疑，足够数量的人口能够为社会经济的发展提供充足的劳动力，但是过量的人口也会抵消社会经济发展的成果，因此，必须将物质生产与人口生产有机结合，协调发展。

（二）人口素质问题

人口素质，又称人口质量，是人口在质的方面的规定性，包含思想素质、文化素质和身体素质等，即通常所称的德、智、体。

人口的思想素质包括世界观、道德观、法制意识、社会公德以及思想品行等诸多方面，有明显的社会性，是支配人们行为的意识状态。直接或间接进行衡量的指标主要有：忠诚的爱国者占总人口的比重、尊老爱幼者占总人口的比重、模范遵守公共秩序者占总人口的比重、吸毒者占总人口的比重、青少年犯罪率及刑事犯罪率等。[②] 随着当前我国社会改革开放的深入，各种不同的思想流派也力图扩大其在中国的影响力，其中固然有人类发展的先进经验，但同时也不乏与和谐社会建设相悖的腐朽思想。拜金主义、享乐主义、极端个人主义及以历史虚无主义、文化虚无主义等为代表的各种虚无主义，与迷信思想、等级特权观念等沉渣泛起的残余封建腐朽思想一起，在社会上广泛流传，直接危害着社会主义民主政治和精神文明建设。与各种腐朽的负面思想相对应而存在的是对这些思想的反思和纠正，正如"郭美美事件"等反映了当今存在的拜金主义等思想弊病，"小悦悦事件"等拷问着社会大众的道德底线，"昆明火车站暴恐案"更是将某些极端暴力恐怖情绪血淋淋地展示在公众面前，然而与此同时，社会大众也在进行严肃的反思，学习在纷繁复杂、纷至沓来的各种思想中明辨是非，树立正确的价值观、道德观和人生观。在这种状况下，如何对公民，尤其是尚未树立明确是非观念的青少年进行思想教育和引导，成为一项重要的工作。面对这一时代背景，党的十八大提出倡导富强、民主、文明、和谐，倡导自由、平等、公正、法治，倡导爱国、敬业、诚信、友善，积极培育和践行社会主义核心价值观。富强、民主、文明、和谐是国家层面的价值目标，自由、平等、公正、法治是社会层面的价值取向，爱国、敬业、诚信、友善是公民个人层面的价值准则，这 24 个字凝练地表达出了社会主义核心价值观的基本内容。

---

① 参见钟庆才主编：《人口科学新编》，541~546 页，汕头，汕头大学出版社，2008。

② 参见穆光宗：《中国人口素质问题研究》，http://www.cpirc.org.cn/yjwx/yjwx_detail.asp? id=35。

人口的文化素质是指通过学习和积累而具有的文化修养、知识容量以及运用这些知识的能力。文盲率、受过高等教育的人口占总人口的比重以及科技人员和熟练劳动者占总人口的比重等指标可以反映人口的文化素质。新中国成立以来，我国人口的文化素质得到了前所未有的提高，随着九年制义务教育的普及，文盲率大大降低，受过高等教育的人口比重上升。然而，不容忽视的是，我国的教育水平相对于发达国家甚至一些发展中国家来说，仍有较大的差距，教育的重要性尚未被充分重视，突出表现为教育经费的投入不足。根据教育部、国家统计局、财政部发布的《关于 2012 年全国教育经费执行情况统计公告》，国家财政性教育经费占国内生产总值比例为 4.28%。[①] 至此，我国教育经费占 GDP 比例首次实现超 4%。而根据联合国开发计划署《2014 年人类发展报告》中的数据，按照人类发展指数划分，极高人类发展水平组别在 2005—2012 年教育开支占 GDP 的 5.3%，高人类发展水平组别（中国处于这一组别）的同期数据为 4.6%。可见，目前我国教育的公共投入仍有待进一步提高。在竞争激烈的现代社会，要把人口多这个条件转化为人力资源优势，就必须提高人口的文化素质，必须加大对教育的重视程度和投入力度，均衡教育资源的地区分布和类型分布，全面提升中华民族的整体文化素质。

人口的身体素质是人口素质的自然条件和基础，指人口群体的身体器官和生理系统的发育、成长和机能的状况。衡量身体素质的标准有平均身高、体重、残疾低能人口比重、遗传病患者比重、婴儿死亡率以及人口平均预期寿命等等。国家统计局的数据显示，2010 年我国的人口平均预期寿命已达到 74.83 岁，高于世界平均水平，距发达国家 75 岁的水平存在些微差距。我国的死因谱和疾病谱，尤其在农村地区，明显表现出发展中国家的特征。由于膳食结构的不合理造成的营养失衡而引发的慢性病呈上升趋势，改善人们的营养状况成为现阶段提高人口整体身体素质的一项重要工作。此外，我国艾滋病流行的情况非常严峻，对人们的身体和心理健康产生了严重的危害，艾滋病的蔓延已经超越了单纯的医学问题，演变为严重的社会问题，需要全社会的共同关注。另外，近年来接连出现的大学生在军训和运动中发生的意外事件，也引发了大众对青少年身体素质普遍下降的关注。

（三）人口结构问题

按照不同的分类标准，比如年龄、性别等，可以对人口进行相应的类型划分，不同的划分方式侧重于不同内容的人口问题。

人口年龄结构是指一定时期内各年龄组人口在全体人口中的比重，它是过去和当前人口出生、死亡和迁移变动对人口发展的综合作用以及经济增长和社会发展的结果，一般有年轻型、成年型和老年型三种。在我国，人口年龄结构问题主

---

① 参见《关于 2012 年全国教育经费执行情况统计公告》，http：//www.moe.gov.cn/publicfiles/business/htmlfiles/moe/s3040/201312/161346.html。

要表现为老龄化趋势的加重。按照国际上通用的标准，60 岁及以上人口占总人口的比重达到 10% 以上，或者 65 岁及以上人口的比重达到 7% 以上，人口年龄结构就为老年型。2008 年人口变动情况抽样调查结果推算，2008 年我国 65 岁及以上人口已占总人口的 8.3%，与 2000 年第五次全国人口普查相比，又上升了 1.3 个百分点。[①] 根据国家统计局数据，2013 年我国 65 岁及以上人口已达 13 199 万人，占总人口的比例达到 9.7%，表明我国人口老龄化的趋势在进一步加剧。人口老龄化是社会经济发展过程中不可回避的问题，由于劳动年龄人口的减少和老化，人口红利将逐步转变为人口债务，人口老龄化带来的一系列社会问题也将逐步突出。

人口性别结构反映了一个国家或地区的全体人口中男女人数的比重，通常用人口性别比（用每 100 名女性人口相对应的男性人口数来表示）来衡量。出生性别比指一定时期内（通常是一年）出生婴儿中男婴和女婴之比，是决定人口性别结构的基础，一般以每 100 个女婴对应的男婴数量来表示，通常值域为 103～107，即在出生 100 个女婴的同时，平均出生 103 至 107 个男婴。近年来，我国的人口出生性别比明显偏离正常值，呈现出严重的失衡状态并有持续恶化的趋势。持续升高的人口性别比，会导致婚姻挤压，加剧两性不平等，对社会的稳定和可持续发展产生严重的危害。

中国城乡人口的地域分布问题，同样值得关注。国家统计局发布的《2013年国民经济和社会发展统计公报》显示，城镇人口占总人口的比重为 53.73%，比上年末提高 1.26 个百分点，乡村人口占总人口的比重为 46.27%，而发达国家的城市人口比重在 75% 以上，甚至更高。按照国际惯例，城市人口占全部人口的比重是衡量城市化水平的重要标准，虽然我国的城市化进程有着特殊的规律，不能单纯以西方的标准来衡量，但不可否认的是我国城乡之间的张力仍然存在，城市化压力仍相当大，城乡人口分布的总体格局随着城市化进程的推进，将发生持续性的变化。因此，作为我国城乡人口结构调整的伴生物，由农村向城市的人口流动现象在当前以至今后一段时期内，都将是一个重要的社会现象。而这种大规模持续性的人口流动，在对我国经济发展产生促进作用的同时，也引发了一系列严重的社会问题，比如流动儿童的教育问题、留守儿童的成长困境、迁出地老人的养老缺失和流动人口的权益损害等，都需要加以重视。

综上，今天我国面临的人口问题是昨天人口问题的继续。人口数量与资源环境不协调，人口素质偏低以及人口分布结构不合理等状况，是我国社会经济可持续发展的重大制约因素。因此，如何规划人口数量、提高人口素质、优化人口结构，将人口资源转化为人力资源优势，是解决人口与发展的关系的着力点。

---

① 参见《2008 年国民经济和社会发展统计公报》，http://www.stats.gov.cn/tjfx/jdfx/t20090226_402542733.htm。

第二节
人口老龄化问题

一、人口老龄化概述

　　人口老龄化是指总人口中因年轻人口数量减少、年长人口数量增加而导致的老年人口比例相应增长的动态过程，是随着人口寿命延长和生育水平下降而出现的人口年龄结构的变动趋势。联合国对人口年龄类型的划分提出了一套标准，作为判断某国家或地区是否进入老年社会的一个重要依据。它规定 65 岁及以上的人口超过总人口 7% 的国家或地区就可称为人口老年型国家或老年型社会，4%～7% 为成年型社会，4% 以下为年轻型社会。国际上通常的看法是，当一个国家或地区 60 岁以上老年人口占人口总数的 10% 及以上，或 65 岁以上老年人口占人口总数的 7% 及以上，即意味着这个国家或地区进入了老龄化社会。

（一）我国人口老龄化现状

　　我国人口老龄化进程始于 20 世纪 60 年代中后期。从表 7—2 可以看出，1953 年第一次全国人口普查和 1964 年第二次全国人口普查时，65 岁及以上老年人口比例仅为 4.41% 和 3.56%。从 60 年代中期开始，由于生育水平和死亡水平同时下降，人口老龄化趋势显现。从 1982 年第三次全国人口普查到 2005 年的 1% 抽样调查显示，23 年间，我国老年人口平均每年增加 302 万，年均增长速度为 2.85%，高于 1.17% 的总人口增长速度。[1] 2010 年第六次全国人口普查显示，截至 2010 年，我国大陆 31 个省、自治区、直辖市和现役军人人口中，0～14 岁人口为 22 246 万人，约占总人口的 16.60%。15～59 岁人口为 93 962 万人，约占总人口的 70.14%，60 岁及以上人口为 17 765 万人，约占总人口的 13.26%（其中 65 岁及以上人口为 11 883 万人，约占总人口的 8.87%）。同 2000 年第五次全国人口普查相比，0～14 岁人口的比重下降 2.93 个百分点，15～59 岁人口的比重上升 3.36 个百分点，60 岁及以上人口的比重上升 2.93 个百分点，65 岁及以上人口的比重上升 1.91 个百分点。[2] 近年来，老龄化的趋势更加明显，如表 7—2 所示，截至 2013 年，我国 65 岁及以上人口比例已高达 9.70%，已经远超过国际通行的 7% 的老龄化社会标准线。

---

　　[1] 参见钟庆才主编：《人口科学新编》，499 页，汕头，汕头大学出版社，2008。
　　[2] 参见《2010 年第六次全国人口普查主要数据公报（第 1 号）》，http：//www.gov.cn/test/2012-04/20/content_2118413.htm。

表 7—2 全国人口年度数据

年份	各年龄段人口比重（%）		
	0～14 岁	15～64 岁	65 岁及以上
1953	36.28	59.31	4.41
1964	40.69	55.75	3.56
1982	33.59	61.50	4.91
1990	27.69	66.74	5.57
2000	22.89	70.15	6.96
2005	20.27	72.04	7.69
2010	16.60	74.53	8.87
2011	16.45	74.43	9.12
2012	16.46	74.15	9.39
2013	16.40	73.90	9.70

资料来源：1953—2000 年中五个年份的数据来自国家统计局：《中国统计年鉴（2006）》，表 4—5，北京，中国统计出版社，2006；2005—2013 年中五个年份的数据来自国家统计局网站，http：//data.stats.gov.cn/workspace/index? m=hgnd。

对于中国人口老龄化的未来趋势，许多研究机构和学者都做出了预测。根据《中国人口老龄化发展趋势预测研究报告（2006）》，2001—2020 年将是我国人口快速老龄化阶段，老年人口平均每年增加 596 万，年均增长速度达到 3.28%，大大超过总人口年均 0.66% 的增长速度，人口老龄化进程明显加快；2021—2050 年是加速老龄化阶段，老年人口平均每年增加 620 万人，2030—2050 年，人口总抚养比和老年人口抚养比将分别保持在 60%～70% 和 40%～50%，是人口老龄化形势最严峻的时期；2051—2100 年是稳定的重度老龄化阶段，老年人口规模将稳定在 3 亿～4 亿，老龄化水平基本稳定在 31% 左右，80 岁及以上高龄老人占老年总人口的比重将保持在 25%～30%，进入一个高度老龄化的平台期。[①] 联合国经济和社会事务部 2013 年发布的《世界人口展望：2012 年修订版》中设定了四种不同的生育方案，其中假定高方案综合生育率从当前的 1.91 提高到 2050 年的 2.31，中方案从当前的 1.66 提高到 1.8，低方案则从 1.41 进一步降为 1.31，最后一个方案保持 1.61 不变。因为目前开始的生育率变化不会影响到未来 40 年之内 65 岁及以上人口的规模，所以，无论哪种方案我国未来 40 年之内 65 岁及以上人口的规模都将呈现出持续上升的趋势，到 2030 年 65 岁及以上老年人口规模将达到 2.3 亿，老年人口占总人口的比重将达 15%～17%，2050 年老年人口将达到 3.31 亿，老龄化程度将为现在的 2～3 倍。[②] 各种预测的结果虽略有差异，但基本趋势一致：我国老年人口数量已十分庞大，而且仍在以较快的速度增长，其增速已快于总人口的增速，中国社会正面临加速老龄化的状况。

人口老龄化现象在历史上前所未有，从根本上讲，这种人口转变现象是医疗

[①] 参见钟庆才主编：《人口科学新编》，500 页，汕头，汕头大学出版社，2008。

[②] 参见童玉芬：《人口老龄化过程中我国劳动力供给变化特点及面临的挑战》，载《人口研究》，2014（2）。

进步、教育水平明显提高和经济发展的直接成就，也是公共卫生事业，例如饮用水卫生、克服营养不良、克服传染病和寄生虫疾病，以及降低母婴死亡率的结果，因此可以说，人口老龄化是人类发展进步的必然趋势。我国的人口老龄化与发达国家的人口老龄化在表述形式上没有什么不同，其重要原因都在于生育率的下降。但是，由于我国和发达国家所处的经济环境、社会环境和人口环境截然不同，政府制定的人口方针政策不同，从而使人口老龄化在形成的时间、过程及社会经济后果等方面，存在明显的差异。[①]

（二）对我国人口老龄化的争论

要真正理解我国人口老龄化的状况，就必须在了解世界人口老龄化趋势的基础上，探究我国不同于发达国家的特殊之处，做到具体问题具体分析。

发达国家的老龄化过程属于自发式的人口转变过程，有四个明显的特点：一是经济发展在前，这是先决条件；二是婚姻和生育观念的转变在前；三是生育率下降在经济发展、观念转变之后；四是低生育水平稳定，难以回升。这种模式决定了其人口转变也必然要花费较长的时间，法国大致经历了 115 年，瑞典经历了 85 年，美国经历了 66 年，这给相关社会问题的解决提供了充足的缓冲时间。

中国的人口老龄化在一定程度上是人文精神塑造的结果，而并非社会经济发展进步的必然趋势，属诱导式人口转变，其特点包括：一是生育率下降在前，其动力来自非经济因素的中国新型生育文化建设；二是经济发展在后，即控制人口数量为经济发展创造了良好的人口环境；三是婚姻和生育观念转变在后，即使实现了低生育率，生育观念的转变仍在进行当中；四是低生育水平不稳定，反弹的可能性仍然存在。计划生育政策的实施，成功遏制了中国人口过快增长的势头，为世界人口控制做出了重大贡献，使我国的人口年龄结构发生了历史性转变，但同时在一定程度上加速了我国的人口老龄化进程。我国人口老龄化进程花费的时间远远少于发达国家，充其量只用了三十年，且其继续老化的速度也高于发达国家。

如何看待我国的人口老龄化，综合起来不外乎两种观点：一是中国超前起飞的人口老龄化，是我国的"人口机会窗口期"，或称"人口红利期"，为中国的社会经济发展提供了难得的机遇；二是老龄化的过快推进，尤其是未富先老的情况，会导致劳动力短缺，抚养指数升高等难题，为家庭和社会带来沉重负担。

在出生率下降初期，出生率下降速度快于人口老化速度，形成一个有利于经济发展的人口年龄结构，即少儿抚养比与老年抚养比在同一时期内都比较低，并会持续较长一段时间，总人口"中间大、两头小"的结构，使得劳动力供给充足，社会负担相对较轻。年龄结构的这种变化将带来社会抚养比降低、劳动力增加、储蓄和投资增长、人力投资增加和妇女就业机会增加等有利于社会经济发展的因素，这在人口学上称为"人口机会窗口"或"人口红利期"。可以看出，"人

---

① 参见黄荣清等：《转型时期中国社会人口》，188 页，沈阳，辽宁教育出版社，2004。

口红利"更像一个机会,只有抓住这一机会并加以很好利用才能使"机会"转变为"红利"。"人口红利"只是经济增长所面临的一个有利条件,即在一定时期内劳动力资源非常丰富,而这一有利条件能否转变为实实在在的经济成果,依赖于劳动力资源能否得到充分利用。

另一种观点认为,我国的人口老龄化带来的负面效应更为严重。随着人口老龄化的加剧,中国劳动力人口老化将不可避免,劳动年龄人口比例相对下降,而老年人口抚养比相对上升。这一降一升一方面使劳动力资源相对缩减,劳动力供给不再丰富,储蓄率受到影响;另一方面老年人口抚养比上升,意味着社会养老金增加,社会负担加重。[①] 显然,这些负面效应可以看作"人口负债"。

毋庸置疑,人口红利是推动我国当前和今后一段时期经济快速发展的利好因素。然而,人口红利会有消失的时候,老龄化问题将会更加凸显,因此我们必须抓住"人口红利"这一良机,在保持经济稳步增长的同时,完善社会保障制度等,提早应付人口老龄化带来的种种问题。

二、我国人口老龄化的特点

中国进入老龄化社会已经是不争的事实,同时,我国老龄化现象的产生有着不同于西方发达国家的原因,也呈现出了不同于西方发达国家的特点。探究我国人口老龄化的特点,有利于对症下药,更好地解决老龄化现象引起的问题。

(一)老龄化速度快

我国的老龄化速度快于世界老龄化的平均速度,也快于我国总人口的增长速度。中国只用了近三十年的时间,就完成了发达国家百余年的人口老龄化进程。据联合国预测,1990—2020 年世界老龄人口平均年增速为 2.5%,同期我国老龄人口的增速为 3.3%,世界老龄人口占总人口的比重从 1995 年的 6.6% 上升至 2020 年的 9.3%,同期我国的数据由 6.1% 上升至 11.5%。中国老龄化进程在增长速度和比重上都超过了世界老龄化进程。[②] 老龄化速度的加快,会对我国的劳动力构成和社会抚养指数等关乎社会经济发展的重要方面产生巨大影响,同时是对我国的各项老年事业工作的挑战。

(二)老年人口规模巨大

人口基数大、老龄化速度过快等因素,使得我国老年人口的绝对数量十分庞大。据预测,到 2050 年我国 65 岁及以上老年人口将达到 3.2 亿以上,约占我国

---

① 参见李建新:《中国人口结构问题》,52 页,北京,社会科学文献出版社,2009。

② 参见《中国养老问题》,http://news.xinhuanet.com/newmedia/2005-09/19/content_3511676.htm。

总人口的五分之一，世界老年人口的四分之一①，中国老年人口的数量甚至比某些国家的人口总数还要多。国家统计局的数据显示，2007 年中国的国内生产总值只占到世界的 6.04%，以这个水平今后要分担世界近四分之一的老年人口，其艰巨之程度可想而知。此外，我国的高龄化趋势也将加剧。根据《中国人口老龄化发展趋势预测研究报告（2006）》，2051—2100 年是重度老龄化阶段，老年人口规模将稳定在 3 亿～4 亿，老龄化水平基本稳定在 31% 左右，80 岁及以上高龄老人占老年总人口的比重将保持在 25%～30%，进入一个高度老龄化的平台期。② 规模庞大的老年人口和高龄老年人口的存在，要求全社会对此都做出相应的积极反应，除了要在政策上对老年人口加以关怀之外，还要完善各项针对老年人的社会服务等等。

（三）未富先老现象突出

发达国家是在基本实现了现代化的条件下进入老龄社会的，属于先富后老或富老同步，而中国则是在尚未实现现代化，经济尚不发达的情况下提前进入老龄社会的，属于未富先老。瑞典、日本、英国、德国、法国等发达国家在步入老龄化社会时，人均 GDP 已经达到 1 万到 3 万美元，在全球 72 个人口老龄化国家中，人均 GDP 达 1 万美元的占 36%，0.3 万至 1 万美元的占 28%，而我国在人均 GDP 只有 855 美元的 2000 年时，就已经提前进入了老龄化社会。③ 也就是说，我国经济发展水平尚处于世界中下水平时，老龄化程度就已进入了发达国家的行列。我国的"未富"是全方位的，不仅是人均 GDP 低，在诸如城市化水平、文化教育、产业结构以及医疗卫生体系等诸多方面，都尚停留在发展中国家水平，这使得我国在人口老龄化的现实条件下，要保持经济的平稳增长和社会的和谐发展，必然会面临更为复杂和严峻的挑战。

（四）区域发展不平衡

中国人口老龄化发展具有明显的由东向西的区域梯次特征，东部沿海经济发达地区明显快于西部经济欠发达地区，以最早进入人口老年型行列的上海（1979年）和最迟进入人口老年型行列的宁夏（2012 年）比较，时间跨度长达 33 年。此外，我国二元体制下的城乡人口老龄化具有与发达国家迥异的特点。发达国家人口老龄化的历程表明，城市人口老龄化水平一般高于农村，而 2006 年全国老龄工作委员会办公室发布的《中国人口老龄化发展趋势预测研究报告》称，我国农村的老龄化水平高于城镇 1.24 个百分点，这种城乡倒置的状况将一直持续到2040 年，直到 21 世纪下半叶，城镇的老龄化水平才将超过农村，并逐渐拉开差距。转型中不均衡的经济发展状况和独特的文化传统，是探讨中国独特的老龄化

---

① 参见王胜今主编：《中国人口与全面建设小康社会》，93 页，长春，吉林大学出版社，2003。
② 参见钟庆才主编：《人口科学新编》，500 页，汕头，汕头大学出版社，2008。
③ 参见朱庆芳：《从老龄化指标体系看我国养老保险的特点、问题和对策》，载《学术动态（北京）》，2002（5）。

现象不能忽视的因素。

　　研究我国的人口老龄化问题，须着力于我国老龄化现象的特点，不能仅仅依靠照搬外来经验去解决问题。我国的人口老龄化是在严格控制人口增长的条件下出现的，出生率下降就必然会面临人口老龄化的挑战，如何兼顾两方面，即在完成稳定低生育水平这一历史任务的同时应对老龄化的危机，已经是迫在眉睫的事情了。

三、我国人口老龄化的社会影响

　　正如前文所说，之所以要对人口老龄化进行研究，正是因为要研究其带来或可能带来的社会经济后果，着力于对其中的不利方面加以解决。我国的人口老龄化已经给我国的社会经济发展和人民生活带来了广泛而深刻的影响，并且有深化的趋势，老龄问题已经成为我国当前乃至今后一段时期的严重的社会问题。

（一）对劳动力供给的影响

　　老龄人口作为被抚养人口，其数量的增加和比重的提高会改变人口的抚养比，加重劳动人口的负担。抚养比又称抚养系数，是指在人口当中，非劳动年龄人口数对劳动年龄人口数之比，以百分数表示。其计算公式是：

$$抚养比 ＝（非劳动年龄人口数 ÷ 劳动年龄人口数）× 100\%$$

　　其中，非劳动年龄人口指 14 岁及以下和 65 岁及以上人口，劳动年龄人口指 15 岁到 64 岁人口。据测算，2000 年我国每 100 个劳动年龄人口只需负担 15.6 个老年人，2050 年则要负担 48.5 个老年人。[①] 随着老龄化速度的加快，劳动年龄人口增长缓慢或者呈现负增长趋势。在科技就是生产力的当今社会，较富有创新能力和适应能力的年轻劳动力数量的减少，会使新技术的开发受到影响，从而降低劳动生产率，成为经济发展的负面影响因素。

　　此外，老龄人口数量的增长，无疑会使抚养比升高。如图 7—1 所示，我国老年抚养比保持持续增长的趋势，近年来尤为明显。如前文所说，人口红利正是在社会抚养比较低的状况下出现的经济利好因素，而老龄人口的增多，将在一定程度上提高人口抚养比，抵消人口红利，加重社会负担。

（二）对传统家庭模式的影响

　　人口老龄化现象不仅会产生诸如生产力供给困境、人口年龄结构波动以及社会保障缺陷等社会性的影响，也会给作为社会细胞的家庭带来变化，传统的家庭模式在老龄化的冲击下，必然会产生变动。

　　首先，人口老龄化会对现存的养老方式构成挑战。中国在儒家孝文化的倡导

---

　　① 参见《中国养老问题》，http：//news.xinhuanet.com/newmedia/2005-09/19/content _ 3511676.htm。

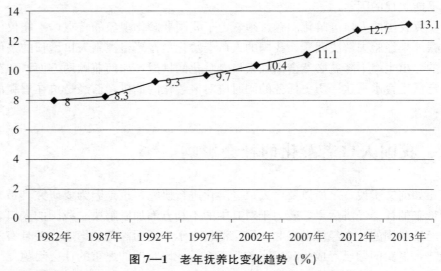

图7—1　老年抚养比变化趋势（%）
资料来源：国家统计局网站，http：//data. stats. gov. cn/workspace/index? m=hgnd。

之下，积淀了深厚的尊老文化，尊老、敬老、养老是人们奉行的道德规范，在这种文化基础之上形成的家庭养老是中国传统的养老制度。随着市场经济的发展，独生子女家庭增多，家庭小型化趋势明显，竞争压力的增加和代际倾斜严重等状况，使家庭的养老功能逐渐弱化，这就要求社会分担一部分养老功能，养老社会化将成一个必然的发展趋势。在农村地区，老龄化带来的问题尤为突出。伴随着农村青壮年劳动力外出务工的不断增加，产生了一个日益庞大的特殊群体，即"留守老人"群体。"留守老人"群体的出现，是农村经济社会转型时期的必然现象，这个特殊群体的生活状况及其带来的社会问题不容忽视，相对于城市的老年人而言，农村的这些留守老人更加处于弱势地位，"留守老人"生活及养老保障难题亟待解决。目前，完善社会保障制度，同时因地制宜地将家庭养老、社区（集体）养老、社会养老保险与商业社会保险相结合，成为解决这一问题的一条探索路径。

另外，空巢家庭问题日益突出。空巢家庭是家庭生命周期中的一个阶段。所谓"空巢家庭"，是指子女长大成人后从父母家庭中相继分离出去，只剩下老年一代人独自生活的家庭。"空巢家庭"的出现是社会发展的趋势、社会进步的体现及人们价值观念改变的结果，严格来说并非人口老龄化的直接结果。然而在人口老龄化的总体背景之下，空巢家庭的出现更加需要关注。根据全国老龄委公布的《我国城市居家养老服务研究》数据，我国城市老年人空巢家庭（包括独居）的比例已达49.7%，大中城市的老年人空巢家庭（包括独居）比例更高，达到56.1%，其中独居老年人占12.1%，与配偶同住的占44%。[①] 一般来说，老年空巢家庭普遍面临着两个问题：一个是老年安全问题，发生突然发病、面临外部侵

① 参见《〈我国城市居家养老服务研究〉新闻发布稿》，http：//www. cnca. org. cn/info/156. html。

害等紧急情况时需要应急的救助和支持；二是心理健康问题，孤独郁闷、心理灰暗可能是空巢综合征最常见的表现。[①] 此外，空巢老人中，经济贫困的现象也普遍存在。

（三）对现有产业结构的影响

中国跑步进入老龄化社会的事实不可逆转，而现存的产业结构模式对这一即将到来的事实显然还缺乏足够的准备，针对老年人的物质和精神生活服务的老年产业，在中国还没有得到充分的发展。

老年产业涉及老年服装、老年医药保健、老年食品、老年教育文化、老年体育娱乐、老年福利、老年设施设备、老年日常生活用品以及近年来兴起的老年旅游业等与老年人生活息息相关的诸多门类，而这些相关的服务在中国并没有形成系统的产业模式。比如，随着老年高龄人口的增加，老年人口尤其是高龄老人中生活无法自理者也将大量增加，独居老人和老夫妇家庭也会增加，对老年人特别是那些无子女或是子女不在身边的老年人的生活照料和日常护理问题将会越来越突出。在中国，传统的家庭养老观念仍较为普遍，但是事实上家庭规模的迅速缩小使得家庭的养老照料功能大大弱化，已不能满足现有需求。而在当前中国，针对老年人的物质和精神生活服务的老年产业显然还没有形成，尤其是针对老年人的心理关怀严重不足。

如果不能及时高效地调整现有产业结构，为老年产业的发展给予关注和重视的话，迅速增加的老年人口将会面临生活上的种种困难和障碍，从而成为维持我国经济发展、促进社会和谐的一大不稳定因素。可以说，加速到来的老龄高龄人口将会对社会化的各种各样的养老服务及设施提出更多需求，而这一切不仅需要坚实的经济基础作后盾，同时还将影响到社会经济结构的调整。[②]

第三节
人口性别比失衡问题

一、人口性别比概述

（一）什么是人口性别比

人一出生就有男女之别，这种性别划分基于两性在生理上的区别，是人口的

---

① 参见穆光宗：《老年空巢家庭：风险家庭还是问题家庭》，载《中国社会工作》，2009（8）。
② 参见李建新：《中国人口结构问题》，60页，北京，社会科学文献出版社，2009。

基本属性之一。人口性别比是反映人口性别结构的重要指标，表示人口中男性人数与女性人数之比，通常用每 100 名女性人口相对应的男性人口数来表示：

人口性别比＝（男性人数÷女性人数）×100％

根据统计对象不同，人口性别比可以划分为：总人口性别比，统计对象为总人口；出生人口性别比，统计对象为出生时的婴儿；婴儿性别比，统计对象为一周岁内存活的婴儿；结婚年龄性别比，统计对象为达到法定婚龄的人口等。男女两性的平衡发展是一个国家和社会稳定和发展的前提。

（二）我国的人口性别比问题

我国的人口性别比持续升高。20 世纪 80 年代初以来，我国的人口性别比开始偏离正常范围，持续高于世界平均水平，尤其是远远高于发达国家，甚至一些发展中国家。从 1960 年到 1998 年的近四十年里世界各国和地区的性别比变化中，一些原来性别比偏高的国家和地区，自 1990 年以后情况都得到了很大的改善，如新加坡和斯里兰卡等，但是我国的总人口性别比却持续保持着攀升的形势。[①]

出生人口性别比是人口性别结构的基础，它反映的是活产男婴数与活产女婴数的比值，通常用女婴数量为 100 时所对应的男婴数来表示。正常情况下，出生性别比是由生物学规律决定的，通常情况保持在 103～107。从不同时期来看，20 世纪 80 年代以前，我国的出生人口性别比一般都在国际社会认可的正常值范围之内，除了个别年份略高之外，其余年份均在 107 之下。1980 年以后，我国的出生人口性别比开始攀升。从历次人口普查数据看，我国的出生人口性别比，从 1982 年开始呈现出比较明显的上升趋势，2000 年到 2012 年间则经历了先升后降的变化过程，但是总体而言均明显高于正常值上限（见图 7—2）。

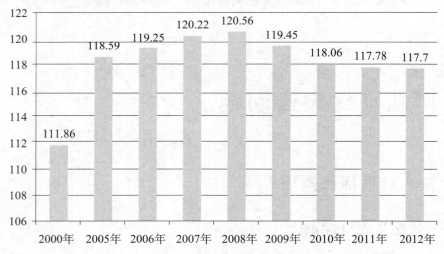

图 7—2 我国出生人口性别比

资料来源：李雨潼：《中国人口性别结构分析》，载《人口学刊》，2013（6）。

---

① 参见黄荣清等：《转型时期中国社会人口》，331 页，沈阳，辽宁教育出版社，2004。

按照世界范围内的经验来说，无论哪一国家或是哪一民族，无论是在战争、灾荒年代还是和平时期，男婴的出生比率都略高于女婴，同时，男婴的死亡率也略高于女婴，大自然的这个和谐精妙的安排是千百年来不可动摇的规律，保持着男女的平衡。但是在我国，近年来出生人口性别比却不断攀升，这是在任何人口大国的发展中都未曾有过的。

　　我国人口性别比失衡问题有区域特征。伴随着我国出生人口性别比在时间上的不断攀升，其在空间上也呈现出不断扩散的趋势（见表7—3）。

表7—3　　　　　　　　　　　中国出生人口性别比失衡的空间分布

类型	出生人口性别比	1982年	1990年	2000年	2005年
正常（107.0以下）	107.0以下	北京、内蒙古、辽宁、黑龙江、上海、湖北、贵州、云南、西藏、甘肃、青海、宁夏、新疆	北京、上海、贵州、云南、西藏、青海、新疆	西藏、新疆、贵州	西藏、宁夏、新疆
轻度失衡（107.0～109.9）	107.0～109.9	天津、河北、山西、吉林、江苏、浙江、福建、江西、山东、湖南、四川	山西、内蒙古、吉林、黑龙江、湖北	内蒙古、黑龙江、云南、宁夏	黑龙江
中度失衡（110.0～119.9）	110.0～114.9	安徽、河南、广东、广西	天津、河北、辽宁、江苏、浙江、安徽、福建、江西、湖南、广东、四川、陕西、甘肃、宁夏	北京、天津、河北、山西、辽宁、吉林、上海、浙江、江西、山东、甘肃、青海	北京、天津、辽宁、吉林、浙江、山东、重庆、四川、云南、甘肃
	115.0～119.9		山东、河南、广西、海南	江苏、福建、河南、重庆、四川	山西、内蒙古、上海、河南、广东、青海
重度失衡（120.0及以上）	120.0～124.9			陕西	河北、江苏、福建、湖南、广西、海南、贵州
	125.0～129.9			安徽、湖北、湖南、广西	江西、湖北
	130.0及以上			广东、海南	安徽、陕西

　　注：数据源自国家统计局历次人口普查、1%人口抽样调查。不包括香港、澳门特别行政区和台湾地区。

　　资料来源：《人口研究》编辑部：《生育政策与出生性别比的失衡相关吗?》，载《人口研究》，2009(3)。

从表7—3（数据不包括香港、澳门特别行政区和台湾地区）可以看出，1982年，我国大多数省份的出生人口性别比处于正常或轻度失衡的值域范围，只有安徽、河南、广东和广西四省及自治区的出生人口性别比超过110.0，但仍没有高于115.0。1982年到2005年，出生人口性别比正常和轻度失衡的省份越来越少，中度失衡尤其是重度失衡的省份越来越多。2005年，只有西藏、宁夏和新疆三个自治区处于正常，约三分之一的省份出生人口性别比重度失衡，其中安徽和陕西两省高达130.0以上。

由于我国城乡二元经济体制的长期存在，城市和农村的出生人口性别比也应分别予以考虑（见图7—3）。图7—3显示，我国城镇和农村的出生人口性别比都处于上升趋势，而农村的出生性别比始终更高。

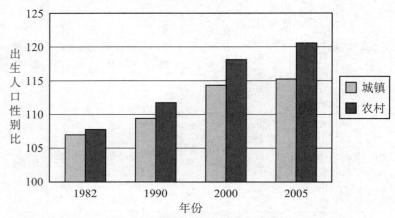

图7—3 中国城镇和乡村的出生人口性别比

注：数据源自国家统计局历次人口普查、1%人口抽样调查。

资料来源：《人口研究》编辑部：《生育政策与出生性别比的失衡相关吗？》，载《人口研究》，2009（3）。

我国出生人口性别比随着孩次攀升呈现不同的情况。除了时间和区域特征之外，我国的出生人口性别比还呈现随着孩次攀升的情况（见图7—4）。根据历次人口普查数据，出生人口性别比随着孩次的升高而升高，二孩、三孩及以上的出生人口性别比，不仅大大高于一孩，而且偏高程度越来越强烈。有学者认为，我国出生人口性别比持续异常，主要表现为第二及以上孩次的出生人口性别比的升高，其中只有姐姐的婴儿出生人口性别比异常升高情况最为严重。并且，不同孩次的出生人口性别比出现异常的时间不相同。三孩及以上孩次的出生人口性别比从20世纪80年代就开始出现异常，二孩的出生人口性别比从90年代开始出现异常，全国总的一孩出生人口性别比直至2000年仍未出现异常。二孩及以上的出生人口性别比的升高，随着时间的推移越来越严重。[1] 根据2005年1%人口抽样调查结果，以往正常的一孩出生人口性别比也显现出了偏高的趋势，这有可能导致总体出生人口性别比的进一步升高。

---

① 参见王燕、黄玫：《中国出生性别比异常的特征分析》，载《人口研究》，2004（6）。

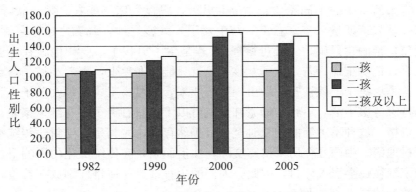

图 7—4　中国分孩次出生人口性别比

注：数据源自国家统计局历次人口普查、1‰人口抽样调查。

资料来源：《人口研究》编辑部：《生育政策与出生性别比的失衡相关吗？》，载《人口研究》，2009 (3)。

二、我国人口性别比失衡的原因

　　造成目前我国人口性别比失衡的原因很多，学者们针对这种现象，从不同的角度做出了分析。穆光宗认为，80 年代以来，我国出生人口性别比异常偏高，可以看做是"生育选择空间"过于狭小和"歧视性性别偏好"过于强烈相互冲突和挤压的后果。蔡菲根据大多数学者的研究结论，将导致出生人口性别比升高的因素归纳为根本性因素和条件性因素两个方面。其中，从文化、经济、社会等方面来看，传统重男轻女观念、经济发展水平相对滞后、妇女社会地位比较低是导致出生人口性别比升高的根本性因素；而我国限制数量的生育政策以及胎儿性别鉴定技术、人工终止妊娠技术等作为影响出生人口性别比的条件性因素，也是不可忽视的。[①] 此外，在统计过程中出现的瞒报、漏报女婴的情况，也应予以充分考虑。

（一）男性偏好的生育文化

　　进入农耕社会以后，出现了明确的以性别为划分依据的社会分工，男子成为农业生产的主力，妇女从事纺织等劳动。随着生产力的发展，男性在社会生产中扮演的角色越来越重要，他们在整个社会生活中也逐渐居于支配地位。在中国，两千多年的传统农耕社会强化和稳固了男性的这种优势地位，形成了男尊女卑、重男轻女等具有浓厚男性偏好色彩的生育文化。虽然在我国也有"儿女双全"的生育观念，但是前提是要有一个儿子，因此也可看做是男性偏好的一种体现。《诗经·小雅·斯干》篇中，生动刻画了男女两性从刚出生时得到的不同对待以

---

　　① 参见《人口研究》编辑部：《生育政策与出生性别比的失衡相关吗？》，载《人口研究》，2009 (3)。

及对其未来所寄予的不同希望："乃生男子，载寝之床，载衣之裳，载弄之璋。其泣喤喤，朱芾斯皇，室家君王。乃生女子，载寝之地，载衣之裼，载弄之瓦。无非无仪，唯酒食是议，无父母诒罹。"若是生了男孩子，要让他睡在床上，穿上好衣裳，把玩玉璋；若是生了女孩子，就只能睡在地上，裹着小被子，玩弄陶纺锤。若是男孩子，就被寄望做出一番事业来，为君为王；若是女孩子，就只要好好操持家务多干活，不给父母添麻烦就可以了。只有男子才有继承家业、传宗接代的资格，这种不平等的观念时至今日仍然存在，尤其是在受封建传统禁锢严重的农村地区。中国社会历来讲究交际，注重面子，在传统文化的影响下，没有男孩的家庭往往会引人侧目，因此，人们的生育选择往往将性别放在首位，性别选择比数量选择更为重要。

男性偏好在不同地区和不同人群中有不同的表现。2001 年国家计生委的"人口与生殖健康"调查发现：年龄较大的人群男性偏好程度较高；文化程度较低的人群男性偏好程度较高；家庭现有子女多的人群男性偏好程度高；农村人比城里人的男性偏好要高得多；东中西部地区的男孩偏好程度依次上升。[①]

（二）现实中的两性不平等

新中国成立以来，男女平等成为一项基本国策，男女在政治、经济和社会上被赋予了平等的地位。但是在现实生活的各个方面，妇女并没有得到平等的对待，两性地位仍存在实质性的不平等，这种现实直接或间接地影响到人们的生育意愿。

在劳动就业方面，女性往往会遭遇到种种歧视。如今相当严重的女大学生就业困难正是此问题的突出表现。在就业过程中，"禁孕条款"、"单身条款"等歧视性规定屡见不鲜，女大学生、女研究生作为高学历的知识女性，就业尚且如此艰难，其他女性的困难可想而知。此外，在行业和职业中存在着相当程度的性别隔离现象，男性多从事社会评价较高、技术性较强和收入水平较高的工作，而女性多从事职位较低，服务性和收入较低的工作，男女两性在经济收入和社会地位上都存在着显著的差异。另外，我国一些法律政策的制定和实施，也在一定程度上助长了两性的不平等，比如对男女公务员不同退休年龄的规定、对农村外嫁女的某些规定等。在社会养老保障体系还不健全的地方，养老送终的任务主要由儿子或孙子承担，这些事实都会让人们产生生男的收益高于生女的意识，使得本来就已存在的男性生育偏好更加根深蒂固。

（三）性别选择技术的普及

20 世纪 80 年代前期，男性偏好的生育意愿虽然十分强烈，但是缺乏性别选择技术支持，出生人口性别比仍能维持正常，技术的提高，尤其是 B 超的普及，加剧了人口性别比失衡的现象。

---

① 参见解振明：《引起中国出生性别比偏高的三要素》，载《人口研究》，2002（5）。

在没有对生育进行数量控制的时候，男性偏好的生育意愿可以通过多生来完成，一旦数量被限制，技术就成了实现人们生育意愿的不二之选，也正是因为技术的支持，男性偏好的生育意愿得以满足，客观上造成了人口性别比不正常的攀升。从受孕、妊娠到分娩，性别选择的技术可以分为选择性别的受孕技术、胎儿性别鉴定技术和终止妊娠技术。在我国，胎儿性别鉴定技术（主要是 B 超）和终止妊娠技术（人工流产）比较普遍。B 超鉴定胎儿性别在技术上是简易可行的，设备并不昂贵，一般的医疗结构都可以负担，收费也不高，普通群众也都可以接受，尽管有关部门明令禁止除医学原因外的胎儿性别鉴定，但检查者和被检查者受利益驱动而违规操作的现象屡见不鲜。

20 世纪 80 年代中后期，B 超的普遍应用为歧视性的性别选择提供了便捷的技术实现方式，尤其是在农村地区，它干扰了两性出生的自然平衡，加剧了人口性别失衡问题。此外，人工流产在中国的合法性质，使得其具有较高的易获性，客观上为人为的性别选择提供了方便。

（四）管理存在疏漏，缺乏综合治理

我国在对于人口政策的执行和管理方面同样存在诸多问题。首先，对人口性别比失衡问题的认识不到位，多年来人口与计划生育工作将重点放在对数量的控制上，对诸如人口性别比等结构性因素的重视程度不够，这种思想造成了对人口性别比管理上的疏漏。在实际工作中，对人口性别比问题的宣传教育不足，不管是管理人员还是医务人员，对相关政策不能够严格执行，为歧视性性别偏好的实现提供了可乘之机。其次，影响出生人口性别比的因素众多，对出生人口性别比的管理也绝不是单靠计生部门就能完成的，它需要社会多方面各部门的综合协调管理。在中国，能够提供 B 超检验和终止妊娠服务的机构有个体行医者、计生服务网络和卫生医疗机构等，对这些机构的监管分属不同的部门，这样就需要执法主体之间互相协调，综合治理，共同承担管理责任。目前，类似的多部门合作的服务和管理机制尚未形成。

三、我国人口性别比失衡的社会影响

目前，我国人口性别比失衡的状况已经相当严重，且仍有持续恶化的趋势。人口性别比失衡作为一种严重的人口结构缺陷，对我国的经济、社会、政治和文化等方面的影响是全面的、深刻的。

（一）婚姻挤压日益严重

在一夫一妻制社会中，由于婚龄男女人数相差较大、比例失调而导致一部分男性或女性择偶时发生困难，这一现象被称作婚姻挤压。在我国，若不有效控制持续升高的人口性别比，男性过剩的婚姻挤压现象将会出现。

据预测，随着 20 世纪 70 年代以来出生率的下降，于 20 世纪 80 年代以来出生性别比持续升高阶段的出生人口陆续进入婚育行列，21 世纪中国婚姻市场上男性婚姻挤压的状况将进一步加剧，2010 年以后中国将经历历时几十年的严重的男性婚姻挤压。届时，20 世纪 80 年代中期以后各出生队列男性人口中将有超过 10%的人找不到或不能如期找到配偶。[①]

在男性处于婚姻挤压的状况下，尤其是出现婚龄人口性别比偏高和年龄结构持续年轻化的双重压力时，其人口学的直接后果是引起婚龄分布和夫妇年龄差模式的变化，最终将导致男性终身未婚人群比例的上升和独身人群绝对数量的增加。从社会经济地位的阶梯婚配模式上分析，社会地位高的男性（如职业好、收入高、有文化、有住房等）择偶不存在问题，但社会地位低的男性（如文化水平低、收入少等）择偶将非常困难。[②] 另外，在我国，女性有可能以婚迁的形式从不发达地区向发达地区流动，从而使得不发达地区的婚姻挤压状况更为严重。这种状况将会导致一系列社会问题的产生，如婚姻买卖市场的形成和繁荣、拐卖妇女等犯罪行为的增多以及"童养媳"和"换亲"等传统落后婚配模式的死灰复燃。

（二）诱发犯罪

人口性别比失衡状况导致一部分男性暂时或是永久性失去组成家庭的机会，特别是在农村贫困落后地区。作为一个正常人，他们的婚姻权、生育权等基本人权得不到实现，自身的经济、社会地位等各种资源处于劣势，感情和生理上的需求无法从正规渠道得到满足，就有可能采取违法手段，从而滋生各种违法犯罪现象，如地下色情业的增多，拐卖妇女现象的屡禁不止及性骚扰、性暴力及性犯罪等社会不安定因素的大量出现。

这些违法犯罪现象又会导致一系列连带性的社会问题。如色情业的发展，有可能加重诸如性病、艾滋病等生殖健康方面的疾病传播，给社会造成更大的危害。拐卖妇女的现象比较特殊，尤其是在贫困地区，已经成为一个不容忽视的社会问题，它给被拐卖和购买妇女双方的家庭都造成了悲剧性的影响，妇女被拐卖以后，她的家庭往往会因为寻找她而造成心理和经济上的双重折磨，一旦被拐卖妇女成功逃脱或是被解救，依靠她们组建的这些家庭就会面临崩溃。

（三）对社会稳定和可持续发展构成威胁

家庭是构成社会的主要细胞，家庭的稳定是国家和社会稳定的前提基础。男女比例失衡对一夫一妻制度下的家庭是一个冲击，尤其是在目前泛商品观念的作用下，婚外恋、第三者插足、非婚生育、婚外生育等影响婚姻的外在因素增多，现代社会的婚姻关系趋于无序，这种状况动摇了社会稳定的基础。

此外，人口性别比对中国人口的生态安全构成了威胁。人口的再生产需要通过女性来实现，女性在社会人口中比例的下降，会导致总体人口萎缩，人口再生

---

① 参见陈友华：《中国和欧盟婚姻市场透视》，172～173 页，南京，南京大学出版社，2004。
② 参见李建新：《中国人口结构问题》，60 页，北京，社会科学文献出版社，2009。

产能力降低，适龄劳动人口规模减小以及人口老龄化加快等负面连带效应，从而影响人口的长期持续发展。

第四节
流动人口问题

一、我国的流动人口概述

到目前为止，学术界对流动人口尚无明确统一的定义。一般来说，流动人口是指离开了户籍所在地，以工作或生活为目的到其他地方居住的人口。流动人口作为一种现象在世界范围内普遍存在，在中国同样存在，尤其是在改革开放以后，流动人口的规模日益增大，所涵盖的群体趋于复杂，成为一种不可忽视的社会现象。不同的学科采用不同的视角，对流动人口展开了相关研究，社会学对流动人口的研究，主要集中于流动人口对社会的良性运行和协调发展所产生的影响方面。

在中国的户籍制度下，户籍所在地是否改变，成为界定流动人口的重要依据。我国流动人口的大量出现，是改革开放以来伴随着工业化、城镇化进程而必然产生的社会现象，是我国社会发展与进步的重要体现。规模庞大的流动人口的产生和存在，推动了我国经济的高速发展，产生了深刻的社会影响，劳动力构成、人口分布、城乡格局，甚至是人们的生活方式和价值观念，都随之发生了巨大的变化。

20世纪50年代到80年代初期，由于实行严格的计划经济体制和壁垒分明的户籍管理，全国流动人口数量很少。截至80年代初，全国离开户口所在地外出流动的人口数量不过几百万人。根据第三次全国人口普查的数据估算，1982年我国流动人口的数量仅为657万人。80年代中期以后，我国的流动人口经历了一个迅速增长的过程，截至1987年，全国的流动人口猛增至1 810万人。根据第四次全国人口普查的数据估算，1990年全国流动人口数量达到2 135万人。到2000年，流动人口数量已经超过1亿，2005年时全国流动人口数量达到14 735万人。在短短的20多年时间内，全国流动人口规模从仅仅657万人增加到近1.5亿人，增长了21.4倍。流动人口在全国人口中所占比例1982年为0.66%，1990年为1.89%，2000年为7.9%，到2005年已经达到11.27%。在部分城市或省份，如上海、广东、北京、浙江、福建等地，流动人口占当地常住人口的比例高达20%甚至是30%以上。① 2010年第六次全国人口普查结果显示，我国流动人

① 参见段成荣等：《改革开放以来我国流动人口变动的九大趋势》，载《人口研究》，2008（6）。

口规模达到 2.21 亿人。在 2005—2010 年 5 年间，我国流动人口继续保持高速增长趋势，5 年间增长 49.99％，年均增速达 8.4％。[①] 截至 2013 年，我国流动人口总量达到 2.45 亿人。[②] 流动人口问题的凸显，与流动人口在总人口中所占比例不断攀升密切相关。

二、当代我国流动人口的特点

改革开放以来，我国流动人口的规模迅速增大，流动人口在总人口中所占比例不断攀升（见图 7—5）。城市里较高程度的经济发展水平、优越的生活条件和较多的发展机会等，形成了巨大的拉力，同时，农村较差的生活条件又形成了一定的推力，使得农村的劳动力不断流出。80 年代改革开放以来，流动人口经历了不同的发展阶段，在当前着力实现社会转型和产业转轨的历史条件下，流动人口作为一种重要的社会现象，既有流动人口固有的特质，也呈现出了不同于以往历史时期的新特点。

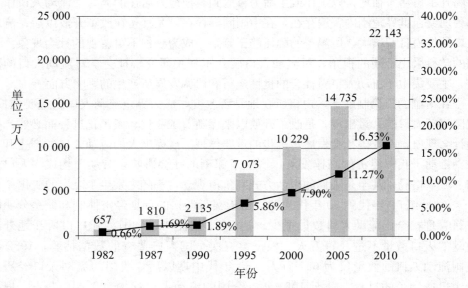

图 7—5　我国流动人口数量变动趋势

注：1982—2000 年中五个年份的数据由段成荣等根据 1982—2000 年历次全国人口普查和 1％人口抽样调查数据推算。2005 年数据引自国家统计局《2005 年全国 1％人口抽样调查主要数据公报》。2010 年数据引自国家统计局《2010 年第六次全国人口普查主要数据公报（第 1 号）》。

资料来源：段成荣等：《当前我国流动人口面临的主要问题和对策——基于 2010 年第六次全国人口普查数据的分析》，载《人口研究》，2013（2）。

---

①　参见段成荣等：《当前我国流动人口面临的主要问题和对策——基于 2010 年第六次全国人口普查数据的分析》，载《人口研究》，2013（2）。

②　参见国家统计局：《2013 年国民经济和社会发展统计公报》，http：//www.stats.gov.cn/tjsj/zxfb/201402/t20140224_514970.html。

(一) 流动原因的经济化特征明显

依据流动原因，可以将流动人口划分为经济型流动人口和社会型流动人口。前者是指因工作调动、分配录用、务工经商、学习培训等原因而流动的人口，后者则是指因婚姻迁入、随迁家属、投亲靠友和退休退职等原因而流动的人口（见表7—4）。在最初城乡二元壁垒分明的情况下，流动人口以社会型流动人口为主体。1987年，社会型流动人口在全部流动人口中所占比例高达56.3%，务工经商等经济型流动人口则处于从属地位。随着国家对农村人口进入小城镇控制力度的放松，关于人口流动的政策都有所松动，经济型流动人口很快成为流动人口的主要部分。第四次全国人口普查数据显示，务工经商者占全部流动人口的50.16%，经济型流动人口占全部流动人口的比例达到60.2%，与此相对应的，社会型流动人口的比例降至33.5%。进入21世纪以后，流动人口中务工经商者的比例维持在50%到55%的较高水平上。

表7—4　　　　　　　部分年份全国流动人口流动原因构成（%）

流动原因		1987 年	1990 年	2000 年	2005 年
经济型流动	工作调动	4.4	4.5	3.2	2.6
	分配工作	2.1	2.8	1.2	0.6
	务工经商	26.6	50.2	55.1	53.1
	学习培训	2.8	2.7	6.9	3.7
	小计	35.9	60.2	66.4	60.0
社会型流动	投亲靠友	18.7	13.4	6.3	8.3
	退休退职	1.5	1.0	—	—
	随迁家属	15.1	7.7	13.1	14.3
	婚姻迁入	21.0	11.4	5.4	7.8
	拆迁搬家	—	—	4.0	3.3
	小计	56.3	33.5	28.8	33.7
其他		7.8	6.4	5.0	6.3
合计		100.0	100.0	100.0	100.0

注：根据1987年全国1%人口抽样调查、1990年第四次全国人口普查、2000年第五次全国人口普查和2005年全国1%人口抽样调查数据计算。

资料来源：段成荣等：《改革开放以来我国流动人口变动的九大趋势》，载《人口研究》，2008（6）。

(二) 流动过程呈现两极分化的态势

随着当前流动人口构成的复杂化，利益诉求随之也在发生变化，突出表现为在流动过程中呈现的两极分化态势。一部分就业和收入比较稳固的群体，移民化倾向明显，而一部分收入水平较低且不稳定的群体，则呈现出加速流动的趋势。

前者的构成包括白领阶层、大学生和企业管理人员，以及一些事业发展比较成功的农民工，他们长期生活在一个城市，融入当地生活，有些已经开始购置房屋，安家在城市中。在流入地居住五年以上的流动人口数量1987年时为700万，2000年已达到3 400万，2005年进一步增长至4 600万人。流动人口在现居住地稳定居住的持续时间逐年增加，相当一部分已经成为事实"移民"。与此相对应的是另一部分呈加速流动趋势的流动人口，他们主要集中在制造业发达的地区，尤其是对技术要求不高的简单加工行业。这些行业并不需要特别的专业技能，稍加培训即可上岗工作，因此对工人来说，可替代性较大，发展机会较小，工人的流动速度极快，许多农民工都会抱着试试看或是工作一段时间就走的想法，很难对企业或是流入地产生归属感。对流动人口不能一概而论，尤其是在当今流动人口构成复杂的今天，应该考察不同类型流动人口的多样化的利益诉求，全面看待问题。

（三）流向的多元化趋势日益突出

目前，我国流动人口的主体是农民工，制造业和建筑业是农民工的主要就业领域，这种流动人口格局，决定了我国流动人口的主要流向受产业布局影响很大。

在流动人口大规模出现初期，传统人口流动活跃的地区、东北老工业基地和一些资源丰富的地区，吸引了相对较多的流动人口。进入 20 世纪 90 年代以后，沿海发达地区，尤其是珠三角地区对流动人口的吸引力大幅度上升。近年来，流动人口在全国的流向呈现出新的发展趋势。一是开始由东部沿海向中西部欠发达地区分散；二是在东部沿海地区，开始由珠三角向长三角，再向京津等北方地区流动；三是在一些省区内，流动人口开始由大城市向中小城市分散。2008 年以来，东南沿海的部分企业受金融危机影响，吸纳外来劳动力的能力降低。此外，产业的转型升级使得劳动密集型产业的比例相对减少，拉动流动人口的力量减弱。我国目前实施的小城镇建设，大力招商引资，着力于促进农民工在当地就业，也成为流动人口返乡就业的重要原因。随着国家中部崛起和西部大开发战略的实施和深化，流动人口流向的多元化趋势将会更加明显（见表 7—5）。

表 7—5　　　　　　八大经济板块吸收的流动人口占全国流动人口比重（%）

地区	2010 年	2005 年
东北地区	6.20	6.95
北部沿海地区	13.22	11.97
大西北地区	4.13	3.14
黄河中游地区	11.14	7.98
大西南地区	13.53	10.98
长江中游地区	11.01	9.71
东部沿海地区	19.86	20.58
南部沿海地区	20.91	28.70
总计	100.00	100.00

资料来源：根据第六次全国人口普查和 2005 年全国 1%人口抽样调查数据计算。

（四）流动人口家庭化特征显现

在流动人口大规模出现的初期，多是一个家庭的男性青壮年劳动力外出打工贴补家用；而在当前，这种单枪匹马式的流动方式逐渐为家庭式的整体流动所取代。

有学者认为，人口流动的家庭化过程大致经历了四个阶段：第一阶段，单个个人外出流动阶段，以青壮年人口单身外出为主，尚未脱离农业生产和家庭生活；第二阶段，夫妻共同流动阶段，流动人口基本脱离农业生产，而子女则仍在流出地；第三阶段，核心家庭化阶段，青壮年流动人口在流入地具备一定的条件安排子女随迁就学；第四阶段，扩展家庭化阶段，核心家庭在流入地稳定下来之后，父母被列入随迁的考虑范围。中国人口流动的家庭化过程正处于第二阶段到第三阶段过渡的过程中。根据第六次全国人口普查数据计算，两代户、三代户家庭户分别占所有流动人口家庭户的38.52%和5.04%，一代户中独自一人流动的只占所有流动人口家庭户的26.76%。①

原国家人口计生委2010年流动人口监测数据显示，流动人口家庭户中的单人户仅占1/4，2人户、3人户和4人户合计占总户数的70%左右，5人及以上的大家庭户比重为3%，人口流动的家庭化趋势已然呈现，且迁居的家庭多呈现小型化结构。②

（五）流动人口的素质逐渐提高

我国流动人口的受教育程度构成不断升级，平均受教育年限不断提高。从表7—6可以看出，历年流动人口的平均受教育年限均高于全国人口的平均水平（这在一定程度上反映了流动人口并非如有些传统偏见认为的都是低素质人群），流动人口受教育年限的提高速度也快于全国平均水平。从1982年到2005年，全国平均受教育年限提高2.8年，平均每年提高约0.12年，流动人口的平均受教育年限提高3.31年，平均每年提高约0.14年，且大专及以上学历的比例在不断上升。在2000年，拥有大学本科学历的流动人口占到1.2%，拥有研究生学历的占到0.07%，到2005年，这两个指标分别达到2.21%和0.12%，高学历流动人口的出现和增多，体现了流动人口知识水平构成的多样化，从整体上来说，流动人口的知识水平趋于提高。

表7—6 　　　　1982—2005年6周岁以上流动人口受教育程度（%）

受教育程度	1982年	1987年	1990年	2000年	2005年
文盲	28.56	16.10	12.54	4.76	4.81
小学	39.30	35.23	32.53	26.26	23.33
初中	22.69	33.95	41.35	45.43	47.41
高中	8.41	12.73	11.58	18.81	17.21
大专及以上	1.04	1.98	2.00	4.75	7.24

① 参见段成荣等：《当前我国流动人口面临的主要问题和对策——基于2010年第六次全国人口普查数据的分析》，载《人口研究》，2013（2）。

② 参见盛亦男：《中国流动人口家庭化迁居》，载《人口研究》，2013（4）。

续前表

受教育程度		1982 年	1987 年	1990 年	2000 年	2005 年
其中	专科				3.47	4.91
	本科				1.20	2.21
	研究生				0.07	0.12
合计		100.00	100.00	100.00	100.00	100.00
平均受教育年限（年）		5.58	7.01	7.38	8.66	8.89
全国平均受教育年限（年）		5.50	5.86	6.26	7.62	8.30

资料来源：段成荣等：《改革开放以来我国流动人口变动的九大趋势》，载《人口研究》，2008（6）。

三、我国流动人口的社会影响

我国流动人口的出现和发展，是社会变迁所带来的直接后果和具体表现，同时又反过来影响着变迁的进程。究其实质，流动人口带来的社会问题根源于历史遗留但现今仍然存在的城乡二元经济体制。流动人口是促进城乡交流，向农村地区传递新的理念，带动农村地区乃至于全国经济发展的重要动力，对经济社会的发展起着不可估量的推动作用。同时，随着流动人口规模的增大以及其在总人口中所占比重的攀升，其产生的社会影响也逐渐凸显。

（一）流动人口的权益保护问题

相对于某社区的固定居民，流动人口的权益难以得到有效的保障。他们在离开家乡进入了一个几乎是完全陌生的生存环境的同时，也失去了原本由流出地提供的各种保障和服务，以及由原本熟悉的亲戚关系网络提供的支持。在流入地这个新的环境里，他们往往难以得到与当地常住居民相同的待遇，其在劳动权益、社会保障以及社会福利等方面都处于弱势地位，他们的合法权益常常被忽视。比如在劳动权益方面，相对于城市职工而言，农民工就业权利不平等，不在同一起跑线上，在生产劳动中容易遭受同工不同时、同工不同酬以及同工不同权等不平等待遇，在被辞退、解雇或是返乡以后，不能及时被纳入社会保障体系，生存状态脆弱，面临较大的风险。

流动儿童作为流动人口中的一个特殊集合，其遭遇的问题是流动人口权益保护问题的缩影。流动儿童是指随父母亲流动，户口登记地没有改变的儿童。流动儿童的问题早在90年代初期就出现了，随着流动人口家庭化趋势的发展，流动儿童问题引起了广泛的关注。从福建省妇儿工委在福州、厦门、漳州三地进行的流动儿童卫生保健调查来看，儿童保健建卡率在当地0～7岁儿童中为93.76％，而流动儿童则为71.65％，低于85％建卡率的要求，计划免疫的全程接种率也低于本地儿童。[1] 流动儿童由于其流动性较大而难以管理，且因其户口不在本地无法享受本地儿童能够获得的医疗保障，让流动儿童的健康问题更加严重，这实质上是对儿童权益的侵害。

---

[1] 参见邹泓、屈智勇、张秋凌：《中国九城市流动儿童发展与需求调查》，载《青年研究》，2005（2）。

此外，流动人口本身的隐蔽性、流动性和复杂性，也给管理带来了极大的困难，如何提高管理水平，做到以人为本，是目前需要全社会共同思考的问题。

(二) 流动人口的社会融入问题

　　流动人口大多背井离乡，从相对落后的地区向发展程度较高的地区聚集，在这一过程中，其必然会受到不同于熟悉的、世代相传的文化和生活方式的冲击，游离感不可避免。此外，大城市的生活压力和疏离的人际关系，也会使得流动人口感到难以融入。流入地对于流动人口来说，既近在咫尺，又远在天边。流动人口的工作和生活环境都在城市，而城市的价值观念、生活方式对于他们来说却那么陌生，如果没有当地居民的接纳和政府帮助的介入，他们永远只能是城市的寄宿者而无法融入。在现实生活中存在着不少对流动人口的"污名化"现象，把流动人口与高风险不安定的犯罪人群联系起来、把流动人口与"超生移民"等联系起来是最常见的例子，这种"污名化"现象的存在，是对流动人口的偏见，在一定程度上造成了对流动人口的人为隔离。

　　让流动人口融入城市，一是需要尽快破除各种"看得见"的城乡制度"硬壁垒"，二是要破除观念上的"软壁垒"，消除歧视和偏见，三是要求流动人口自身主动了解流入地的风土人情，调整自己的观念和行为，积极主动地融入当地生活。

(三) 流动儿童的成长教育问题

　　教育通过知识技能的传输，为人们提供了改变生活的能力和机会，教育公平是公平问题的首要环节。随着国家、流入地政府及社会各界对流动儿童受教育问题的逐步重视，流动儿童在流入地的受教育状况得到了不断改善，但其受教育现状仍不容乐观。2000年第五次全国人口普查资料表明，在全国适龄流动儿童中，"未上过学"者所占比例为4.0%，上过学后又辍学的比例为0.8%，两者合计为4.8%高于全国儿童3.3%的相应比例。2002年中国儿童中心完成的一项抽样调查表明，流动人口中处于义务教育年龄段的孩子有9.3%处于失辍学状态，近半数适龄儿童不能及时入学，在继续教育阶段，在学率仅为47.1%，低于全国平均水平51.7%。[①] 民工子弟学校（专指在流入地由外来人员个人办的，招收流动人口子女的学校）和公办学校是流动儿童入学的主要渠道。尤其是民工子弟学校，其低廉的学杂费用、灵活的交费方式和管理方式，吸引着大批流动儿童，然而不容忽视的是其办学条件差、教学质量难以保障的事实，因为民工子弟学校还没有获得明确的合法性地位，因此其相关配套，如资金及优惠政策等都无法获得，这严重影响了办学条件的改善、教学质量的提高以及对其进行监管的可操作性。流动儿童的教育面临"学费高"和"继续升学难"两大难题，如何调整现行

---

　　① 参见上海社会科学院人口与发展研究所：《转变中的中国与世界人口问题研究》，117页，上海，上海社会科学院出版社，2008。

的教育制度，均衡教育资源分配，为流动儿童的教育创造更好的条件，是需要我们思考的问题。

此外，流动儿童的心理问题同样值得关注。由于流动人口总体所处的特殊的弱势地位，流动儿童更容易出现自卑、自闭、社会适应不良、自我评价消极以及缺乏归属感等心理问题。流动儿童是游走于农村和城市之间的特殊群体，对这两个群体或多或少都会有一种外来者的心态，在社会化过程中容易形成边际人格。在现实中，农民工子女既没有优越的个人"先赋性"地位，如出生于良好的经济条件或文化背景的家庭等，又难以获得占据强势的适应现代竞争社会的"自致性"地位，如学历以及对外部世界的认知力、适应力等。所以，他们很难在边际情境中站在适当的角度审视两边，以形成"理想"人格，反而容易形成不健康的、消极的边际人格。如何改善流入地的生活并不仅仅是流动儿童面临的问题，也是所有流动人口面临的问题。

本章要点

1. 社会学对人口问题的研究，集中于人口对社会良性运行和协调发展的影响方面，需要将人口的数量、质量以及结构等状况与社会、经济、自然资源、生态环境综合起来加以分析探讨。

2. 人口变动是对社会条件的适应，并且呈现出渐变性的特征。对人口及其变动过程的分析，不仅要着眼于当下，更需将其置于社会历史中加以考虑；不仅要对当前人口状况对经济社会发展的影响作出分析，同样不能忽视其变化趋势对之后经济社会发展的潜在作用。

3. 人口老龄化在我国已是不争的事实，我国的人口老龄化具有速度快、老年人口规模巨大、未富先老以及区域差异等特征。正确应对老龄化带来的问题，是维持我国社会稳定和经济发展的必要保证。

4. 流动人口为我国的城市建设和经济发展带来的贡献不容置疑。时至今日，流动人口呈现出不同于以往的特征，流动人口的权益保障、流动人口的社会融入以及流动儿童的成长教育等问题，需要社会予以关注。

复习思考题

1. 中国人口的发展将会呈现出何种趋势？如何引导人口与社会经济协调发展？
2. 中国在当今发展阶段面临的主要人口问题有哪些？
3. 应该如何看待中国的人口老龄化现象？
4. 试分析中国的生育文化与人口性别比的关系。
5. 试对影响流动人口融入流入地的因素进行分析。

推荐阅读书目

1. 黄荣清，等. 转型时期中国社会人口. 沈阳：辽宁教育出版社，2004.

2. 邬沧萍 . 邬沧萍自选集 . 北京：中国人民大学出版社，2007.

3. 蔡昉 . 中国人口与劳动问题报告 . 北京：社会科学文献出版社，2008.

4. 上海社会科学院人口与发展研究所 . 转变中的中国与世界人口问题研究 . 上海：上海社会科学院出版社，2008.

5. 陈友华，吴凯 . 人口现代化对人口结构的影响分析 . 人口学刊，2007（2）.

6. 段成荣，等 . 当前我国流动人口面临的主要问题和对策——基于 2010 年第六次全国人口普查数据的分析 . 人口研究，2013（2）.

7. 邬沧萍 . 人口老龄化对社会经济的影响和我们的对策 . 中国特色社会主义研究，2001（6）.

8. 《人口研究》编辑部 . 生育政策与出生性别比的失衡相关吗？人口研究，2009（3）.

9. 童玉芬 . 人口老龄化过程中我国劳动力供给变化特点及面临的挑战 . 人口研究，2014（2）.

第 八 章

失业问题

在各国宏观经济运行的实践中，充分就业通常与经济增长、物价稳定和国际收支平衡一起被看作一个国家或地区经济与社会发展的晴雨表，是用来监测国家宏观经济运行和进行宏观调控的四项指标之一。在社会学视域中，就业与失业问题不仅仅是一个重要的经济问题，更是一个敏感的社会问题。失业意味着社会中一部分人会失去稳定可靠的经济收入来源，生活水平下降，社会痛苦指数上升，群体心理问题严重。如果这一社会问题得不到及时有效的缓解或解决，势必会影响到一国的经济发展和社会稳定。根据经济合作与发展组织（OECD，简称经合组织）公布的《2014年就业形势展望报告》，全球主要经济体的长期失业人数自2008年全球金融危机以来增长了85%，以至于长期失业人数几乎接近金融危机前的两倍。目前经合组织所覆盖的地区中约有4 500万人处于失业状态，比2008年金融危机前增加了1 210万人。全球范围内，失业人口估计达2.02亿人。[①] 因此，失业问题是当今世界各国所面临的共同难题，各国政府在其经济与社会发展的目标中都将增加就业和治理失业摆在优先的位置。本章从失业的内涵、失业的度量、失业的类型与成因、失业的相关理论、失业的影响以及如何治理等方面对失业进行考察，并在此基础上对当前中国的失业问题进行探讨。

第一节
失业问题的内涵

一、失业及相关概念的界定

要理解失业是如何定义和衡量的，首先必须熟悉经济学中劳动力的概念。马克思在《资本论》中对劳动力做了如下定义："我们把劳动力或劳动能力，理解为人的身体即活的人体中存在的，每当人生产某种使用价值时就运用的体力和智力的总和。"[②] 可见，劳动力是人的劳动能力，存在于活的人体中，是劳动过程中所运用的体力和智力的总和。在现代经济学中，劳动力是指年龄处于适合参加劳动的阶段，具有劳动能力和劳动要求，当前参加或者可以参加经济中生产性经济活动的全部人口。国际劳工组织（ILO）通过的《最低年龄公约》（第138号）规定的最低就业年龄为14周岁，对劳动就业年龄的下限没有具体的规定。世界各国根据自己的经济和社会发展的状况、人口状况、教育制度、劳动力自身的生

---

① 参见 http://www.keepeek.com/Digital-Asset-Management/oecd/employment/oecd-employment-outlook-2014_empl_outlook-2014-en#page。
② 《马克思恩格斯全集》，中文1版，第23卷，190页，北京，人民出版社，1972。

理特点等因素，规定了就业年龄的范围。目前，世界上大多数国家把 16～65 周岁之间的人口定义为劳动年龄人口。中国把男子 16～60 岁、女子 16～55 岁的人口定义为劳动年龄人口。[①]

劳动年龄人口可以进一步划分为劳动力人口和非劳动力人口（见图 8—1）。根据各国的劳动统计惯例，非劳动力人口包括：在校学生、家务劳动者、退休和因病退职人员、服刑犯人、丧失劳动能力等各类不能工作或不愿意工作的人员，以及在家庭农场或家庭企业每周工作时间少于 15 个小时的人员。除此之外的劳动年龄人口，称为劳动力人口或者经济劳动人口。劳动力人口是总人口中最基本的组成部分，是社会财富的主要创造者，劳动力人口状况对社会经济发展起着重要作用。当前世界各国由于社会、经济、法律、文化教育、传统习俗、管理体制，以及人口年龄结构很不相同，总人口中劳动力人口与非劳动力人口所占比重存在明显的差别。根据国家统计局发布的《2013 年统计年鉴》，我国 2012 年经济活动人口达 7.889 亿，就业人员合计 7.67 亿。[②]

按照是否就业的标准，劳动力人口可进一步划分为就业人口与失业人口。为了国际比较的方便，国际劳工组织（ILO）为定义和度量就业和失业制定了一些标准并推荐给世界各国。目前，欧盟国家、经合组织国家以及世界上很多其他国家，在度量失业时都遵循 ILO 推荐的标准。按照国际劳工组织的定义，就业（employment）是指一定年龄阶段人们为获取报酬或为赚取利润所进行的活动。具体来说，实现就业需要四个方面的条件：（1）达到法定劳动年龄。不在该范围之内的，不属于就业统计的范围。（2）具有劳动能力。由于各种原因丧失劳动力的人口不计入就业统计范围。（3）参与合法的社会劳动。各国间尽管对于"合法"的界定不尽相同，但大多数情况下，从事贩卖毒品、色情服务等非法经济活动都不被列入就业统计的范围。（4）劳动是有报酬的。这意味着劳动力的使用经过实质性的市场交换过程，买卖双方通过交易形成雇佣和被雇佣的利益关系。诸如家务劳动、邻里之间的互帮互助等均不被视为就业。所以就业人口主要包括受雇于企业或政府部门的被雇佣者和自我雇佣者两大类。

失业（unemployment）是相对就业而言的。失业者是指一国劳动力市场上存在着的没有工作或等待被重新召回工作的群体。其本质是劳动者与生产资料的分离，即劳动者失去了运用生产资料进行社会财富创造和获得劳动报酬的机会，是一种经济资源的浪费。按照国际劳工组织的统计标准，凡是在规定年龄内一定期间内（如一周或一天）属于下列情况的均属于失业人口：一是没有工作，即在调查期间内没有从事有报酬的劳动或自我雇佣；二是当前没有工作，但是一旦有就业机会，劳动者就可以工作；三是正在寻找工作，即在最近期间采取了具体的寻找工作的步骤，例如以到公共的或私人的就业服务机构登记、到企业求职或刊

[①]　参见国际劳工局：《劳动市场主要指标体系（1999 年）》，27～49 页，北京，中国劳动社会保障出版社，2001。

[②]　参见国家统计局网站，http://www.stats.gov.cn/tjsj/ndsj/2013/indexch.htm。

登求职广告等方式寻找工作。根据这个失业定义，失业人口必须具备以下三个条件：首先有劳动能力；其次有就业的意愿；第三是没有工作。可见，失业是指有劳动能力并且愿意工作的人得不到适当的就业机会，失业者中不包括那些没有劳动能力或是有劳动能力，虽然没有职业但自身并不想就业的人。严格地说，ILO所提供的并不是准确的失业定义，而是度量失业的一些参考标准。因为要照顾到不同国家的情况和发展水平，它不得不在某些方面含糊不清或者允许灵活处理。因此，世界各国在使用这些失业标准时都会根据本国的情况而具体化，从而形成具有本国特色的失业定义。[1] 例如，在对待"学生"、"暂时下岗人员"、"正在等待开始新工作的人"、"不取报酬的家务劳动者"等问题上，世界各国存在很大的差异。此外，在失业统计中对是否应该有一个年龄界限和是否包括军人的问题，世界各国也存在着差异。[2]

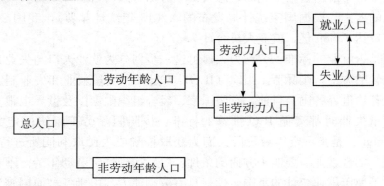

图 8—1   就业、失业与劳动力人口、非劳动力人口的关系示意图

二、失业的度量

（一）失业率

对于一个国家或地区来说，失业率是评价其就业水平和失业状况的重要指标，是劳动力市场度量的重要指标之一。失业率是指劳动力人口中失业人口的比例。

失业率＝失业者人口数÷劳动力人口数×100％

失业率作为衡量一个国家或地区一定时期内失业发生程度的指标，提高其测量的准确度具有非常重要的实际意义。失业率计算中的失业人数和劳动力人数必须是一个国家或地区一定时期的真实数据。在统计中，劳动力人数的确定相对容易，而失业人数的确定则比较困难。为了能够准确地掌握失业人口的数量，各国都建立了统计系统。世界上大多数国家的失业数据获得渠道主要有两个：一是集中失业者在劳动行政管理部门申报的数据；二是通过定期的抽样调查来估算失业

---

①②　参见张车伟：《失业率定义的国际比较及中国城镇失业率》，载《世界经济》，2003（5）。

人数。第一种办法覆盖面广，但是会把一些失去工作但由于种种原因未到劳动行政部门去申报的人口漏掉，而把一部分为了获得失业救济而不愿意工作却申报失业的人数统计在内。第二种办法灵活性强但也存在着缺陷，例如样本数的采集和确定未必能反映整个社会的失业情况。目前，西方市场经济国家广泛采用的抽样问卷调查方法来估算失业人口。

中国失业率统计的主要指标有城镇登记失业率和调查失业率。官方对外发布的是城镇登记失业率。城镇登记失业率主要按照城镇登记失业人员进行测算。城镇登记失业人员是指持有非农业户口，在一定劳动年龄（16 周岁至退休年龄）内，具有劳动能力，没有就业而要求就业，并在当地就业服务机构进行求职登记的人员。不包括正在就读的学生、等待就业的人员、已达到法定退休年龄或虽未达到退休年龄但已办理了退休退职手续的人员，以及其他不符合失业定义的人员。根据人力资源与社会保障部公布的《2013 年度人力资源与社会保障事业发展统计公报》，截至 2013 年年末我国就业人员 76 977 万人，比 2012 年年末增加273 万人。其中城镇就业人员 38 240 万人，比上年年末增加 1 138 万人。2013 年年末城镇登记失业人数为 926 万人，城镇登记失业率为 4.05％。[1] 可见，当前中国城镇登记失业率统计口径很窄，仅包括城镇劳动力中的登记失业人员，排除了国有企业下岗未就业人员和农村户口的失业人员。这种失业统计数据存在着一定的局限性，未能全面反映出中国社会失业的全部状况。

（二）劳动参与率

世界各国的失业测量与统计中，除了测量失业率这个指标外，还要统计另一个基本指标——劳动参与率。该指标的计算是以就业人口和失业人口之和的经济活动人口的总数除以劳动年龄人口总数。它测量的是一个国家从事经济活动的劳动年龄人口的规模，从而提供了所需劳动力供给量的相对规模指标，是用来衡量人们参与经济活动状况的指标，能有效地反映一国劳动力市场活动水平。根据经济学理论和各国的经验，劳动参与率反映的是潜在劳动者个人对于工作收入与闲暇的选择偏好，一方面受到个人保留工资、家庭收入规模，以及性别、年龄等个人人口学特征的影响，另一方面社会保障的覆盖率和水平、劳动力市场状况等社会经济环境，也影响个人的劳动力供给选择，从而影响整体劳动参与率。[2]

劳动参与率＝经济活动人口数÷劳动年龄人口数×100％

失业率是衡量一个国家或地区的失业水平的综合性指标。但是劳动力市场运行状况的好坏和失业率的高低，是由劳动力供给与需求两方面因素相互作用决定的，对劳动力市场的测量当然也应该包括这两方面的测量。一个国家或地区失业率水平过高，可能是因为劳动力需求太低，经济发展过程中所创造的就业岗位太

---

① 参见 http：//www.mohrss.gov.cn/SYrlzyhshbzb/dongtaixinwen/shizhengyaowen/201405/t20140 528_131110.htm。

② 参见蔡昉等：《中国城镇劳动参与率的变化及其政策含义》，载《中国社会科学》，2004（4）。

少；也可能是因为供给水平太高，超出劳动力需求。只有在明确劳动力的供给与需求的情况下，才能明确造成失业的原因。劳动参与率指标的重要性在于，准确估算失业率必须参考这个指标。例如，在某个年龄组，有20%的人失去了工作，如果不考虑他们的工作愿望，很容易把这些人全部视为失业人口，这样计算出来的失业率高达20%。这样高的失业率水平是任何经济都无法承受的。然而，把劳动参与率这个指标考虑进来，情况可能完全改观。劳动参与率若为60%，失业率为12%；劳动参与率为40%时，失业率为8%；劳动参与率为20%时，失业率只有4%。12%的失业率水平也许可以说与20%相差不多，都可以说失业问题严重，但如果失业率只有4%，此时失业问题较小。同时，在失业问题严重的情况下，那些年龄偏大、教育水平偏低的劳动者，会因为长期找不到工作而丧失信心，逐步退出劳动力市场；而一些准备进入劳动力市场的新生劳动力可能会因为劳动力市场中就业的困难而推迟或放弃寻找工作。因此，这种劳动参与率的降低也会造成失业率的低估，产生隐蔽性失业的现象。

（三）其他专门性的指标

除了一般性的失业指标外，出于研究和政策制定的考虑，还有一些专门性的失业指标，能更有针对性地反映失业的状况。主要有：青年失业指标、按受教育程度划分的失业指标、长期失业指标等。

青年失业指标测量青年失业的状况。青年失业问题是各国在经济发展过程中关注的重大问题。这个指标由四个相互区别的标准组成，每个标准反映出青年失业问题的一个侧面。它包括：青年失业率（青年失业者占青年劳动力的比例）、青年失业率与成年失业率的比例、青年失业者占全部失业人员的比例、青年失业者占青年人口的比例。综合分析这四个指标可以全面反映青年在劳动力市场的就业状况。根据国际劳工组织的统计，青年失业的可能性平均是成年人失业可能性的2.8倍。2008年全球青年失业率为12.1%，2009年上升了1.3%达到13.4%，而成人失业率仅上升了0.7%。2008年到2009年，受全球经济危机的影响，全世界范围内失业青年人数增加了850万，是近十年来的最大年增幅。[①]

根据国际劳工组织的统计资料，青年失业现象几乎在全球每个区域内都在进一步恶化。2007年全球青年失业率为11.6%，2013年增加到13.1%。从全球范围来看，2013年中东地区青年失业情况的恶化尤为严重。该地区的青年失业率从2012年的26.6%增加到2013年的27.2%。2013年，全球15岁至24岁失业人数大约是7450万人，比2012年增加了70万，比2007年增加了3710万人。

按受教育程度划分的失业指标是指全部失业者在五大类受教育程度中分布的百分比，参照由联合国教科文组织设计的《教育分类国际标准》进行划分。这五

---

① 参见国际劳工组织：《2010年全球就业趋势报告》，http://www.ilo.org/wcmsp5/groups/public/—ed_emp/—emp_elm/—trends/documents/publication/wcms_120471.pdf。

类教育程度的划分标准是：不足一年的教育、初级水平以下、初级水平、中级水平和高级水平。这一指标能有效地衡量教育程度对劳动力就业的影响。这一指标对于制定就业和教育政策有着重要的意义。2000 年第五次全国人口普查数据显示，全国范围内统计的失业人口约为 116 万人，按失业者的受教育程度划分，未上过学的人口为 6 411 人，扫盲班人数 1 746 人，小学水平为 10.63 万人，初中水平为 58.89 万人，高中水平为 32.44 万人，中专为 76 648 人，大学专科为 48 250 人，本科为 9 250 人，研究生为 319 人。[①] 与发达国家的情况相似，受教育水平越高，失业率就越低。但是在某些发展中国家也会出现例外，这些国家受教育水平较高的人失业率也可能会比较高。目前，"高学历失业"已成为我国普遍存在的现象。从 20 世纪 90 年代末开始，我国高校连续十多年扩招，致使进入 21 世纪后每年大学毕业生都对就业市场形成巨大压力。2002—2009 年，全国高校毕业生人数逐年上升，分别为 145 万、212 万、260 万、338 万、413 万、495 万、559 万、610 万，2010 年高达 630 多万。在 20 世纪 90 年代中期以前，全国高校毕业生就业率几乎是 100%，到 2001 年则发生重大变化：重点高校毕业生初次就业率为 82.75%，一般院校初次就业率为 68%，高等专科学校初次就业率仅为 41.23%。到 2004 年，全国高校毕业生总体就业率已不足 70%。尤其是 2008 年国际金融危机对我国经济的冲击，使大学毕业生就业形势更加恶化，高校毕业生整体就业率进一步下降，乐观估计也在 60% 以下。[②]

　　长期失业指标是从失业期限，即失业者失去工作并正在寻找工作的时间长度的角度来研究失业问题的。这一指标包含两个独立的标准：一是长期失业率，即失业超过一年的失业者占劳动力的百分比；二是长期失业的影响范围，即失业超过一年的失业者占失业人员总数的百分比。这一指标强调对于长期失业者的关注，因为持续失业的时间越长，失业造成的影响也就越严重。失业，如果仅是短时间内的暂时性失业，不会给劳动者本人乃至整个经济带来多少影响。失业者个人可以通过积蓄、失业救济金或者靠亲朋资助等支持日常生活开销。但是长期失业则是不容忽视的严重的社会和经济问题。长期失业者往往会逐渐失去信心，资助他们生活的资源日渐枯竭，其劳动技能也随着社会的发展和技术的革新开始贬值。所以测度和观察长期失业率，并尽量减轻长期失业带来的种种负面影响对整个经济和社会的发展起着积极且重要的作用。

三、失业的类型

　　经济学家和社会学家根据研究目的的不同，将各种类型的失业按照不同的标准进行区分。

---

　　① 参见国家统计局网站，http://www.stats.gov.cn/tjsj/ndsj/renkoupucha/2000pucha/html/l0409.htm。

　　② 参见潘石、周凯：《我国高学历失业的科学统计及范畴界定》，载《经济纵横》，2010（10）。

（一）根据主观的就业意愿划分

根据失业者失业后的主观就业意愿进行划分，失业分为自愿失业与非自愿失业。

自愿失业的概念是由英国经济学家阿瑟·塞西尔·庇古提出的经济概念，是指工人所要求的实际工资超过其边际生产率，或者说不愿意接受现行的工作条件或收入水平而未被雇佣所造成的失业。它包括为追求自身素质提高而失业，为追求更高收入和更适合的岗位而主动辞职，为追求闲暇而离职，为获得非劳动收入（保险、津贴、救济等）而离职。由于这种失业是由劳动人口主观不愿意就业造成的，因此无法通过经济手段和社会政策来消除。从严格意义上来讲，这一群体的失业是由于主观意愿造成的，不属于经济学研究的范畴。

非自愿失业的概念是 1936 年由英国经济学家凯恩斯在其著作《就业、利息和货币通论》中提出的，是指有劳动能力、愿意接受现行工资水平但仍然找不到工作的失业。这种失业是由客观原因造成的，因而可以通过经济手段和政策来消除。在凯恩斯看来，非自愿失业的根本原因是有效需求不足。只要存在着有效需要不足，工人即使愿意接受降低了的工资率，仍然不会有雇主雇佣他们。因此，要消除非自愿失业，关键在于提高有效需求。非自愿失业是凯恩斯对传统失业理论的重要补充，也是凯恩斯《就业、利息和货币通论》直接研究的对象。

（二）按失业的表现形式划分

按失业的表现形式划分，失业分为显性失业和隐形失业。

显性失业是可以公开度量的失业，是与隐性失业相对的概念。根据马克思主义的理论，显性失业主要是指进入劳动年龄段、有劳动能力和劳动意愿的劳动者同生产资料分离、不能结合的现象，它是一种明显的、看得见的失业。当劳动力超过资本积累的需要时，"过剩"的劳动力被挤出工作岗位，成为显性失业人口。显性失业人口是资本主义失业人口的基本部分，它包括流动性失业人口，停滞的失业人口等。在中国社会主义初级阶段，由于种种原因，也存在显性失业人口。主要包括没有获得升学、参军和其他就业机会的待业青年；在改革旧的劳动制度中，一部分企业的富余人员会由隐蔽性过剩人口转变为显性失业人口；在经济体制改革中，有些企业破产，使该企业的劳动者暂时成为显性失业人口。

隐性失业的概念是 1930 年由剑桥学派主要代表人物琼·罗宾逊提出的。其原意是指城市工人在危机时期为避免失业而被迫接受一些知识、技能和经验都得不到充分利用的工作。按照马克思主义的理论，隐性失业的特殊之处在于，劳动者跟生产资料结合了，但未能发挥其隐蔽的潜能，企业也不再以追求更高的劳动效率为目标。现在主要是指，相对多余的那部分劳动力表面上看虽然就业，但并未实现与生产要素的充分结合，从而造成劳动力半闲置的不完全就业状况。即劳动力名义上就业而实际就业不足，即劳动者在就业岗位上存在着劳动时间和劳动技能上的闲置，或者存在劳动者表面上有工作，但劳动效率低下和边际劳动所对应的边际效率近于零，也就是表面上有工作，但实际上对产出没有作出贡献，即有"职"无"工"的现象。当经济中减少这类就业人员时产出水平没有下降，即存在着隐性失业。隐性失业的状况大多发生在衰退时期或者发展中国家，由于企业开工不足，即使未被解雇的工人也无法被有效地使用，而在繁荣时期，则会造成企业人浮于事的现象。

（三）按失业产生的原因划分

宏观经济学通常将失业按产生的原因划分，失业分为摩擦性失业、结构性失业和周期性失业。摩擦性失业和结构性失业因其不可避免的性质而又被称为自然失业，这是一种相对稳定的失业状况。

摩擦性失业是指在劳动力正常流动过程中所产生的失业，是由于生产过程中局部的、暂时的失调而引起的短期的、暂时性的失业。这种失业通常起源于劳动的供给一方，是一种求职性失业，即一方面存在职位空缺，另一方面存在着与此数量对应的寻找工作的失业者。这主要是由劳动力供求信息的不对称，市场组织不完善，行业与企业发生调整或转移等方面原因所致。即使在劳动力市场的供给与需求是平衡的时候，摩擦性失业仍然会发生，因为企业找到所需的雇员和失业者找到合适的工作都需要花费一定的时间。摩擦性失业对失业者个人而言是一种暂时性的、过渡性的状态，因为有工作能力的人不会因为上述原因而导致较长时间的失业，是劳动者在寻找匹配职位的过程。从经济和社会发展的角度来看，这种失业形式并不被认为是严重的社会经济问题，而且这种失业形式是无法消除的，在任何时候都存在，并将随着社会经济结构变化而有增大的趋势，并且可以通过改善有关各种就业机会的信息渠道加以缓解。

结构性失业是由劳动力供给和需求的不匹配造成的，是指由国民经济结构调整、产品结构调整、地区结构变化及其生产形式和规模等经济变化引起特定市场或者特定区域中劳动力结构不能与之相适应，特定类型劳动力需求小于其供给所产生的失业。结构性失业在性质上是长期的，通常起源于劳动力的需求方。其特点是既有失业，也有职位空缺。造成这种失业的原因主要有三方面：（1）技术进步。随着新技术的产生和发展，原有的劳动者不能适应新技术的要求，或者由于技术改变使得企业对劳动力需求下降。（2）消费者偏好变化。消费者对产品和劳务偏好的改变，使得一些行业规模扩张而另一些行业规模萎缩，处于规模萎缩行业的劳动力需求减少，劳动者因此而失去工作岗位。（3）劳动力缺乏流动性。劳动力流动成本的存在制约着失业者在行业间或地域间流动，从而使得结构性失业长期存在。当前，我国就业的主要矛盾既表现为劳动力供给大于需求总量的失业问题，也表现为严重的结构性失业问题。城镇就业压力加大和农村富余劳动力向非农领域转移速度加快同时出现，新成长劳动力就业和失业人员再就业问题交织在一起。这意味着我国的失业问题从性质上来看既是总量矛盾又是结构性问题。

周期性失业又称为总需求不足的失业，是由于总需求不足而引起的短期失业，一般出现在经济周期的萧条阶段。这种失业与经济的周期性波动有关。这种类型失业产生的主要原因是整体经济水平的衰退。当经济处于复苏和繁荣阶段时，各企业争先扩大生产，就业人数普遍增加；在衰退和谷底阶段，由于社会需求不足，企业前景暗淡，又纷纷压缩生产，大量裁员，从而导致较为普遍的失业现象。20 世纪 30 年代经济大萧条时期，西方发达国家出现的失业就属于周期性失业。与结构性失业、摩擦性失业等不同，周期性失业的失业人口众多且分布广泛，是全球经济发展面临的最严峻问题，通常需要较长时间才能有所恢复，因此周期性失业也是人们最不愿意见到的失业。

第二节
失业理论

对摩擦性失业、结构性失业和周期性失业的区分使我们对失业产生的原因有了一定的了解。这一节将从失业理论的视角，对失业原因进行更加深入的分析。

一、马克思主义失业理论

马克思主义失业理论区别于传统的经济学失业理论，具有独特的范式，自成一派。马克思没有专门的著作系统分析失业现象，研究失业问题。马克思对失业问题的研究是建立在劳动价值论的基础上的，其在《资本论》中对劳动价值论、商品二重性、资本构成与循环等观点的阐释，将失业问题纳入资本主义经济发展研究的整体框架，深层次地剖析了资本主义经济中失业问题的实质，对其长期变动和发展趋势做出了准确的判断。马克思主义经典理论关于失业问题提出了以下观点。

（一）马克思从相对剩余价值生产出发，指出了失业问题产生的原因

绝对剩余价值生产和相对剩余价值生产是资本家进行剥削的两种主要方式。马克思指出资本主义社会失业的根源是相对剩余价值的生产。剩余价值的第二种形式是相对剩余价值，它表现为工人劳动力的发展，就工作日来说，表现为必要劳动时间的缩短，就人口来说，表现为必要劳动人口的减少。绝对剩余价值的生产使资本家力图延长工人的必要劳动时间，并力图雇佣更多的工人来扩大剥削范围。而相对剩余价值的生产又使资本家力图缩短工人的必要劳动时间，延长相对剩余劳动时间。随着生产资本的发展，生产相同的剩余价值所需要的劳动力数量将下降，从而减少必要劳动人口，这势必会使得一部分人口变为相对过剩人口，

成为产业后备军。[①] 马克思在相对剩余价值生产的分析中论述了在资本主义社会机器排挤工人的现象，认为机器作为劳动资料一出现，立刻就成了工人本身的竞争者。通过机器进行的资本自行增殖，同生存条件被机器破坏的工人的人数成正比。被机器排挤的工人由于技能结构的限制，很难顺利地找到其他工作，因而社会的失业率会上升。

（二）马克思从资本有机构成的角度指出失业问题出现的条件

马克思指出在资本主义社会，资本家为追求利润的最大化而不断采用先进的生产技术，更新机器设备，这就使得不变资本比例增加，可变资本比例降低，并且可变资本的这种减少随着总资本的增长而加快。"资本主义积累不断地并且同它的能力和规模成比例地生产出相对的，即超过资本增殖的平均需要的，因而是过剩的或追加的工人人口"[②]。可变资本的相对减少，意味着用较少的劳动就可以利用较多的机器和原材料，直接带来劳动需求的减少。特别是被机器排挤的工人，如果还受本身技能的制约，那么社会总体的失业率会进一步升高。同时，由于机器排挤工人，造成可变资本减少，失业人员对生活资料的需求也会下降，长期下去会造成生产生活资料的工人失业。这样，"机器不仅在采用它的生产部门，而且还在没有采用它的生产部门把工人抛向街头"[③]。

（三）马克思按照相对过剩人口的形式划分了失业的类型

马克思认为相对过剩人口有流动的形式、潜在的形式和停滞的形式。流动的形式是指短期的失业，工人时而被排斥，时而在更大的规模上再被吸引，主要是指脱离少年时期的青年男工。潜在的形式是指失去生产资料的农民需要流入城市寻找工作，由于受到一定的转移障碍，从而只能留在农村。停滞的形式是指长期失业。马克思认为，这些劳动力"不断地从大工业和农业的过剩者那里得到补充，特别是从那些由于手工业生产被工场手工业生产打垮，或者工场手工业生产被机器生产打垮而没落的工业部门那里得到补充"[④]。这说明长期失业者往往与产业结构、技术结构调整有关，属于结构性失业。马克思重点阐述了结构性失业的原因和实质。

（四）马克思提出社会分工对缓解失业的重要影响

马克思指出分工能提升生产力。"机器生产同工场手工业相比使社会分工获得无比广阔的发展，因为它使它占领的行业的生产力得到无比巨大的增加"。分工缓解失业的效应主要表现在"工场手工业的分工，又使所使用的工人人数的增加成为技术上的必要。现在，单个资本家所必须使用的最低限额的工人人数，要

---

①　参见《马克思恩格斯全集》，中文 1 版，第 23 卷，705 页，北京，人民出版社，1972。

②　同上书，691 页。

③　陈英、景维民：《卡莱茨基经济学》，482 页，太原，山西经济出版社，1999。

④　《马克思恩格斯全集》，中文 1 版，第 23 卷，705 页，北京，人民出版社，1972。

由现有的分工来规定。另一方面要得到进一步分工的利益，就必须进一步增加工人，而且只能按倍数增加"①。

马克思的失业理论有严密的逻辑内涵和关系，着重从资本主义生产方式的分析入手，深刻地揭示了资本主义社会失业的根源、造成失业的原因、失业的表现形式等。

二、古典经济学派的"充分就业"理论

失业问题是随着资本主义雇佣制度的产生而产生的，将失业问题作为一个重大的理论问题来研究是从 20 世纪 30 年代经济大危机时期才开始的。西方最初的失业理论是以萨伊、庇古为代表的古典经济学派的充分就业理论。

1503 年，法国经济学家萨伊在《政治经济学概论》中提出了"供给创造自己的需求"的观点，即"萨伊定律"。庇古等经济学家从完全竞争的市场结构出发②，认为在完全竞争的市场上，产品价格和货币工资可以根据市场供求状况灵活调整。劳动供给和劳动需求相互作用，决定了实际工资和就业水平，供求均衡时的就业量就是充分就业量。古典经济学强调货币工资具有完全的伸缩性，当劳动力供大于求时就会出现失业，货币工资会自动调整下降，工资的下降会使厂商成本下降、利润增加，由此促使他们扩大生产规模，从而使产量扩大以达到充分就业。庇古否定了资本主义自由竞争制度下存在大量失业的可能，认为资本主义自由竞争制度下的失业是自愿的、暂时的、局部的和少量的，只能被看作摩擦性失业和自愿失业。

庇古认为因季节性原因或技术性原因而引起的失业是摩擦性失业；由于工资有刚性或缺乏必要的弹性而引起的失业，即工资不能随着劳动力市场的供求状况变化而引起的失业是自愿失业。庇古认为，如果工人要求发给工人的工资率高于经济力量自由发挥时所得出的工资率，那么即使在完全静止的情况下也会发生失业。③ 这两种失业在完全竞争的市场中都是短期的或局部存在的，能够通过市场的自发力量而解决。只要不存在工资刚性，劳动力市场就总能达到充分就业均衡状态。因此，古典经济学认为失业产生的原因在于工会或者劳动力市场人为地阻止货币工资的下降。庇古认为解决失业的办法是消除货币工资的刚性，使其能够随着劳动力市场的供求变化而发生相应的变化。

在缺乏系统化的失业理论的前提下，古典经济理论对失业现象的解释有一定的逻辑性和合理性。该理论指出了在市场经济中工资调节机制对于劳动力市场供求关系的灵活调节作用，初步分析了造成工资价格水平不能灵活调节的某些阻碍

---

① 马克思：《资本论》，第一卷，471 页，北京，人民出版社，1975。
② 参见沈建明：《关于经济学根本范式的讨论——与经济学技术关系论者商榷》，载《现代财经》，2007（11）。
③ 参见 [英] 庇古：《论失业问题》，112 页，北京，商务印书馆，1959。

性因素。但不可否认的是，这种理论也存在着局限性。这主要表现在，该理论把劳动力看作一般商品，割裂了劳动力市场、产品市场和消费市场的内在关联来分析"市场出清"，反映了它在认识失业问题的方法论上存在的缺陷。

三、凯恩斯主义的宏观失业理论

20 世纪以来，随着垄断资本主义的迅速发展，经济危机频繁发生，资本主义社会的现实不断冲击着新古典经济学的理论。1929—1933 年资本主义社会爆发了其历史上最深刻、最广泛、最长久、最具毁灭性的经济危机，使得大量企业面临破产、大量工人失业成为普遍的现象。大危机彻底摧毁了古典经济学理论这种自由市场可以自动消除失业的观点，关于资本主义制度可以借助市场的自发力量达到充分就业均衡的学说受到了普遍的怀疑。1936 年，凯恩斯在《就业、利息和货币通论》一书中，提出了一种与古典西方失业理论不同的宏观经济学说。他从资本主义经济危机产生的现实问题着手，分析了资本主义经济危机和失业产生的根源，并提出了相应的救治之策。这一理论从根本上动摇了传统的经济理论，并引起了经济理论上的一场革命。

凯恩斯的就业理论是以有效需求理论为核心的。凯恩斯认为，有效需求是决定社会就业总量的关键因素，能否达到充分就业取决于有效需求的大小。现实社会之所以经常不能处于充分就业均衡状态，其原因就是有效需求不足。有效需求不足会导致市场规模的缩小并带来劳动力需求不足。充分就业只是资本主义经济的特殊状态，是各种均衡的可能位置的极限点，而小于充分量的均衡是资本主义经济社会的常态，从而否定了古典经济学理论所说的宏观经济只有在充分就业上才能达到均衡的观点。

凯恩斯强调，摩擦性失业和自愿失业并不能概括一切失业现象，客观上存在着第三种失业——非自愿失业。他将其定义为："如果工资品的价格相对于货币工资稍有上升，现行货币工资水平下愿意工作的劳动总供给量和在此工资水平下的劳动总需求量都将大于现有就业量，那么劳动者就处于非自愿失业状态。"[①]即工人愿意接受现行货币工资水平但仍然无法就业而引起的失业，是由整个社会的有效需求不足造成的。它随着经济波动而波动，在经济萧条时上升，在经济繁荣时下降。在经济萧条时，由于社会总需求不足，购买力降低，商品滞销，引起生产缩减导致工人被解雇，造成失业。当经济繁荣时，社会收入增加，总需求增加，社会购买力增加。社会实际收入增加时，消费也增加。但后者增加不如前者增加得那么多，这就使两者之间出现了一个差额。有效需求不足是资本主义经济发展的障碍。因此，凯恩斯认为充分就业并不是指所有人都就业，而是指在某一货币工资水平下愿意参加就业的劳动者的就业，即不存在非自愿失业。在此基础上，凯恩斯提出了一系列需求管理政策，通过有效的政府干预来刺激社会的有效

---

① ［英］凯恩斯：《就业、利息和货币通论》，25 页，北京，九州出版社，2007。

需求，促进生产，从而提高就业，减少失业。

凯恩斯的非自愿失业理论不仅在历史上对资本主义国家的宏观调控政策产生了持久的影响，而且其理论和政策主张在当今世界的很多国家仍在产生很大的作用。在经济理论方面，凯恩斯提出了区别于新古典经济学研究的假设前提，摒弃了以萨伊定律为基础的"充分就业"这一前提，在"非充分就业"的前提下进行研究，得出了危机和失业不可避免的结论。在政策方面，凯恩斯提出有效需求理论，政府应运用宏观管理政策积极干预经济，反对新古典经济学主张的"自由放任"经济政策。但是，凯恩斯的失业理论也存在着缺陷和不足，其对于失业的理论解释没有碰触到资本主义社会制度本身。二战后的二三十年间，经济危机仍不断爆发，凯恩斯的经济政策只是让失业问题得到缓和并保持总的经济增长趋势，但是，到了 20 世纪 70 年代，西方国家出现了"滞胀"现象，凯恩斯的经济理论与政策受到了前所未有的挑战。

四、新古典综合学派的失业理论

20 世纪 70 年代，西方发达资本主义国家相继出现了凯恩斯主义宏观经济理论无法阐释的经济现象，即普遍出现了高通胀、高失业和低经济增长并存的"滞胀"现象。此时新古典综合学派登上了历史舞台，其中最具影响的主要有货币学派、供给学派和理性预期学派。

（一）货币学派

货币学派是 20 世纪五六十年代，在美国出现的一个经济学流派，亦称货币主义。货币学派在理论和政策主张方面，强调货币供应量的变动是引起经济活动和物价水平发生变动的根本的和起支配作用的原因。

1968 年，货币学派的代表人物美国经济学家米尔顿·弗里德曼在《货币政策的作用》一文中指出在资本主义社会中存在"自然失业"的现象，这种失业常与劳动力市场的竞争程度、垄断程度等诸如此类与货币相关的因素有关。货币学派的失业理论可以简单归结为"自然失业率"假说。货币学派强调，在市场竞争中，实际工资率是有弹性的，主要受到劳动力供求状况的影响，较低的工资水平是劳动力供给过量的表现。无论失业人数如何变化，实际工资率如何变动，一切与实际工资率结构不相适应的人员都将失业。弗里德曼指出，与就业有关的是实际工资，即能够购买多少商品和劳务的工资。资本主义社会中总是会存在一个"自然失业率"，即充分就业下的失业率。它是指在没有货币因素影响的情况下，劳动力市场和商品市场自发供求力量发挥作用时处于均衡状态的失业率，它与劳动力市场的实际工资率相对应，而且劳动供给量是随着实际工资率的变动而变动的。自然失业率的高低与经济效率的高低并无必然的联系。货币学派充分就业情况下的失业率主要包括摩擦性失业和结构性失业。由于人口结构的变化、技术的进步、人们的消费偏好改变等因素，社会上总会存在着摩擦性失业和结构性失业。自然失业率是一个可变量，它取决于和货币因素相对应的实际因素，自然失业率只要是劳动力市场和商品市场共同自由发挥作用的结果，就是有效率的。因此，弗里德曼关于失业的对策建议是：发挥市场自发调节作用以解决失业问题，减少政府在劳动力市场的各种福利，取消劳动力市场的制度壁垒，反对最低工资率的规定和工会对工资率的干预。

（二）供给学派

供给学派是 20 世纪 70 年代在美国兴起的一个经济学流派。该学派强调经济的供给方面，认为需求会自动适应供给的变化。

供给学派就业理论进一步阐述了供给决定需求这一基本命题，肯定了萨伊定律，对凯恩斯主义的就业理论进行了批判。他们认为凯恩斯的需求创造供给的定律忽略了较低生产力和较高通货膨胀的影响[①]，如果实施凯恩斯主义所提倡的政府干预经济，市场将遭受更大的冲击，难以发挥市场经济自由调节的作用。供给学派提出，供给的增加决定于投入要素的增加和劳动生产率的提高，而生产要素的变动，又决定于要素所有者可支配收入的增加和对要素所有者的激励。供给学派在对古典劳动供给曲线进行分析的基础上提出"向上移动"的劳动供给理论以说明就业、工作努力与经济增长之间的关系，认为只要在社会中存在贫富差距和健全的流动机制，实际工资率的提高就能够促进就业。

（三）理性预期学派

理性预期学派是 20 世纪 70 年代中期以来在美国新兴的一个反凯恩斯主义流派。它是从货币学派中分化出来，主张以理性预期假说、动态分析为主要特征的流派。其代表人物主要是约翰·穆斯（John Muth）、卢卡斯（R. Lucas）等人。理性预期学派否认非自愿失业和有效需求原理，认为失业作为一种实际的经济变量，是由诸如劳动市场供求关系、生产技术条件、经济技术结构等实际因素决定的，而与货币数量以及货币数量所决定的价格水平没有关系，与总需求的变动也没有必然的关系。总需求的波动会引起产量变化和就业波动，但是在长期没有政府干预的自由市场经济中，总需求的波动影响将被抵消，从而将形成自然率水平的产量，在此条件下的失业率即自然失业率。

理性预期假说以自然失业率为出发点，认为一旦失业率稳定在自然失业率以后，由于理性预期，人们会充分认识到经济波动的后果，并采取相应措施，致使任何经济政策或波动即使在短期内也无法改变自然失业率。例如，扩张性政策使价格上升时，人们相应地增加名义工资，而紧缩性政策使价格下降时，人们则降低名义工资，最终实际工资不变。因此，货币学派所提出的解决就业的宏观政策不仅在长期内不起作用，即使在短期内也无效。基于这种分析，理性预期学派认

① 参见［美］迈克尔·K·埃文斯：《凯恩斯主义经济计量模型的破产》，见《现代国外经济学论文选》，第 5 辑，北京，商务印书馆，1984。

为通货膨胀与失业之间的交替关系不论在短期还是在长期都是不存在的。对于在现实中确实存在过的失业率与通货膨胀率之间的交替关系，他们用偶然的、暂时的预期失误或预期混乱来解释。

以上三种理论分析，新古典综合派从凯恩斯主义的宏观总量性失业转移到了结构分析，从总量需求分析转移到了总量供给分析，这些完善与补充都弥补了原有理论对经济现象解释力的不足，在一定的程度上丰富和发展了失业理论。但是，新古典综合学派同样没有看到隐藏在失业问题背后的体制因素，歪曲了失业问题产生的根源所在。

五、新凯恩斯主义的失业理论

新凯恩斯主义是 20 世纪 80 年代出现的主张国家干预的新学派。当凯恩斯主义面临越来越多的指责和挑战的时候，以劳伦斯·萨默斯（Lawrence Summers）、格里高利·曼昆（N. G. Mankiw）、约瑟夫·斯蒂格利茨（Joseph Stiglitz）、约翰·希克斯（John Hicks）等经济学家为核心的新凯恩斯主义经济学派应运而生。它用黏性理论取代了其他凯恩斯学派的刚性理论，并从理性经济人离异最大化的角度对黏性做出了解说，通过对劳动力市场的相关失灵问题的研究，弥补了原凯恩斯主义就业理论缺乏微观基础的不足，重新发展了西方的原有失业理论。

（一）隐含合同理论

隐含合同是指厂商和工人之间没有正式的工资合同，但相互有相对稳定的协议或默契。从长期来看，劳动者提供劳动力生产商品，企业向劳动者付出工资，实际上是一个保障合同交易。由于劳资双方对待风险的态度是不同的，工人是风险厌恶者，厂商是风险中立者，在双方确立工资时，会达成一种默契，即实际工资保持相对稳定，不随着经济波动而变化。在经济活动繁荣时，劳动者的实际工资低于其所创造的劳动边际收益产品，这时企业可以从劳动者身上得到剩余的收益；然而在经济低落时，劳动者的实际工资高于其创造的边际收益产品，这时企业会承担一定程度的损失，而隐含合同的存在使这种工资水平的变化具有某种黏性，所以在经济衰退时企业一般会解雇工人，最终导致失业问题的出现。

（二）失业回滞理论

回滞（hysteresis）本来是一个物理学的概念，1972 年费尔普斯最早将此概念应用于宏观经济中的失业现象，建立了失业回滞模型，而后一些新凯恩斯主义者，如哈格里夫斯-希普、克罗斯、布兰查德、萨默斯、莱亚德、戈登等人对此均有所贡献。失业回滞意指在劳动力市场遭受一个负向冲击信号后，上升的失业率难以在后续时期得到完全的修复而会残存，这种现象类似于物理上的磁性回滞现象。该理论研究失业与失业之间的螺旋关系，即失业怎样进一步产生出失业的机理。失业回滞理论阐释了失业不仅与当前阶段各种影响失业的因素有关，而且也取决于过去的失业情况。

经济学家关于失业回滞的分析主要从两个方面展开：一是折旧理论。如果劳动者正处于失业状态，则其原来的职业技能会随着时间流逝而减弱，使人力资本的价值产生折旧，而较长时期的失业可能会使得劳动者彻底丧失职业技能或者该技能被新的技能所替代。在企业准备雇佣劳动者时，企业往往就会倾向于选择很少失业或者失业时段较短的劳动者。这种选择行为的存在使得过去的较高的失业率进一步维持或再生出更长时期的失业。二是从内部人—外部人模型进行分析。内部人指的是已经拥有工作的劳动者，外部人指的是正在寻找工作的失业者，两者在劳动力市场中的经济地位是不同的。由于企业解雇工人是需要成本的，而且在一定程度上还会对生产秩序造成影响，同时招聘新的外部劳动者也要付出一定的成本，如搜寻、挑选、培训费用等，所以企业往往不倾向于迅速解雇就业者而重新雇佣失业者。除此之外，内部就业者还可能利用其所占有的有利地位和信息阻止外部择业者进入企业，作为就业者利益代言人的工会也会为了维护现有就业者的利益而选择阻止外来人员进入，从而造成失业的循环上升。[①]

（三）效率工资理论

效率工资理论是一种有关失业的劳动理论，探究的是工资率水平跟生产效率之间的关系，这是主流宏观理论为了解释工资刚性而提出的理论。效率工资理论认为，效率工资是一种激励工资，员工的生产力与其所获得的报酬（主要是指薪资报酬但亦能轻易地推广到非金钱报酬）呈正向关系，是为了解释非自愿性失业（involuntary unemployment）现象所发展出来的相关模型的通称。

效率工资理论的基本假说就是工资和效率的双向作用机制，如果工资削减损害了工人的劳动生产率，引起单位产品劳动成本的提高，那么，为了保持效率，厂商愿意支付给工人高工资。即一方面，生产率高的工人理应得到高工资，工资依赖于工人的生产率；而另一方面，工人的生产率也依赖于工资，工人的行为常受到工资的影响。因此，追求利润最大化的厂商存在很强的动机去按照生产率的高低来选择就业的工人。但在雇佣行为发生之前，由于信息的不完全，劳动者的生产率是难以被观测到的。所以，厂商往往把工人愿意接受的工资作为选择的依据，因为工人愿意接受的工资水平从一个侧面表明他不能在其他地方得到更高的工资，否则他就会讨价还价或受雇于其他厂商。所以，即使存在超额的劳动力供给，厂商也宁愿支付给工人较高的工资，通过效率工资，激励工人的生产积极性，提高劳动生产率。当社会经济发展处于萧条阶段，社会有效需求不足，但是由于效率工作产生了工资黏性，工资不能自动按照劳动力市场的供求进行调整，使劳动市场不能出清，产生资本主义社会的非自愿失业现象。

效率工资论在新凯恩斯主义劳动市场理论中发挥了重要作用，它在一定程度

---

① 参见袁东明：《西方失业回滞理论述评》，载《经济学动态》，2002（4）。

上解释了西方国家高工资和高失业并存的现象，是新凯恩斯主义理论和经济周期理论的重要理论基础。但是也应该看到新凯恩斯主义夸大了效率工资的作用，而且该理论构建的基本假说前提受到普遍质疑。

新凯恩斯主义从劳动力市场的部门角度分析了资本主义社会中的失业问题，发展出并完善了一种全新的失业理论，在微观经济学的基础上解释了工资黏性和失业问题，代表了西方失业理论的最新发展。

六、发展经济学的二元结构失业理论

发展经济学是二战后在西方经济学体系中逐渐形成的一门新兴学科，它是集中研究和解决发展中国家经济问题和经济发展的经济学流派。其代表人物是刘易斯（W. A. Lewis）、拉尼斯（G. Ranis）以及托达罗（M. R. Todaro）等。

发展经济学的失业理论主要探讨了二元结构发展模式下的失业问题。发展中国家的经济由传统农业部门和现代工业部门两部门组成。刘易斯等人认为：传统农业部门的劳动生产率低，边际劳动生产率甚至为零或负数，存在大量的非公开性失业。因此，农村的过剩劳动力在极低的收入水平下也能就业，其因此处于伪装失业状态。而现代工业部门的劳动生产率相对较高，但从业人数较少，其相对较高的工资水平可以吸引传统农业部门劳动力的转移。只要非农产业能够支付一个高于农业的实际工资，只要两者工资差额能够补偿城市的较高生活费用和背井离乡的心理成本，农村剩余劳动力就会源源不断地流向城市非农产业。刘易斯等人将失业归因于发展中国家资本不足，指出要解决二元经济模型中的失业问题，关键是要加速现代部门的资本积累，从而提高该部门中劳动的边际生产率，使现代部门可以不断吸收传统部门中游离出来的劳动力，最终消除二元结构现象。

托达罗在刘易斯等人二元结构发展模式的基础上，探讨了劳动力转换下的失业问题。托达罗强调了预期收入在农村人口转移中的重要作用，认为是预期收入而非实际的城乡收入差距导致农村流动人口迁移到城市。托达罗模型比刘易斯模型更贴近发展中国家的现实，能够较好地解释农业人口向城市流动以及城市失业的现象。同时托达罗也意识到解决发展中国家失业问题的艰巨性和困难性。托达罗模型强调解决城市失业的根本出路在于缩小城乡收入差距和发展农村经济，而不是过度城市化和工业化。此外，发展经济学家还就发展中国家城市中公开性失业问题提出了统筹解决的一揽子政策。

发展经济学二元结构失业理论解释了发展中国家失业的问题。但是各种模型在分析影响迁移决策的因素中，都只考虑了经济因素，忽视了距离、社会关系和心理因素等其他能影响迁移决策的因素。

从上述失业理论的发展演变可以发现：西方失业理论不但从总量上考察了失业问题，而且也注意到了结构性问题；不仅分析了发达国家的失业问题，而且也探讨了发展中国家的失业现象；既有失业一般现象和问题的分析和揭示，又有解决这一问题的一系列对策建议，等等。这些失业理论对于当代失业问题的研究有着不容忽视的指导作用。但是必须看到，西方失业理论至少存在以下的缺陷：其一，虽然门派林立，但基本是"头痛医头，脚痛医脚"，这决定了在面临现实和未来世界出现的新问题、新情况时难以作出正确、清楚的回答和解释。其二，角度单一，未能多学科、多角度地综合研究失业问题。各学派失业理论的创立者和代表人物几乎是清一色的经济学家，他们的研究均是从经济学这一单一角度进行的，其结论及其形成的理论体系难免失之偏颇，也很难用以全面和正确地指导、服务于实践。

第三节
失业问题的影响

失业会产生诸多影响，一般可以将其分为经济影响和社会影响。

一、失业的经济影响

失业对于经济的影响既有积极方面，也有消极方面。

（一）失业对于经济的积极影响

从市场经济发展看，在市场或社会中非充分就业是必然的，也是必需的。这是因为：失业是经济周期发展中劳动力供求的"蓄水池"。当经济处于衰退阶段时，大量企业面临破产倒闭或缩减生产规模，由此将会产生大量的失业问题；当经济处于繁荣阶段时，失业可为经济发展提供急需的劳动力。而失业的强逼机制，会使劳动力受到失业的威胁而不断提高自身素质，从而提高整体社会的就业质量。同时失业也有助于提高劳动者的工作效率，保证每个劳动者都就业必然是低效率的（中国传统的就业体制充分说明了这一点）。

对于劳动者个人而言，一定时期内的失业是人尽其才所必需的。按照职业匹配理论，在信息不充分条件下，工作搜寻者只有通过大量的搜寻活动才能找到与自己气质、性格、年龄、知识与职业技能相适应的职业。这种在搜寻工作中而产生的摩擦性失业，对于劳动者个体而言通常是得大于失。另一方面，劳动者为适应日新月异的技术变革需要不断提高自身素质，因此，由教育或培训而产生的短期失业也是有利的，这种失业是劳动力优化配置过程中必须付出的代价。

从经济发展的过程而言，失业过程本身就是劳动力在市场机制的作用下，通过优胜劣汰，实现劳动力资源的最优配置。我国改革开放以后实行的下岗分流、减员增效等减轻企业富余人员压力的措施一步步落实，虽然增加了失业人员，但是较大程度地提高了国有和集体企业的经济效益和运行效率，使得一批充满活力的公有制企业在改革中逐渐成长起来。可见在中国改革开放和经济发展的过程中，失业有利于培育和完善中国劳动力市场，有利于完善中国劳动力用工机制、社会保障机制并促进中国国有企业改革的深入。

（二）失业对于经济的消极影响

失业虽然有一部分积极影响，但是从经济发展的长期性来看，失业是社会经济非均衡运行的直接动因，是加剧社会矛盾的根源，它对社会经济生活具有极大的负面影响。

1. 失业对经济总量的影响

失业对经济的消极影响可以用机会成本的概念来理解。失业意味着愿意而且能够工作的人被逐出生产领域，转向分配领域，这部分劳动力资源没有被用以进行国民生产。当失业率上升时，经济中损失了那些本来可以由失业工人生产出来的产品和劳务。衰退期间的损失，就好像是众多的汽车、房屋、衣物和其他物品都被销毁了。从产出核算的角度看，失业者的收入总损失等于生产的损失，丧失的产量是计量周期性失业损失的主要尺度，它表明社会处于非充分就业状态。同时，失业者作为社会人，却要消费国民财富。这种状态反映了一种资源配置的低效率，既是劳动力资源的浪费，又是整个社会产出的损失。它意味着市场达不到充分就业时的水平，不符合充分利用一切资源发展经济的基本原则，降低一个国家为公众提供福利的能力。

从社会经济循环发展的角度来看，失业群体因为收入减少和购买力的下降而影响到社会生产的发展和市场繁荣，继而引起企业生产减少、失业问题加重。而失业问题加重，又进一步使得消费市场和生产市场萎缩，加剧失业。如此反复，逐步形成失业群体的风险循环。这是一种恶性的风险循环，既造成了失业群体的痛苦指数上升，又影响了经济社会的良性运行和健康发展。

其实无论是在西方发达国家还是处于转型期的发展中国家，它们的经济增长都证明了这样一点，那就是经济的增长和就业的增长之间一般呈现一种正相关的关系。

20世纪60年代，美国经济学家阿瑟·奥肯（Arthur Okun）根据美国的数据，提出了经济周期中失业变动与产出变动的经验关系，被称为奥肯定律。奥肯定律的内容是：失业率每高于自然失业率一个百分点，实际GDP将低于潜在GDP两个百分点。换一种方式说，相对于潜在GDP，实际GDP每下降两个百分点，实际失业率就会比自然失业率上升一个百分点。奥肯定律揭示了产品市场与劳动市场之间极为重要的关系，它描述了实际GDP的短期变动与失业率变动的联系。根据这个定律，可以通过失业率的变动推测或估计GDP的变动，也可以通过GDP的变动预测失业率的变动。美国在20世纪80年代初期的高失业所造成的产量损失每年在1 220亿～3 200亿美元，按人口平均为500～1 300美元。尽管奥肯定律是对美国长期实际经济增长率与失业率内在作用的一种描述，但这一经验事实和变化规律在世界各国的经济发展过程中也得到了检验，尽管不同时期不同国家的这个比例不完全相同。

未来的一二十年是中国改革开放的关键时期，大量的农村富余劳动力要转移到城镇就业，城镇新增的适龄就业人员也有较大的就业需要，这就使得中国在未来这一二十年内面临着较大的就业压力，就业问题是中国政府宏观经济政策要解决的最主要问题之一。奥肯定律给我们提供了一个可能的解决方案，即一定要保持 GDP 的高速增长，这样一方面能迅速提高人民群众的生活水平，另一方面也能较好地缓解未来的就业压力。

2. 失业造成人力资本损失和劳动力资源浪费

从失业对人力资本的影响而言。失业会造成人力资本的损失，人力资本积累的一个重要来源就是劳动者在劳动力市场上所形成的工作经验和技能。失业对于人力资本造成的影响有两方面：一方面，失业者已有的人力资本得不到运用，造成人力资本的浪费。如果有劳动能力的人无法与生产资料结合，不仅不能创造社会财富，反而要消耗社会财富，这是一种巨大的资源浪费。另一方面，长期的失业既会降低人力资本的价值，也会使失业者原有的知识、技能和能力退化或丧失，逐步降低对劳动力市场的依附性，甚至退出劳动力市场。

3. 失业加重了政府的财政负担

改善人民生活水平是政府的一项重要任务。失业导致失业者收入水平下降，影响其基本生活水平。在这种情况下，政府必须采取措施，缓解失业者失去收入来源所造成的经济困难和生存压力，发放失业救济金是一个重要方面。因此，失业人口的增加将会导致政府对于失业相关开支的增长，从而加重政府的财政负担。从国外资料看，1993 年，经济合作与发展组织国家用于失业方面的公共支出高达 2 914.28 亿美元，相当于这些国家 GDP 的 2%，失业人员人均支出为 8 673 美元。经济合作与发展组织国家中，欧洲国家用于失业的支出相当于 GDP 的 3.2%，失业人员人均支出高达 10 587 美元，北欧福利国家用于失业的支出就更高了。①

二、失业的社会影响

失业的社会影响虽然难以估计和衡量，但它最易为人们所感受到。失业威胁着家庭和社会的稳定。失业对劳动者最直接的影响就是使其收入减少，个人效用降低，家庭的要求和需要得不到满足，必会在一定程度上影响其身心健康，引起一系列的不良后果。

（一）失业造成生存风险循环

对于失业者而言，失业使得该群体及其家庭收入减少，生活日益贫困化，并

---

① 参见苏吉永：《论欧盟积极的失业治理政策》，载《理论学刊》，2008 (11)。

且导致其社会地位下降，使得失业者及其家庭陷入生存风险循环中。（如图 8—2所示）

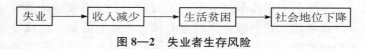

图 8—2　失业者生存风险

失业导致的直接问题就是经济收入减少和生活贫困。对大多数的社会成员来说，就业是获取收入的唯一来源，失业意味着收入来源的中断。失业者经济上的低收入也造成了失业群体生活的脆弱性，一旦遭遇疾病或其他灾害，他们很难有足够的承受力，生活容易陷入困境。在经济处于转型的国家，失业人口中的贫困率往往是全体人口贫困率的 2～3 倍，长期性失业日数与贫困率之间有较强的相关性。[①] 根据美国社会学家戴维·波普诺（David Popenoe）的研究，穷人"处于贫困线以下的主要原因就是他们长期就业不充分"[②]。经济上的低收入性决定了失业群体在社会生活中处于贫困的状况，这种贫困不仅表现为生活水平的下降，更严重的是，失业导致的教育匮乏、医疗困难等，使得失业者及其家庭陷入"贫困恶性循环"。

对于劳动者个人而言，失业期间劳动力的浪费使得劳动者丧失了部分参与国民收入正常分配的机会。不仅如此，在失业期间，劳动者由于缺乏工作机会，不但浪费现有的工作技能，而且由于脱离工作岗位，无法获得新的工作技能，进而丧失了在未来劳动力市场上的竞争力。长此以往形成的恶性循环使得一部分劳动者被排斥在正常的经济活动之外，失去了主要的收入来源，使社会财富分配不公的问题加剧，贫富悬殊的现象越来越严重。失业人口的存在易于导致社会的经济利益分配格局出现失衡，造成社会环境的不稳定和诸多社会问题的出现。

物质生活的贫困，也使得失业者的社会地位下降。美籍日本学者福山分析美国失业群体问题时指出，在经济繁荣的民主国家，贫困问题已经从自然需要的问题转变成一个获得认可的问题。社会对穷人和流浪者的伤害不是在物质方面而是在个人尊严上。他们没有财富或财产，因此得不到社会上其他人的重视。政治家不会讨好他们，警察和司法制度不会严格地保障他们的权利。在一个依靠自己发家致富的社会中，他们找不到满意的工作，只能屈尊去从事一些低贱的工作，他们几乎没有机会通过教育来改善自己的处境，或者通过其他方法来发挥自己的潜能。[③]《当代中国社会阶层结构研究报告》将中国社会分为 10 个阶层，处于社会最底层的是城乡无业、失业、半失业阶层，这一阶层在整个社会阶层结构中所占的比例为 3.1%。[④] 可见失业导致失业群体社会地位下降。

① 参见胡鞍钢：《中国的就业政策和建议》，载《宏观经济研究》，1998（12）。
② 参见［美］戴维·波普诺：《社会学》，277 页，北京，中国人民大学出版社，1999。
③ 参见［美］弗朗西斯·福山：《历史的终结及最后之人》，330～331 页，北京，中国社会科学出版社，2003。
④ 参见陆学艺：《当代中国社会阶层结构研究报告》，23 页，北京，社会科学文献出版社，2002。

（二）失业造成心理压力

失业者在社会中的心理压力高于一般社会群体，主要有经济困难所造成的心理压力，以及失业群体社会过程中受到的社会排斥。失业群体的心理压力正是这些因素的推拉作用共同造成的。

1. 失业者与心理压力

经济上的低收入性和社会生活中的贫困性使得失业群体的压力高于一般社会群体。工作的职能不仅仅局限于为个体提供经济收入和支持，还具有其他对于个体生理和心理健康有重要影响的职能。在通常情况下，人们工作的惯例化钝化了挫折感，并提供了安全感。但是当个体即将面临失业时，无助感便会高涨起来，自尊便受到了威胁。[①] 失业者由于职场职业技能缺乏市场竞争力或者其他原因在劳动力市场中失去就业优势，缺乏职业安全感。他们通常觉得自己是市场竞争中的失败者，或者感到自己被社会所抛弃，在社会生活中缺乏社会支持感，在心理上容易产生不满、苦闷、焦虑、急躁等情绪。失业者的情绪如果无法自我调适，容易产生比较严重的相对剥夺感和较为强烈的受挫情绪，引发强烈的社会危机感和焦虑感。

20 世纪 30 年代，英国心理学家雅霍达（Marie Jahoda）就失业对个体的影响进行研究。直到 80 年代，大部分研究均集中在失业对人的心理冲击上。这些研究把失业看成是一种给人带来压力的生活事件，认为失业有发展为生活中紧张事件的倾向，认为失业会导致经济困难、抑郁、焦虑，并会增加生理症状。[②] 而其他的社会学家在对不同的"生活事件"（包括家庭成员死亡、工作条件变化等）引起人们紧张的程度进行排序时，认为失业仅次于配偶死亡和入狱，居于第三位。失业给失业者带来的心理负担在中国也不同程度地存在。许多失业者的情绪低落，家庭气氛紧张，甚至有人走上绝路。

2. 失业导致社会排斥

社会学研究显示，突然引起的失业会导致社会共同体的衰败和个人与共同体的脱离。[③] 福山在谈到美国的弱势群体问题时指出，在经济繁荣的民主国家，贫困问题已经从自然需要的问题转变为获得认可的问题。社会对穷人和流浪者真正的伤害不是在物质方面，而是在个人尊严方面。由于他们没有财富或财产，因此得不到社会上其他人的足够重视：政治家不会讨好他们，警察和司法制度不会严格地保障他们的权利。在一个依然依靠自己发家致富的社会中，他们几乎没有机会通过教育来改善自己的处境或者通过其他方法来发挥自己的潜能，只能屈尊去找一些低贱的工作。虽然失业者参与社会活动和交往的数量与频率没有明显降低，但是在参与社会活动中社会关系结构方面却出现了两个现象：其一，失业者

①　参见［美］丹尼尔·贝尔：《意识形态的终结》，8 页，南京，江苏人民出版社，2001。
②　参见成思危：《中国社会保障体系的改革和完善》，391 页，北京，民主与建设出版社，2000。
③　参见曾群、魏雁滨：《失业与社会排斥：一个分析框架》，载《新华文摘》，2004（18）。

（尤其是女性失业者）参与的社会活动多以家庭为活动场所；其二，失业者主要的交往对象也是失业者。由于缺少金钱，失业者较少参与社交活动；由于耻辱感，失业者较少与有工作的人来往；失业使失业者与因工作原因而建立起来的人际关系交往中断。失业者的社会网络结构呈现单一化的趋势，与主流社会交流和联系的机会减少，尤其是缺乏就业的信息和机会，导致弱劳动力联系，进一步恶化了失业者再就业的可能性。

印度籍诺贝尔经济学奖获得者阿马蒂亚·森（Amartya Sen）从"社会排斥"的角度对失业的研究认为，失业造成的社会排斥也会使社会付出非常严重的代价：失业会使潜在的生产要素无法投入生产，形成生产力的浪费，使当前国民生产总值受到损失；失业会导致劳动者生产技能的退化，这是一个国家生产能力的损失；失业会造成精神上的打击，会造成心理损害和苦恼，它对于青年人的打击尤为严重；失业所造成的收入的减少和精神的打击，会引起疾病的增加和死亡率的提高；失业会使社会关系和家庭关系疏远甚至破裂，造成人际关系的损失；失业会导致气馁，使劳动者丧失进取的动机；失业会加深性别和种族间的不平等；持续的失业会造成对社会秩序的公平产生怀疑和不信任，甚至造成对世界的怨恨和犯罪，导致社会价值的弱化。而这些后果反过来又会强化社会排斥。

（三）失业导致社会冲突

随着全球经济发展的减缓，在未来 10 年中，失业及就业的巨大压力有可能成为导致失业者与社会间紧张、冲突关系的第一因素，失业人口有可能成为劳动力市场上的高风险人群。随着失业人员的迅猛增多和失业时间的不断延长，失业者将成为一个高风险的社会群体，其风险包括生存风险、心理危机以及所引发的社会冲突事件。

失业者是指由于社会结构变迁、社会关系失调以及自然原因和个人原因所导致的失去工作岗位、生活出现障碍的人群。失业的本质特征在于其进入劳动力市场的困难性，进而表现为经济上的低收入、生活上的贫困、抵御风险的脆弱性和生活质量的低层次性。失业者个人会因为职场受挫而极可能由一般的不满、抱怨、失望等负面情绪发展到对其所处的社会制度与政府的不满，而心理上的高敏感性则决定了失业弱势群体会蓄积一定程度的相对剥夺感，并极有可能衍生出失业者的集体行为，成为潜在的社会不稳定因素，引发各种犯罪问题，造成社会动荡。

从失业对宏观社会环境的影响的角度来看，现有的研究结论显示失业与犯罪之间呈显性相关。意大利著名的犯罪学家恩利克·菲利说过："一个人不快乐，所以才变得心术不正。贫困是人体及灵魂的最剧烈的毒药，是一切不人道和反社会情感产生的根源。哪里有贫困，哪里就不可能有爱和友情。"[①] 这一说法虽然失之偏颇，但却说明了生存条件和犯罪有着紧密的联系，一旦一个人的生存目标没有得到制度性手段的有效保证，不断加剧的贫穷会动摇其道德意识并使其对法

---

① ［意］恩利克·菲利：《实证派犯罪学》，32 页，北京，中国政法大学出版社，1987。

律无所畏惧，从而引起犯罪。

从客观情况来看，失业者失去了生活来源，容易造成生活的贫困。这些贫困人口不仅生活水平下降，而且家庭地位、社会声望也随之下降，贫困的生活环境容易引发迫于生计铤而走险的犯罪行为。从主观来讲，失业意味着人生的某种失败，容易导致人们平时建立起来的信念的丧失和心理的扭曲。对于失业人员而言，由于其没有工作或失去了原来的工作，不能广泛参与社会生活，其自身的价值得不到社会的认可和承认，往往会变得孤僻、自卑，认为社会遗弃了他们，从而出现心理失衡。因而，他们在面对自身所遭遇的种种挫折和一些社会不公平现象时，自我调节和平衡能力较弱，不但不能正确对待这些问题，反而会对社会产生强烈的愤怒与不满，并把这种愤怒与不满转化成一种潜在的犯罪意识，一遇到刺激就会实施违法犯罪活动。

西方学者发现高失业通常与吸毒以及高犯罪率联系在一起。如果不能在消除社会绝对贫困的同时，逐步缩小社会成员之间的贫富差距，不能采取办法缩小能力与渴望之间的差距，那么这种相对剥夺感也容易使人倾向于暴力。[1] 研究发现，失业率增加和暴力犯罪上升之间存在着令人不安的相关关系。在美国，失业率每上升1个百分点就会导致伤人案件上升 6.7%，暴力案件上升 3.4%，财产犯罪案件上升 2.4%。[2] 高失业率和贫富悬殊以及社会保障制度存在的问题，往往会导致严重的社会治安问题。而高犯罪率又使得人人自危，政治不稳定，社会发展受阻。根据我国研究资料，中国刑事案件成倍增加与失业规模的不断扩大具有一定的联系。据统计，1984 年，城镇登记失业率水平最低，而这一年的全国刑事案件立案数为51.4 万起，是改革开放以来的最低点；而到了 1996 年，城镇登记失业率达到2.9%，全国刑事案件立案增加到 160 多万起，净增两倍多；2009 年城镇登记失业率达到 4.3%[3]，而 2009 年 1 月至 10 月，全国刑事案件立案数为 444.3 万起。[4]

第四节
失业问题的治理

在现代市场经济下，无论是发达国家还是发展中国家，是市场经济国家还是

---

① 参见［美］亨廷顿：《政治发展》，见［美］格林斯坦：《政治学手册精选》，下册，156 页，北京，商务印书馆，1996。

② 参见［美］杰里米·里夫金：《工作的终结——后市场时代的来临》，240 页，上海，上海译文出版社，1998。

③ 参见国家统计局：《中国统计年鉴 2009》，北京，中国统计出版社，2009。

④ 参见中国社会科学院"社会形势分析与预测"课题组：《2010 年中国社会形势分析与预测》，85～95 页，北京，社会科学文献出版社，2009。

转型国家，都不可避免地会面临经济运行中的失业问题。失业不仅会影响到社会生产的顺利进行，而且会直接威胁到社会的稳定。因此，各国政府都把提高就业率、降低失业率作为一项重要工作，制定并实施一系列的治理失业政策措施。目前西方发达国家在与失业问题的较量中积累了较为丰富的经验。这些经验对于中国在社会主义市场经济活动中有效应对失业问题具有重要的借鉴意义。

一、发达国家的失业问题

虽然西方发达国家已经处于较高的经济发展阶段和发展层次，其市场经济机制的运转也较为健全和完善，但是由于经济运行中多种经济参数间不可避免的矛盾，失业问题在这些国家中同样存在，有时还相当尖锐。

在资本主义经济发展史上，发达国家持续多年出现高达两位数的失业率较为少见，但是自 20 世纪 90 年代以来，失业率却一直维持着较高的水平。如法国、意大利等国家的失业率多年维持在两位数以上，德国、加拿大等国家也保持了较高的失业率（见表 8—1）。自 1990 年以来，西方发达国家结束了高增长低失业的黄金阶段，其失业率持续地在高位运行，法国、意大利和西班牙的失业率甚至接近或超过了 10%。2009 年，在全球经济衰退的背景下，失业问题成为困扰欧洲各国的主要问题。2009 年，欧元区失业率为 9.4%，环比上升 0.1%，同比上升 1.9%，为 1999 年 6 月以来的最高水平；欧盟 27 国的失业率为 8.9%，环比上升 0.1%，同比上升 2.0%，其中西班牙的失业率最高，为 18.7%。欧洲失业率持续上升的问题尤为突出，并已成为影响经济复苏的重要因素。美国在 20 世纪 80 年代到 90 年代初经历了较长时期的经济结构调整和经济的低速发展，同时也承受了 6 年 7% 左右的高失业率，在 20 世纪最后的八九年里，美国经济经历了一个持续稳定的黄金发展时期，其失业率持续稳定地降低，从 1990 年的 5.6% 逐年下降到 2000 年的 4.0% 的低水平，然而 2001 年以来经济增长乏力，加上"9·11"事件的影响，其失业率转而上升，2003 年攀升至 6.0%。2009 年受全球金融危机的影响，美国失业率达到 9.7%。[①] 从全球范围看，根据国际劳工组织公布的《2014 年全球就业趋势报告》的资料，金融危机的不均衡复苏和不断调低的经济增长预测已经对全球就业形势产生了极大的影响，2013 年全球失业人数增加的区域主要集中在东亚和南亚地区，这些地区增加的失业者占全球新增失业者的 45%，其次是撒哈拉沙漠以南的非洲和欧洲。相反，拉丁美洲失业人口的增加少于 5 万人，仅占全球新增失业人口的 1% 左右。总的来说，全球金融危机所造成的就业缺口从 2008 年金融危机以来不断扩大，全球失业人数不断增加，2013 年全球就业缺口达到 6 200 万，包括 3 200 万新增就业人口，全球有 2 300 万人口因为长期失业逐步在求职过程中失去信心而不再求职，有 700 万人口退出劳动力

① 参见国际劳工组织：《2010 年全球就业趋势报告》，http：//www.ilo.org/wcmsp5/groups/public/—ed_emp/—emp_elm/—trends/documents/publication/wcms_120471.pdf。

市场。如果按照当前的趋势继续发展下去，全球就业形势将会进一步恶化，到 2018 年全球失业人口将达到 2.15 亿。据估算，在这段时间内，全球每年净增 4 000 万个就业岗位，远低于预测的每年 4 260 万的新增就业人口。因此，在未来五年内全球范围内失业率会保持相对稳定，这一数值会比 2008 年金融危机之前高 0.5%。

表 8—1 　　　　　　　　　　　　经济发达国家失业率（%）

国家/年份	1990	2000	2003	2005	2006	2007	2009	2012	2013
美国	5.6	4.0	6.0	5.1	4.6	4.7	9.7	8.2	7.5
日本	2.1	4.7	5.3	4.4	4.1	3.9	5.1	4.3	4.1
加拿大	8.1	6.8	7.6	6.8	6.3	6.0	8.0	7.2	7.1
法国	8.9	10.0	9.8	9.9	—	8.0	10.0	9.9	10.5
德国	—	7.9	10.0	11.1	10.3	8.6	8.2	5.4	5.3
意大利	11.0	10.5	8.7	7.7	6.8	6.1	7.8	10.7	12.2
瑞典	1.6	4.7	4.9	6.0	5.4	—	5.4	—	—
英国	6.8	5.5	4.8	5.0	—	5.4	7.8	8.0	7.5

二、发达国家失业治理的经验

目前西方发达国家在与失业问题的较量中积累了较为丰富的经验。一般来说，劳动力市场政策分为主动和被动两种。主动或积极的劳动力市场政策的主要目的是帮助劳动者实现重新就业，包括公共就业服务与管理、技能培训、雇佣激励、创造工作岗位等。而被动的劳动力市场政策侧重对失业者的收入支持，包括失业保险、提前退休等。2007 年经合组织各国投入约占 GDP0.8% 的资金用于被动的劳动力市场政策，而主动的劳动力市场政策平均占 GDP 的 0.6%。对每个失业者的被动政策花费大约为 13 000 美元多一点（购买力平价基础上），而主动政策的平均花费接近 10 美元。[1]

（一）实行积极的政策措施，促进就业

第一，通过综合运用财政政策、货币政策，保持一定的经济增长速度，最大限度吸纳劳动力就业，防止失业问题的恶化。根据国际劳工组织《2014 年全球就业趋势报告》，通过对各个国家的统计资料的估算，危机后失业增长中三分之一可以归因于雇主不确定经济和劳动力市场的前景，很难看到新的经济增长源。例如，受全球大环境的影响，即使是经济相对比较灵活的新兴经济体的经济增长速度也放缓了，经济增长源也出现了更多不确定性。在这种情况下，政策协调——尤其是在当前宽松的货币政策下的财政整合——增加了现实经济中的不确定性。金融市场的问题进一步加剧了就业市场的不确定性。这些因素阻碍了实体

---

① See OECD, OECD Employment Outlook 2009：Tacking the Job Crisis, Paris, OECD, 2009.

经济的投资，阻碍了企业扩大生产和雇佣新工人。而企业更愿意保持岗位空缺直到它们预期更稳定和持久的经济复苏来临。因此，政府可以通过增拨财政预算，降低企业税费，提供优惠贷款等，使得企业逐步恢复实体经济的投资，扩大生产，促进就业岗位增加。通过提供一系列明确的、稳定的和有前瞻性的法规及改善风险资本的运营条件，为创办企业提供便利。如德国北莱茵—威斯特法伦州政府对中小企业提供咨询服务，帮助中小企业参加国家项目的竞标，为中小企业贷款担保，协调银行与中小企业的关系，其最终目的是支持中小企业独立自主地发展经济。① 通过促进中小企业的发展，调动中小企业增加雇工的积极性和失业者自主创业的积极性。

第二，加强产业结构调整，大力发展服务业和信息产业，将其转变成为劳动力就业的主要市场。在继续发展旅游、批发零售业、餐饮等传统第三产业的基础上，积极开辟社区服务、家庭雇工、环境保护、信息服务等就业岗位。目前，发达国家第三产业的比重都在 60% 以上，瑞典、丹麦、比利时等高达 70%。第三产业能够吸收大量人员就业，同时在全球化经济背景下不易受国际金融形势的影响，因此西方各发达国家普遍鼓励第三产业的发展。以西班牙为例，在 20 世纪 90 年代中期，西班牙为了解决失业率较高的问题，积极发展第三产业，有效地缓解了就业压力。美国 2008 年金融危机后也开始重点对绿色产业进行投资，以创造大量工作岗位。通过对风能、太阳能、生物燃料等清洁能源的开发，发展新兴环保产业，创造新的经济增长点，美国创造了数百万个就业岗位。同时美国还加大在基础设施建设和卫生保健领域的投资，向实体经济回归，创造更多的就业岗位。尽管遭遇经济危机，2009 年，德国可再生能源行业就业人数为 34 万人，比 2007 年多出 6 万人，其中风能领域就业岗位最多，超过 10 万个，其次是光伏产业，超过 6.5 万个。整个行业就业人数 5 年之内翻了一番。②

第三，利用税收政策促进就业，减少劳动者税收负担，以更加有利于就业，提高就业积极性。金融危机后，美国出台了总金额为 7 870 亿美元的一揽子经济刺激计划，即《美国复苏和再投资法案》，其主要任务就是要保住或创造 350 万个就业岗位。以促进就业为目标的经济刺激方案的着力点在于税收保险和投资两个方面。税收优惠政策一方面使美国居民在购房、购车、教育等各个方面都得到相当金额的优惠，有利于稳定国内的消费市场；另一方面让中小企业得到减免税优惠，增加企业收入，增强企业抵御金融危机的信心。荷兰、奥地利、爱尔兰和西班牙各国也相应减少了个人所得税。芬兰采用了纳税基数扣除政策。比利时、英国、瑞典和法国则对低收入工人采取特殊的课税扣除或纳税基数扣除政策，而对高收入就业者则不适用，此外还有降低免税门槛，减少雇员的社会保险税等。③

---

① 参见王建伦、王永治：《欧盟处理"经济结构调整与劳动就业关系"的经验及启示》，载《世界经济》，2005（3）。

② 参见 http：//www. smehen. gov. cn/ArtPaper/Show. aspx？id＝1403761。

③ 参见杨雪：《欧盟劳动力税收和救济金制度改革及其影响》，载《人口学刊》，2006（5）。

（二）加强职业培训和职业服务，提高失业者的再就业能力

在扩大就业范围的同时，各国也加强了在失业人员当中开展就业培训的力度。主要有以下方面。

1. 加大失业者再就业培训的资金投入

对专门技术缺乏、企业破产的失业者进行培训，帮助他们提高劳动技能，使其在发展前景广阔的企业中得到就业机会；以劳动力市场需求为中心，对失业者的培训内容随着劳动力需求的变化而有所侧重，使失业者掌握某项特殊技能，以促进就业率的提升，并克服结构性的劳动力短缺；强调职业导向，每年的培训必须要求受训者在完成培训项目后才能从事某种职业；注重难以安置的处于劣势地位的求职者的培训。调查表明，在所有完成培训的人中大约有 70% 在 6 个月内找到工作，80% 左右的人能够在被培训的领域内找到工作。[①]

很多发达国家推出或扩大了工作经验计划，为失业者提供积累工作经验的机会。如美国扩大了对年轻人暑期工作的资助，日本扩展了对大龄失业者的试用就业项目。还有 10 个国家提供对实习项目的追加支持，如澳大利亚、加拿大和法国给雇佣实习生的企业提供资金激励。加拿大对老年失业者、在贫困社区居住者、不能获得失业保险者（如自我雇佣者和长期失业者）提供追加的培训资金。德国为鼓励中小型企业创造培训学徒的岗位，规定多创造一个培训岗位可申请 3 万~10 万马克的贷款；同时，强调失业者个人在职业培训中应负担的责任。不少政府采取了强制培训的措施，将接受培训作为失业者领取救助的条件之一。瑞典实行了不培训不就业，不培训不享受失业救济，免费培训失业者并给予其全部生活补助的培训政策。

2. 重视在职培训

这是目前各国预防失业、提高就业率的重要社会政策。加强人力资本的投资有利于提高劳动生产率、促进技术进步。目前主要的在职培训包括职业教育、职业进修、职业改行培训等。

对现有职工进行培训在多个国家得到推广。在经济危机发生时期，由于产业结构调整加速，很多失业者需要转换职业和行业，所以更多地侧重一般技能培训。

在青年就业领域，欧盟推广学徒制就是重要内容之一。2013 年 7 月 2 日—7 日，欧洲学徒制联盟在德国莱比锡举行了"世界技能比赛"，来自 60 个国家的超过 1 000 名学徒工，工业、手工业和服务业中的青年技工参加了该活动，在 45 个专项竞赛中展现才能，活动期间约 20 万人到场观看。欧盟主管教育事务的委员强调，学徒制可以给年轻人提供雇主需要的技能与经验，在应对青年失业的过程中可以发挥重要作用。

---

① 参见成新轩：《国际社会保障制度概论》，北京，经济管理出版社，2008。

3. 向雇佣者发放某种形式的特殊雇佣补贴

提高就业的另一种方法是向雇佣者发放某种形式的特殊雇佣补贴，鼓励他们招收长期失业者。例如，政府可以临时免除雇佣方给新雇佣的长期失业者支付工资而需要缴纳的那部分工资税。但这种方法的具体施行值得商榷。雇佣者可能不愿意雇佣被认为是弱势群体的人，或者他们担心领取补贴的书面申请材料过于烦琐。而不设定特定对象的雇佣补贴可能也不能改变雇佣者的雇佣偏好，雇佣者可能仍然更加偏爱雇佣短期和暂时性的失业者而不是长期失业者。以瑞典例，瑞典的启用补贴政策就是政府对雇佣长期失业者的企业提供资金补贴的一项制度。根据集体谈判协议，雇佣 18～19 岁的青年人的企业可以获得为期半年的占工资 50％的补贴；国家对雇佣 6 名失业青年以上的企业，提供 60％的工资补贴；对雇佣残疾人或其他特困群体 6 个月以上的企业提供 105％的工资补贴。[①]

德国缓解就业问题的实践就是在经济衰退期间给予雇佣者自由裁量权和激励机制，使他们选择减少员工工作时间而不是直接裁员。德国法律和劳动力市场很早就把这种"共同牺牲"的方法付诸实践。德国 2009 年 3 月有 126 万劳动者实行"共同牺牲"计划，而在一年前只有 15.5 万劳动者参与此计划。到 2009 年年底随着经济的好转，他们大多重新成为正规就业者，而没有转为失业者。

4. 加强就业服务体系的完善

许多国家设立专门的就业失业信息收集和管理部门，积极建立区域性、全国性职业信息网络，完善失业管理信息系统，及时为失业者提供大量的就业信息，加强职工指导和职业介绍。增加私营就业机构在解决失业问题中的作用。在意大利和波兰，私营就业机构发挥了更大的作用。在严重的经济危机时期，更多的企业解雇工人。这要求就业服务部门为新失业者提供更多的服务。德国劳工总署每年拨款 5 000 万马克，由所属的劳动力市场与职业研究所编辑出版各种资料，介绍劳动力市场信息和各种职业变化趋势以及新兴职业发展状况，并为求职者提供就业咨询。英国人力委员会下属的职业辅导中心每月两次自动为失业者提供就业市场的最新资料和求职信息。2008 年，法国政府将多个发展和促进就业的机构整合，组建了具有一定行政权的公共机构——就业中心，负责行使统计就业人数、提供就业信息和培训机会、发放救济金、调查就业市场等相关职能。

（三）改革失业保障制度

实现从消极被动的失业治理向主动的失业治理政策转变。

传统的失业保险制度，是国家通过建立失业保险基金使因失业而暂时中断生活来源的劳动者在法定期间内获得失业保险金，以维持其基本生活水平的一项社会保险制度。[②] 国际劳工组织在 1952 年日内瓦会议颁布的《社会保障最低标准公约》中规定：一国的失业保险覆盖率不应低于 50％，这是促进劳动力市场正常

---

① 参见穆怀中主编：《社会保障国际比较》，北京，中国劳动社会保障出版社，2002。
② 参见黎建飞：《劳动法与社会保障法》，483～502 页，北京，中国人民大学出版社，2003。

运转和国家健康发展的必要条件。纵观国际上的发达国家，失业保险的覆盖率远高于这个标准。如果选择工作所获得的收入与选择失业所获得的津贴等福利收入在数量上非常接近，再考虑税收，领取失业津贴的人所获得的收入实际上高于许多工作者所得到的税后收入。在最低工资法律约束不变的情况下，接受救助的失业者再就业所带来的家庭净收入的增加很少，甚至为零。2009年年初，美国将下岗失业工人可领取失业救济的时间从26周延长至99周。然而这一政策可能通过两种渠道延长救济金领取者的失业时间：一是因找到工作的相对收益降低而降低求职活动的强度；二是在求职过程中更加挑剔，以寻求更加满意的职位。哈佛大学经济学教授卡茨（Lawrence F. Katz）曾在《失业保险时长对失业时长的影响》一文中指出，失业救济每延长5周，平均失业时间就会延长1周。[①] 显然，这对失业者再就业的积极性有显著的抑制作用。

因此各国通过从严制定享受失业津贴的条件，促进再就业，主要内容是：一是适当加长失业者失业前的就业期和缴费期，津贴支付参考工龄的长短及支付的保费；二是减少失业津贴，如瑞典将津贴支付从收入前的90%减到80%；三是把再就业作为享受失业津贴的资格条件，如英国规定失业者要享受"求职者津贴"，必须与就业机构签订合约，规定其再就业步骤；四是延长享有失业津贴所要求的就业记录，如芬兰原来规定享受津贴的失业者必须在失业前两年内至少工作6个月，1997年将就业期增加到10个月；五是缩短享有失业津贴的有效期，如英国"求职者津贴"的有效期从1年减少至6个月；六是鼓励失业者接受低报酬工作或临时职业，并继续享受失业津贴，如德国推行对愿意从事清洁工等低收入工作的失业者提供额外的社会保险补贴。

（四）鼓励劳动力流动和迁徙，完善劳动力市场机制

劳动力流动是社会化大生产基础上市场经济的客观要求，它对劳动力市场的运行和劳动力资源的合理利用具有重要的意义。

第一，劳动力流动有利于人力资源得到充分利用。工作职位是雇主与雇员匹配的结果，如果匹配的过程受到阻止而制约人员的流动，就可能造成人力资源的浪费。流动具有劳动者选择职位、企业选择劳动力的内在机制，这样可以使工人和职位在一定程度上接近于最佳选择，使企业内部劳动力资源得到充分合理的利用，从而减少失业。

第二，劳动力流动有利于人力资本的最优配置。流动使劳动者能够从衰落的产业、部门和地区流向发展迅速的产业、部门和地区，能够使这些产业、部门和地区在全国甚至更大的范围内按照经济发展的需要配置劳动力，并能够有效地保证所需的劳动力质量。

第三，劳动力流动使工作职业具有竞争性。这不仅促进了劳动力素质的提高，改善了劳动者的地位，同时也形成了对劳动者的竞争压力，这就在很大程度

---

① 参见齐喆、钱程：《美国失业问题浅析》，载《区域金融研究》，2013（5）。

上保证了劳动力市场的活力与效率。比如欧盟委员会于 2005 年 1 月 10 日通过了《欧盟解决经济移民措施》的绿皮书，意在效仿美国，发放自己的"绿卡"。欧盟 15 国总体上移民的就业率不断提高，非欧盟公民的就业率 2001 年比 1997 年上升了 5.7%。[1]

三、中国经济转型时期的失业问题

现阶段中国经济发展正处于市场化、城市化以及工业化多重进程的相互交织时期，在这个时期，中国的产业部门结构会发生剧烈变动，加剧了中国现阶段经济发展过程中失业形成的复杂性和解决失业问题的难度。

（一）中国失业的统计问题

新中国成立初期，中国政府仅仅用了几年的时间，通过自己建立起来的计划经济体制就基本上解决了旧中国遗留下来的 400 万失业人口的就业问题。这在当时被看作社会主义优越性的充分体现。因而长期以来，中国一直没有建立严格的失业率统计制度。随着经济体制改革的深入发展，社会经济已进入转型发展时期，一些企业相继面临破产、倒闭、重组，失业浪潮骤然涌起，部分隐性失业正在走向显性化，在一定程度上已经引起了社会的震动。

中国从 20 世纪 80 年代初开始建立登记失业制度，当时由于中国还处于计划经济体制下，所有的城镇无业者都必须首先到政府劳动部门去登记，处于等待期的劳动者即登记为"待业"。随着 1994 年党的十四大提出要从计划经济转向市场经济，中国劳动用工制度发生重大变化，政府不再统一分配和安置，企业和劳动者开始进行双向选择。于是，1994 年将"待业登记"更名为"失业登记"。中国"城镇登记失业率"的概念也由此开始。城镇登记失业率存在的最大问题就是它低估了真实失业程度。2008 年年末统计局公布的中国城镇登记失业率为 4.2%，比 2007 年提高 0.2 个百分点，但是同期中国社科院的调查结论是，2008 年中国城镇失业率攀升到了 9.4%，超过了 7% 的国际警戒线。[2] 中国的城镇登记失业率，自 2002 年以来一直维持在 4.0%～4.3% 的水平，这一指标对于判断经济运行情况不敏感、不快捷，而且统计范围有限。

调查失业率是根据城镇劳动力情况抽样调查取得的数据进行计算得出的。我国城镇调查失业率，具体是指城镇调查失业人数占城镇调查从业人数与城镇调查失业人数之和的比。调查样本中抽取城镇常住经济活动人口，并不要求其户籍在调查所在地，其中既包括城镇中的外来人口，也包括住在城镇的农民等。因此城镇调查失业率可以反映登记失业率中未被涵盖的农民工等群体。但是这种城镇劳

① 参见苏吉永：《论欧盟积极的失业治理政策》，载《理论学刊》，2008（11）。
② 参见《中国局部悄然试点失业率统计　数字秘而不宣》，http：//news.xhby.net/system/2010/02/04/010680872.shtml。

动力情况抽样调查在实际调查过程中也遇到了较大的阻碍。例如，那些本无较固定工作而只在调查前一周干了几小时零活的人，也被统计为就业人口。目前实际的城镇调查失业率比公布的登记失业率高出 1～2 个百分点。据了解，我国调查失业率自 2005 年便开始统计。2013 年 9 月 9 日，国务院总理李克强在英国《金融时报》撰文透露，2013 年我国上半年调查失业率为 5%，处于合理、可控范围。这是中国政府高层首次公开披露这一统计数据。

（二）中国失业问题的现状

1. 中国劳动力供给量越来越大，就业压力日益增大

这主要表现在以下几点：

（1）城镇失业人数以及其他各类失业人数越来越多。失业率是评价一个国家或地区失业状况的主要指标，目前国际上通行的衡量失业的指标有两种，即登记失业率和调查失业率，此前作为我国官方数据正式公布的失业率是城镇登记失业率。仅仅就并不能完全反映中国失业现状的城镇登记失业率指标来说，就从 1985 年的 1.8% 增加到了 2008 年的 4.2%，截至 2013 年年底，我国城镇登记失业率为 4.05%，而城镇登记失业的绝对人数更是达到了 886 万人。根据 2014 年官方统计公布数据，2014 年 1 月份到 5 月份，我国新增就业人口 600 万人，其中 2014 年 3、4、5 月的调查失业率分别为 5.17%、5.15%、5.07%。可见，我国劳动力市场的就业形势相当严峻。

（2）净增劳动力人数进入高峰期。"十五"期间，平均每年净增劳动力人数 1 000 多万人，比"九五"期间平均每年多增加 200 多万人，原因仅仅是生育高峰期出生的人口已经全面进入劳动年龄段。依据国家统计局统计的数据资料，从 2001 年至 2006 年，中国每年净增劳动力人数在 1 000 万人以上，其中在 2003 年达到最高值，为 1 272 万。加总起来，中国 6 年净增劳动力人数达到了 6 809 万人，平均起来每年增加约 1 135 万人。[①] 而官方公布 2014 年城镇新增就业人数将超过 1 000 万，这是我国六年来首次上调新增就业人数。有学者测算，到 2050 年，中国的劳动力资源的总量会达到 10 亿以上。[②] 就业压力相当严峻。在相当长的一段时期内，中国劳动力供给持续增长的趋势都是无法彻底遏制的。

（3）大批量的农村劳动力进城务工。依据国家统计局调查统计，2003 年全国农村劳动力到乡以外务工人员为 9 900 万人，比 2002 年增加 500 万人，增长 5.3%。据国家统计局公布的数据，2009 年，全国农民工总量为 2.3 亿人，外出农民工数量已达到 1.5 亿人，占全国流动劳动力的 70% 以上。他们大多数只有初中文化水平，没有受过专门的职业技能培训，集中在低薪或高危的行业，收入水平较低，构成了劳动力流动金字塔的最底层。《2013 年全国农民工监测调查报

---

① 参见国家统计局：《人口素质全面提高 就业人员成倍增加》，http：//www.gov.cn/gzdt/2008-11/03/content_1138587.htm。

② 参见李培林：《中国就业面临的挑战和选择》，载《中国人口科学》，2000（5）。

告》指出，2013 年全国农民工总量为 26 894 万人，比上年增长 2.4%，全国在户籍所在乡镇地域外从业的外出农民工为 16 610 万人，比上年增长 1.7%；在户籍所在乡镇地域以内从业的本地农民工为 10 284 万人，增长 3.6%。报告还指出，中国 1980 年及以后出生的新生代农民工中，高中及以上文化程度的占到三分之一，这一比例比老一代农民工高 19.2 个百分点。报告显示，2013 年中国新生代农民工有 12 528 万人，占农民工总量的 46.6%，占 1980 年及以后出生的农村从业劳动力的比重为 65.5%。新生代农民工主要集中在东部地区及大中城市务工。[①] 可见，中国农业劳动力中有相当一部分为剩余劳动力，数量庞大，转移农业剩余劳动力的任务十分艰巨。

2. 中国实际就业需求量下降，加剧了就业供求矛盾

中国创造就业的能力和实际就业需求量下降，加剧了就业供求矛盾。这主要表现在：

（1）平均每年净增就业人数规模不断下降。随着全球经济衰退的影响，每年能增加的岗位数量也在不断减少。2008、2009 年全球创造就业能力大幅度下降，失业率大幅度上升，根据国际劳工组织发布的《2009 年全球就业趋势报告》，发展中国家的就业岗位恢复要等到 2011 年，发达国家的就业岗位在 2013 年之前都无法恢复到危机前的水平。统计涉及的全球 51 个国家采取的各种经济刺激计划减少了大约 1 100 万失业人口。

（2）正规部门就业人数大幅度下降。进入 20 世纪 90 年代，中国就业增长能力迅速下降。20 世纪 90 年代下半期，正规部门就业人数大幅度下降，尽管非正规就业迅速增长，但仍不能改变就业增长变缓的趋势。更严重的是，由于劳动力需求的动态变化以及经济结构的调整，减少的职工并不能为其他所有制单位所完全吸纳，这就造成了失业压力，下岗职工数量急剧增加在所难免。

（3）各产业净增就业能力不同程度地下降，第二产业就业甚至出现负增长。除了各产业的净增就业能力下降之外，不同区域的失业问题也呈现出非均衡性。现阶段，在中国经济转型以及结构调整的过程中，过去片面、畸形发展的一些产业部门必须压缩其过于庞大的生产能力，这造成了大量企业出现亏损、破产和倒闭，从而引起失业人员猛增。中国整体上面临很大的失业压力，就业十分艰巨，而且局部地区的失业问题更加严重，尤其是当年的老工业基地和位于西部地区的省份成为失业状况最为突出的地区。中国已进入一个非常时期，就业岗位正在成为"劳动力过剩"年代最为紧缺的要素。

3. 新的就业矛盾不断产生

随着国有企业冗员的释放以及经济结构调整带来的摩擦，原有的失业问题并不能在短期内得到解决，这些问题作为转型成本的一部分逐渐积累。更重要的是，在原有失业问题继续存在的同时，新的就业矛盾还在不断产生，典型的新型矛盾有：

---

① 参见 http://www.stats.gov.cn/tjsj/zxfb/201405/t20140512_551585.html。

（1）知识失业问题显现。所谓知识失业，是指一部分受过相当教育的知识劳动者找不到工作或屈身做原来较低文化程度的人所从事的工作，知识失业的主体是具备一定的知识和专业技能的知识劳动者。[①] 知识失业，这种状况在发达国家、发展中国家都存在，但是在发展中国家尤其明显。据统计，知识失业会引起人们对更高学历的追求，使之不断加大对教育的投资，这对于弱势群体来说是难以承受的。因为这不仅造成了社会成员受教育机会的不均等，使得弱势群体难以享受到国家的教育投资福利，从而扩大了潜在的贫富差距，还会促使劳动者在求职过程中更多地利用其他资源而不是自身的知识能力。据统计，在 1996—2006 年这十年间，中国大学毕业生数量增加了近 4 倍，而就业率则降低了 23.7%，结果，未能实现就业的大学毕业生数量迅速增加。根据《2012 年中国大学生就业报告》，在 2011 年毕业的大学生中，有近 57 万人处于失业状态，10 多万人选择"啃老"；即使工作一年的人，对工作的满意率也只有 47%。2012 年，全国普通高校毕业生规模达到 680 万人，毕业人数再创新高，大学生将面临越来越沉重的就业压力。

（2）隐性失业与隐性就业并存。在中国经济体制转型的过程中，国家机关和企事业单位的隐性失业人数已经减少但仍然存在。在今后相当长时期内，中国的隐性失业主要集中在农村。随着中国的经济体制改革的不断深化和经济增长方式的转变，国有单位的劳动者由隐性失业转化为显性失业，而且城乡集体经济特别是农业集体经济中还将有数亿劳动者从隐性失业逐渐转化为显性失业，大量的农村剩余劳动力流入城市并积极寻找新的工作岗位。

（三）中国解决失业问题的政策

失业是发达商品经济的必然产物，同时，由于必要、合理的失业能够在社会再生产过程中起到对劳动力供求关系的调节作用，因此，没有必要也不可能完全地消灭失业。我们所能做的，是通过采取行之有效的措施，把中国的失业控制在一个合理、适度的范围内。

1. 经济发展是解决中国就业问题的根本途径

以经济发展稳定就业，只有保证经济较快发展，才能创造更多的就业岗位。随着全球一体化的不断发展，中国应把握机遇，利用国际市场，进一步提高利用外资的数量和质量，以促进国内就业。目前我国劳动力市场最突出的问题是劳动力就业结构性矛盾突出，随着 2008 年全球金融危机的爆发，这种结构性矛盾在很大程度上不断加深。因此，在适时实施的经济刺激政策中，应着重考虑缓解我国劳动力就业的结构性矛盾。我国"十二五"规划建议也指出，"把促进就业放在经济社会发展优先位置"。因此，树立就业优先的经济发展目标，在保持经济较快发展的过程中要注重就业能力的提高。促进就业应该被纳入经济发展的体系中。

---

① 参见靳卫东、高波：《"知识失业"条件下的教育投资分析》，载《人口与经济》，2007（2）。

2. 强化治理失业的政府责任

建立就业与经济、社会的发展相协调的政府管理体制，将就业问题纳入宏观调控政策和基本建设、合资合作项目管理体系中。具体来讲，政府作用的强化主要表现在以下几个方面：一是尽快采取有效措施培育新的经济增长点，增加对劳动力的有效需求；二是建立各种行业的就业培训指导中心，通过加强职业培训，提高劳动者的职业技能，加强其市场竞争力；三是深化教育体制改革，调整人才培养结构，减少"知识失业"；四是加快和深化国有企业改革，转换企业经营机制，减少国有企业下岗失业的人数，增加对劳动力的有效需求。

3. 采取优惠政策，大力发展"劳动密集型"产业，特别是大力发展第三产业

在服务业方面，目前我国服务业的比重相对较小，占 GDP 比重还不到50％，低于世界平均水平。而服务业吸纳就业的人数通常是最多的，因此发展服务业特别是现代服务业能够吸收更多的就业人数。发展生产性服务业，既可以实现产业优化升级，提升国际竞争实力，还可以创造岗位，促进就业。加大宣传力度，转变劳动者的择业、就业观念。同时政府应对苦、脏、累、险等工作岗位实行必要的分配倾斜政策，如减免这些部门、行业的部分税收等，以吸引劳动者到这些部门、行业就业。通过提供各种劳动职业培训，提高现有劳动者的知识素养与岗位技能，以适应产业结构不断优化升级的需要。

4. 增加失业保险基金数量，扩大失业保险覆盖范围，规范失业保险基金的管理和使用

目前，中国失业保险基金的收缴比例过低（企业上缴部分及职工个人交纳部分合计只占工资总额的 2％～3％），应当提高失业保险基金的收缴比例，合理调整失业保险制度的保障方式，以经济理性的方式鼓励受助者再就业。

中国是社会主义国家，广大劳动者从整体上看是生产资料的所有者，劳动者和国家的整体利益、长远利益是一致的。只要政府采取各种切实有效的措施，就一定能够将中国的失业控制在合理的程度内，并发挥失业的积极作用。

本章要点

1. 失业是指有劳动能力并且愿意工作的人得不到适当的就业机会，其本质是劳动者与生产资料相分离，即劳动者失去了运用生产资料进行社会财富创造和获得劳动报酬的机会。

2. 对失业产生原因进行解释的理论主要有两类：一是从资本有机构成的角度分析的马克思主义失业理论；二是西方经济学不同流派的失业理论，如古典经济学派的"充分就业"理论、凯恩斯主义的宏观失业理论、新古典综合学派的失业理论、新凯恩斯主义的失业理论、发展经济学的二元结构失业理论等。

3. 失业会产生诸多影响，可以将其分为经济影响和社会影响。

4. 西方发达国家通过实行积极的政策措施，加强职业培训和职业服务，改革失业保障制度，促进就业保障制度的实施，完善劳动力市场机制等措施，在与失业问题的较量中积累了较为丰富的治理经验。

5. 中国经济发展正处于市场化、城市化以及工业化多重进程的相互交织时期，其特殊性加剧了中国现阶段经济发展过程中失业问题的复杂性和应对失业问题的难度。

复习思考题

1. 失业分为哪几种类型，各有什么特点？
2. 分析失业的社会影响。
3. 目前中国失业率统计存在哪些问题？
4. 简述凯恩斯主义的就业理论和失业治理的对策。
5. 中国目前失业问题的特点有哪些？

推荐阅读书目

1. 马克思恩格斯全集. 中文 1 版. 第 23 卷. 北京：人民出版社，1972.
2. 国际劳工局. 劳动市场主要指标体系（1999 年）. 北京：中国劳动社会保障出版社，2001.
3. ［英］庇古. 论失业问题. 北京：商务印书馆，1959.
4. 成思危. 中国社会保障体系的改革和完善，北京：民主与建设出版社，2000.
5. ［美］安塞尔·M·夏普. 社会问题经济学. 北京：中国人民大学出版社，2009.
6. ［美］杰里米·里夫金. 工作的终结——后市场时代的来临. 上海：上海译文出版社，1998.
7. 黎建飞. 劳动法与社会保障法. 北京：中国人民大学出版社，2003.
8. 钱再见. 失业弱势群体及其社会支持研究. 南京：南京师范大学出版社，2006.
9. 宋其超. 失业及其治理. 北京：中国财经出版社，2004.
10. 沈全水. 失业的出路：瑞典就业政策及其对中国的启示. 北京：中国发展出版社，2000.
11. ［美］爱得蒙德·S·费尔普斯. 结构性萧条：失业、利息和资产的现代均衡理论. 北京：中国经济出版社，2003.
12. 袁志刚. 失业经济学. 上海：上海三联书店，1997.
13. ［美］海曼·P·明斯基. 凯恩斯《通论》新释. 北京：清华大学出版社，2009.
14. 张抗私. 就业问题：理论与实际研究. 北京：社会科学文献出版社，2007.
15. 张抗私，谢芳，王振波. 就业与和谐社会发展. 北京：中国民主法制出版社，2005.
16. 李辰. 就业·改革·出路：经济体制改革中劳动就业问题研究. 北京：

中国社会科学出版社，1991.

17. 劳动和社会保障部劳动科学研究所. 中国就业报告：经济体制改革和结构调整中的就业问题. 北京：中国劳动社会保障出版社，2003.

18. 李培林，张翼，赵延东. 就业与制度变迁：两个特殊群体的求职过程. 杭州：浙江人民出版社，2000.

第九章

贫困问题

人类社会经历了农业经济时代、工业经济时代，现已进入知识经济时代。人类在征服自然、改造自然方面取得了巨大成就，社会生产力得以提高，人民生活水平也得以提高。但社会发展至今，贫困问题却日益严重地摆在人们面前，成为全世界的一个严峻课题。人类社会渴求摆脱贫困，不断地寻找脱贫的出路，但结果并不如人所愿。在 21 世纪，关注贫困问题，意义重大。本章从贫困问题的一般理论出发，对贫困问题的特性和内容进行说明，同时将贫困问题纳入中国的社会历史进程中，对中国农村贫困问题、中国城市贫困问题和中国反贫困政策实践进行深入剖析。

第一节
贫困问题概述

一、贫困的概念

自 1889 年英国的布什（Boott）和朗特里（Rowntree）开创了贫困问题的研究领域后，贫困问题的研究在不断深化。随着对贫困问题研究的不断深化，研究者从不同的理论视角出发，给贫困下了不同的定义。总体而言，国际学术界对贫困的定义大致有以下三类。

（一）"缺乏说"

"缺乏说"关注的是贫困的表象，其范围从单纯的物质的"缺乏"到无所不包的社会的、精神的"缺乏"。英国学者汤森（Townsend）认为："所有居民中那些缺乏获得各种食物、参加社会活动和最起码的生活与社交条件的资源的个人、家庭和群体就是所谓贫困的。"[1]《牛津简明社会学辞典》认为："贫困是一种资源缺乏的状况，通常是物质资源，但有时也是缺乏文化资源。"[2] 童星、林闽钢指出："贫困是经济、社会、文化落后的总称，是由低收入造成的缺乏生活必需的基本物质和服务以及没有发展的机会和手段这样一种生活状况。"[3] 贫困的"缺乏说"侧重于对贫困生活状况的描述。

---

① P. Townsend, *Poverty in the United Kingdom: A Survey of Household Resources and Standards of Living*, University of California Press, 1979.

② Gordan Marshall, *Concise Oxford Dictionary of Sociology*, p. 409, Oxford University Press, 1994.

③ 童星、林闽钢：《我国农村贫困标准线研究》，载《中国社会科学》，1993（3）。

（二）"排斥说"或"剥夺说"

这种观点着重探讨导致贫困的深层原因。英国的奥本海默（Oppenheim）从"机会被剥夺"的角度去界定贫困："贫困是指物质上的、社会上的和情感上的匮乏。它意味着食物、保暖和衣着方面的开支要少于平均水平……首先，贫困夺去了人们建立未来大厦——'你的生存机会'的工具。它悄悄夺去了人们享有生命不受疾病侵害、有体面的教育、有安全的住宅和长期间的退休的机会。"[1]　约翰·斯各特（John Scott）认为，贫困是"个人、家庭和群体因缺乏资源（物质的、文化的和社会的）而被排除在社会成员所能够接受的最低生活方式之外"[2]。

（三）"能力说"

这是在"缺乏说"基础上所开展的进一步探讨，从贫困者自身内在的因素来解读贫困。在《1990 年世界发展报告》中，世界银行将贫困定义为"缺少达到最低生活水准的能力"。《2000/2001 年世界发展报告》扩大了贫困的概念，除了上述内容之外，贫困还包括风险和面临风险时的脆弱性，以及不能表达自身需求和缺乏影响力。诺贝尔经济学奖获得者、印度著名经济学家阿玛蒂亚·森指出："贫困不仅仅是相对地比别人穷，而且还基于得不到某些基本物质福利的机会，即不拥有某些最低限度的能力……贫困最终并不是收入问题，而是一个无法获得某些最低限度需要的能力问题。"森同时还指出："在分析贫困情况时，最重要的是针对社会具体情况确定一些衡量最低限度物质能力的绝对标准。不管与别人相比相对地位如何，只要他达不到这个绝对水平，就是贫困者。"[3]

综合以上国内外专家学者的定义，我们可以看到：贫困首先是一种处于低水平的物质生活、缺乏起码的生存资源的生活状况；其次，它涉及社交生活上的孤立，将贫困与社会排斥紧密联系在一起；再次，贫困表现为个体发展机会的缺乏；最后，贫困还表现为个体能力之不足。因此，我们认为："贫困是指在特定的社会背景下，部分社会成员由于缺乏必要的资源，而在一定程度上被剥夺了正常获得生活资料和参与经济和社会活动的权利，并使他们的生活持续性地低于该社会的常规生活标准。"[4]

二、贫困的特性

贫困是一个非常复杂的社会现象，有着多样的表现形式，而且有着复杂的致贫原因。致贫原因的复杂性和表现形式的多样化给人们认识贫困带来了较大困

---

①　C. Oppenheim, *Poverty: The Facts*, London, Child Poverty Action Group, 1993.

②　John Scott, *Poverty and Wealth*, p. 17, Longman, 1994.

③　［印］阿玛蒂亚·森：《衡量贫困的社会学》，135 页，北京，改革出版社，1993。

④　关信平：《中国城市贫困问题研究》，88 页，长沙，湖南人民出版社，1999。

难。因此，需要对贫困的特征有所把握，这将有利于人们正确认识贫困。

（一）贫困是一种生活困境

贫困是一种持续性的、依靠本人努力难以摆脱的生活困境，其主要表现是生活上的困难。收入和支出之间所存在的差距，使得贫困者在生活方面存在很大困难，难以满足基本生活需求。从时间维度来看，贫困不仅与人类社会相伴很长时间，而且将在今后很长时期内与人类同存；对于家庭和个人来说，贫困是在用尽一切生活策略以后才出现的，暂时的生活困难一般来说并不会导致长期性的贫困。贫困者由于各种原因陷入了持续性的生活困难。一般来说，这种困难仅仅依靠他们本人及其家庭的努力在短时间内是难以摆脱的。[①]

（二）贫困是经济现象和社会现象的统一

贫困表现为具有复合性和多元性的特征，它不仅仅是一种经济现象，也是一种政治现象和社会现象。首先，从致贫原因来看，导致贫困的因素除了贫困者的教育、身体状况等个人因素之外，还有一些重要因素是个人所无力改变的社会因素，如社会结构、权力配置状况和文化价值观念。其次，贫困又与政策有着千丝万缕的联系，例如，贫困线的制定涉及一系列的政治、文化、社会因素，而一旦贫困线被确定下来，又会涉及谁会成为贫困者，政府会为扶贫支付多少人力、物力和财力等。

（三）贫困是贫困者社会权利的缺失

贫困不仅仅是贫困者在物质方面处于匮乏的状态，他们在社会权利方面也处于缺失状态。经济贫困是社会权利贫困的折射和表现，经济贫困的深层原因不仅仅是各种经济要素的不足，更重要的是社会权利的贫困，当然还包括与社会权利相关的政治权利、文化权利和经济权利的贫困。贫困不仅仅表现为生活水平的低下，更多地表现为贫困者在医疗、住房、受教育等方面都处于不利地位。总而言之，贫困是贫困者社会权利的缺失。所谓社会权利的贫困，是指一批特定的群体和个人，无法享受社会和法律公认的足够数量和质量的工作、住房、教育、分配、医疗、财产、晋升、迁徙、名誉、娱乐、被赡养以及平等的性别权利，而且由于他们应该享有的社会权利被削弱和侵犯而导致相对或绝对的经济贫困。

（四）贫困是一个发展变化的社会现象

贫困是一个发展变化的社会现象，具有动态性和历史性的特点。首先，人们对于贫困的认识处于不断发展变化之中。最初的贫困被认为是物质资料的缺乏所导致的生活困境，可是随着对贫困问题的深入研究，人们发现，物质资料的范围和标准也是变化的，随着生活水平的提高，贫困的标准也不断提高，原来被认为

① 参见李彦昌：《城市贫困与社会救助研究》，4页，北京，北京大学出版社，2004年版。

是富裕生活的象征却成为生活的必需。社会的发展给人们生活增添了不少的内容，贫困也由绝对的概念走向相对的概念。其次，个人和家庭的贫困也处于不断发展变化之中。因为种种原因，人们陷入贫困之中，一段时间甚至长时期内处于贫困状态，可是一旦这些条件发生变化，他们有可能摆脱贫困，重新过上正常的生活。如患病的贫困者治好了疾病，并且重新找到了工作；贫困家庭的孩子成年后参加工作，增加了家庭收入，从而使整个家庭摆脱了贫困。

三、贫困的类型

从不同的角度出发，可以将贫困划分为不同的类型。

（一）绝对贫困与相对贫困

这是贫困最常见的划分。绝对贫困明确的是维持生存所必需的、基本的物质条件。相对贫困明确的是相对于社会的平均生活水平而言的贫困。前者侧重于客观标准，后者侧重于主观标准。

绝对贫困的概念最早由英国的朗特里（Rowntree）和布什（Booth）提出。绝对贫困也称生存贫困，是指在一定的社会生产方式和生活方式下，个人和家庭依靠其劳动所得和其他合法收入不能维持其基本的生存需要。这样的个人或家庭就被称为贫困人口或贫困户。绝对贫困可从两个方面来理解：一是从生产方面看，个体和家庭缺乏进行劳动再生产的物资条件，难以维持自身的简单再生产，生产者只能进行萎缩再生产；二是从消费方面看，人们无法得到满足衣、食、住等人类生活基本需要的最低条件，即人们常说的"食不果腹，衣不蔽体，房不挡风雨"的状况。

绝对贫困是从人的生存角度出发，以维持人的生理效能的最低需要为标准加以界定的，通常通过一定的经济指标（如人均纯收入、家庭年收入）来明确界定。故此，绝对贫困采用贫困线作为其衡量标准。贫困线，也称贫困标准，是在一定的时间、空间和社会发展阶段的条件下，购买基本的生存必需品或维持最低限度生活所需的最低收入水平。在此水平之下，就谓之绝对贫困。

相对贫困是指与社会平均水平相比，其收入水平少到一定程度时维持的那种社会生活状况，即指低收入者虽然解决了温饱问题，但相对于全社会而言表现的贫困状态。相对贫困是温饱基本解决，简单再生产能够维持，但低于社会公认的基本生活水平，缺乏扩大再生产的能力或能力很弱。因而，相对贫困可以反映财富或收入在不同社会成员之间的分配。相对贫困是一个较为主观的标准，相对贫困的定义是建立在将穷人的生活水平与其他较为不贫困的社会成员的生活水平相比较的基础上的，这通常包括对作为研究对象的社会的总体平均水平的测度。因此，相对贫困的衡量方法不同于绝对贫困的衡量方法，更多地强调在一定区域内人的生存质量和水平的相互比较。[①] 比如，有些国家把低于平均收入 40％ 的人口归于相对贫困人口；世界银行将收入低于平均收入 1/3 的社会成员视为相对贫困。因此，相对贫困具有相对性、动态性、不平等性和主观性的特点。

（二）狭义贫困与广义贫困

狭义贫困仅指经济意义上的贫困，即生活不得温饱，生产难以维持，是一个传统的经济学的范畴。处于这种贫困状态中的人所追求的是物质生活上的满足，希望得到的是与社会其他成员相等的收入、食品、燃料、衣着、住房及生存环境，他们注重这些东西在量上的满足。在国际上通常采用恩格尔系数去判定人们生活水平的高低或贫富的层次。恩格尔系数是指人们全年食物支出金额与总支出金额的比率。即恩格尔系数＝全年食物支出金额÷总支出金额×100％。[②] 依据这个系数，联合国提出了一个划分贫困与富裕的标准，即恩格尔系数在 59％ 以上为贫困，50％～59％ 为温饱，40％～50％ 为小康，30％～40％ 为富裕，低于 30％ 为最富裕。

广义贫困的概念是与人们的需求概念联系在一起的。人类需求是由社会和文化条件所决定的，是主观因素与客观因素相互作用和共同决定的结果。因此，广义贫困是指除狭义贫困之外的包括社会方面、环境方面和精神文化方面的贫困，即贫困者享受不到作为一个正常的"社会人"所应享受的物质和精神文化生活。他们不仅处于收入分配的最底层，而且在社会中所处的地位也极其低下。他们无力控制自己所处的生活环境，面临着社会上强势群体的欺压，以及社会的歧视和不尊重。他们不仅在经济收入方面被"社会剥夺"，而且在就业、教育、发展机会、健康、生育、精神、自由等个人发展和享受方面的权利也被"社会剥夺"。联合国开发计划署《1997 年人类发展报告》中提出的"人文贫困"的概念即属于广义贫困的范畴。它从人文发展的角度来衡量一个国家的贫困程度，不仅包括人均国民收入的因素，也包括人均寿命、卫生、教育和生活条件等因素，即 40 岁以前可能死亡的人口比例，文盲率，获得基础卫生保健服务量、可饮用水和合适食物的状况等。狭义贫困和广义贫困往往互为因果。

（三）个人贫困、普遍贫困与结构性贫困

个人贫困是指由于个人和家庭的原因所导致的贫困。个人贫困主要从个体差异的角度来考察贫困，是由个体之间的素质差异和机会不均等原因导致，其贫困的发生并非是由社会因素造成的。

普遍贫困是指在一个国家的社会经济不发达的情况下，全体或大多数社会成员普遍地处于贫困状况之中。普遍贫困的基本特征是收入分配较为平均，但人均收入很低，因而大家都处于较为贫困的状态之中。普遍贫困主要是由经济供给总

---

① 参见朱力：《社会问题概论》，429 页，北京，社会科学文献出版社，2002。
② 参见上书，430 页。

量不足而引起的。

结构性贫困是指在较高的经济发展水平和人均收入的条件下，由于收入分配的不平等而导致了一部分社会成员的收入和实际生活水平明显低于社会平均水平，因而构成了人口中的贫困部分。结构性贫困主要是由于在经济总量增长的条件下，经济制度和社会结构中的不平等特征导致一部分社会成员难以得到经济总量发展的成果。

（四）阶层贫困与区域贫困

阶层贫困是指在一个国家或区域内存在着明显的阶级或阶层分化，其中某些阶级或阶层处于贫困状态。贫困主要是由人们的阶级或阶层地位所引起的。

区域贫困是指在全国总体发展的条件下，各个区域之间的经济与社会发展水平产生了较大差距，某些区域经济社会发展相对落后所导致的贫困。它是根源于不同的自然条件、人口素质和历史机遇的区域连片分布的贫困。在区域贫困的条件下，整个区域人口中的全部或大部分都可能处于贫困的状态。

阶层贫困和区域贫困概念对于确定解决贫困的重点和安排解决贫困的步骤具有重要意义。我们在不同的时期制定扶贫的政策和措施时，应该根据需要优先考虑这两个因素。

（五）客观贫困与主观贫困

客观贫困是指按照某种划分贫困的标准确定某些人处于贫困状态，主观贫困是指某些人根据主观判断认定自己处于贫困状态。客观贫困和主观贫困概念的出现，与贫困标准的确定有关，同时也与人们的观念意识、社会文化、历史传统、个人经历等因素相关。当然，这些因素常常交织在一起，影响人们对贫困的判定。客观贫困与主观贫困对于我们分析和解决贫困问题是非常有用的概念，特别是在我们探讨解决贫困问题的途径和实际措施时是非常重要的。事实上，人们能否脱贫或脱贫的速度和质量如何，在很大程度上取决于人的主观认识。

▎四、贫困的测量 ▎

（一）宏观测量

宏观测量主要是对一个国家或地区总体贫困的测量。主要指标有基尼系数、恩格尔系数、贫困发生率、贫困差距、贫困度测量的森指数。

1. 基尼系数

基尼系数（Gini Coefficient）是意大利经济学家基尼（Gini）于 1912 年提出的，定量测定收入分配差异程度，也用来反映贫困人口与非贫困人口之间的收入分配不平等程度。基尼系数，即在全部居民收入中用于进行不平等分配的那部分收入占总收入的百分比。基尼系数最大为"1"，最小等于"0"。前者表示居民之间的收入分配绝对不平等，即 100％的收入被一个单位的人全部占有了；而后者则表示居民之间的收入分配绝对平等，即人与人之间收入完全平等，没有任何差异。但这两种情况只是在理论上的绝对化形式，在实际生活中一般不会出现。因此，基尼系数的实际数值只能介于 0 到 1 之间。基尼系数由于给出了反映居民之间贫富差异程度的数量界线，可以较客观、直观地反映和监测居民之间的贫富差距，预报、预警和防止居民之间出现贫富两极分化，因此得到世界各国的广泛认同和普遍采用。

2. 恩格尔系数

恩格尔系数（Engel's Coefficient）是用来衡量一个国家和地区人民生活水平状况的指标。恩格尔系数是食品支出总额占个人消费支出总额的比重。19 世纪德国统计学家恩格尔（Engel）根据统计资料，对消费结构的变化得出一个规律：一个家庭收入越少，家庭收入中（或总支出中）用来购买食物的支出所占的比例就越大，随着家庭收入的增加，家庭收入中（或总支出中）用来购买食物的支出比例则会下降。推而广之，一个国家越穷，每个国民的平均收入中（或平均支出中）用于购买食物的支出所占比例就越大，随着国家的富裕，这个比例呈下降趋势。简单地说，一个家庭或国家的恩格尔系数越小，就说明这个家庭或国家经济越富裕。

3. 贫困发生率

贫困发生率（Incidence of Poverty）是指贫困人口占全部总人口的比率。贫困线确定以后，用人均纯收入的人口分组资料与基本生存费用相比较，即可得出贫困人口数量，凡是人均纯收入水平低于贫困线标准的居民或家庭即可划入贫困者行列。处于贫困线以下的人口占总人口的比即为贫困发生率。贫困发生率反映的是贫困规模的相对数，它与反映贫困规模的绝对数（即贫困人口的数量规模）一起反映贫困面的大小。

4. 贫困差距

贫困差距（Poverty Gap），也称贫困缺口，是用来衡量贫困者收入低于贫困线程度的指标。贫困差距由贫困缺口率来反映。在理论上，贫困缺口率是每个贫困人口的纯收入与贫困线之间差距的总和同贫困线与贫困人口总数的乘积的比值，可以用贫困线与贫困人口人均收入的差额除以贫困线来求得。

贫困差距反映平均贫困程度的高低，贫困缺口率数值越大，贫困程度越深。在某种程度上，这个指标也可以反映出贫困的治理难度，西方国家对贫困缺口的定义即为：使所有的贫困者的人均收入上升到贫困线所需要的总转移支付额。

贫困差距作为反映贫困状况的另一重要指标，可以弥补贫困发生率的缺陷，但它本身也有缺陷：一是不能反映贫困人口的数量规模和在总人口中所占比例，但是，它与贫困发生率是可以相互弥补的；二是它只能反映贫困人口的人均收入与贫困线之间的平均差距，不能反映贫困人口内部存在的收入高低不等状况。[1]

---

[1] 参见李军：《中国城市反贫困论纲》，17～18 页，北京，经济科学出版社，2004。

5. 贫困度测量的森指数

阿玛蒂亚·森将贫困发生率、贫困缺口率与基尼系数结合在一起，提出了一种衡量贫困程度的综合指数——森指数（Sen），其简化公式是：

P＝H［I＋（1－I）G］

其中，P 为贫困程度综合指数，H 为贫困发生率（贫困人口占总人口数之比），I 为平均缺口率（贫困人口平均收入水平对贫困线的缺口率），G 为反映贫困人口收入分布状态的基尼系数。

当 G 等于零，即贫困人口的收入水平相等时，P 就等于贫困人口的比例与平均缺口率的乘积。森指数虽然从理论上很好地兼顾了贫困测量问题的各个方面，不过，因其计算过程较为复杂，实际应用得不多。但是，森指数的设想对于贫困测量具有重要的理论意义，即贫困指数应该对贫困人口的收入变化和收入转移情况具有敏感性。[①]

（二）微观测量

微观测量主要是指对贫困人口的认定。主要方法有市场菜篮法、国际贫困标准和生活形态法。

1. 市场菜篮法

市场菜篮法（Shopping Basket Method）又称"标准预算法"，它可以算是最古老、最传统的确定贫困线的办法，并且以它的"绝对主义"而著名。市场菜篮法首先要求确定一张生活必需品的清单，内容包括维持为社会所公认的最起码的生活水准的必需品的种类和数量，然后根据市场价格来计算拥有这些生活必需品需要多少现金，以此确定的现金金额就是贫困线，亦即最低生活保障线。

2. 国际贫困标准

国际贫困标准（International Poverty Line Standard）是一种收入比例法。它以相对贫困的概念作为自己的理论基础。经济合作与发展组织（OCED）在 1976 年组织了对其成员国的一次大规模调查后提出了一个贫困标准，即以一个国家或地区社会中位收入或平均收入的 50％作为这个国家或地区的贫困线，这就是后来被广泛运用的国际贫困标准。

国际贫困标准具有以下优点：第一，简单明了，容易操作，只要知道社会平均收入或社会中位收入，乘上 50％，就可以求得贫困线。因此，可以减少行政费用。第二，作为一种收入比例法，国际贫困标准可以用于纵向的和横向的比较，而且通过这种比较可以使我们知道与世界上其他国家在社会救助标准方面的差距。第三，国际贫困标准可以使受助者分享经济、社会发展的成果。国际贫困标准可以使受助者得到的救助金额与社会上大多数人的收入同步增长，分享经济、社会发展的成果。

---

① 参见李军：《中国城市反贫困论纲》，21 页，北京，经济科学出版社，2004。

3. 生活形态法

生活形态法（Life Style Method）是指首先从人们的生活方式、消费行为等"生活形态"入手，提出一系列有关家庭生活形态的问题；然后选择若干剥夺指标，即在某种生活形态中舍弃某种生活方式和消费行为，根据这些剥夺指标和被调查者的实际生活状况，确定哪些人属于贫困者；再分析他们被剥夺的需求、消费和收入，从而计算出贫困线。

但由于贫困测量的标准过于绝对，往往忽略了许多人的隐性收入来源，以及地区生活水平差异等影响因素，从而造成在实际研究中不能反映真正的贫困者，所以目前的国外研究涉及的贫困的测量都是通过广泛的社会调查加以修正的。

第二节
贫困问题的表现及成因

一、中国农村贫困问题

（一）中国农村贫困问题的表现

改革开放以来，中国政府在致力于经济和社会全面发展的进程中，为解决农村贫困问题进行了艰苦的工作，开展有计划、有组织和大规模的扶贫开发，取得了良好效果。然而，贫困问题的发展是动态的。在现阶段，由于种种原因，农村贫困问题依然较严重，主要表现在以下几个方面。

1. 农村贫困人口的规模

中国农村贫困标准采用的是表征绝对贫困和表征相对贫困的标准。绝对贫困标准是 1986 年国家统计局基于对 6.7 万户农民家庭消费支出的调查计算得出的。此标准是维持基本生存的最低费用，即满足贫困人口的基本温饱需求。它按照"每人每天 2 100 大卡热量"的标准建立食物组合，乘以对应的价格再求和得到。1985 年农村绝对贫困标准为人均纯收入 206 元。其后各年度的贫困标准基本上根据历年农村消费价格指数进行调整。相对贫困标准是 2000 年制定的低收入标准。年收入在绝对贫困标准和低收入标准之间的人口为低收入人口。

1985 年全国没有完全稳定解决温饱的农村贫困人口为 2.1 亿。1998 年，全国农村贫困人口有 4 200 万，占农村总人口的 4.6%。2000 年，中国农村贫困人口（包括绝对贫困人口和低收入人口）为 9 422 万。2002 年，按年纯收入 625 元的温饱线标准，我国有近 3 000 万农村贫困人口，若将温饱线标准提高 200 元到

825 元（即近 100 美元），我国的农村贫困人口就会增加到 9 000 万。21 世纪之初的几年，中国农村贫困人口下降速度缓慢，2003 年还首次出现了绝对贫困人口不减反增的形势，但是 2004 年以来，随着一系列有利于穷人的发展政策出台，中国贫困人口又呈现出高速下降的趋势。据国家统计局农村住户调查，2005 年，中国农村贫困人口总计 2 365 万人，贫困发生率为 2.5%；农村低收入人口总计 4 067 万人，占农村总人口的比例为 4.3%。① 2006 年年底全国农村贫困人口有 2 148 万，低收入人口 3 550 万，中国农村贫困人口数量达 5 698 万人。② 2009 年我国对农村低收入人口全面实施扶贫政策，取消将农村绝对贫困人口和低收入人口区别对待的政策，对人均收入 1 067 元以下的农村人口将实施同样的扶贫政策，扶贫对象共计 4 320 万人，占全部农村人口的 4.6%。③ 2011 年 11 月 29 日，中央决定将农民人均纯收入 2 300 元（2010 年不变价）作为新的国家扶贫标准，这个标准比 2009 年提高了 92%，比 2010 年提高了 80%。按此标准，全国贫困人口数量和覆盖面也由 2010 年的 2 688 万人扩大至 1.28 亿人，占农村总人口的 13.4%。从以上的数据可以看出，我国农村贫困人口数量仍然十分庞大，反贫困任务十分艰巨。

2. 农村贫困人口的地区分布

1978 年以前，我国 2.5 亿贫困人口分布在全国各个地区，地区差异不是很明显。但随着社会经济的不平衡发展，我国贫困人口逐步呈现出地区差异。农村贫困人口在地区分布上的特征主要表现为两个方面。

一是绝对贫困人口大多数分布在农村。改革开放 30 多年来我国扶贫开发工作取得显著成就，但是截至 2007 年年底，我国农村绝对贫困人口仍有 1 479 万，占农村居民总人口的 1.6%。④ 这是我国二元社会结构的必然产物。我国政府为城市居民的基本需求提供了比较稳定的社会保障和福利保障，因此城市贫困人口较少，而占全国人口总数 70% 多的农村居民的衣、食、住、行、生、老、病、死基本上由自己和家庭承担，得到的社会福利和社会救济比较少，因此农村贫困人口无论绝对数量，还是相对数量都高于城市。

二是农村贫困人口逐步向西部集中，特别是山区、边远地区等自然条件恶劣或生态环境恶劣的地区。从各省扶贫重点县的贫困人口分布看，扶贫重点县贫困人口数量超过百万的省依次是云南、贵州、甘肃、四川、陕西和河南；贫困发生率超过 10% 的省区有青海、山西、新疆、黑龙江、宁夏、内蒙古、云南、贵州、甘肃、广西、吉林，除山西、黑龙江、吉林外，都是西部省份。这些地方发展农业条件差，地处偏远，交通闭塞，基础设施匮乏，远离社会经济活动中心，社会

---

① 参见国家统计局农村社会经济调查司：《中国农村住户调查年鉴（2005 年）》，北京，中国统计出版社。

② 参见郭洪泉：《农村贫困与反贫困策略》，载《社会福利》，2008（5）。

③ 参见《扶贫标准为 1 067 元　4 320 万农民受益》，http://www.sn.xinhuanet.com/2008-12/30/content_15320992.htm.

④ 参见张彪：《中国农村贫困问题及对策分析》，载《辽宁经济》，2009（3）。

服务落后，生活和生产条件差。这些地区的贫困户有这样一些特征——往往缺乏生产资料，依靠种植业维持生活，缺乏出外打工或从事有利可图的活动的机会；他们缺乏人力资源，卫生和教育条件非常差；虽然缺乏土地不是中国贫困的主要特点，但贫困户耕种的土地往往较为贫瘠且数量有限。

3. 农村贫困人口的民族和阶层分布

首先，少数民族贫困问题突出。全国592个国家级贫困县中，少数民族贫困县267个，占总数的45.1%。2005年末，少数民族地区农村牧区绝对贫困人口占全国农村贫困人口（2 365万人）的比重为49.5%，贫困发生率比全国（平均2.5%）高4.4%；低收入人口占全国低收入人口（4 067万人）的比重为50.4%，低收入人口占农村人口的比重比全国（平均4.3%）高7.7%。[①] 2011年，我国民族八省区[②]的农村贫困人口为3 917万人，占八省区农村户籍人口的26.5%，占全国农村扶贫总人口数的32%。

其次，贫困地区内部不同阶层的人群之间的生活质量的差异是很大的。目前在绝对贫困人口中，五保户和残疾人口的比重较大，这部分贫困人口很难通过支持手段脱贫，在最低生活保障制度缺失，民政救济覆盖面小，公共卫生服务体系不健全的情况下，这部分人口的贫困状况日益凸显。

4. 农村贫困人口的教育和健康状况

在中国许多贫困的村庄，特别是在少数民族地区，许多男孩和更多女孩都不能上学，不识字，教育状况堪忧。许多贫困县的婴儿死亡率和孕产妇死亡率远远高于全国平均水平，而在贫困乡镇和村庄，情况还要严重。传染病和地方病的发病率，如肺结核、碘缺乏症等，集中发生在贫困边远地区。生活在贫困线以下的家庭中，儿童发育不良，铁、维生素A和其他微量元素缺乏症非常普遍，很多儿童在忍受慢性寄生虫病的痛苦。

而且，贫困地区人口还存在普遍营养不良的问题。成年人由于缺乏各种营养元素，导致营养不良，体质下降，劳动强度和耐力下降，从而影响生产和产出。婴儿及儿童营养不良会阻碍智力的发展。这两种情形在贫困地区都普遍存在。尽管贫困地区由于普遍的营养不良而牺牲的经济价值酌量化还未曾有学者进行全面周密的测算，但有一点是肯定的，就是营养不良导致体质下降，劳动生产率降低，这对地区经济的增长和家庭收入的提高都是一种负面影响。

（二）中国农村贫困的特点

进入新世纪以来，在经济增长、专项扶贫以及一系列惠农政策的安排下，中国农村扶贫工作取得显著成效，但这并不意味着中国农村贫困问题已经解决，农村贫困问题呈现出新的特征。

---

① 参见李养第：《关于我国22个人口较少民族经济社会发展的思考》，载《民族经济与社会发展》，2007（7）。

② 民族八省区指的是少数民族人口相对集中的内蒙古、广西、西藏、宁夏、新疆五个自治区和贵州、云南、青海三个省份。

1. 贫富差距进一步拉大

由于制度、发展战略等综合性因素，中国社会经济的迅速发展加深了社会的贫富分化，中国已经不再是那个相对公平的经济体，区域差距、城乡差距和贫富差距不断拉大成为中国经济的典型特征。尤其是农村内部的贫富差距也日趋扩大，农村基尼系数从 1978 年的 0.212 4 上升到 2006 年的 0.378，农村内部的不平等程度日益严重。[①] 2005 年，我国 592 个扶贫工作重点县农民人均纯收入为 1 723元，仅相当于全国平均水平 3 255 元的 52.9％。贫困农民收入上限与全国农民人均收入的差距从 2001 年的 1：3.6 上升到 2005 年的 1：4.8。[②] 贫困农户和低收入农户占全部农户的收入份额下降比其人口比重下降更快。用五等份分布法，2005 年农村居民最高收入的 20％占农民全部纯收入的 43.6％，而最低收入的 20％只占全部收入的 6.3％，贫困农户与其他农户的收入差距过大。[③] 2006 年人均纯收入水平最低的 20％人口（低收入组）的人均纯收入只有 1 182.46 元，高收入组人均纯收入为 8 474.79 元，高收入组的收入是低收入组收入的 7.17 倍，而 2000 年，高收入组是低收入组收入的 6.5 倍。[④]

贫富差距的扩大，威胁社会主义和谐社会的构建。农村贫困地区面临着各项社会服务缺乏和农民工的保障缺位，环境条件恶劣地区农民生计提高困难、教育费用支出增加等贫困因素累积因果循环，这些问题的交互作用，必然进一步放大贫富之间的差距，特别是在整个经济增长的大背景下愈发显现出对于增长的可持续性以及社会公平、社会稳定的现实挑战。

2. 致贫原因进一步复杂化

改革开放之前，中国农村贫困特征主要是普遍性的绝对贫困，致贫的原因主要是制度性、结构性和自然资源约束等相对普适的要素。随着中国减贫工作的开展，中国农村贫困人口呈现出明显的区位分布特征，山区、少数民族地区、边境地区和革命老区等成为贫困人口相对集中的地方，这些地方的共同特征是自然条件和基础设施条件较差。到了新世纪，中国农村贫困的区域分布开始被点状分散分布所取代，伴随着这样的发展趋势，共同性的致贫因素开始弱化，而农户个体性因素日趋显著，致贫因素呈现出多样化的特征。

3. 农村返贫率高

随着扶贫工作的进一步推进，农村贫困人口的温饱压力不断减轻，温饱问题相对缓解。但由于在解决贫困地区的温饱问题时，主要抓"食不果腹、衣不蔽体、房不挡风雨"的"三不"问题，因而大多数贫困地区的贫困标准较低，虽然温饱问题得以解决，但其生产、生活和生态条件却没有得到根本改善，贫困农户一般只能维持简单再生产，再加上社会保障机制缺乏，使得贫困人口持续发展和抗风险能力弱，通常无法实现稳定脱贫，一遇到自然灾害、市场风险和疾病等变

---

①④　参见左停、齐顾波、唐丽霞：《新世纪我国农村贫困和反贫困的特点》，载《贵州社会科学》，2009（7）。

②　参见国家扶贫开发办公室：《中国农村扶贫开发纲要（2001—2010 年）》，546 页。

③　参见刘娟：《我国农村贫困的新特征与扶贫同制创新》，载《乡镇经济》，2008（2）。

故就会重新降到贫困线以下，因病返贫、因学返贫、因灾返贫现象非常普遍。据调查，近年来农村脱贫人口的返贫率一直在 20％以上，脱贫成果巩固困难，返贫率较高。返贫的农户通常是自身素质、能力较低的人。[①] 如 2003 年受 SARS 及部分地区严重水灾的影响，我国农村绝对贫困人口不减反增，从 2002 年的 2 820 万上升到 2 900 万人。[②]

4. 受市场化、全球化影响日益增强

随着全球化和市场化步伐的加快，农户面临的市场风险问题愈加凸显。市场所具有的不确定性为贫困人群增加了风险，某些权势群体对市场的垄断和控制、贫困地区市场信息的不完全，在很长时期内都将是市场风险难以克服的主要原因。许多贫困人群长期以来在获取资源及控制资源方面处于不利地位，在市场面前，在面临机会的时候，不但不能及时掌握，而且还会因为放弃一些原有的资源和利益而面临生产生活甚至心理方面的困难。在巨大的风险及不健全的市场机制下，就算是有外部扶贫项目的干预，农户的致贫、返贫现象也时有发生。建立保护农户经济利益、降低市场风险的保障机制还存在缺位。在全球化进程中，部分有竞争力地区的农户生产也面临着受到冲击的风险，需要相应的配套保障机制。

5. 贫困人口呈现多元化特征

农村贫困人口面临经济贫困、环境贫困和文化贫困，三者相互交织，增加了农村贫困问题的复杂性。贫困概念首先是"总收入水平不足以获得仅仅维持身体正常功能所需的最低生活必需品"，包括食品、住房、衣着和其他必需的项目。中国农村贫困人口收入低下，难以维持基本的物质需求。2004 年，农村绝对贫困人口人均纯收入 579 元，低收入人口人均纯收入 854 元，远远低于全国农民人均纯收入 2 936 元；其恩格尔系数分别为 71.3％ 和 66.5％，远高于全国农民恩格尔系数 47.2％。[③] 环境贫困是农村贫困的另一情况。如前所述，中国农村贫困地区主要集中在西部地区、沙漠化地区、高寒区、地方病高发地区、水土严重流失地区，国家级贫困县有 1/2 以上分布在这些地区。另外，文化贫困也是农村贫困的一种情况。在农村贫困地区，基础教育设施薄弱，教育水平严重落后，人们受教育程度极低。据统计，2004 年，农村绝对贫困户的文盲半文盲比例达 18.3％，低收入户文盲半文盲比例达 14％，均远高于 7.5％ 的全国平均水平。[④]

（三）中国农村贫困的成因

1. 自然环境因素

自然环境是影响一个国家或地区社会经济发展的重要因素之一，也是人类至

---

① 参见朱力：《社会问题概论》，440 页，北京，社会科学文献出版社，2002。

② 参见刘娟：《我国农村贫困的新特征与扶贫同制创新》，载《乡镇经济》，2008（2）。

③ 参见余永龙：《建立和发展农村新型合作经济组织是市场经济提出的历史任务合作经济与农业产业化》，北京，中国农业出版社，2002。

④ 参见中国发展研究基金会：《在发展中消除贫困：中国发展报告 2007》，北京，中国发展出版社，2007。

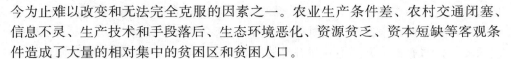

今为止难以改变和无法完全克服的因素之一。农业生产条件差、农村交通闭塞、信息不灵、生产技术和手段落后、生态环境恶化、资源贫乏、资本短缺等客观条件造成了大量的相对集中的贫困区和贫困人口。

（1）自然条件恶劣。

中国农村贫困地区呈块状、片状分布在西北和西南的高原、山地、丘陵、沙漠地区。这些地区自然条件十分恶劣：或高山坡陡，水土流失严重；或低洼谷底，灾害侵袭频繁；或干旱严重，降水量少且时间短；或沙尘肆虐，土地沙化严重；或地表水渗透严重，地表水源无法利用；或高寒阴冷，有效积温严重不足。这些地区不仅不适合第一产业生产，而且，如果以发达地区的自然条件标准衡量，相当多的地区都被认为是不适合人类生存的地区。在这样一种环境中，人们根本就无法摆脱自然条件制约的贫困境地。

（2）地理位置偏僻。

从区域范围来看，中国农村贫困地区大多处于偏、远、边地区，距离省会等中心城市相对较远。由于自然条件、财政投入等原因，这些地区交通条件十分落后，运输渠道不畅，人们出行极为不便。远离中心城市对区域农业和农村经济的发展十分不利：第一，延长了生产要素和农产品在城市市场与农村市场流通的时间；第二，妨碍了社会资本的投入，限制了农村第二、第三产业的发展；第三，阻碍了农村剩余劳动力的转移；第四，信息闭塞、见识有限限制了农民自我发展的拼搏精神。

（3）生态环境恶化。

农村生态环境本身具有天然脆弱性，一经破坏将难以在短期内恢复。而近年来人为因素对农村生态环境的破坏作用日益严重。自然资源遭受无节制地开采；城市污染物和工业污染物大量向农村转移；农村人口大量增加，加速了人类对自然资源的消耗；农民生态环保意识落后，生活、生产垃圾未经处理就废弃。这些行为进一步恶化了农村生态环境：一方面导致农村耕地减少，农业收益降低，农民农业收入下降；另一方面，恶化了的生态环境会增加自然灾害的发生，自然灾害频发又会反过来加剧生态环境的恶化，两者进入恶性循环，农业在这种过程中遭受到更为严重的影响。

2. 制度因素

制度作为一种社会公共物品，与经济发展有着内在的逻辑关系。这种关系表现为：经济发展是制度起源、变迁和创新的初始原因，而制度安排则是经济可持续发展的强劲动力。若在既定的制度设计和安排下，各种社会资源和要素达到一种最优配置状态，经济利益和回报实现了最大化，这种制度安排就能最有效地消除贫困，推动社会经济的增长和繁荣。反之，若制度设计和安排是低效率和非均衡的，那么将导致社会整体的贫困和停滞。具体而言，影响中国农村贫困的制度因素主要有：

（1）城乡二元制度。

农村贫困有其深厚的制度基础，特别是城乡分割的二元制度对农村贫困的形成起着决定性的作用。改革开放前，城乡二元制度对农村经济社会的发展产生了深刻的影响，使本来贫困的农村更加贫困。改革开放后，城乡二元制度有了极大的改变，但对农村依旧产生着强有力的制约作用。城乡二元户籍制度将城乡居民分成了两种不同的社会身份，享受着两种不同的国民待遇，决定了城市人口和农村人口在教育、医疗、就业等方面一系列的差异，这种不平等造成了农村的贫困。同时，城乡分割的户籍制度，人为设置障碍，严格地区分"城市人"和"农村人"，使进城就业的"农民工"难以融入城市，影响农村劳动力的转移，加剧了农村贫困。城乡二元就业制度使农村居民处于自发的就业状态，进城民工一般不被纳入城市劳动就业管理体系。这使得农村就业结构调整非常困难，严重地制约了农民收入增长，成为农村贫困形成的一个重要因素。城乡二元教育制度限制农村居民的文化素质提高。国家大量投资的教育资源集中在城市，对人口大量集中的农村教育投入较少，农村人口接受教育的机会大为减少，造成农村人口的文化素质低下，以致收入增长缓慢，贫困成为必然。城乡分割的社会保障制度，使农村居民不能享有同城市居民一样的医疗、养老、住房、劳动保护等保障，丧失了抗风险的能力，农村贫困陷入恶性循环之中。可见，诸多的制度安排是导致农村贫困的根源，是制约农村反贫困的根本所在。

（2）农村土地制度。

土地制度是与户籍制度、就业制度、教育制度、社会保障制度等联系在一起的，过去，农民拥有生产资料——土地，而土地具有资产收益、社会保障的功能，这使得农民居民享有城市无法享有的一系列权利。但在经济社会发展过程中，农村土地制度的缺陷不断地加深农村贫困，成为农村贫困的重要制度因素：一是农村土地产权不明晰，损害农民的土地权益。在农村土地集体所有制这个框架下，土地所有权主体是虚拟化的，导致在征地过程中，县、乡、村对土地收益进行瓜分，损害农民的土地权益。同时，工业化、城市化推进，土地被大规模征用，大量失地农民的产生不可避免，这些失去土地依托的农民，因相应制度的缺失而陷入贫困。二是土地承包经营权的缺陷，造成了大量的无地农民。农村人口不断地增长和变动，对土地调整产生了强烈的现实要求，但现行的承包制强调"稳定土地承包关系的立法原则和政策要求"。这使得在目前的承包制下产生了大量的无地农民，而无地农民没有生产资料（土地）的保障，逐步走向贫困。三是农村土地流转制度不健全，制约了农村劳动生产率的提高。由于农村土地流转制度的缺陷，制约农民的收入增长，影响农业生产的投入，阻碍农业劳动生产率的提高，也造成了农村土地的大量流失和撂荒现象。同时，由于农村土地收益低下，改革开放后，农民纷纷离开农村，选择了到城市从事非农行业以寻求更好的生存条件与发展机会，也因此形成了当今中国特有的"农民工"问题。可以看到，由于农村土地制度的缺陷，加之相应制度的缺失，致使农业劳动生产率低下，造成新的"三农"问题，即"失地农民"、"无地农民"、"农民工"问题。在这样的制度下，"土地"不能发挥出应有的资产收益、社会保障的功能，农村贫困是必然的。

（3）农村经济政策。

长久以来，我国实行"重城轻乡"和"重工轻农"政策，这严重地阻碍了农村经济社会的发展。在基础设施方面，城市的基础设施建设由国家财政投资，而农村的基础设施建设要依靠从农村企业、农民头上摊派、集资、收费等来解决，本应由国家财政出资的一些基础工程，却采取"钓鱼"办法，上级拨一点"诱饵"，地方财政再挤一点，剩下大部由乡村自行负担，结果只能向农民摊派集资或由农民的劳动积累工、义务工来支付。在产业投入方面，为了加快工业的发展，财政资金大量投向工业，农业投入很少，甚至以牺牲农业发展为代价来促进工业的发展，实行的是"重工轻农"的产业政策，生产要素高度向城市、工业集中，使得农业发展严重滞后于工业发展。在价格政策方面，国家实行工农产品价格"剪刀差"政策。从 1953 年至 1992 年，国家工农产品价格"剪刀差"从农业中提取了近 1 万亿元，使本来不景气的农业与处于贫困状态中的农民的处境雪上加霜，严重地阻碍了农民生活水平的提高和农村经济的发展。因此，在某种程度上，是国家的经济政策导致了农村贫困。

（4）人口生育政策。

人口素质是决定农村经济社会发展的重要因素。农村人口素质低下在很大程度上导致了农业的落后和农民的贫困，而农村人口素质低下是和我国的人口生育政策分不开的。为控制人口数量的增长，我国自 20 世纪 70 年代后期开始实行强制的计划生育政策，即原则上一对夫妻只允许生育一个孩子。但这一政策由于考虑到我国的国情——如传统生育观念转变的难度、农村人口的养老问题、民族政策等而留出诸多缺口，生活在农村和边远地区的人口，尽管受教育程度、生活水准较低，但拥有法定的高生育权。加之对社会边缘人口管理失控，使低素质人口的快速增长更趋严重，低素质人口占全社会人口比重逐渐上升，从而加剧了城乡对立和农村贫困。

3. 经济因素

（1）经济基础薄弱。

中国农村地区经济基础薄弱，基础设施落后，特别是与农业生产息息相关的水利设施、能源、交通、信息条件等远远不能满足农业生产发展的需求。以四川为例，在水利设施和能源方面，四川民族贫困县共有耕地面积 23.27 万公顷，灌溉面积仅 5.66 万公顷，占耕地面积的 24.32%，远远低于四川省的 60.97%，其用电量仅及成都市农村用电量的 7.11%。[①] 在交通方面，据统计，2004 年，全国有 261 个乡镇、5.4 万个村不通公路；在全国 104.3 万公里的砂石路面、土路面及无路面里程中，农村公路就有 92.3 万公里，占 88.5%；还有未纳入统计的村与村之间的简易公路约 120 万公里。[②] 在信息方面，2005 年年底，农村电话普及

---

① 参见四川统计局、国家统计局四川调查队：《四川统计年鉴 2008》，北京，中国统计出版社，2008。

② 参见财政部农业司"公共财政覆盖农村问题研究"课题组：《公共财政覆盖农村问题研究报告》，载《农业经济问题》，2004（7）。

率仅为 13%，而同期城市电话普及率达到 35.9%；有 2.9%的行政村未通电话，5.52%和 4.19%的全周人口未覆盖广播和电视。农村互联网普及率仅为 2.6%，而同期城市互联网的普及率则高达 16.9%。[①]

（2）产业结构单一。

贫困地区，尤其是特困地区，第一次产业的增加值在 GDP 中的比重通常居高不下，呈现出一种超稳定的产业结构。中国农村贫困地区产业结构单一。在农业与非农产业上，农业比重偏高，非农产业比例偏低；在农业生产内部，粮食生产占主导地位，经济作物生产比例极低；在农业生产与其他农产业生产上，以农业为主，林业、牧业、渔业所占比例很低。以贫困发生率较高的西部地区为例，其三大产业的 GDP 结构，农业为 15.97%，比东部地区的比例 7.58% 高出一倍多，其粮食播种面积占农作物总播种面积的 65.46%，其农业总产值占到农林牧渔总产值的 51.25%。[②]

（3）市场发育程度低。

目前，中国农村市场发育程度很低，主要表现在五个方面：其一，农村生产要素市场发展落后。受传统体制的影响，我国农产品市场与农村生产要素市场之间的非对称性达到了极端的地步，即只有农产品市场而没有生产要素市场。近年来，农村生产要素市场有了较快发展，但发展得还很不够。其二，市场规模狭小。由于农村是自给自足的小农经济，地区、部门的行政性封锁，以及交通运输、邮电通信等基础设施的落后，致使市场发育十分缓慢，市场异常狭小。其三，市场透明度低。其信息误差率高，缺乏系统性，传递渠道少，市场行情不清，从而容易诱发盲目生产、重复建设。其四，市场无序化现象严重。其五，农产品的市场流通体系不健全。完善的市场流通体系可以促进经济良好运转。当前，我国农村普遍存在市场体系不健全、流通渠道不畅通的问题。农村农产品的销售网络极其薄弱，"买难"、"卖难"一直困扰着农民正常的生产与生活。有些地方，因为没有系统的销售渠道，农产品卖不出去，或者卖不上高价钱，造成农民增产而不增收，这种状况严重制约着农民的生产积极性。

上述三者决定了农村贫困地区农业生产力低下、农业生产收益低，以农业收入作为主要收入来源的农民难以实现通过发展农业生产而增收的目的，因而限制了农村贫困地区区域经济的发展，使得农民难以在区域经济的推动下发展生产，增加收入，摆脱贫困。

4. 人口因素

（1）人口素质低。

科学技术是第一生产力，而人又是生产力发展中最能动、最活跃的，起决定作用的因素，尤其是在商品经济条件下，生产力的发展、经济竞争能力的提高主要取决于劳动者素质的高低。而我国目前农村人口的素质普遍偏低，这不仅表现

---

① 参见朱金周：《以信息化带动新农村建设的思考》，载《人民邮电报》，2007 - 06 - 27。
② 参见国家统计局：《中国统计年鉴 2008》，北京，中国统计出版社，2008。

在文盲、半文盲人口占的比重相当大，更表现在文化水平和科技水平低下、思想观念落后等方面。劳动人口的平均文化水平低，劳动者的素质低下。据统计，我国广大农村，尤其是贫困地区适龄人口中文盲、半文盲率较高，具有较高文化程度的劳动者所占的比重低，具有农业生产专业技术的人员比重更是低下，并且分布不合理，又有相当一部分人放弃了专业而从事乡、镇党政部门和事业单位的行政事务。尤其是近几年来，贫困地区留不住人才的现象日益加剧，稍有一点文化、脑子活的年轻人上不了大学就告别了农村涌向城市打工，人力、智力严重流失。在相当一部分农村，除春节以外平常很难看到适龄的劳动力，农村和农业成为被遗忘的角落。

（2）思想观念落后。

思想观念是造成农村经济落后的主观原因。由于受客观条件的限制，许多地区人们的思想观念仍然相当落后，他们习惯了自然经济的生活方式，依靠土地生产家庭所需的基本生活资料。轻商赋役，求全苟安，缺乏进取精神，甚至认为从事商品生产和商品交换是件耻辱的事情，把吃饱穿暖当作最高的生活目标，以至于许多人抱着"金饭碗"在丰富的资源条件下却挨饿受寒。同时，由于我国对农村贫困户实行纯生活救济的扶贫方法，使一些人滋长了严重的依赖思想，出现"越给志越短，越给人越懒"的现象。还有一部分人日子稍好一些就故步自封，并产生了封建迷信思想，不仅浪费了钱财还加剧了人们对文化知识的无所需求，对受教育的轻视滋生了一大批人懒志短的文盲、半文盲。

二、中国城市贫困问题

对城市贫困概念的界定是中国城市贫困研究的逻辑起点。随着对贫困认识视角的不断拓展，收入和消费不再是绝对贫困唯一的衡量标准，而需要以多维的视角对贫困进行全面综合的分析。同样地，城市贫困也应从多维视角加以考察。国内众多研究贫困问题的学者从不同的角度对城市贫困概念进行了界定。学术界普遍认为，城市贫困不仅仅是物质的匮乏，还表现为缺乏一定资源（包括物质、社会、文化和精神的），和一定的权利（包括就业权、受教育权、住房权、医疗权等）。[1] 较具有代表性的定义是，关信平在分析了国内外学者贫困定义的基础上指出，城市贫困是在特定的社会背景下，部分社会成员由于缺乏必要的资源而在一定程度上被剥夺了正常获得生活资料及参与经济和社会活动的权利，并使其生活持续低于社会的常规生活标准。[2] 唐钧则进一步将中国城市贫困群体划分为两个群体：一是无能力的贫困群体，即贫困者本人无劳动能力、无经济来源和无法定赡养人，基本处于绝对贫困状态。二是丧失"地位"和"机会"的贫困群体，他们有工作能力和经济收入，以失业下岗人员、部分被拖欠养老金的退休人员以

---

① 参见洪朝辉：《权利贫困与经济贫困》，载《中国民政》，2003（2）。
② 参见关信平：《现阶段中国城市的贫困问题及反贫困政策》，载《江苏社会科学》，2003（2）。

及其他被赡养人口为主体，基本处于相对贫困的状态。[①]

（一）中国城市贫困的现状

随着我国的社会转型和城市社会结构的急剧变迁，以及城市经济体制改革的不断深化，国有企业进行了全面的改组和调整，随之而来的是失业率大幅度上升，下岗职工迅速增加。在失业保险和救济制度尚不完善的条件下，相当一部分失业、下岗人员在实现再就业之前便落入城市贫困阶层，与失业和下岗相联系的城市贫困问题日渐严重。同时，一些退休较早，仅依赖退休金生活的老年人也陷入贫困之中，这是我国社会转型过程中产生的新问题。中国城市贫困状况主要表现为：

1. 城市贫困人口的规模

2000—2001年，亚洲开发银行组织了一批国内外专家共同进行了"中国城市贫困问题"的课题研究。在2001年10月举办的成果发布会上，亚行专家组披露：根据国家统计局城市调查总队提供的1998年的统计数据，专家们先用热量支出法和市场菜篮法测定各省的贫困线（最低生活保障标准），然后再据此计算出全国城市的贫困人口，结论是1 480万人。据民政部统计，全国已领取最低生活保障金的城市贫困居民人数，2003年年底增到2 246.8万人[②]，这不包括由于种种原因未能纳入最低生活保障的贫困人口。

由于研究考察的角度和方法不同，以及贫困本身的模糊性，我们很难得出一个众所公认、精确度非常高的城市贫困人口数量。随着改革进一步深化，收入差距仍在扩大，加之国有企业下岗分流职工规模增加，城市贫困人口数量仍可能继续升高。

2. 城市贫困人口的地域分布

在中国，城市贫困的地区分布特征表现为不同地区城市贫困人口的规模不同。中国城市贫困人口主要分布在中西部地区，东部沿海地区的城市贫困发生率较低。有数据显示，中部地区的贫困发生率为4.42%，西部为3.03%，而东部沿海地区则只有1.54%。[③] 从人口总数上来看，2000年中部地区城市贫困人口582万，西部地区城市贫困人口196万，而东部地区城市贫困人口为272万。占全国城市人口53%的中西部地区，却占了全国城市贫困人口近3/4。[④] 这些数据反映出中西部地区既是城市人口相对集中的地区，又是城市贫困问题十分突出的地区。

3. 城市贫困人口的构成

城市贫困人口大体上可分为四类：一是"三无"人员，即长期以来由政府给予救济的无生活来源、无劳动能力、无法定抚养人或法定抚养人无抚养能力的居民，也就是通常所说的民政的优抚对象。二是失业人员和离退休人员，即在领取

---

① 参见唐钧等：《中国城市贫困与反贫困报告》，北京，华夏出版社，2003。
② 参见洪大用：《试论中国城市低保制度实践的延伸效果及其演进方向》，载《社会》，2005（3）。
③ 参见严晓萍、赵瑞华：《关注城市贫困人口》，载《经济论坛》，2003（24）。
④ 参见王有捐：《对目前我国城市贫困状况的判断分析》，载《市场与人口分析》，2002（6）。

失业救济金、基本生活费、离退休金或养老保险金后其家庭人均收入仍低于当地贫困线标准的居民。三是未充分就业的在职人员，这类人员主要是因为不充分就业，收入水平达不到当地贫困线的标准，即隐性失业的部分群体。四是城市移民等其他贫困人员。外来人口大量涌入城市是城市发展过程中出现的重要现象，这类人群在城市生活中往往处于劣势地位。

城市贫困人口在构成上已发生了很大变化。改革开放以前和初期的城市贫困人口主要是第一类传统的救济对象。这类贫困人口的产生主要不是源于体制的，而是源于个体性的因素。自改革开放后，尤其 90 年代以来，第二类和第三类成为城市贫困人口的主体。

4. 城市贫困的行业分布

从行业分布看，城市贫困人口主要集中于传统的劳动密集型产业，或者是一些缺乏市场竞争力的行业，或是以消耗资源为主的某些基础产业，或是技术低下的小型商业、服务业和手工业。如纺织、煤炭、森工、轻工、军工等行业，而金融保险、电力煤气、科研等行业的贫困发生率极低。这类城市贫困人口的出现主要是源于体制的。在中国的经济体制转轨过程中，由于一些企业结构调整、减员增效、破产兼并等非自愿性原因导致部分劳动者失业、下岗，使其家庭收入锐减，进而陷入贫困境地。

（二）中国城市贫困的特征

1. 城市贫困类型：相对意义上的绝对贫困

从理论上讲，一个社会体系中只要存在着收入分配的差距，则必然存在程度不等的相对贫困。但是在我国现阶段，由于生产力水平总体上比较低，经济不发达，居民收入仍处于低收入阶段，因此，从贫困的内涵上看，我国城市人口中的贫困问题更主要地表现为绝对贫困。当然，从总体上观察，我国城市居民的贫困已主要不是生存意义上的绝对贫困，而是一种缺乏某些生活必需品而形成的相对意义上的绝对贫困，这种贫困实质上具有绝对性与相对性的双重含义。所谓相对性是指贫困有其相对的时期性和地区性，同时，也相对于不同的收入水平和不同的家庭规模。所谓绝对性则是指贫困有一个数量界限或标准，低于这个界线或标准，人们的基本需求就得不到满足。我国现阶段的城市贫困正是这种具有双重含义的贫困类型，既要重视分析其绝对性，同时更应该综合考虑其相对性。

2. 城市贫困主体：贫困职工

我国目前的城市贫困人口除了社会弱者和农民工贫困人口以外，城市贫困职工在大部分城市已构成了城市贫困人口的主体。

职工贫困是我国现阶段所特有的一种城市贫困现象。他们是城市经济体制改革转轨时期沉淀于社会的职工，是由于体制转轨被动导致贫困的居民，主要是经济效益不好的国有、集体企业的职工，倒闭的城市集体所有制企业自谋职业的职工，国有破产或濒临破产企业的无再就业能力的职工，以及以上述人员的家庭及退休职工为主体的贫困职工群体。他们构成了我国城市贫困居民的主体，占了相当高的比重。

我国现阶段构成城市贫困人口的主体是那些亏损、破产、停产、半停产的国有、集体企业的职工，而我国长期计划经济体制下所形成的职工、企业、国家三者之间的特殊利益关系，使职工群体对政府、社会以及企业有着普遍的、强烈的高预期和高度依赖性，政府在目前的条件下却难以兑现旧体制的承诺。再加上城市现实生活中更加突出和显著的收入差距、贫富悬殊问题，使得贫困职工群体比其他类型社会弱者更加难以接受现实，更加难以调适心理，也更加容易产生不满情绪。

3. 城市贫困的实质：失业性贫困

20 世纪 90 年代以前，我国城市贫困人口规模不大，主要由社会"三无"人员组成，以及形式上是就业者，但由于生产发展缓慢而导致的低收入型贫困者。

进入 90 年代以后，我国城市贫困发生更多的是市场竞争的结果，即失业型贫困。与国外相比，我国城市贫困化加速的一个重要特征在于，它不是因为整个国民经济的萧条而产生的，恰恰相反，发生在经济持续高速增长的背景下。其显著表现是国有企业职工和退休人员成为贫困的高发群体，而且具有较强的行业性和区域性。目前我国城市中，由于企业停产、半停产而发不出最低工资的困难职工有 1 500 多万人，占职工总数的 10%，其中 800 多万职工处于贫困线以下。在近 3 000 万离退休职工中，也有相当一部分人离退休工资标准低，企业亏损减发或不发退休工资，生活入不敷出。同时，由于经济结构调整力度加大，失业机制启动，大量隐性失业人员显性化，失业救助的力度不够，有相当一部分下岗、失业人员得到的救助有限，或根本得不到救助而沦为贫困。我国城市贫困的实质就是失业与就业不足。

4. 城市贫困的产生机制：再生性贫困

与农村贫困不同，中国城市贫困人口主要与企业的经营效益息息相关，是结构调整引起的，他们完全处于被动地位，是由非自身因素造成的。总之，中国失业型城市贫困是市场运行的结果，归根结底是一种再生性贫困，这也是我国城市贫困与农村贫困之间的主要区别。

目前，我国正处于体制转轨的关键时期，社会经济各个领域都发生着前所未有的变化，最突出的表现是经济体制改革的不断深化和产业结构的逐步升级，以及由此而来的经济结构的调整和企业经营机制的转换。伴随着这些变化，必然出现一大批失业和下岗人员，同时还会出现收入差距拉大和社会分配不公，再加上某些阶段可能发生的通胀，城市贫困问题必然会出现并加剧。

因此，从近期的动态情况来看，随着各项改革的深化，我国的城市贫困问题有日益加剧的趋势。其主要表现在贫困面的扩大与贫困户贫困程度的加剧。尤为值得关注的是，除了目前已处于贫困状态的人口外，还有相当一部分城市人口的收入和生活是非常接近于困难或贫困标准的。如果不采取有力的反贫困措施，将会有更多的人口陷入贫困状态。

（三）中国城市贫困的成因

对于城市贫困成因的研究比较多，主要有资源要素贫困说、素质贫困说、系统贫困说①等。资源要素贫困说认为，贫困是由于缺少某种自然资源和社会资源造成的；素质贫困说认为，贫困是因为自身缺少获取生活资料和生产资料的能力和素质造成的；系统贫困说认为，贫困不是某一单方面的因素引起的，而是众多因素相互作用的结果。城市贫困的产生是一个历史过程，具体来看，城市贫困问题的产生主要受到以下因素的影响。

1. 社会原因

（1）社会保障体系不完善。

社会保障体系不健全是城市贫困产生的一个重要因素。由于社会转型和经济体制转轨，城市中出现了大量需要社会保障的人口。虽然世界各国都建立了相应的社会保障制度，但是绝大多数国家的社会保障制度滞后，社会失业保障、养老保障和医疗保障等体制还不完善，甚至存在着某些保障制度的缺失，不能及时地提供一套制度性框架来保障那些处于贫困边缘的城市居民，这就可能使这部分人得不到有效的社会保障而陷入贫困。例如，中国从1993年开始改革城市社会保障制度，到目前为止，新的保障制度初步建立，但是很多地方仍然需要进一步完善。与城市贫困人口直接相关的失业保险还没有建立，社会救济和困难补助的标准偏低，保障覆盖面过窄，保障体系不健全。

（2）收入分配制度不健全。

中国在计划经济时代实行的"广就业、低工资、高福利"就业政策将职工的工资水平和福利待遇与单位直接挂钩。故而在计划经济时代，中国的贫困主要分布于农村地区。随着改革开放和社会主义市场经济体制的建立，中国逐步形成了以按劳分配为主体，多种分配方式并存的分配制度。这种分配制度在一定程度上调动了广大社会成员劳动的积极性，大大提高了劳动生产率。但是由于中国现在正处于社会转型期，有些制度还不完善，收入分配机制还不够健全，既适合市场经济体制要求，又有利于社会稳定的分配格局还没有形成，从而城市贫富差距开始扩大，城市贫困人口出现。同时，由于福利政策与单位是紧密联系的，在经济转轨过程中下岗、失业者在失去工作和工资的同时，也失去了福利与相关保障，加剧了下岗、失业者的贫困程度。

（3）发展不平衡。

发展不平衡主要体现在区域发展不平衡和行业发展不平衡两个方面。从区域经济发展的不平衡来看，地区之间随着经济发展的不平衡，收入差距逐渐拉大，使得中西部城市人口贫困问题较东部城市尤为严重。国家统计局资料表明，在1 200多万城镇绝对贫困人口中，近90％集中在中西部城镇。从行业之间的不平衡来看，行业之间收入差距的不断扩大，使得低收入行业的贫困者较多，问题较为严重。根据国家统计局对16个大行业的数据计算，以全国各行业平均工资为指数1，工资最低行业指数与工资最高行业指数相比，1978年为0.7：1.38，

---

① 参见沈红：《中国贫困研究的社会学评述》，载《社会学研究》，2000（2）。

1995 年扩大为 0.6∶1.43。[①]

（4）经济全球化。

目前我国面临两方面的国际竞争：一是与其他发展中国家在传统劳动密集型产业的竞争，二是与发达国家在资本—技术密集型产业中的竞争。从全球范围看，在前一种竞争中，各发展中国家将尽最大可能利用其廉价的劳动力资源。由于劳动力的低价格成为了一种国际竞争的手段，因此导致各国竞相降低劳动力成本。这种竞争被称为"探底竞争"，即它可能导致将各国普通劳动者的工资福利水平压到最低。相比之下，第二种竞争中最有用的资源是稀缺供应的高级专业技术人才。这种竞争的直接后果就是各国竞相以高工资吸引高级人才，从而形成一种"探顶竞争"局面。这两种竞争同时存在的后果就是扩大国内的社会不平等，并使相对贫困长期存在。但是，从总体和长期发展来看，加入 WTO 将对我国的经济增长和提高劳动者的就业机会及收入水平有好处，对中国的发展利大于弊。

2. 经济原因

（1）经济体制改革。

马克思认为，经济体制的不合理性是资本主义城市贫困问题产生的重要根源之一。因为资本私人占有，资本家为获取更多剩余价值，不断提高劳动生产率，改进技术水平，从而造成劳动力相对过剩，这部分相对过剩的人口逐步演化为城市中的贫困群体。改革开放之后，我国实行逐步由计划经济体制向社会主义市场经济体制转变，资源的配置主要以市场为导向，直接的计划手段逐步转向间接宏观调控。同时，政府结合我国的发展实际，借鉴国外的发展经验，开始调整产业政策，以形成高新技术产业为先导，基础产业和制造业为支撑，服务业全面发展的产业格局为改革目标。经济体制不合理，分配机制、竞争机制、保障机制等不完善，导致收入分配不公，贫富差距扩大，社会分化趋势明显，部分适应能力较差的城市居民出现生存危机和生活困境，从而形成贫困阶层。

（2）产业结构调整。

在由传统社会向现代社会的转变过程中，城市社会结构发生了巨大的变化，尤其是城市产业结构的调整直接导致了城市贫困群体的形成。在世界各国的城市化进程中，产业结构的转化是导致贫困的重要原因。随着城市产业结构的调整，城市中传统的劳动密集型产业向智力密集型产业转化，使得从事传统产业的劳动力大量剩余，这部分劳动力受自身素质等多方面因素的影响，无法适应新产业的发展需要，最终沦为城市贫困人口。

产业结构调整带来部分人员的失业及在职低收入的现象。1990 年以来，国有企业冗员严重、市场竞争能力难以发挥等问题日益突出，而提高效率使大批隐性失业者从企业分流，技术进步使一些年老体弱、素质低下的职工被分离，造成了城市中下岗失业人员的大量增加。一些传统企业和资源性企业生产的能源及生产资料，如煤、矿石等，属不可再生资源，随着资源的枯竭，这些企业也渐渐地

---

① 参见许飞琼：《中国的贫困问题与缓贫对策》，载《中国扶贫》，2000（7）。

萎缩。加入 WTO 后，大量外资企业涌入中国市场，使国有企业难以通过降低劳动力成本等手段在低档产品上进行竞争，从而不得不从一些劳动力密集型的低档产品领域中退出，以实现产品结构和产业结构的转化。在这种环境下，"减员增效"成为国有企业提高竞争力的关键措施之一。于是，一方面，国有企业出现了较大规模的"下岗"浪潮；另一方面，企业不景气，扣发、拖欠职工工资屡有发生，直接影响了职工家庭收入，使城市贫困人数迅速增加。

（3）企业改制。

随着经济体制的转型和产业政策的调整，政府不再直接经营企业，而是进行间接的宏观引导，企业逐渐成为自主经营、自负盈亏的市场（法人实体）主体。一些企业由于管理不善或技术落后而破产，其职工失业；还有一些企业为了自身的生存和发展而不断进行改革和完善，大批工人下岗。"九五"期间全国城镇国有单位在岗职工减少 3 159 万人，城镇集体单位减少 1 648 万人，两者合计减少 4 807 万人。1999 年的调查数据显示，下岗失业人员从政府或单位获得的月生活费收入平均为 137 元，其中大约有 35％的下岗失业人员获得的月生活费不足 20 元。救济金较少、再就业难度较大，致使这些下岗和失业职工生活贫困。

（4）就业形势变化。

在现代市场经济条件下，城市贫困往往与就业状况息息相关。根据《中国城市居民家庭收支调查资料》所提供的数据，目前我国城市居民收入的主要来源有四个方面：就业收入、财产性收入（利息、红利等）、转移收入（退休金、价格补贴、赡养收入等）和其他收入。其中，就业收入是主体部分，约占城市居民全部收入的 80％以上，而财产性收入、转移收入和其他收入三项合计也不足 20％。因此，就业收入的有无和高低在很大程度上决定着城市居民的收入水平和生活水平的高低。而居民家庭就业收入又主要取决于居民家庭的就业状况，即取决于家庭的就业面和家庭就业者人均就业收入水平。而有关数据显示，在以上两方面，城市贫困居民与全国城市平均水平和最高收入户居民存在着明显差距。

3. 个人与家庭因素

（1）个人因素。

个人因素主要包括个人的文化程度、个人的年龄与身体状况和个人的观念意识三个方面。

首先，个人文化程度的高低与其专业技能成正比。个人的文化程度越高，那么其拥有较高的专业技能的可能性就越大；反之，就越小。同时，个人的文化程度也是其综合素质的一个重要方面。随着我国改革开放的深入，市场经济体制逐步建立，以竞争为主要特征的市场经济体制对劳动者的综合素质要求较高，那些文化程度较低、素质较差、缺乏一定专业技能的人竞争力自然就差。相对来说，他们遭遇失业的可能性很大，而失业后重新就业的可能性很低，这进而影响到他们的收入水平，致使生活陷入贫困。据国家统计局调查，在城市贫困人口主体的下岗失业人员中，初中及以下文化程度的占 62％，高中文化程度的占 29％，其在技术构成上低素质的较多，大部分从事收入不高的简单劳动，一旦裁员，他们往往是首当其冲，失业后又较难就业。

其次，人们随着年龄的增长，尤其是在四五十岁之后，学习新知识、掌握新技能、接受新事物的能力逐渐减弱。对于快速发展的现代社会和不断更新的科学技术，人们已有的知识和技能容易陈旧，不能适应技术发展的要求。他们往往从事技能要求不高、收入水平较低的行业，最易被企业精减，失去收入来源，进而生活陷入贫困。身体状况也是一个重要的影响因素。如果其经常受到疾病困扰，一方面会影响到自己的工作，进而可能减少收入或者失去收入来源，生活陷入贫困；另一方面，长期治病的费用也是一笔不小的开支，也可能会致使其贫困。

最后，在西方社会福利思想的发展过程中，自由主义社会福利思想认为社会问题是个人责任的结果，其解决应当依靠个人而不是社会和政府，认为社会和政府已为每个人的发展创造了良好的环境和条件，贫困是个人懒惰造成的结果。我们不能认为贫困完全是由于个人的懒惰造成的，但不可否认的是，部分人的贫困就是因为懒惰。过去输血式扶贫的失败很大程度上要归结为个人的懒惰和不努力，得到救助的人没有把钱用在刀刃上，思想不够解放，行为上更是懒惰，只会坐吃山空，白白消耗救助钱物，没能走出贫困的窘境。

（2）家庭因素。

家庭方面的因素主要包括家庭的规模、人口构成等。一般来说，在其他条件不变的情况下，家庭规模越大，其发生贫困的可能性就越高。有调查资料表明：1995 年全国 1 人户贫困率为 0.9%，2 人户贫困率为 1.1%，3 人户贫困率为 3%，4 人户贫困率为 7.8%，5 人及以上为 12%。家庭成员结构也是一个重要的方面，若家庭成员中年龄偏大或偏小人口较多，那么就业人口相对就会较少，其赡养或抚养的系数就会越高，就业者的负担系数相应也会偏高，生活易陷入贫困。

第三节
中国减贫政策实践与趋势

一、中国减贫发展历程

新中国成立后，中国政府一直致力于发展生产、消除贫困的工作。但严格意义上的扶贫工作，是在改革开放以后提出并大规模实施的。总的来说，新中国成立以来，中国的扶贫工作经历了以下几个阶段。

（一）改革开放前的扶贫阶段（1949—1978 年）

新中国成立至 1978 年的近 30 年间，中国的基本国情是生产落后，人民收入水平低下，物资供应紧张，广大群众普遍贫困。1953 年至 1978 年，中国农业总产值平均每年增长 3.2％，全国农村人口平均年收入仅增加 70 元，每人每年增加仅 2.7 元。1978 年全国农村人均纯收入为 133.57 元，有 1.05 亿农村人口口粮不足，有近四分之一的生产队社员年收入在 40 元以下。国家统计局在"关于中国农村贫困状态的评估和监测"中，把 1978 年的贫困线划定在 100 元以内，按这个标准计算，当时全国贫困人口的规模为 2.5 亿人，占全国人口总数的 25.97％，占农村人口总数的 30.7％。[①] 在这一时期，国家只能竭力促进国民经济总量不断增长，扶贫主要是解决那些特困户的吃饭问题，对他们进行临时救济，帮助他们暂时渡过难关。因此，救济式扶贫是这一时期扶贫的主要方式。

（二）体制改革推动扶贫阶段（1978—1983 年）

20 世纪 70 年代末，中国贫困的主要特点是贫困人口多、分布广。这一时期普遍贫困的原因是多方面的，主要是农业经营体制不适应农村经济发展的需要，造成农民生产积极性低下。而始于 1978 年的农村经济体制改革，对于缓解农村贫困，减少农村贫困人口，发挥了巨大的作用。

中国于 1978 年开始实施农村土地经营制度改革，推广家庭联产承包责任制。这一改革提高了农民的生产积极性，农产品产量大大提高，加之农产品价格逐步放开、积极鼓励乡镇企业发展等改革举措的实施，农村经济逐步繁荣，农村贫困问题得到大幅度改善。据统计，从 1978 年到 1983 年，农村贫困人口从 2.5 亿人减少到 1.25 亿人，占农村人口的比例下降到 14.8％；贫困人口平均每年减少 1 786 万人。显然，制度变革对缓解农村贫困起了决定性的作用。

在这一时期，为了解决贫困问题，中国政府也进行了必要的扶贫活动，主要通过财政转移支付的办法进行救济式扶贫。具体而言，就是将发达地区积累起来的资金，以中央或地方财政补贴、投资等方式调配给贫困地区。

（三）开发式扶贫阶段（1984—1993 年）

20 世纪 80 年代中期，随着家庭联产承包责任制的广泛实施，大部分农村地区经济快速增长，农民收入水平较快提高，但少数农村地区由于多方面原因，发展相对滞后，还有相当一部分人连基本生存需要都难以维持。中国政府决定采取特殊政策和措施对自然条件较差、生态环境恶化、经济发展水平较低的地区进行

---

① 参见赵曦：《中国西部农村反贫困模式研究》，94～95 页，北京，商务印书馆，2009；国务院新闻办公室：《中国的农村扶贫开发》，2001 - 10 - 15。

综合开发，以解决贫困地区人口的温饱问题，为贫困地区的全面发展创造条件。1984 年 9 月，中共中央、国务院联合发出了《关于帮助贫困地区尽快改变面貌的通知》。1986 年第六届全国人民代表大会第四次会议将"扶持老、少、边、穷地区尽快摆脱经济文化落后状况"作为一项重要内容，列入国民经济"七五"发展计划。中国政府自 1986 年起成立了专门的扶贫工作机构，制定了扶持标准，确定了国家和省（区）扶持的贫困县，安排扶贫专项资金，制定专门的优惠政策，并将传统的救济式扶贫转变为开发式扶贫，这标志着中国的扶贫工作进入了一个新的历史时期。从此，我国在全国农村范围内开始了有组织、有计划、大规模的扶贫开发。政府扶贫的指导方针从以往的单纯救济式扶贫，向开发式扶贫转变。开发式扶贫取得的效果十分显著，贫困人口由 1.25 亿人减少到 8 000 万人。

（四）扶贫攻坚阶段（1994—2000 年）

随着中国政府扶贫力度的不断加大，农村贫困人口稳步减少，贫困人口分布呈现明显的地区特征。贫困主要集中在自然条件恶劣、基础设施薄弱和社会发展落后的中西部农村地区。从 1991 年起，政府针对生产生活条件极为恶劣、脱贫致富难度较大的地方的农村贫困人口，采取集中帮扶行动。1994 年 3 月，国务院颁布实施了《国家八七扶贫攻坚计划（1994—2000 年）》。这是中国历史上第一个有明确目标、对象、措施和期限的扶贫开发行动纲领。该计划提出要集中人力、物力、财力，动员社会各界力量，力争用 7 年左右的时间，到 2000 年年底基本解决农村贫困人口的温饱问题。经过努力，2001 年 5 月，中央扶贫开发工作会议宣布攻坚计划基本完成。

除了继续实施上一阶段采行的开发式扶贫外，扶贫攻坚阶段的特点是：加大了财政资金投入的力度，资金除用于基础设施建设外，还直接用于扶持贫困户；省、地、县政府分别抽调人员组成农村工作队赴贫困县定点包村扶贫，把农村基层组织建设和扶贫工作结合起来；加大贫困地区教育的投入力度，新建和改造校舍，改善办学条件。

（五）扶贫攻坚新阶段（2001—2010 年）

进入 21 世纪，中国农村的扶贫开发面临着新的困难。解决少数贫困人口的温饱问题，改善贫困地区的基本生产生活条件，成为亟待解决的问题。为此，2001 年 5 月中央召开全国扶贫开发工作会议，总结了以往扶贫开发的成就和经验，部署了今后十年的扶贫开发工作。根据会议的精神，国务院颁布了《中国农村扶贫开发纲要（2001—2010 年）》。该纲要提出了中国 21 世纪头十年扶贫开发总的奋斗目标，注重发展科学技术、教育、文化和卫生事业，意识到疾病是使农户陷入贫困的一个主要因素，并提出扶贫的措施和途径：继续重点支持发展种养业，积极推进农业产业化经营，增加财政扶贫资金和扶贫贷款，改善贫困地区的基本生产生活条件，提高贫困地区群众的科技文化素质，鼓励多种所有制经济组织参与扶贫开发，注重动员全社会帮助贫困地区的开发建设，推动扶贫开发领域的国际交流与合作，推进扶贫开发的规范化建设。

截至 2010 年年底，《中国农村扶贫开发纲要（2001—2010 年）》确定的目标和任务已全面完成，中国农村扶贫工作取得了新进展：农村贫困人口大幅度下降，从 2000 年年底的 9 422 万人减少到 2010 年的 2 688 万人，占农村人口的比重从 10.2% 下降到 2.8%；贫困地区农民收入水平大幅度提高，2001—2010 年，重点县农民人均纯收入从 1 276 元增加到 3 273 元，年均增长 11%（未扣除物价因素）。十年来，中国财政累计投入 2 043.8 亿元，贫困人口减至 2 688 万人；近 2 000 万贫困人口成外资扶贫受益人，并加大了对少数民族、妇女、残疾人扶贫开发支持力度。

（六）小康社会扶贫攻坚新阶段（2011—2020 年）

《中国农村扶贫开发纲要（2011—2020 年）》的发布标志着中国减贫工作进入了全面建成小康社会扶贫攻坚新阶段。新阶段的中国扶贫开发紧紧抓住保障和改善民生，把扶贫标准以下具备劳动能力的农村人口作为主要对象，把六盘山区等 11 个连片特困地区和国家已经明确实施特殊政策的西藏、四省藏区、新疆南疆三地州区作为扶贫开发的主战场，加大资金投入和统筹协调力度，集中实施一批贫困人口直接受益的民生工程，到 2020 年稳定实现扶贫对象不愁吃、不愁穿，保障其义务教育、基本医疗和住房的"两不愁、三保障"目标，为实现全面建成小康社会奋斗目标作出贡献。此外，把稳定解决扶贫对象温饱问题、尽快实现脱贫致富作为首要任务，把开发式扶贫作为基本方针，实行农村扶贫开发和低保两项制度有效衔接，把坚持专项扶贫、行业扶贫和社会扶贫"三位一体"作为工作格局，进一步加大投入力度，强化政策措施，坚持政府主导，坚持统筹发展，更加注重经济发展方式转变，更加注重增强自我发展能力，更加注重基本公共服务均等化，更加注重解决制约发展的突出问题，努力推动贫困地区经济社会更好更快发展。

二、中国减贫与发展模式

中国改革开放 30 多年来，在保持经济高增长的同时，实施了一系列有利于减贫的宏观经济政策和区域发展政策，形成了政府主导、社会力量参与，政府、市场、社会协同推进的减贫模式。该模式以专项扶贫、行业扶贫以及社会扶贫为基础，三者相互支撑，体现了参与式综合扶贫开发战略思想，在全国范围内整合扶贫开发资源，形成扶贫开发合力。

（一）专项扶贫

所谓"专项扶贫"，是指国家的"政策扶贫"，即国家实行专项的扶贫政策所开展的扶贫工作。专项扶贫工作，是推动我国减贫事业前行的基本力量。

回顾已往扶贫开发历程可以发现，中国政府主导的专项扶贫模式的工作机制和方法经历了一个不断完善和成熟的过程。其特点主要为对象瞄准机制的变化，即在21世纪之初，国家第一个农村扶贫开发纲要实施过程中，瞄准机制方面有了一系列的创新，具体表现为：第一，2001年重新调整了国家重点扶持县的名单，并将以往所称的国家重点扶持的贫困县改为国家扶贫开发工作重点县，进一步凸显和强化县级的贫困治理能力与责任；第二，将扶贫开发的具体实施落实到村，在自上而下的组织和自下而上的参与下，全国共确定了14.8万个重点村，这些重点村覆盖了全国76%的贫困人口；第三，在继续加大对绝对贫困人口扶持力度的同时，注重对低收入群体的支持；第四，通过贫困人口建档立卡，推动贫困治理的动态性和扶贫到户工作。

中国政府的专项扶贫工作，通过一系列的制度安排和资源保障机制，形成了"政府主导、社会参与"的贫困治理格局，体现了贫困治理中政府的主导作用。在实践中，中国政府逐渐形成了六大减贫方式，分别是整村推进、连片开发、产业扶贫、雨露计划、移民搬迁和特殊地区综合治理。

1. 整村推进

整村推进扶贫开发模式的提出，基于如下的判断，即单纯以农户为单位的扶贫方式，有着难以突破的瓶颈，在社区性贫困（如基础设施建设滞后、基层组织乏力、基础产业缺失）未能有效治理的情境下，以户为单位的扶贫成绩难以得到巩固和提升。另外，2000年之前，扶贫开发工作中采取的贫困瞄准机制，主要是县级瞄准，即扶贫开发的资源最终投放到县一级，而在实际操作中，上级扶贫部门发现，有很大一部分资金并没有直接用于贫困社区和贫困农户，而是捆绑进县级的经济发展规划中，因而资金使用的益贫性就受到很大限制。

中国政府发展出整村推进的专项扶贫模式，是社区发展理念在贫困治理领域的应用，既是以社区为中心的贫困治理理念的体现，又是中国政府扶贫开发工作中瞄准机制的一次重大调整。整村推进模式包含以下几个要点：其一，清晰的治理目标，国家层面的统一规划部署。按照国务院扶贫办的计划，2000—2010年，整村推进式扶贫开发在全国14.8万个贫困村实施。其二，明确的组织体系，县一级统筹安排。在县一级成立整村推进扶贫工作小组，县主要领导任负责人，地方扶贫办和地方相关部门的负责人任副组长。扶贫办具体协调和实施。其三，明确的贫困治理目标。按照"一次规划、分步实施、三年见效"的要求，所有纳入整村推进的项目村，需要通过一定程序形成村级规划。其四，严格的财务管理和督查制度。资金管理采用财务报账制。这样的做法，目的在于保证"规划"的贯彻，同时杜绝其中可能产生的违规操作。而督查制度，一方面要求财务向村民公开，另一方面县、乡工作组会定期不定期地督查实施进度和预算执行情况。

2. 连片开发

连片开发是中国扶贫开发工作实践中的重要创新，是中国特色扶贫开发道路中形成的六大模式之一。所谓连片开发，指的是在贫困乡村集中连片的区域（区域范围大至整个州，小到一个乡镇的几个村），根据扶贫开发规划和现代农业发展规划，围绕促进区域经济发展和增加贫困人口收入的目标，以发展优势特色产业为重点，制定整村推进和连片开发的规划，通过 1～2 年的实施，改变区域贫困面貌，提升自我发展能力。之所以提出连片开发扶贫模式，是由于在我国广大的贫困地区，存在着较为集中的片区性贫困，这些地区由于长期的投入不足，加之自然地理条件复杂，经济社会基础薄弱，形成了大面积的贫困。在扶贫开发过程中，单纯以社区为中心和扶贫到户的工作模式很难收到很好的效果，因此，必须以片区为单元，开展综合性的治理，将片区基本环境改善、社区与农户自我发展能力提升等工作协调起来，同步开展。

3. 产业扶贫

产业扶贫，是以增加农民收入为目标，通过扶持龙头企业，培育专业技术合作社和经营合作社，带动贫困地区农业产业结构调整，形成若干骨干产业，进而促进区域经济发展的一种扶贫模式。产业扶贫过程中，龙头企业的带动作用，是其成功的决定性因素。究其实质，产业扶贫通过政府的政策引导，将资金、技术与贫困地区的资源和劳动力联结起来，一定程度上克服了市场机制无法自动汇集贫困人口的弊端。

4. 雨露计划

雨露计划是以政府主导、社会参与为特色，以提高素质、增强就业和创业能力为宗旨，以中职（中技）学历职业教育、劳动力转移培训、创业培训、农业实用技术培训、政策业务培训为手段，以促成转移就业、自主创业为途径，帮助贫困地区青壮年农民解决在就业、创业中遇到的实际困难，最终达到发展生产、增加收入，最终促进贫困地区经济发展的一种扶贫模式。雨露计划通过扶持、引导和培训，提高贫困人口素质，增强其就业和创业能力，把人口压力转化为资源优势，是加快贫困农民脱贫致富步伐的有效途径。

国务院扶贫办积极鼓励和支持在贫困地区开展劳动力转移培训工作，并在全国建立了 30 个贫困地区劳动力转移培训的示范基地，大部分扶贫工作重点县也建立了县级培训基地，基本上在全国贫困地区形成了培训网络。这些举措，提高了贫困地区劳动力的技能水平，不仅是增加农民收入的首要手段，而且可以缓解贫困地区的人地矛盾和生态压力，进而为中国制造业水平和国际竞争力的提升，积蓄了宝贵的人力资源。

5. 移民搬迁

从我国贫困人口的分布特征来看，有较大规模的贫困人口居住在生态高度脆弱地区和自然灾害、地质灾害高发地区。为了保障这些贫困人口的生命财产安全，恢复生态环境，促进其经济生活水平改善，中国政府在专项扶贫过程中，积极推动移民搬迁式扶贫。

在坚持群众自愿的前提下，政府通过一定的补偿，积极组织对居住在生存条件恶劣、自然资源贫乏地区的贫困人口，实行易地扶贫搬迁。截至 2010 年，中国政府对 770 余万贫困人口实行了扶贫搬迁，有效改善了这些群众的居住、交通、用电等生活条件。在推进工业化、城镇化的进程中，一些贫困地区把扶贫搬迁与县城、中心镇、工业园区建设和退耕还林还草、生态移民、撤乡并镇、防灾避灾等项目相结合，在促进贫困农民转移就业的同时，改善了这些群众获得公共服务的条件。

6. 特殊地区综合治理

中国广大中西部地区，幅员辽阔，内部异质性程度高，因而上述专项扶贫模式的适用性存在着一定的限制。为了解决制约贫困地区发展的突出问题，中国政府在一些特殊类型的困难地区开展了符合当地特点的扶贫开发工作。例如，在广西壮族自治区的东兰县、巴马县、凤山县，集中力量开展了解决基础设施建设的大会战。在四川省阿坝藏族羌族自治州，开展了扶贫开发与综合防治大骨节病相结合的试点。在贵州省晴隆县开展了石漠化地区的扶贫开发与生态环境建设相结合的试点。在新疆维吾尔自治区的阿合奇县开展了边境扶贫的试点。对云南省的布朗族及瑶族山瑶支系开展全面扶贫。在汶川、玉树地震灾区，把贫困地区的防灾减灾与灾后恢复重建有机结合，全面推进灾后恢复重建。这些试点，为因地制宜做好扶贫开发工作探索了道路，积累了经验。

（二）行业扶贫

所谓行业扶贫，其关键在于提升扶贫政策在各行业部门之间的统筹整合力度，为扶贫对象创造更好的发展条件。行业扶贫作为中国特色扶贫开发模式的重要组成部分之一，在发挥行业部门的不同优势、加强扶贫的组织管理等方面具有重要作用，更从机制上建立起扶贫政策的保障体系。行业扶贫的实施状况有以下几方面。

1. 培育特色产业

一直以来，为了持续带动贫困地区农民减贫致富，政府大力支持连片特困地区基于本地的特色资源优势和市场需求发展特色优势产业，通过在一个乡、村或聚落范围内，建立农畜产品生产示范区和基地建设，积极发展农村专业合作经济组织、新型综合加工业和现代服务业，再逐步形成"贸工农一体化，产加销一条龙"的产业化经营模式。在实践中，该模式已经形成了"公司＋农户"、"市场＋中介＋农户"、"公司＋基地＋农户"等多种生产方式，在很大程度上解决了单个农户小规模生产经营与市场大需求之间的矛盾，有利于帮助贫困农民获取长期稳定的生产效益。

2. 开展科技扶贫

科技扶贫作为国家扶贫开发的重要组成部分，坚持开发式扶贫方针，并以科技扶贫项目为载体，大力调整贫困地区的农业产业结构，不仅提高了贫困地区人口的综合素质，改善了贫困地区的基本生产生活条件，而且有效地提升了扶贫开发力度，促进了农村经济和社会事业的发展。其具体的做法是：第一，围绕贫困地区的特色农牧业发展，加大农业科技协作攻关和成果的转化力度，加快推广适合贫困地区特点及需求的农作物生产技术；第二，不断增强确保特色农业发展的服务功能，如加强有利于动植物防疫体系建设的各类农牧业支撑保障服务体系建设；第三，发挥行业优势，积极推动农村劳动力转移就业，如积极举办包括管理知识、实用技术、就业技能等各类培训活动，以提高干部群众的综合素质和劳动技能。

3. 加强基础设施建设

贫困县在实施"县为单位、整合资金、整村推进、连片开发"的试点项目时，通过整合农、林、牧、水、路等部门的各类项目资金，加快贫困地区通乡、通村道路建设，推进土地整治，大中型灌区续建配套与节水改造和小型农田水利建设，实施农村饮水安全工程。同时，提升信息服务，优先实施重点县、村的有线电视、电话、互联网工程。

4. 发展文化教育事业

贫困地区社会经济发展的实践反复证明，教育落后是贫困地区致贫的重要因素之一。教育扶贫的实质是通过提高贫困人口的素质，打破贫困的恶性循环。西部地区是我国贫困集中的区域，2004 年该地区人均受教育年限仅有 6.7 年，比全国平均水平低 1.3 年，"两基"人口覆盖率仅 77%，低于全国 14 个百分点，15 岁以上文盲人口占总人口的比重为 9.02%，高于全国 2.3 个百分点。可见，教育扶贫在西部显得尤为紧迫，需要加大边远贫困地区的办学扶持力度，实施集中办学，加快寄宿制学校建设，逐步提高农村义务教育家庭经济困难寄宿生生活补助标准，以解决家庭经济困难学生和涉农专业学生的求学问题。同时，需要关心特殊教育，实施东部地区对口支援中西部地区高等学校计划和招生协作计划。

5. 改善公共卫生和人口服务管理

针对改善公共卫生与人口服务管理，政府做了这些工作：首先，加大了硬件设施的投入，为了加强农村三级医疗卫生服务体系建设，将县乡镇卫生院、村卫生室的建设作为扶贫开发工作的重点；其次，通过加大新型农村合作医疗费用的资助力度，促进农村贫困地区人口和计划生育服务体系的建立健全；再次，积极推进医疗卫生人才的培养，组织实施了农村定向医学生免费培养项目，重点为乡镇卫生院及以下的医疗卫生机构培养卫生人才；最后，加强农村公共文化服务体系建设，着力建设乡镇综合文化站，组织开展全国文化信息资源共享工程、送书下乡工程，开展广播电视"村村通"工程、农村电影放映工程、"农家书屋"工程等。

6. 强化能源与生态环境建设

西部作为我国重要的生态屏障地区之一，西部农村贫困地区与生态脆弱区高度重合。因此，在西部通过生态环境建设促进扶贫开发工作具有极为重要的现实意义。这一做法最先起于贵州岩溶山区——毕节地区。长期以来，人口膨胀、生态恶化等问题困扰着毕节地区的经济社会发展，为了使毕节人走出人口—生态—贫困的恶性循环怪圈，探索贫困岩溶山区人口、经济、生态环境协调发展之路，国务院于 1988 年 6 月批准建立了"毕节开发扶贫、生态建设试验区"。通过开发式扶贫、生态建设试验，该地区生态恶化趋势初步得到遏制，并逐步加快了地区资源开发和经济发展。总体来看，我国贫困地区的能源与生态环境建设取得了较好成绩。据统计，从 2002 年至 2010 年，国家扶贫开发工作重点县实施退耕还林还草 14 923.5 万亩，新增经济林 22 643.4 万亩，饮用水水源受污染的农户比例从 2002 年的 15.5％下降到 2010 年的 5.1％，获取燃料困难的农户比例从 45％下降到 31.4％。

（三）社会扶贫

社会扶贫是相对于政府主导的减贫模式而言的，其基本方式是广泛动员社会力量参与扶贫开发工作，通过整合社会扶贫资源，对城乡中有一定生产经营能力的贫困人口，从政策、思想、资金、物资、技术、信息等方面给予社会援助，使其能从事生产经营活动摆脱贫困。一般来看，社会扶贫既指政府扶贫和非政府组织协作的扶贫活动，亦专指非政府组织扶贫。可以说，社会扶贫优化了扶贫资源的内在结构，最大限度地发挥综合优势和潜能，充实了"政府主导、社会参与"这一贫困治理格局中社会参与的内容。社会扶贫模式具有扶贫主体多元、扶贫方式多样、扶贫资源广泛的特点。

社会扶贫模式在实践中，主要从定点扶贫、东西部扶贫协作以及企业和社会各界参与扶贫等三个方面展开。

1. 定点扶贫

为了加大对革命老区、民族地区、边疆地区、贫困地区发展的扶持力度，国家大力开展定点扶贫工作。首先，国家确定的定点帮扶单位主要包括中央和国家机关各部门各单位、人民团体、参照公务员法管理的事业单位、国有大型骨干企业、国有控股金融机构、各民主党派中央及全国工商联、国家重点科研院校等；其次，将国家扶贫开发工作的重点县设定为重点帮扶对象；最后，定点帮扶单位主要采取干部挂职、文化教育扶贫、科技扶贫、劳务培训和输出、基础设施建设、产业化扶贫、引资扶贫、生态建设扶贫、医疗卫生扶贫等多种方式与措施开展帮扶工作。据统计，从 2002 年至 2010 年，定点帮扶单位派出挂职干部 3 559 人次，直接投入资金（含物资折款）90.9 亿元人民币，帮助引进资金 339.1 亿元人民币，培训各类人员 168.4 万人次。截至 2010 年，参与此项工作的单位达到 272 个，受到帮扶的国家扶贫开发工作重点县达到 481 个，占国家扶贫开发工作重点县总数的 81.25％。

2. 推进东西部扶贫协作

对口帮扶扶贫模式是由中央政府倡导、各级政府率先垂范、全社会广泛参与的一种扶贫方式。这一方式逐步缩小了经济发达地区与贫困地区，东部与西部地区的发展差距，亦是国家为实现共同富裕目标做出的一项制度性安排。对口帮扶模式的实施主体是外地政府以及非政府组织，帮扶对象为农村贫困农户。对口帮扶可分三个层次：一是在中央政府的统一安排下，以地方政府主导的东西部协作扶贫，即东部发达省市帮扶西部贫困省区；二是各级国家机关、企事业单位帮扶辖区内的贫困县区；三是社会各界自愿捐赠结对帮扶，即民间帮扶或社会帮扶。

3. 动员企业和社会各界参与扶贫

在三十多年不懈奋斗的减贫历程中，大量社会组织参与扶贫开发，为我国减贫事业作出了重要贡献。据统计，1986年到2000年期间，全社会投入扶贫资金总计为2 310.4亿元，其中社会组织总投入567亿元。尤其是开始实施"八七扶贫攻坚计划"以来，各类社会组织以不同方式在扶贫工作中发挥作用。例如，成立于1985年的中国国际经济技术交流中心国际民间组织处（后于1992年重组登记为中国国际民间组织合作促进会），专门负责利用国外民间组织的资金开展扶贫工作，截至2000年，已同120多家国外民间组织和国际多边、双边机构建立了合作关系。其中，有56家组织和机构提供了2.4亿人民币的资金，用于扶贫开发和救灾援助，为20个省（直辖市、自治区）的74个县安排了251个项目，这些项目的实施有力地促进了贫困地区的经济发展和社会进步，带动了大量农户脱贫致富。

三、中国减贫发展的趋势

过去几十年的减贫工作显著改善了贫困地区的基础设施和生产生活条件，也使贫困人口规模大幅减少，这为新阶段减贫工作的实施奠定了很好的物质基础。新阶段的减贫政策将会更注重经济、社会、文化、生态效益的统一，加强可持续生计发展，实施赋权，特别是加强对特殊贫困群体的关注，以扩大减贫的覆盖率和受益面。

(一) 注重经济、社会、文化、生态效益的统一

新阶段的减贫工作应以包容性增长理念为指导，重视经济社会协调发展、突出发展机会平等、加强贫困人群能力建设、坚持并完善开发式扶贫、建立社会大扶贫格局。在包容性增长理念指导下，新阶段减贫与发展工作应注重经济、社会、文化、生态效益的统一，不片面化追求经济增长。在经济增长过程中，同时注重民生型社会事业的发展、生态环境的保护与传统文化的传承。

新阶段的减贫工作在推进贫困地区经济发展的同时，重点推进民生型社会事业的发展，重点放在农村地区开发性减贫、城乡保障性住房建设、居民基本养老、医疗健康服务等一系列社会保障事业方面，加强政策的倾斜性并提高政策执行的力度，以提高人均福利水平，较好地实现社会成员共享经济发展成果的目标。同时，新阶段减贫工作还要注重生态环境保护，提倡人与自然和谐发展。坚持"保护优先、合理开发、节约资源、永续利用"的原则，把生态环境保护与建设放在更加突出的位置。与此同时，新阶段减贫与发展工作还需注重民族文化的保护与传承。在少数民族的减贫开发过程中，要注重少数民族文化的发掘、保护和整理，对少数民族文化旅游资源进行合理的开发利用；充分尊重各民族的文化传统和独特的生活习俗；充分考虑当地民俗文化的特点，尊重群众发展意愿，尊重民族地区文化传统。

（二）突出机会平等和权利保障

新阶段减贫工作不仅是经济收入的增加，更是发展质量的提升，要通过合理的制度安排、公平正义的方式，让发展的成果普惠贫困人群。同时消减贫困人口和弱势群体的权利贫困和所面临的社会排斥，强调和重视民众尤其是贫困人口和弱势群体平等地享有各种政治、经济和社会权利。第一，提供公平的教育机会，防止贫困的代际传递；第二，改善农村医疗服务，缓解因病致贫现象；第三，健全城乡社会保障制度，保证政策的延续性，防止脱贫人口返贫。

（三）加强可持续生计发展

农业产业的发展在贫困地区的减贫工作中占有重要的位置，同时也是实现贫困地区可持续发展的重要策略和有效策略。新阶段贫困地区的减贫工作以产业化减贫为切入点，根据贫困地区自然资源、生产条件和产业基础的不同情况，充分发挥资源成本低、价格廉等比较优势，加大扶持力度，引导和帮助农户建设能稳定致富的产业，逐步形成一村一品、多乡一业、一县一至两个骨干品种的特色产业体系，并通过产业集聚效应，提高规模效益和抵御市场风险的能力。第一，加大特色产业的扶持力度；第二，依托本地优势资源，发展特色效益农业，培育致富产业，促进农民稳定增收；第三，加大农产品转换增值力度；第四，强化农产品的对外宣传。

（四）赋权农户，特别关注特殊贫困群体

通过发展生产力提高贫困人群自我积累和自我发展的能力，是贫困地区减贫和发展的有效途径。同时，它也是减贫工作长期坚持的基本方针。任何一种减贫政策或减贫措施都应当有助于激发贫困人群通过自身的努力去摆脱和战胜贫困的积极性、主动性和创造性。

新阶段的减贫与发展应关注贫困人群的"自我造血"功能的增加，贫困人群自我脱贫机制的建立，赋权于贫困人群。首先，倡导参与式减贫，提升贫困人群的主体意识。在减贫和发展过程中赋予农户知情权和监督权；鼓励农户在减贫过程中参与减贫项目的决策、实施和监督，提高贫困人群自主脱贫、自我发展的能力，减贫工作才能真正由输血机制向造血机制转化。其次，加大培训力度，提升贫困人群能力。同时，增加培育和提升人力资本方面的基础教育、基本医疗卫生服务以及其他基本社会服务的投入，以提高贫困人群的基本素质和能力，这是必须坚持并努力实现的基本政策目标，也是减贫推进的题中应有之义。

此外，新阶段的减贫要充分关注特殊贫困群体。在农村最低生活保障与开发式减贫双轮驱动下，仍需针对特殊贫困群体以及产业开发中"甩出去"的群体，提供特殊减贫服务。针对低保对象，一是加大低保投入，二是改善低保资金配置，提高低保对象中一类、二类的保障金标准等。针对产业开发中"甩出去"的家庭，在减贫过程中，关注产业开发的大户、受益户、未受益户的区分，为未受

益户降低参与产业开发门槛，给予其特殊照顾。

本章要点

1. 贫困是指在特定的社会背景下，部分社会成员由于缺乏必要的资源，而在一定程度上被剥夺了正常获得生活资料和参与经济和社会活动的权利，并使他们的生活持续性地低于该社会的常规生活标准。

2. 贫困可分为绝对贫困与相对贫困，广义贫困与狭义贫困，个人贫困、普遍贫困与结构性贫困，阶层贫困与区域贫困，客观贫困与主观贫困等类型。

3. 对贫困的测量主要有宏观测量（基尼系数、恩格尔系数、贫困发生率、贫困差距、贫困度测量的森指数）和微观测量（市场菜篮法、国际贫困标准、生活形态法）两种。

4. 中国农村贫困的特点表现为贫富差距进一步拉大，致贫原因进一步复杂化，返贫率高，受市场化、经济全球化影响日益增强，贫困人口呈现多元化特征。导致中国农村贫困状况的原因主要有自然环境因素、制度因素、经济因素和人口因素。

5. 中国城市贫困从类型看是相对意义上的绝对贫困，城市贫困主体是贫困职工，城市贫困的实质是失业性贫困，城市贫困产生的机制是再生性贫困。城市贫困的成因主要是社会原因、经济原因、个人与家庭因素。

6. 中国减贫历程的阶段性。

7. 完善减贫政策对解决中国城乡贫困问题具有重要意义。

复习思考题

1. 简述贫困的定义及其类型。

2. 简述贫困的测量方法。

3. 简述中国农村贫困的表现及其成因。

4. 简述中国城市贫困的表现及其成因。

5. 简述中国减贫政策的发展。

推荐阅读书目

1. Booth，C. *Labor and Life of the People*：*Volume 1*，*East London*. London：Williams and Norgate，1889.

2. Marshall，G. *Concise Oxford Dictionary of Sociology*. Oxford University Press，1994.

3. Scott，J. *Poverty and Wealth*. Longman，1994.

4. Oppenheim，C. *Poverty*：*The Facts*. London：Child Poverty Action Group，1993.

5. Rowntree，M. *Poverty*：*A Study of Town Life*. London：Macmillan，1901.

6. Townsend，P. *Poverty in the United Kingdom*：*A Survey of Household Resources and Standards of Living*. University of California Press，1979.

7. 国家扶贫开发办公室 . 中国农村扶贫开发纲要（2001—2010 年）.

8. 中国发展研究基金会 . 在发展中消除贫困：中国发展报告 2007. 北京：中国发展出版社，2007.

9. 关信平 . 中国城市贫困问题研究 . 长沙：湖南人民出版社，1999.

10. 李彦昌 . 城市贫困与社会救助研究 . 北京：北京大学出版社，2004.

11. 李军 . 中国城市反贫困论纲 . 北京：经济科学出版社，2004.

12. 唐钧，等 . 中国城市贫困与反贫困报告 . 北京：华夏出版社，2003.

第十章

犯罪问题

犯罪问题是指造成犯罪以及由犯罪造成的一系列后果等问题的总称，犯罪问题是一种社会现象，是反社会或破坏自由、侵犯权利的行为。新中国成立以来，我国先后出现了四次犯罪高峰。第一次高峰期出现于新中国成立初期，第二次高峰期出现于 1961 年。这两次高峰期的出现，与当时的政治环境有关。第三次高峰期出现于 1981 年改革开放初期，第四次高峰期出现于 20 世纪 90 年代经济快速发展时期，这两次高峰期的出现，则与当时的经济发展有关。目前我国正处在第四个高峰期，犯罪率居高不下，并呈现出进一步增长的趋势。犯罪给我国的经济发展与社会稳定带来巨大的损失与负面影响，给人们的生活带来了种种困扰。因此，思考和探讨犯罪问题的现状、原因与控制对策具有重大意义。本章主要讨论目前我国社会比较突出的三种犯罪现象：毒品犯罪、性犯罪与黑社会组织犯罪。

第一节
毒品犯罪

一、毒品犯罪的概念及现状

（一）毒品犯罪的概念

毒品犯罪概念的外延广，国际公约将其规定为国际犯罪，它也是各国刑法明确的国内犯罪。它既存在于刑法领域，也存在于犯罪学领域。不同国家法律对这一概念有不同的规定。1988 年 12 月 19 日，联合国通过的《联合国禁止非法贩运麻醉药品和精神药物公约》详细规定了毒品犯罪的概念：它指非法生产、制造、提炼、配售、兜售、分销、出售、交售、经纪、发送、过境发送、运输、进口或出口麻醉药品和精神药品，种植毒品原植物以及进行上述活动的预备行为和与之相关的危害行为。我国《禁毒法》第二条规定："本法所称毒品，是指鸦片、海洛因、甲基苯丙胺（冰毒）、吗啡、大麻、可卡因，以及国家规定管制的其他能够使人形成瘾癖的麻醉药品和精神药品。"我国《刑法》规定：毒品犯罪主要包括走私、贩卖、运输、制造毒品罪，非法持有毒品罪，包庇毒品犯罪分子罪，窝藏、转移、隐瞒毒品、毒赃罪，走私制毒物品罪，非法买卖制毒物品罪，非法种植毒品原植物罪，非法买卖、运输、携带、持有毒品原植物种子、幼苗罪，引诱、教唆、欺骗他人吸毒罪，强迫他人吸毒罪，容留他人吸毒罪，非法提供麻醉药品、精神药品罪。在犯罪学意义上，毒品犯罪是指与毒品有关的一系列犯罪的总称。[1]

---

[1] 参见康树华：《当代中国热点与新型犯罪透视》，287 页，北京，群众出版社，2007。

（二）毒品犯罪的现状

当前，毒品问题已成为全球性问题，毒品犯罪给社会造成了巨大的危害，它摧残人们的身心健康，影响社会稳定，被各国认为是最严重的犯罪之一。

我国毒品犯罪经历了从无到有、毒品逆流的阶段。20 世纪 50 年代，我国经过肃毒运动之后，成为国际上有名的"无毒国"。20 世纪 80 年代初，随着国际毒潮的泛滥，毒品成为全球性灾难，我国也未能幸免。目前，毒品犯罪已经成为我国比较严重的社会问题，全国各省市都不同程度存在着与毒品有关的违法犯罪活动。

公安部数据显示，2013 年全国共破获毒品犯罪案件 15.1 万起，抓获犯罪嫌疑人 16.8 万名，缴获各类毒品 44 吨，同比分别上升 23.9%、26.8% 和 31%。

二、毒品犯罪的特点

（一）新型毒品扩散化

传统毒品是指海洛因、吗啡、大麻、可卡因等毒品，新型毒品主要是人工化学合成的致幻剂、兴奋剂类毒品，如以中枢兴奋为主的冰毒、以致幻作用为主的 K 粉、兼具致幻和兴奋作用的摇头丸、以中枢神经抑制作用为主的镇静催眠药等。新型毒品相对于传统毒品，其制作技术简易、制作材料来源广泛、效果更明显、隐蔽性强。近几年来全球对传统毒品的打击力度加大，毒品侦破手段也日益完善，使传统毒品犯罪在一定程度上受到了抑制，但随着新型毒品的出现，传统毒品制贩分子将目光转移到新型毒品，他们大力开拓新型毒品市场，使当前我国毒品犯罪呈现出传统毒品日益萎缩，新型毒品逐渐蔓延之态。截至 2013 年年底，全国累计登记吸毒人员共 247.5 万名，同比上升 18%。全国滥用海洛因人员 132.6 万名，同比上升 6.6%，占吸毒人员总数的 53.6%。冰毒滥用人数增长迅猛，达到 84.7 万名，同比上升 42.1%，占吸毒人员总数的 34.2%。[①]

（二）毒品犯罪日趋国际化

目前，世界上有三大毒源地即"金三角"、"金新月"和"银三角"。东南亚的"金三角"地区位于老挝、泰国和缅甸；"金新月"地区位于西南亚的阿富汗、巴基斯坦、伊朗三国接壤地区；"银三角"地区位于南美洲，横跨哥伦比亚、玻利维亚、秘鲁、墨西哥和牙买加。三个地区呈三足鼎立之势，形成了全球毒品生产基地和毒品走私网络。我国西南边境毗邻"金三角"地区，我国西北边境毗邻"金新月"地区，从地理位置上来看，我国处在毒品生产加工地区的包围之中。

---

① 参见《2014 年中国禁毒报告》，http://jdw.jingning.gov.cn/art/2014/9/15/art_1050_171621.html。

随着我国的国际交流日益增多，国际毒品犯罪也将触角伸向我国，通过各种方式倾销毒品，大肆开辟中国市场。境外毒品多头入境，使国内的毒品犯罪与国际的毒品犯罪保持着千丝万缕的联系。仅 2013 年中国、老挝、缅甸、泰国的"平安航道"联合扫毒行动就破获涉及湄公河流域毒品犯罪案件 1 784 起，抓获犯罪嫌疑人 2 534 名，缴获各类毒品 9 781.3 千克，易制毒化学品 260 吨，枪支 38 支、子弹 1 125 发，毒资 361.2 万美元。其中，国内战场破获毒品犯罪案件 1 568 起，抓获犯罪嫌疑人 2 176 名，缴获各类毒品 3 920 千克，分别占总数的 87.89%、85.56%、40.08%。[①]

（三）毒品犯罪手段多样化

为逃避警方打击，毒品犯罪嫌疑人藏运毒品的方式多种多样，交易方式复杂多变。原来毒贩主要通过火车、汽车和飞机携带毒品，现在则采取人毒分离的方式藏运毒品。比如：有的将毒品伪装成糖块，藏在鞋后跟里；有的将毒品溶解到毛毯里，到达目的地后再将它重新提取出来；有的将大理石掏空，把毒品装进去，经外表加工伪装后运输；有的甚至不计后果采用人体携带毒品的方式运毒。另外，随着网络购物的发展，毒品犯罪也出现通过电脑网络进行交易的现象，其行为方式更加隐蔽。毒品交易从电话联系、直接接头发展到通过电脑网络隐秘交易，欺骗快递员上门取货，毒品送货上门，实行"人毒分离"、"钱货分离"的"收付两条线"，加大了查处难度。

（四）毒品犯罪成员职业化

近年来，毒品犯罪集团化、团伙化，形成了境内外贩毒团伙相互勾结，生产、加工、运输和销售一条龙犯罪，专业化和职业化特征较为明显。过去那种单靠"境外派人，境内接应"的老方法已经被抛弃了，现在国外境外贩毒集团在境内物色"马仔"。经过近十年的过境贩毒经营，已经形成了"核心突出，分工细致，各司其职"的满足过境贩毒各环节之需要的职业化团伙。在这些团伙中，有的专门贩运制造化学制剂出境，有的出境组织货源，有的在境内接应，有的组织毒品运输，有的组织分销、找买主等等。这些团伙的活动范围、联络区域和对象都相对稳定，可见其职业化、专业化已经形成。[②]

（五）毒品犯罪范围扩大化

从地域上看，毒品犯罪已经遍布我国大部分地区。其中，包括云南等省市在内的西南地区、新疆等省区在内的西北地区和广东等省在内的东南沿海地区是我国毒品犯罪的重灾区。与此同时，毒品犯罪已经扩散到东北地区。从人群上看，

① 参见《2014 年中国禁毒报告》，http://jdw.jingning.gov.cn/art/2014/9/15/art_1050_171621.html。
② 参见赵秉志等：《毒品犯罪研究》，北京：中国人民大学出版社，1993。

近几年的毒品犯罪成员涉及面越来越广泛，工农商学兵、国家公务员甚至警察都有人员参与，其中青少年和女性占有比例也逐渐上升。

此外，孕妇、残疾人、艾滋病人等特殊群体参与毒品犯罪的问题也较为严重。他们利用其特殊身份，或被一些不法分子施加引诱、欺骗、强迫的手段，参与毒品犯罪活动。

三、毒品犯罪的根源

毒品阴影笼罩我国，毒品问题是一场拉锯式的持久战。毒品犯罪有多方面的原因，既有犯罪主体的原因，也有社会经济环境等客观方面的原因。医学界认为毒品依赖的三个因素主要是毒品、用毒者和环境。毒品问题已远远超出了公共卫生的范围，它涉及人们的心理因素、社会经济因素、社会环境因素等，成为复杂的社会问题。具体而言，毒品犯罪的根源主要有以下几个方面。

（一）毒品造成身心依赖

毒品的依赖性是一种综合征，是由毒品与机体相互作用引起的心理和生理状态。心理依赖性又称精神依赖性，是毒品成瘾的病理心理学特征，指使用毒品产生特殊的心理效应，在精神上驱使其表现为一种定期连续用毒的渴求和强迫行为，以获得心理上的满足和避免精神上的不适。毒品的心理依赖性十分顽固长久，对用毒者留下的心理烙印极难消除，是吸毒者在摆脱生理依赖后重新复吸的重要原因。生理依赖性又称躯体依赖性，也称成瘾性，是毒品成瘾的病理生理学特征，指由于反复连续使用毒品，建立了机体内毒品存在下的平衡，使机体处于适应状态，中断或打破了这种平衡便不能维持正常生理功能，产生一系列躯体方面的损害，易引起身体的依赖性，使用毒者强迫性觅毒。绝大多数吸毒者起初对毒品只是具有好奇心，抱着试一试的心态，结果一试便成瘾。他们以吸毒为时髦，通过吸食毒品获得愉悦的体验和感受。当前由于社会转型，利益重组，无业人员增加，许多人没有稳定的经济来源，他们精神空虚、意志消沉，容易受到毒品的诱惑，将制贩毒品作为致富的捷径，走上了毒品犯罪的道路。此外，由于各种因素，如人力、物力、财力等制约，公安机关对吸食、注射毒品者拘留、罚款、没收毒品及注射器具等比较多，真正对其开展治疗、强制戒除的较少。吸毒人员的毒瘾戒除不了，新吸者和复吸者的存在，使毒品犯罪禁绝难度加大。

（二）高额利润的驱使

贩毒、制毒、种植毒品原植物、走私贩运易制毒化学品均有暴利可图，是刺激毒品犯罪滋长蔓延的一个主要原因。同时，贫穷也是导致西部贫困地区毒品犯罪的重要原因之一。从我国贩毒区域的分布来看，毒品犯罪的高发地区一般是经济比较落后的地区。在生活的重压和经济利益的驱动下，很多人选择铤而走险，跨入贩毒者的行列。例如，位于云南省西南部永德县境内的班老村，因为贫穷多数村民把帮境外毒枭背运毒品作为谋生的手段，在云南当地有"背毒村"之称。此外，毒品的生产者、经营者都在追求利益的最大化。如在"金三角"地区，种植鸦片的收益远远大于其他经济作物。马克思在《资本论》中说道："如果有10％的利润，它就保证到处被使用；有20％的利润，它就活跃起来；有50％的利润，它就铤而走险；为了100％的利润，它就敢践踏一切人间法律；有300％的利润，它就敢犯任何罪行，甚至冒绞首的危险。"① 生产、贩卖毒品能赚到成倍的利润，完全是一种暴利。毒品的高额利润激起了拜金者的本能冲动，导致贩毒分子置国家法律于不顾，拼死一搏。

（三）地理环境的影响

世界毒品生产主要集中在"金三角"、"金新月"、"银三角"三个地区，而与我国西部地区地理距离较近的就有两个，即"金三角"和"金新月"，这两个地区生产的海洛因，几乎垄断了全球的海洛因非法贸易市场。中国的云南、广西紧邻"金三角"地区，新疆紧邻"金新月"地区，西藏与尼泊尔和印度在地理位置上联系密切，境外毒品犯罪分子将我国作为活动的重要区域，并不断刺激我国的毒品消费市场。受境外毒品的渗透，我国西部边境的毒品走私活动增多，国内毒品市场扩大，使我国从毒品边境国发展成为毒品过境与消费并重的国家。

（四）处罚力度不够

我国对毒品犯罪处罚力度不够，主要体现在以下方面：一是我国《刑法》中仅将惩治对象限于制造、贩卖、运输毒品行为，未将吸食、注射毒品规定为犯罪。我国对吸食、注射毒品行为的处理在《全国人民代表大会常务委员会关于禁毒的决定》第八条规定："吸食、注射毒品的，由公安机关处十五日以下拘留，可以单处或者并处二千元以下罚款，并没收毒品和吸食、注射器具。吸食、注射毒品成瘾的，除依照前款规定处罚外，予以强制戒除，进行治疗、教育。强制戒除后又吸食、注射毒品的，可以实行劳动教养，并在劳动教养中强制戒除。"可见，我国对吸食、注射毒品行为的打击力度并不大，难以对行为的实施者形成威慑力。二是没有从根本上摧毁从事贩毒活动的经济基础。在司法实践中，虽然可以判处犯罪分子死刑，并处没收财产，但没写明没收财产的数额；在判处犯罪分子徒刑时，虽并处罚金，但未写明罚金数额。这些情况造成犯罪分子的财产如存款、房子、车辆等未得到彻底罚没，致使一些人产生了"杀了我一个，幸福全家人，甚至几代人"的念头。三是缉毒力量不足。近年来，我国的缉毒力量虽然有所加强，但与国内四通八达的毒品网络相比还远远跟不上形势发展的需要。一些内地城市缉毒机构对毒品认识不足，对贩毒通道堵截不力，部门之间缺乏密切的配合，给犯罪分子以可乘之机。

---

① 《马克思恩格斯全集》，中文1版，第23卷，829页，北京，人民出版社，1972。

（五）贫困人群的参与

首先是农民中贫困人群的参与。在我国，抓获的毒品犯罪嫌疑人 65％ 都是农民，他们大多数来自贫困的西部地区。[①] 这些农民在贩毒活动中主要是充当马仔角色，帮助毒枭运输毒品。他们之所以冒着生命危险选择贩毒，一方面是因为他们生活贫困。目前农民生存方式主要有两种：在家务农和外出打工。务农只能养家糊口，解决温饱问题。但在一些西部山区，由于地理环境的恶劣，当地的农民依然过着"靠天吃饭"的生活，温饱问题都难以解决。如在四川凉山彝族地区这一贩毒吸毒的重灾区流行着一句话："我们这个地方，饱三年，饿三年。"贫困使得这个地方每年都需要国家供应和救济。[②] 在一些贫困地区，由于人多地少，许多人为了脱贫致富只好外出打工寻求出路。但是文化水平低下、社会资源匮乏导致他们打工收入较低，甚至无法在城市找到工作。生活窘迫的农民急需一条在家务农与外出打工以外的致富之路。另一方面，农村的社会保障制度不完善，保障力度不够。在西部一些贫困地区，农民无法满足基本的生活需要，加上毗邻毒品生产基地的地缘关系，西部贫困地区的一些农民选择了背运毒品作为发财致富的捷径。尽管贩毒的惩罚成本大，但这种成本是隐形的，即只有贩毒者被抓获并被定罪之后这种惩罚成本才会成为现实。据专家推测，我国缉毒部门每年缴获的毒品数量通常不会超过实际流通量的十分之一。[③] 面对贩毒带来的暴利和被抓获的风险，这些农民认为贩毒是收益远大于成本的买卖，因此不惜铤而走险。

其次是城市中的贫困人群的参与。市场经济改革的推进和社会保障制度的不完善，导致城市出现了大量的无业人员。他们生活条件差，没有固定的生活来源。金钱的诱惑和摆脱贫困的愿望导致他们踏上贩毒的罪恶道路。

四、我国毒品犯罪的防治对策

当前，我国毒品犯罪泛滥，严重危害人们的身心健康，此外还诱发了盗窃、抢劫等牟利性犯罪以及杀人等暴力性犯罪，对社会造成了巨大的危害，已成为制约国家发展和社会稳定的重要因素。因此，加强对毒品犯罪的控制刻不容缓。毒品犯罪以存在对毒品的需求为前提，多因追逐毒品带来的暴利而产生。在制定毒品犯罪的防治对策时，不仅要考虑切断毒品的供应，还要设法减少吸毒者对毒品的需求。毒品防治的目标是建立有效的毒品犯罪防控体系，严厉惩治毒品犯罪行为。

---

①③　参见刘婷：《社会学选择理论视角下的毒品犯罪研究》，载《中国公安大学学报（社会科学版）》，2010（1）。

②　参见易谋远：《彝族史要》，56～57 页，北京，社会科学文献出版社，2007。

（一）加强国际合作，增强缉毒能力

随着对外开放的深入，社会流动的加速，我国与国外的交流日益频繁，毒品犯罪也呈现出明显的全球化趋势。在这种社会背景下，毒品犯罪成为国际性的犯罪现象，仅凭一国的力量缉毒是远远不够的。因此，我国应加强缉毒工作的国际合作，进一步增强缉毒能力。

具体而言，我国在禁毒活动中，应牢固树立加强国际合作的意识，通过联合国禁毒署、国际刑警组织等国际缉毒机构，加强同各国司法部门的合作与交流，研究国际毒品犯罪的规律，制定有效的行动策略，积极建立全球性缉毒网络，共同打击跨国贩毒活动。加强毒品的阻击力度，堵截毒品的来源。由于我国紧靠世界上两大毒品生产加工地，通过走私、边境贩运等形式将毒品运入我国的现象非常严重。所以，要开辟"境外禁毒除源战场"，加强边境防卫，加大边境缉毒工作的打击力度，开展与周边国家的国际禁毒及刑事合作，积极阻断境外毒品和制毒技术的非法流入，防止以我国边境地区走私毒品为目的的犯罪。进一步完善多警种参与侦办毒品犯罪案件工作机制，组织开展打击跨境跨区域贩毒、打击制贩新型毒品、打击零包贩毒、禁种铲毒等一系列行动，提高缉毒能力，遏制毒品犯罪。

（二）加强宣传教育，营造社会舆论

社会舆论作为一种评价性意见，会对少数人的、与众人意见不同的言行产生环境压力，少数人为了缓解这种压力，会改变或放弃原来的言行，与众人保持一定程度的一致。社会舆论是一种常见的社会控制手段，它可以是社会公众自发形成的，也可以是由政府部门或某一社会团体、社会组织，有意识、有目的地通过大众传播媒介（如报刊、电视、广播电台等）广为宣传而形成的。[①]

加强毒品犯罪的宣传教育乃治本之策，是营造禁毒社会舆论的有效手段。我国要深入开展全民禁毒教育，营造有利于禁毒的社会舆论。首先，要注重顶层设计的引领作用，有效引领基层党委政府和有关部门参与禁毒宣传教育工作。其次，要加强禁毒宣传教育方式方法的探索创新，充分利用电视、广播电台、报刊等大众传播媒介进行禁毒宣传，实现媒体禁毒宣传全年常态化。同时，广泛应用微博、微信等新媒体、新平台开展禁毒宣传。提高公众禁毒意识、拒绝毒品能力和参与禁毒斗争的积极性是有效营造禁毒社会舆论的手段和模式。最后，要加强对重点人群的宣传教育。如针对娱乐场所管理人员和从业人员、青少年和无业人员开展禁毒宣传教育；在人员流动密集的场所，通过张贴标语、印发宣传单等方式，积极开展禁毒宣传活动和普法教育活动；以社区为单位，设立禁毒永久宣传栏，宣传国家有关禁毒的法律法规、吸毒的严重危害性，并选择典型性涉毒案例进行警示教育，大力宣传社会主义核心价值观和社会主义荣辱观，积极创建无毒

---

① 参见郑杭生：《社会学概论新修》，3 版，408 页，北京，中国人民大学出版社，2002。

社区，使人们易于获得禁毒的相关信息。让人们在思想上、心理上感受到禁毒的迫切性和远离毒品的重要性，积极发挥社会舆论的社会控制作用。

（三）加强戒毒管理，建立防控体系

禁毒工作中，戒毒是解决毒品问题的突破口。各级党委、政府要高度重视，加大强制戒毒的投入。市、县（区）、乡镇人民政府每年要拨出一定的经费投入强制戒毒工作，对吸毒、贩毒比较严重的地区加大人力、物力、财力的投入，实行重点整治，详细调查了解吸毒、贩毒人员的家庭情况、生活环境、个人经历、涉毒犯罪的动机或吸毒的起因，根据具体情况有针对性地进行说服教育，做好预防工作。建立禁毒责任制，严格执行对吸毒人员的调查登记制度，深入开展多层次的戒毒工作，建立家庭—社区—社会"多位一体"的帮教体系，逐步建立毒品防控体系。

（四）促进经济发展，完善社会保障

"禁毒应与脱贫相结合，这是现阶段治理中国毒品问题的一个不能回避的命题。"[①] 贫穷是导致农民、城市下岗职工、城乡无业人员等弱势群体实施毒品犯罪的重要原因。在农村，贫困农民不惜冒着被法律严惩的风险，铤而走险实施毒品运输等行为。在城市，由于市场经济改革导致大量的失业人员，城市贫困人群在生活贫困与金钱诱惑双重因素的影响下实施毒品犯罪。很显然，贫困是这些人员实施毒品犯罪的重要原因。因此，我们应该采取措施，一方面积极发展农村特别是贫困农村和边境贫困地区的经济，增加他们的收入，满足他们的基本生活需求，创造通过正当途径致富的机会；另一方面完善相应的社会保障制度，提高城市最低生活保障水平，让城市中低收入人员可以满足基本的生活需要。同时，针对失业下岗人员进行生活技能和就业技术方面的培训，让他们掌握一技之长，并且主动为他们提供就业信息，创造就业机会，促进就业，避免他们成为毒品犯罪的实施者和受害者。

（五）重视民间力量，共同参与禁毒

长久以来，我国的禁毒工作主要依靠法律制度自上而下地强行推进，忽视了我国乡土社会、礼治社会的根基，对民间力量的重视非常不够。费孝通指出："乡土社会秩序的维持，有很多方面和现代社会秩序的维持是不相同的。可是所不同的并不是说乡土社会是'无法无天'，或者说'无需规律'"，"乡土社会是'礼治'的社会"，"礼是社会公认的规范……维持礼这种规范的是传统"[②]。当国家禁毒陷入困境，成效不足的情形出现时，我国应该重视禁毒领域的民间力量，将民间力量作为国家禁毒的重要补充和有效延伸。

---

① 崔敏主编：《毒品犯罪发展趋势与遏制对策》，428 页，北京，警官教育出版社，1999。
② 费孝通：《乡土中国 生育制度》，48~58 页，北京，北京大学出版社，1998。

一方面，需要发挥传统"礼治"在禁毒方面的作用。如在云南宁蒗民族地区，当地民众将民族节日"虎日"与戒毒相结合。通过祭仪、除秽、盟誓、歃血等形式，吸毒人员当众发誓戒毒。[1] 这种利用传统"礼治"力量战胜人们对毒品依赖的举措取得了很好的效果。另一方面，重视非政府组织在禁毒领域中的作用。如2001年3月，四川凉山彝族民众在当地的两个乡村自发成立了社区"民间禁毒协会"，以家支（与汉族的家族相似）为依托，利用彝族深厚的家支文化开展禁毒。社区中凡是参与贩毒的彝族人都要被开除出家支，这在凉山彝族人看来是最严重的惩罚，因为一旦被开除出家支，社区中所有的人都不会再与其来往。社区中凡是参与吸毒的彝族人都由协会采取措施强制戒毒。在国外，非政府组织这一民间力量在禁毒领域也发挥了巨大的作用，如欧美国家有许多由吸毒者自发成立的"药物成瘾者互诫小组"。在这种小组中，吸毒者互相鼓励，互相帮助戒毒，成效显著。因此，鉴于民间力量在禁毒方面的重要作用，我国政府有必要重视和支持民间力量的发展，让其在禁毒领域发挥更大的作用。

第二节
性犯罪

在我国当前的刑事案件中，性犯罪占有一定的比例；它不仅给受害者的身心造成了极大伤害，并且具有很大的社会危害性，严重影响着社会安定，为广大群众所深恶痛绝。

一、性犯罪的界定

性犯罪是指人在性本能的驱动下或在反社会意识的支配下，为满足性欲而对异性或同性故意采取的侵犯他人性的权利，妨害、破坏社会秩序和社会人际关系的性交或非性交性行为。在法学界，因其行为性质与范围的不同有着广义和狭义之分。广义的性犯罪是指一切违反性道德规范，破坏人伦传统和社会秩序，受到相关法律、道德、风尚、习惯等社会规范所禁止、谴责和惩罚的性行为。狭义的性犯罪是指《刑法》所禁止并予以惩罚的性行为。根据我国《刑法》规定，狭义的性犯罪包括：强奸罪，嫖宿幼女罪，奸淫幼女罪，强迫卖淫罪，引诱、容留、介绍卖淫罪，引诱幼女卖淫罪，组织卖淫罪，强制猥亵、侮辱妇女罪，猥亵儿童

---

[1] 参见庄孔韶、杨洪林、富晓星：《"虎日"的人类学发现与实践》，载《广西民族研究》，2005（2）。

罪，聚众淫乱罪，暴力干涉婚姻自由罪，重婚罪，破坏军婚罪，故意传播性病罪，走私淫秽物品罪，制作、复制、出版、贩卖、传播淫秽物品罪，组织播放淫秽音像制品罪等。由于学者们所处的文化背景不同、个人的文化修养不同、所接受的知识不同、对与性有关的内涵有着各种不同的理解和解释，因而有许多不同的性犯罪概念。有的学者认为，在证明有性交发生的前提下，不论是正常的，还是非自然的，只要有性交的证据，性交便可认为完成，就可认定为性犯罪。① 也有学者认为，人们在性生活方面，为了性的享乐，而往往违反法律规范，伤害风化与扰乱治安，构成种种性的犯罪，统称为性犯罪。② 还有学者认为，性犯罪是指以满足性欲为目的的或者以盈利为目的，实施性行为，强迫、引诱、容留他人实施性行为，而侵犯他人性权利或妨碍社会风化所构成的犯罪行为。③ 本书认同如下定义：性犯罪是指直接涉及男女两性关系的性行为、直接涉及未成年人的性行为及直接展示人的性敏感部位的行为的犯罪。④ 包括强奸妇女罪，奸淫幼女罪，强制猥亵、侮辱妇女罪，猥亵儿童罪，强迫卖淫罪，嫖宿幼女罪等。性犯罪的实施者既可能是男性，也可能是女性，被害者可能是女性，也可能是男性。

性犯罪具有很强的传染性和腐蚀性，并且容易诱发其他犯罪。例如，强奸往往因被害人反抗而致使罪犯恼羞成怒或者害怕被人发现，导致杀人灭口；嫖娼需要金钱，为了获得金钱，可能引发抢劫、盗窃和诈骗等犯罪行为；黑社会组织为争夺对涉性场所的控制权，实施打架斗殴和凶杀等犯罪行为。正因为如此，性犯罪严重危害着社会治安和社会稳定，需要加以研究和防控。

二、性犯罪的种类

性犯罪的种类比较多，从既往的研究和现实角度来看，强奸罪、卖淫罪占了性犯罪的较大比例。因此，我们可以大致将性犯罪分为强奸罪、卖淫罪与其他性犯罪。

(一) 强奸罪

关于强奸一词，英国权威的《牛津法律大辞典》将其定义为："一男子未经不是其妻子（除非他们已分居）的女子的同意或不顾其是否同意而通过阴道与之进行性交的犯罪。"⑤ 我国《刑法》第 236 条规定：强奸是指违背妇女意志，使用暴力、胁迫或者其他手段，强行与妇女发生性交的行为，或者故意与不满 14 周岁的幼女发生性关系的行为，主体必须是男性，对象必须是女性。但在中国发生过多起同性强奸和男性遭到女性强奸的案件，由于强奸的客体在法律中被局限为

---

①② 参见严励等：《犯罪文化学》，181 页，北京，中国人民公安大学出版社，1996。
③ 参见阴家宝：《新中国犯罪学研究综述》，542 页，北京，中国民主法制出版社，1997。
④ 参见李邦友、王德育、邓超：《性犯罪的定罪与量刑》，7 页，北京，人民法院出版社，2001。
⑤ ［英］戴维·M·沃克：《牛津法律大辞典》，3106 页，北京，光明日报出版社，1988。

"妇女"和"幼女"，公安部门往往难以对其立案。在个别同性强奸的极端案例中，一般是以故意伤害罪论处的。

强奸对受害者造成了明显的伤害，受害者对强奸事件的记忆包含了大量情绪强烈的负面感受。在传统文化中，强奸被认为不仅是受害者而且是整个家族的耻辱。在现代社会，这种社会压力同样存在。受害者由于担心暴露他们的遭遇会引起社会的羞辱等一系列消极反应，往往会选择沉默。不管是在国内还是国外，强奸都是一个令人关注的社会问题。强奸犯罪也是世界各国司法干预和刑法打击的重点对象。

（二）卖淫罪

随着改革开放的深入和市场经济的建立，我国的经济建设取得了举世瞩目的成绩，社会结构发生了深刻的变革，在社会主义精神文明建设方面也取得了巨大的进步，但同时也面临挑战，表现之一就是卖淫活动的死灰复燃，蔓延范围之广，增长幅度之大，对社会的危害程度之深，已经达到了令人深恶痛绝的地步。尤其在一些沿海地区，卖淫活动甚为猖獗。伴随着卖淫活动的发展，出现了一些强迫卖淫的团伙、容留妇女卖淫的犯罪分子，他们肆无忌惮地进行卖淫盈利的罪恶活动，严重地扰乱了社会秩序，败坏了社会道德风尚。卖淫活动的猖獗还为性病、艾滋病的传播提供了温床，造成这类疾病的快速蔓延，给社会公共卫生事业造成了巨大的损失。

（三）其他性犯罪

除了强奸和卖淫，还有其他许多类型的性罪犯，如强制猥亵、侮辱妇女罪，猥亵儿童罪，集体淫乱等。有些人强制他人观看自己的性器官，从而实现自己满足性快感，严重侵犯了他人的正当权益。有些流氓团伙，其内部成员之间进行淫乱的性行为，败坏了我国的传统道德，严重扰乱了社会公共秩序。如有的男女聚众进行集体淫乱，群奸群宿；有的男性欺骗引诱女性堕落；有些女性被诱骗或强奸失身后，破罐破摔以淫乱为乐，甘愿同男性聚众淫乱。这种性淫乱活动腐蚀性强，传染性大，社会危害性也大，严重败坏社会风气，在社会上产生了极大的负面影响，亟须我们认真研究，严加防范。

三、性犯罪的原因

目前，我国正处于社会转型时期。这一时期的显著特征是农业社会向工业社会转变、封闭性社会向开放性社会转变、传统社会向现代社会转变。社会转型的具体内容是结构转换、机制转换、利益调整和观念转变。在此时期，社会结构、社会运行机制加速转型，各种思想交流碰撞，人们的行为方式、生活方式、价值体系都会发生明显的变化，由此也出现了许多与转型相伴生的社会问题。性犯罪问题即属于这一类社会问题。我们只有将性犯罪置于这一时代背景下，才能找出性犯罪产生和增加的深层次原因。只有掌握了性犯罪产生的各种原因，才能够制定综合的、有效的、合理的防控对策。具体而言，性犯罪的主要原因有如下几点。

（一）经济发展不平衡

性犯罪现象有其产生的经济根源。目前我国经济发展不平衡，省与省、地区与地区、沿海与内地、城市与乡村，都存在着贫富差别。具体到城市或乡村的某一局部地区，也存在着经济收入不平衡。经济发展不平衡，造成了一部分妇女相对贫困或绝对贫困。为了摆脱相对贫困或绝对贫困的现状，有的妇女选择勤劳致富，但有些好逸恶劳的妇女急于致富，走上了卖淫之路。与此同时，经济收入较高的群体中，不乏一些有低层次需求的人。这些人不将赚到的钱进一步投入到扩大再生产中去，而是用于奢侈挥霍，比较常见的方式便是嫖娼，这使得一些女性不顾道德的谴责和法律的规定，甘愿用自己的身体进行性交易，来换取利益。富有者的挥金如土，对一部分尚未富裕起来的人起到了一种负面的影响。

（二）犯罪成本低

社会学中的犯罪成本论认为，犯罪人在犯罪行为和非犯罪行为这两类行为中之所以选择了犯罪行为，是因为犯罪人认为实施犯罪行为给自己带来的效益（犯罪效益），大于他所从事非犯罪行为所能获得的效益。某项犯罪行为的犯罪率与犯罪效益之间成正比关系。[①] 目前，我国公安机关对强奸等暴力性犯罪的打击力度很大，但是对卖淫嫖娼的打击力度不够，处罚偏轻，致使卖淫嫖娼现象难以禁绝。例如，我国对卖淫嫖娼活动的直接参与者——卖淫者和嫖客的处罚是根据《治安管理处罚条例》和一些地方性法规处以罚款、拘留或者劳动教养。但是，对于卖淫者来说，一般被抓获之后通常只是作罚款处理，很少被收容或劳教。而卖淫者，一般可以在较短时间内谋得大笔钱财，罚款对他们的威慑力并不强。很多卖淫者在缴纳罚款之后不久又重操旧业。对于嫖客来说，处罚力度更是不够，同样多为罚款处理，很少有被收容或劳教。由于一般嫖客都有钱，罚款并不能对其嫖娼行为起到良好的威慑作用。从本质上看，这是由于卖淫嫖娼者在卖淫嫖娼行为中获得的收益大于公安机关对其的处罚。社会学的成本论认为，自从我国改革开放以来，犯罪的成本一直在下降，在这种轻型化的大环境下，性犯罪的成本下降，性犯罪上升有其必然性。

（三）性教育落后

性教育关系到个体性意识的性质和内容，也关系到个人性心理在发育成熟期的健康。个体性意识的发展史是一个由不知到知的渐进过程。随着生活水平的提高，我国青少年的青春期比 10 年前提前了 1 岁，一般女孩在 12 岁左右，男孩在

---

① 参见郑杭生：《社会学概论新修》，3 版，397 页，北京，中国人民大学出版社，2002。

13 岁左右进入青春期。但青春期教育没有普及。在家庭中，父母在性知识教育方面对子女讳莫如深，谈性色变，采取了避而不谈的态度。在学校里，虽然性教育被一再强调，但认识不统一，青春期教育科学性不足，内容不充分，没有理想的教材，教育内容狭窄，强调知识的灌输，缺乏特色，教育方法和手段落后，除单纯知识讲授外，较少参加展览，观看标本、录像等，缺少超前教育的意识，性教育思想错误，常常使青春期教育陷入盲区中。在社会上，人们难以通过正规渠道获得科学的、适合时代发展的性知识，社会也没有在性道德方面给予人们以指导。这些现象一起导致青少年性教育问题越来越突出。伴随着青少年性成熟期的前移，即性早熟现象，犯罪低龄化趋势愈发严重。一些青少年因为性早熟和性冲动，又得不到正确的教育和指导，为了满足自己的性欲，不惜铤而走险实施性犯罪行为，如实施强奸等。

性教育落后为什么会成为性犯罪的原因？美国社会学家奥格本在研究社会变迁时提出了文化失调理论，他认为文化失调是社会问题产生的主要根源。在《社会变迁》（1992 年）一书中，奥格本指出社会变迁是一种文化现象。他认为，社会变迁是社会在一种发明打破旧均衡状态后做出调节以寻求新的均衡的过程。由于调节并不是迅即发生的，因此常常会产生文化失调现象。一般而言，发生变迁的首先是文化中的物质部分，其次是文化中的精神部分，最后是文化中的风俗、习惯部分。奥格本将这种现象称为"文化滞后"或"文化堕距"。[1] 所以，从性教育与性犯罪的关系来看，青少年的性早熟、初次性行为的提前已经打破文化旧的均衡状态，需要社会做出调整以寻求新的均衡。即家长、学校、社会需要及时给予青少年正确和科学的性教育，引导他们正确面对和处理自己在性方面的困惑与冲动。但是家庭、学校、社会等领域的性教育遮遮掩掩，犹抱琵琶半遮面，没有跟上文化变迁的步伐。这使得青少年对性问题缺乏必要的认识。这种情形往往导致他们对性更加好奇，对性冲动的控制能力更加弱化，从而可能导致性犯罪。事实上，这一现象已经成为一个突出的社会问题，一个事关青少年一代成长成才的严重问题。

（四）色情文化泛滥

美国社会学家塞林提出的文化冲突理论揭示了文化冲突与犯罪率之间的关系。塞林认为，文化准则的冲突必然导致行为的冲突，而犯罪就是行为规范之间的冲突。塞林认为现代社会是一个各种文化交流、融合都很迅速的时代，社会结构日益复杂化，社会价值日趋多元化。在这种情形下，文化冲突日益激烈，人们从心理到行为都难以适应快速变化的社会文化，难以承受外来文化的冲击，在这种情形下，犯罪率就会上升。[2]

在我国，改革开放之前，政府很好地控制了色情文化，人们对各种性犯罪，

---

① 参见郑杭生主编：《社会学概论新修》，3 版，363 页，北京，中国人民大学出版社，2002。

② 参见上书，415～416 页。

如强奸、通奸、性乱交、卖淫嫖娼等都是做否定评价的，各种性犯罪都会受到社会舆论的严厉谴责。有性犯罪行为的人往往会被人看不起，在他人面前抬不起头。改革开放之后，由于国外色情文化的传入，加上国内一些人的推波助澜，色情文化以铺天盖地的方式侵袭着人们。这是一种典型的文化冲突现象，这种文化冲突使人们从性观念到性行为都难以适应快速变化的性文化，难以承受外来性文化的冲击。这种文化冲突干扰着人们的生活，对人们的性观念造成了很大的负面影响。这些色情文化的传播渠道多种多样，如淫秽录像、图书、刊物、歌曲等。值得强调的是，网络已经成为色情文化传播的重要渠道，网络上的色情图片、色情文学、色情录像、色情交流泛滥。同时，一些大的门户网站也以充满性诱惑的图片吸引人们的眼球。随着网络的普及，网络色情文化也逐渐流传、蔓延以至泛滥，越来越多的人受到了网络色情文化的负面影响。根据中国互联网络信息中心（CNNIC）2012 年 1 月发布的《第 29 次中国互联网络发展状况统计报告》及《2011 年中国青少年上网行为调查报告》，截至 2012 年 1 月，中国网民数量突破 5 亿，达到 5.13 亿，互联网普及率达到 38.3%。其中，中国青少年网民规模已达 2.32 亿，占整体网民的 45.2%，占青少年总体的 64.4%。网络上淫秽色情活动的泛滥，对广大网民特别是未成年人的心理和生理健康都具有极大的危害，诱发和导致了现实社会中一系列性犯罪现象的发生，具有极大的现实社会危害性。

色情文化以各种方式刺激着人们的感官。在这种色情文化氛围中，人们经常会接触到大量的非婚性行为信息，如性乱交、一夜情、包二奶、卖淫嫖娼等，造成人们对各种非法性行为司空见惯。这些色情文化使人们的性观念、性道德发生了很大的改变，也造成了一些缺乏性意识和性道德以及法制观念的人进行性的违法犯罪活动。色情文化对性犯罪有很强的诱发作用，有些人走上性犯罪道路，就是因为一本色情书、一盘色情录像带或一幅色情画造成的。

（五）性观念偏差

观念是行为的先导，性观念偏差会导致偏差性行为甚至性犯罪。人的行为与动物本能行为的根本区别就在于，人具有意识和社会性。当今社会，不少人具有偏差的性观念，如有些人认为只要满足自己的性欲，可以不择手段达到自己的目的。这些人以暴力、胁迫或者其他手段，违背妇女意志，强行与之性交。另外，有些人认为性同其他商品一样可以成为购买的对象，他们往往受腐朽思想的影响，产生了用钱买性的念头；另一些人为了满足自己的经济需求，产生了以性换钱的需求。前一种人即为嫖客，他们对性的需求使得卖淫的买方市场得以形成，后一种人即为卖淫者，他们形成了性的卖方市场。卖淫嫖娼在国内仍然被视为非法，是典型的性犯罪行为。但是卖淫嫖娼因为诸多社会原因一直存在着。又如一些人热衷于西方的"性解放"思想，认为我国与性有关的许多法律法规都是对人的基本权利的忽视，对"性自由"的压制。这些人将性行为当做纯粹的私事，认为自己爱怎样干就怎样干。近期网上不时报道的一些男女的集体淫乱便是这种

"性自由"思想的真实反映。还有一些人认为性是人生最大的意义，过分夸大性的意义。他们认为"性的要求能得到满足是人生最幸福的事"，认为"人生苦短，及时行乐"，忽视性的社会性，无视社会道德和法律的约束。

（六）管理力度不够

管理力度不够问题主要体现在卖淫嫖娼方面。首先是管理制约的弱化。随着我国市场经济的飞速发展，社会转型加快，社会流动加速。城乡人口之间交流增加，特别是农村剩余劳动力向城市迁移。在这一过程中，一些新型的第三产业涌现出来。一些发廊、洗浴中心、夜总会、歌厅、舞厅等逐渐演变成为性犯罪的地点或依托。而社会管理却相对滞后或鞭长莫及，造成一定时间和局部地区管理失去控制。其次是一些部门、单位错误地认为卖淫现象是经济社会发展不可避免的产物，卖淫现象在某种意义上是地方经济发达的一种标志。这种思想导致它们不能正确认识卖淫嫖娼，认为要搞活经济、扩大开放，有点卖淫嫖娼活动没关系，搞点色情服务无碍大局，反而有助于改善投资环境，促进当地经济发展。因此，这些部门和单位对查禁取缔卖淫嫖娼工作抱着消极态度，只重视这些所谓"服务行业"的经济效益，无视其社会危害。它们在实际工作中对当地出现的卖淫嫖娼现象视而不见，甚至放任、纵容。对待卖淫嫖娼，"严打"政策也是"一阵风"。"严打风"吹来，卖淫嫖娼活动偃旗息鼓，一些街区的经济陷于萧条；"严打风"过去之后，这些地方的卖淫嫖娼活动往往会在一段时间后卷土重来，这些街区又重现"繁荣"。

四、性犯罪的防控

性犯罪的本质不是性，而是侵犯了犯罪受害者的种种权益或社会秩序。性犯罪引发了许多社会问题，给个人、家庭和社会造成了极大的危害。如强奸对受害者的身心造成极大创伤；卖淫嫖娼导致性病与艾滋病流行，严重危害着社会秩序。

通过对性犯罪的原因分析，我们不难看出，要有效地预防和控制性犯罪，必须做好综合防控工作。具体而言，主要应该从以下三个方面着手。

（一）重视加强性教育

性教育是指性科学或性知识教育，它既包括性生理知识，也包括性道德知识。性教育可以使人们了解有关性的生理知识，认识与性有关的感觉、情感等心理现象，让人们懂得什么样的性行为才是合理的、被法律和社会道德允许的，什么样的两性关系是和谐的，如何控制自己的性冲动等等。由于许多性犯罪是由青少年实施的，所以，对青少年的性教育尤为重要。首先，政府应加强对青少年性知识教育，可以督促学校在中学课堂正式开设性知识教育课程，让青少年了解正确的性知识，这样可以在一定程度上减少"性早熟"、"性过失"等问题，让性知识在青少年心中不再是一个谜。其次，在学校教育方面，学校要对青少年进行正确的性教育，帮助其正确看待性困惑，树立正确的性观念。当前我国实行的还是应试教育，在升学压力下，学校很容易忽视对青少年的性教育。这对青少年的成长尤其是性心理的成长尤为不利。当孩子学习压力无法释放，而同时又对性充满困惑时，如果没有得到正确的引导，青少年很容易偷食禁果，甚至发生性犯罪事件，成为失足少年。再次，在家庭教育方面，父母要对孩子进行正确的性教育，帮助其树立正确的性观念。家庭教育是一个人接受教育的第一个场所，孩子在儿童期就会对性产生懵懂的认识和兴趣，父母对孩子的性教育要从"娃娃时期"抓起，让孩子健康成长。当然，在对孩子进行性教育的同时，父母也要"充电"，很多成年人对性知识也一知半解，错误的性教育也不利于孩子正确看待性问题，树立正确的性观念。当家长没有能力帮助孩子解决性困惑的时候，要寻求专业人士的帮助，借助专业力量。

在开展性生理知识教育时，还要特别强调性道德教育。拥有性生理知识不等于拥有正确的性道德。性道德是一种更高层次的性知识，它在规范人们的性行为方面起着重要作用。具体而言，性道德教育应该培养明确、清晰和健康的性道德。让每一个社会成员都知道什么样的性行为、性观念、性习俗是美的，是被社会所称颂的；什么样的性行为、性观念、性习俗是丑恶的，是被社会所唾弃的。性道德教育的目标是教育人们既要反对封建社会的贞操观，挣脱封建社会对人们正常性行为的束缚，又要反对西方的性解放、性自由与性放纵。

（二）大力净化文化环境

色情文化与性犯罪紧密相连，在当今色情文化泛滥的情形下，要控制性犯罪，必须对色情文化的传播者加大打击力度，努力遏制色情文化的进一步泛滥，大力净化文化环境。具体而言，首先要对具体描写性行为或露骨宣扬色情淫秽信息的电影、电视、图片、书报等严格查禁。现代社会是网络社会，网络色情文化对人们的影响尤其大。我国的一项调查表明，在被调查的 3 000 名大学生中，曾浏览过色情淫秽网站的占 46%。[①] 因此，对网络色情信息的监管和清理尤为重要。文化部门应从源头抓起，大力规范互联网视听服务内容。并会同有关部门对违规开展互联网视听服务以及传播淫秽色情影视节目的网站，开展全面的专项查处行动，并依法对违规网站予以行政处罚，行为严重者交由公安部门追究刑事责任，严禁黄色网站、夜聊吧等。同时，要严禁未成年人进入网吧。要营造良好的文化氛围，形成健康地对待性的风气，对性的谈论不要低俗化。

（三）严厉打击性犯罪

各级政法部门要从严从重打击性犯罪。逐渐减少"严打"式或"一阵风"式的打击方式，逐步加大日常打击的比重，将日常打击制度化，彻底消除犯罪分子

---

① 参见刘璐：《网上传播淫秽物品行为定性分析》，载《江苏警官学院学报》，2005（4）。

的侥幸心理。在打击性犯罪的同时，各级政法部门可以协调一致，齐抓共管，依靠广大群众，深挖社会上隐蔽的性犯罪分子，积极追查被害人未报案的性犯罪案件。并且将加强打击性犯罪的惩处情况广泛宣传，通过多种途径使犯罪分子意识到性犯罪的后果严重，代价太大，从而起到遏制性犯罪的效果。如在打击卖淫者方面，可以加重对卖淫者的处罚，不仅处以罚款，而且还要予以收容教育和劳动教养，改造卖淫者的思想，有效控制卖淫嫖娼的"卖方市场"。要特别注意加大对嫖娼者的处罚。许多卖淫者属于社会弱势群体，但大部分嫖娼者却属于有钱人，如果只是加大对卖淫者的打击力度，而对嫖娼者"从轻发落"，则难免出现不公平的后果。实际上，卖淫者的存在，卖淫行为的实施与完成，都以嫖娼者的存在为前提。因此，一方面需要对嫖娼者的行为进行严惩，应该收容或者劳动教养的绝不姑息；另外，还要运用舆论的力量，披露嫖娼者的不法行为，由他们的家庭和社会对其行为进行谴责，让他们知晓实施性犯罪的严重后果，从而自动放弃这种不法行为。在家庭教化方面，每个家庭都应该努力创造宽松和谐的氛围，教育子女从小树立正确的金钱观、人生观与价值观。同时，家长也要教育子女一些避免遭受性侵害的知识，如避免出入易受伤害的场合，女孩不宜与男性在僻静之处单独相处，注意自己的着装和举止等。

第三节
黑社会组织犯罪

当前，黑社会组织犯罪已经成为我国社会的一个热点问题。黑社会组织犯罪作为一种有组织犯罪，具有一定的势力范围和经济实力，往往涉及广泛的犯罪领域和犯罪类型，严重破坏经济、社会生活秩序。

一、黑社会组织的概念和特征

（一）黑社会组织的概念

旧中国以帮会为代表的黑社会组织势力猖獗，危害深重，人们对于黑社会组织的概念十分熟悉。但在正式官方文件中均称之为"帮会"，而不是"黑社会组织"。我国最早将"黑社会组织"这一称谓用于法律的是港澳地区。早在1854年，港英当局为了打击被人们称为"三合会"的社会组织，公布了《查禁三合会和其他秘密社团法令》，有学者将该法令中的三合会译为"黑社会组织"，在香港，三合会与黑社会组织已成为可以互换的概念。而澳门当局为打击黑社会组织，于1978年2月4日颁布了名为《歹徒组织》的第1/78/M号法律，在该法律中明确使用并规定了"黑社会组织"的概念。

"黑社会组织"的称谓出现在中国内地是在 20 世纪 80 年代初实施改革的南方城市，尤其是与港澳地区联系紧密的沿海城市，之后不断向内地蔓延。1981年，深圳市公安部门发现有香港的"14K"、"新义安"等黑社会组织成员在该市活动，为了打击这股新型犯罪势力，深圳市于 1982 年 9 月颁布了《关于取缔黑社会组织的通告》。1983 年，中央在为"严打"而发布的 1983 年 31 号文件中提到，流氓团伙分子"是新的历史条件下产生的新的社会渣滓、黑社会分子"。于是"黑社会组织"的称谓开始在全国各地范围内使用。[①]

国内对黑社会组织的研究起步较晚，在黑社会组织概念问题上至今没有一个统一的定论，归纳起来主要有以下几种观点。

第一种观点认为，黑社会组织是指由故意犯罪者操纵、控制或直接指挥参与，组织结构严密，等级森严，组织成员相对稳定，有特定行为规范和逃避法律制裁的防护体系，为获取巨大的经济利益而使用暴力、恐吓、腐蚀及其他手段进行集团性犯罪的犯罪组织。

第二种观点认为，所谓黑社会组织，是指三个人以上组成，在一定时期内存在，为实现一项或多项犯罪并介入经济和政治领域以获得金钱和权力而一致行动、有一定经济实力、有一定势力范围、有组织结构的暴力性集团。[②]

第三种观点认为，黑社会组织是在一定地域内从事违法犯罪活动，控制一定区域，形成与主流社会相对抗、具有自己独立的文化制度的地缘组织。[③]

第四种观点认为，黑社会组织是指以获取某种利益（主要是经济利益）为主要目的，具有较严密的组织结构、严格的组织纪律，在一定地域内有组织、有计划地从事多种犯罪活动的非法组织。[④]

香港《社团条例》列出了与黑社会组织有关的所有犯罪。《社团条例》规定，成为黑社会成员的，即为犯罪，任何使用黑社会仪式，采纳使用黑社会头衔或者名称的社团，即为黑社会组织。

澳门 1997 年通过的《有组织犯罪法》将黑社会定义为："为取得不法利益和好处所成立的所有组织而其存在是以协议和协定或其他途径维系，特别是从事下列一项或多项罪行者，概视为黑社会。"具体的行为包括杀人、绑架、贩卖人口、以保护为名而勒索、操纵卖淫等。[⑤]

台湾地区先后发布过许多取缔黑社会性质组织的条例。现行有效的是 1996年颁布的"组织犯罪防治条例"。该条例第 2 条规定："本条例所称犯罪组织，是指 3 人以上，有内部管理结构，以犯罪为宗旨或以其成员从事犯罪活动，具有集团性及胁迫性或暴力性的犯罪。"

---

① 参见徐跃飞：《黑社会性质组织犯罪研究》，21 页，北京，中国人民公安大学出版社，2007。
② 参见高一飞：《有组织犯罪问题专论》，101 页，北京，中国政法大学出版社，2000。
③ 参见何秉松：《有组织犯罪研究》，271 页，北京，中国法制出版社，2002。
④ 参见刘海琦：《透视中国黑社会》，载《法制日报》，2000 - 12 - 14。
⑤ 参见高一飞：《有组织犯罪问题专论》，107～110 页，北京，中国政法大学出版社，2000。

从以上我国大陆以及港、澳、台地区对于黑社会的界定都是在有组织犯罪基础上加以区别和细化，从其组织的严密性、手段的暴力性、经济的掠夺性、政治的渗透性等特点出发加以概括总结的。

国际上的有组织犯罪包括了集团犯罪，如黑社会组织、恐怖组织、邪教组织等犯罪，只要有团伙集结起来从事危害社会的活动就是有组织犯罪。它是一个笼统的概念，没有详细区分其中性质不同的犯罪是何种意义的犯罪，也就是说有组织犯罪并不等同于黑社会或黑社会性质的犯罪，而黑社会或黑社会性质的犯罪包含在有组织犯罪中，是有组织犯罪的一种特殊形式。因为黑社会总是以一种组织的形式出现，所以是有组织犯罪的一种形式，而国际上只对有组织犯罪做出了定义，因此要在具体实践中将其与其他有组织犯罪进行区分。

（二）黑社会组织的特征

自 20 世纪初以来，我国的黑社会组织犯罪处于持续上升态势，各地均打掉了一批社会影响恶劣的涉黑组织。通过对这些涉黑组织的分析可以看到，随着这些犯罪组织自身的发展演化，在具备了一定的规模和经济实力之后，向政治领域渗透的趋势开始加强，对社会正常秩序的破坏也日益突出和明显。可以说，现阶段的黑社会组织在犯罪的手段和对社会的危害程度方面都出现了一些新的特征。具体来说，主要表现在以下几个方面。

1. 组织结构较完善，经济实力不断增强

我国的黑社会组织已经形成了比较严密的组织形式，虽然相对于国外典型的黑社会组织而言还处于发展阶段，但纵观这几年的发展，黑社会组织的一大突出特点就是把牟取巨大的经济利益作为犯罪的主要目的，在经济实力不断得以增强之后，利用其雄厚的经济实力再不断扩大其组织规模，形成较为严密的组织结构，并且制定了严密的纪律，对组织成员实行集中办公、统一管理。

2. 组织类型行业特征明显

我国当今的黑社会组织行业特征明显，就是俗称的"行霸"。目前许多行业均存在这种现象，如"沙霸"、"石霸"、"菜霸"等。这类"行霸"在初期先是纠结起来的一般团伙，以开办公司或者企业为依托，在市场竞争当中，为了牟取非法利益，采用暴力手段排除异己，垄断、独霸某一行业的经营权，或以收取"保护费"的名义，对同行业的其他经营者进行敲诈勒索，在某一行业之内形成强势甚至独霸的地位，在其势力范围之内可谓无人可与之抗衡。在牟取到巨额经济利益之后，进一步扩大组织规模，用以牟取更多的非法利益，逐步发展成为黑社会组织。

3. 寻求"保护伞"现象日益突出

美国犯罪学家艾茨恩蒂默认为，有组织犯罪生存的手段之一就是向腐败的地方官员和司法机关提供利益而获得保护。[①] 在我国，部分国家工作人员已经和黑

---

① 参见李康瑞：《黑恶势力"保护伞"面面观》，载《湖南公安高等专科学校学报》，2006（3）。

恶势力形成"分利联盟"①，为其进行违法犯罪活动积极充当"保护伞"。黑社会组织是一个有意识组织起来的犯罪群体，在其生存和发展的过程中，必定要受到多个社会因素的影响和制约，这就促使其在实施违法犯罪活动的同时，积极谋划铺设关系网，通过收买国家工作人员对公权力进行腐蚀。同时，为了更加有效地逃避打击，其需要司法部门的庇护。而这些组织在"保护伞"的庇护之下，更加肆无忌惮地实施违法犯罪活动，牟取巨额的经济利益，进一步扩大自己的组织规模，甚至借助"保护伞"向政治领域渗透。这样，这些黑社会组织更加嚣张，同时也增加了对其打击和防范的难度。

4. 出现"软暴力"犯罪手段，但仍以暴力为主

有组织地实施暴力活动是黑社会组织的本质属性和特征。②黑社会组织从成立之初，就是以暴力犯罪作为后盾，形成自己的势力范围，确立其江湖地位，并逐步实现其经济利益。这些组织通过实施违法犯罪行为，在一定地域范围之内造成恶劣影响之后，就不直接使用暴力手段，而利用人们"明哲保身"的心态以及面对暴力不敢反抗的畏惧心理对受害人实施不法侵害。从我国近些年来查获的黑社会组织来看，黑社会组织在经历了原始的资本积累和犯罪能量积蓄阶段之后，随着向经济、政治领域的逐步渗透，通过多种方式实现其犯罪目的，开始弱化暴力行为，逐渐出现了以威胁取代暴力，逼而不打、打而不伤、伤而不重、重不致命的犯罪手法，也就是"软暴力"。一些黑社会组织在戴上公司面具之后更是较少使用暴力手段，从而带有极大的迷惑性和欺骗性，客观上增加了对其予以打击的难度。③这种方法可以说为现阶段黑社会组织所广泛采用，表明我国黑社会组织犯罪已经进入一个较高的阶段。

5. 组织成员主要由无业人员组成，骨干成员多为"两劳"释放人员

无业人员包括外来无业人员和本地无业人员，由于文化水平普遍较低，其谋生的手段和机会非常有限，容易成为黑社会组织的发起者，也容易被网罗到黑社会组织里，通过采取违法犯罪行为牟取经济利益以维系生存，并成为黑社会组织的一般成员，甚至逐渐成为其骨干成员。特别是那些来到城市谋生的外来无业人员，由于到了一个新地方无依无靠，加之自身文化水平偏低，在找不到工作、生活没有着落时，就很容易被当地黑社会组织引诱，走上违法犯罪的道路。而劳动改造人员和劳动教养人员（简称"两劳"）对社会有着共同的不满心态，有着相似的违法犯罪经历以及较强的反侦察能力，因此更容易成长为黑社会组织当中的中坚分子。

二、黑社会组织的类型

将黑社会组织进行归类，有利于我们对黑社会组织犯罪的认识进一步细化。

① 蔡兵：《黑恶势力存在源于"分利联盟"》，载《南方日报》，2009-11-10。
② 参见康树华：《当代有组织犯罪与防治对策》，27页，北京，中国方正出版社，1998。
③ 参见何秉松：《有组织犯罪研究》，128页，北京，中国法制出版社，2002。

关于黑社会组织的类型，理论界有多种分类方法，因其所取的标准不同，分类结果也各有不同。

（一）按组织规模的大小分类

按组织规模大小，可以将黑社会组织分为超级型、高级型、中级型、初级型等类型。所谓超级型黑社会组织，是指具有严密组织体系、独立的经济来源、凶恶的犯罪活动、公开的职业掩护、垄断的势力范围、巨大的资金财产、非法的武装力量、浓厚的宗教色彩、广泛的国际联系、深刻的政治背景这十种特点的犯罪秘密群体，如哥伦比亚的麦德林集团、泰缅边境的犯罪组织等。所谓高级型黑社会组织，是指不同时具备上述十种特征，只同时具备上面提及的多数特征的犯罪秘密群体，如中国台湾的"竹联帮"、"四海帮"、"牛埔帮"、"大湖帮"、"十三兄弟"、"铁鹰帮"，中国香港的"三合会"、"14K"、"新义安"、"合字系"，意大利的黑手党。所谓中级和初级型的黑社会组织是指不同时具备上述十个特征，只同时具备上面提及的少数特征的犯罪秘密群体。[①]

（二）按组织的形成过程分类

根据黑社会组织的形成过程，可将其分为三类。

一是土生土长型，即在我国内地发展壮大的黑社会组织，目前我国大部分黑社会组织都属于这种类型。如 2014 年侦破的刘汉、刘维等人涉嫌组织、领导、参加黑社会组织，故意杀人，包庇、纵容黑社会组织等案。20 世纪 90 年代初，刘汉带领刘维在广汉开设赌博游戏机厅起家，网罗一批"超哥"（四川方言，指混社会的人）。从 1993 年起，刘氏兄弟公然撕毁法院封条、持枪妨碍公务，从此恶名远扬。1997 年 3 月，刘汉在绵阳成立四川汉龙集团公司，以设立保安部为名招募了一批人，建成一支打手队伍；购置大量枪支弹药，在广汉建成一支"地下武装"。这两支队伍的武力之强大，令人闻之色变。随后依靠肆无忌惮的血腥打杀，该黑社会组织在广汉、绵阳等地迅速确立了"江湖老大"地位。在长达 10 多年的时间里，该黑社会组织涉嫌实施故意杀人、故意伤害、非法拘禁等严重刑事犯罪案件数十起，造成 9 人死亡，其中 5 人遭枪杀身亡。刘汉等人通过放高利贷、操纵股市、违规并购，从高利润的房地产、矿产、电力、证券等领域敛财数以亿计。

二是内外勾结型，即大陆黑社会组织与我国港澳台地区甚至国外黑社会组织相勾结而形成的黑社会组织。如广州市的"行动组"，这一黑社会组织是由境外黑社会渗透与内地黑恶势力相勾结发展的特大黑社会组织。这一组织的"老大"均系我国澳门黑社会组织"14K"帮派成员，起初主要在澳门葡京赌场的珊瑚厅、宝岛厅及黄金厅等场地从事放高利贷、"叠码"（意为拉客）及禁锢（非法拘禁）等非法活动，以牟取暴利。为了保证追收高利贷款，该组织的两位"老大"潜回内地，发展成立了"行动组"。"行动组"以恐吓、伤害等暴力手段非法追索，然

---

① 参见邱大军：《我国当前黑社会性质组织的类型》，载《人民文摘》，2003（3）。

后将所得的钱款通过珠海市的地下钱庄转到澳门。"行动组"在广州得到了当地一黑社会组织的支持，双方勾结，进而融为一体，在广州的一些娱乐场所从事安插保安看场、收保护费、打架滋事、非法追债、抢劫绑架等违法活动。①

三是境外渗透型，即国外或者我国港澳台地区黑社会通过入境投资办公司、企业，经营娱乐场所而形成的黑社会组织。境外黑社会组织的目的是在我国建立据点，洗钱，暗中进行多种犯罪活动，有的甚至具有政治目的，对我国的社会发展和国家安全危害很大。如从 1987 年以来，我国香港"义胜和"、"14K"、"新义安"等黑社会组织，多次假道云南贩运毒品。② 而深圳市在 1981 年就发现有香港的"14K"、"水房"、"义胜和"、"新义安"、"老东"等黑社会组织的骨干分子渗透境内。近几年来，"和安乐"、"和胜义"、"和胜堂"、"和合桃"等港澳黑社会组织成员也相继涌入。福建省也是受境外黑社会势力渗透的重点地区。福州、厦门、泉州不但发现有港澳黑社会势力的渗透，而且还发现有台湾"竹联帮"、"四海帮"、"澎湖帮"等黑社会势力的渗透。③

（三）按组员结合形式分类

根据黑社会组织组员的结合形式分类，可将其分为三种类型。

一是宗族型黑社会组织，即我们常说的"土恶霸"、"乡霸"、"村霸"。这种类型的黑社会组织是以宗族观念为连接纽带和精神依托，以血亲、姻亲成员为骨干结合而成的违法犯罪群体。宗族型的黑社会组织基于"血缘"关系而形成，因而往往稳定性较高，其存在时间也比较长，犯罪手段多样化，对社会危害性很大。

二是职业型黑社会组织，也称为业缘型黑社会组织，其成员之间的结合以职业为纽带，其违法犯罪活动通常与一定的职业相关。这类黑社会组织在形成初期，其成员多从事同一职业，他们往往在某一经济行业内，组成帮派，建立组织，订立组织纪律，从而以组织为依托恃强凌弱，欺行霸市，垄断市场中的相关行业。

三是权贵型黑社会组织，是指凭借职务权势或者经济势力，或者两者结合而形成的违法犯罪群体。这种黑社会组织的特点是权力和金钱相互利用，相互促进。国家公共权力内部的少数人利用手中的权力为黑社会组织撑起"保护伞"，而黑社会组织则向这些掌握公共权力的人提供财物。④

（四）按地域分类

按照黑社会组织生长的不同地域分类，可将黑社会组织分为三类。

---

① 参见羊城晚报：《内外勾结作恶多端　穗"黑社会"受审》，http://gzdaily.dayoo.com/gb/content/2003-04/08/content_1019886.htm。

② 参见罗军：《深圳特区反黑工作的现状与展望》，载《侦查》，1995（1）。

③ 参见高一飞：《当前中国黑社会性质犯罪的类型》，载《社会》，2003。

④ 参见汪力等：《有组织犯罪专题研究》，42～44 页，北京，人民出版社，2007。

一是农村型黑社会组织。随着农村生产力的解放，农村经济得到了很大发展，同时农村也产生了大量的剩余劳动力，这些劳动力并未得到有效安置，形成了大量闲散于农村和城市的人员。他们中的部分人为满足其畸形的心理需求而逐渐形成一些团伙，从事违法犯罪的勾当。近些年，在我国一些经济文化发达的村、乡、镇等地的一些农村黑社会组织已经成为当地发展的毒瘤，需要引起重视。

二是城市型黑社会组织。20世纪90年代中期以来，国有企业改革的逐步深化、大量农村富余劳动力向非农产业和城镇转移，导致一些无业游民逐渐形成城市型的黑社会组织。他们犯罪的手段多样化，除了一般的暴力犯罪外，他们还利用城市便利条件，从事走私、贩毒、聚众赌博、强迫妇女卖淫、抢劫、盗窃等犯罪活动。

三是城乡接合型黑社会组织。城乡接合型黑社会组织往往在城乡接合部进行犯罪活动。这是因为一些地方公安机关往往只注重自己辖区内的重大刑事案件，而对城乡接合部的一些团伙犯罪打击不力，导致城乡接合型黑社会组织越来越成为影响社会治安的主要因素。[1]

三、黑社会组织产生的原因

历史上，中国的三合会和日本的暴力团、意大利的黑手党被称为三大最古老的黑社会组织。新中国成立之后，我国在打击旧社会封建残余的时候将黑社会组织打击殆尽，之后近三十年时间里，中国几乎没有黑社会组织的存在。新的黑社会组织的产生则是在我国改革开放以后，随着经济体制的转变，政治、经济、文化等发生变化而出现的。其原因是多方面的，主要包括以下几个方面。

（一）社会管理原因

1. 社会控制力的弱化和失调

新中国成立以后，党和政府对旧社会遗留下来的黄赌毒等社会现象进行了强有力的整顿，一度使这些现象在中国大陆销声匿迹。随着改革开放，体制变革，产生了一系列的社会问题，而政府的某些配套政策出现了滞后和偏差，使社会控制机制控制力减弱甚至无所适从。我国在政治上经历着党政分离、政企分开的转型，导致部分政府机构运转不灵，部分行政控制力减弱，基层政权组织控制力下降等国家管理和控制社会作用减弱的情况，在国家管理权力和社会民众之间形成了一块巨大的灰色地带或者权力真空。

同时，政府职能部门公力救济功能减弱。当人们在某个领域发生矛盾或纠纷之时，不是求助于政府，而是通过一些非正常手段解决，因为有时候这样反而更为有效。目前诉讼成本过高、诉讼过程中的"勾兑"现象及普遍存在的执行难等情况，让当事人对公力救济望而却步，转而去寻求非法的私力救济来解决问题。

---

① 参见汪力等：《有组织犯罪专题研究》，45～47页，北京，人民出版社，2007。

近年来许多黑社会组织以合法企业为外衣，暗地里却从事着像"私家侦探"、"讨债公司"等类的非法活动，反映出在公力救济弱化的同时非法权力对合法公共权力的严重侵害。

社会控制力的减弱还表现在没有形成一套行之有效的长效打黑机制，对于黑社会组织犯罪缺乏应有的防控手段。有的黑社会组织为非作歹、横行不法十余年之久竟然没有受到应有的查处，反映了现阶段在发现、控制、打击黑社会组织方面的长效机制尚未形成。

2. 政治腐败的催化

如果说社会控制力的减弱为黑社会组织的形成和发展提供了土壤和空隙，那么政府官员的腐败则是这种犯罪的催化剂。近年来查获的黑社会组织犯罪案件表明，几乎在每一个案件背后都有政府官员的身影。在当代中国，数以百计的官员已经不自觉地成为为黑社会组织"遮风挡雨"的"保护伞"，使黑社会组织的犯罪活动畅通无阻。腐败现象在黑社会组织的发展壮大过程中起着至关重要的作用，大量的黑社会组织之所以在经济上不断壮大，甚至在政治领域谋得一席之地，均源于其找到了包庇纵容其犯罪活动的"保护伞"。这些"保护伞"通过手中的权力，为犯罪组织的非法经济活动提供帮助，或者为其逃脱刑事责任予以掩护，甚至加入到犯罪组织当中，成为其中的一员。这些"保护伞"往往又成为犯罪组织手中的一杆旗帜或者一块招牌，被用来啸聚恶徒，发展势力，为黑社会组织更加疯狂、肆无忌惮地危害社会推波助澜。

（二）经济原因

经济原因可谓黑社会组织产生和发展的重要原因，社会经济的发展变化与犯罪现象的产生和变化具有十分密切的关系。犯罪学理论也认为，在影响犯罪的诸多复杂因素中，经济因素是起着决定性作用和占主导地位的因素。我国在经历了经济改革、社会转型之后，虽然极大地调动了人们的积极性和创造性，促进了经济迅速发展，但也造成了失业、贫富差距加大以及经济运行无序等一系列问题，客观上为黑社会组织犯罪的形成提供了条件，其影响是十分明显的。

1. 失业及贫富差距拉大带来的影响

市场经济带来了激烈的竞争机制，我国在经济领域进行了一系列的产业结构调整与资产重组，一批企业破产倒闭的同时，产生了大量的失业人员。而农村大量的剩余劳动力涌入城市，在就业竞争中，一些文化水平比较低和缺乏相关专业技术的人员就很难获得就业机会。由于缺乏稳定的经济来源，长期游离于社会的边缘，这些人很容易心理失衡、人际关系紧张，产生强烈的被社会抛弃的感觉。当他们的生活陷入窘境而又难以改善之时，往往会产生强烈的对抗社会和政府的意识，极易被黑恶分子以经济利益所引诱，成为犯罪组织的成员。

另外，随着市场经济的发展，我国的贫富差距不断加大。富有者的生活方式以及当今社会琳琅满目的商品、花样翻新的服务，都在刺激着人们的大脑，使得"一切向钱看"、"笑贫不笑娼"的思想一度比较流行，严重冲击着人们的价值观。

在这种强烈的贫富反差之下，有部分好逸恶劳之徒，对富裕的生活充满憧憬，对物质的渴望远远不止满足基本的生活需求，为了实现一夜暴富的目的，他们结成团伙实施违法犯罪活动，进而发展成为黑社会组织或者为黑社会组织所利用。

2. 经济运行机制不健全的影响

在我国市场经济发展初期，新旧体制的转轨过程中，市场经济处于一个暂时的无序状态，加之相应的法律法规不健全，政府在管理经济活动中的诸多疏漏，客观上造成了经济秩序的混乱和恶性竞争，这就给不法分子进行违法犯罪活动提供了大量的可乘之机。黑社会组织进行原始资本积累的基本手段就是利用市场经济秩序的不健全，利用国家对经济活动监控的诸多疏漏，提供诸如色情业、赌场、暴力讨债等非法服务，满足部分人的一些非法需求。

（三）文化原因

1. 封建思想的影响

黑社会组织在中国的存在有着较长的历史，如清朝时期就存在的"洪门"和"青帮"，以及20世纪二三十年代上海的以黄金荣、杜月笙、张啸林为首的青洪帮组织。虽然在新中国成立后的前几十年黑社会组织被消灭，黑社会组织犯罪活动销声匿迹，但是由于思想意识领域的相对独立性，那些落后、腐朽的思想文化并没有随着产生它们的社会基础一起被消灭，黑社会组织特有的犯罪亚文化随着优良的传统文化一起流传下来。"帮会文化"中尽管也曾有过从善积德、锄强扶弱等积极思想，但是主要还是以"江湖义气"为核心的亚文化思想。这些观念有别于主流社会文化观念，具体表现为"是非勿论，义气为先"，"人不为己，天诛地灭"，成为我国当前黑社会组织产生的思想基础。

2. 不良文化的诱导

随着我国改革开放的深入进行，无政府主义、暴力文化、色情文化等一些腐朽文化也逐步进入国内，对社会的负面影响日益突出，特别是对辨别是非能力不强的青少年产生了不良诱导作用。一些由不良青少年纠结起来的不良青少年群体，正在成为黑社会组织犯罪的又一社会基础。虽然青少年犯罪团伙与黑社会组织之间存在着重大的区别，相对于青少年犯罪团伙，黑社会组织在组织结构、犯罪能量、社会危害性方面都更强，但二者之间的联系也非常紧密，青少年犯罪团伙也可能演变为黑社会组织。如台湾的"竹联帮"、"四海帮"等最初就是由青少年组成的非法组织，后来都转化成了著名的黑社会组织。

（四）境外原因

随着世界经济开始进入全球化发展的时期，黑社会组织犯罪的国际化程度亦随之呈现出不断上升的趋势，已经形成了全球化网络。我国是一个人口众多、资源丰富的大国，在境外黑社会组织眼中，在中国"机遇"遍地都是。境外黑社会组织对我国窥视已久，力图将其势力范围扩张至我国，以实现其经济利益的最大化。在我国实行改革开放之后，境外的黑社会组织就开始乘机进入，向我国境内渗透，从而加速了境内的黑社会组织的形成和发展。目前境外黑社会组织渗透到中国大陆进行犯罪活动，有两大层次：一是来自我国香港、澳门特区以及台湾地区的黑社会组织，这些组织活动频繁，渗透力比较强；二是来自日本、韩国、美国的黑社会组织，以境内外相互勾结为主，更加阴险狡诈。

港澳台黑社会组织对内地的渗透活动由来已久，早在改革开放初期就采取各种手段在沿海城市发展会员，扩充势力，并逐步向内地发展。深圳市是最早出现黑社会势力的城市之一。早在 1981 年，香港的"14K"、"水房"、"和胜和"、"新义安"、"老东"等黑社会组织的成员就进入该市活动。台湾的"四海帮"更是认为，上海是比台北更有发展潜力的国际化大都市，欲将其总部迁到上海来，以谋得更好的发展。港澳台黑社会组织，目前已经不仅仅深入我国沿海地区，还向内地的一些城市发展，已涉及十多个省市自治区。

境外黑社会组织对境内黑社会组织的渗透主要体现在两个方面：一是传播黑社会组织的犯罪手段。境外黑社会组织将其积累的犯罪手段传播到境内，使得境内黑社会组织的犯罪手段不断朝着职业化与智能化等多样化方式发展，而且还增强了犯罪的技术性和隐蔽性，使其反侦查能力提高，犯罪能量增大。二是境外黑社会组织直接到境内扩展势力，实施贩毒、组织偷渡等犯罪活动，并发展新成员，建立据点。有的与境内黑社会组织相互勾结、相互配合，共同实施犯罪。跨国贩毒和走私活动日益猖獗，反映了境内外犯罪组织在犯罪活动的各个环节紧密勾结，加速了境内一些走私团伙发展成为黑社会组织。

四、黑社会组织犯罪的防治对策

黑社会组织的存在，极大地危害了人们的安居乐业，也对正常的社会秩序和市场秩序造成了冲击。平安是人们幸福安康的基本要求，是改革发展的基本前提。由于黑社会组织活动猖獗，人民群众的安全感得不到保障，安定的生活环境就无法形成，因此，加强对黑社会组织犯罪的防范是当前社会发展中所面临的重要课题。具体而言，我们应该从以下几个方面加强对黑社会组织犯罪的防治。

（一）加强多部门合作

近年侦破的一些黑社会组织案件提醒我们，黑社会组织犯罪的形式在不断发生变化。一些黑社会组织还披着各种经济的、商业的外衣掩饰其非法行径，具有一定的迷惑性，腐蚀着健康的社会肌体和市场秩序，成为社会运行中隐蔽的毒瘤。立法、司法等活动要通过依法对各种黑社会组织持续打击，不断回应人民群众对公平正义的诉求，同时在这一过程中使自身得以发展和完善，发挥组织控制的综合作用。

由于黑社会组织犯罪的隐蔽性强、反侦查水平高，且往往与执法人员有联系，因而，控制其犯罪活动难度较大。鉴于此，相关部门必须加强彼此之间的联系与合作，对黑社会组织犯罪予以高度重视，始终保持"严打"高压态势，采取主动进攻的行动策略，务必及时、彻底地取缔黑社会组织犯罪。在此方面，应广泛动员各方力量，提高对黑社会组织犯罪的防范力度。黑社会组织犯罪的控制是一项综合性工程，应充分发挥公、检、法、司等职能部门的作用，加强各部门的组织协调。如出入境部门要加强对黑社会组织成员的监控工作，密切注意其成员出入境的活动；治安部门要注意加强对娱乐、餐饮、酒店、发廊、出租屋等黑社会组织容易涉足的行业、场所的摸底工作，发现和预防各种违法犯罪线索。除此之外，还应广泛发动群众积极参与到反黑工作中来，建立警民联动的防范网络，使国家力量和社会力量有机结合。如充分发挥社区的作用，建立社区安全小组，掌握社区人口的基本情况，以及早发现黑恶势力的征兆，将黑恶势力扼杀在摇篮中，加强对黑社会组织犯罪的防范力度。

（二）完善社会主义文化体系

从古至今，文化都是用于社会控制的一种手段。文化控制是指用人类在长期的共同生活中创造的、为人类共同遵守的行为准则和价值标准对社会成员进行控制的方式。[①] 优良的文化有利于社会稳定与社会和谐。不良的文化因素却能够以不同于其他社会因素的独特方式诱发或维持犯罪，它的影响方式比较隐蔽并且持久。如我国的帮会文化与国外的黑社会文化，随着大众媒体的日益发达，对黑社会组织犯罪起着越来越大的影响。因此，我们要积极完善社会主义文化体系，采取有效措施，防止不良文化对黑社会组织犯罪推波助澜的作用。首先，应加强对文化市场与文化传播的管理。加强对报纸、广播电台、电视、网络、音像公司等传媒在舆论导向方面的管理。防止一些宣扬暴力、色情、凶杀等内容的书画报刊、音像制品流入市场。特别是要控制一些美化黑社会组织的文化产品的传播。其次，要大力提倡社会主义文化，创造更多人们喜闻乐见的、健康的、积极向上的文艺作品和娱乐形式，正确引导人们的精神生活。

（三）实行有效的教育政策

教育是人们社会化的重要途径之一。教育影响着人们的思想、意识和价值观念。人们接受教育的过程可以被看做一种社会化的过程。在这一过程中，个体逐渐养成独特的个性和人格，通过对社会文化的内化和角色知识的学习，逐渐适应社会生活。对于青少年来说，教育的影响更加明显，对青少年的成长起着关键性作用。在青少年时期，人们主要学习将来要扮演的角色，学生在学校里进行学习，是为将来在社会上所要扮演的角色做准备。青少年在这一时期习得的思想观念和行为方式往往会影响他们的一生。因此，在这一时期，防范青少年受到黑社会文化和黑社会组织的不良影响至关重要。另外，对于一些已经走上黑社会犯罪道路的人而言，教育可以发挥其再社会化的功能，帮助他们重新确立新的价值标准和行为规范。

具体而言，其一，需要教育部门认真贯彻《义务教育法》、《未成年人保护

---

① 参见郑杭生：《社会学概论新修》，3 版，407 页，北京，中国人民大学出版社，2002。

法》及其他法律、法规的宣传教育工作，及时端正学生的人生观、价值观和道德观，提高学生的法制观念和自我保护意识，促进学生的健康成长。其二，家长应担负起家庭教育的责任，不断提高自身的素质，发挥潜移默化的作用，帮助子女积极抵制不良风气的侵蚀。[①] 其三，对于曾经参与过黑社会组织犯罪的刑满解教人员来说，社区教育也非常重要。社区一方面可以通过教育来增强他们遵守法律的思想观念，另一方面，社区可以举办各种形式的专业技能培训班，让他们掌握一定的生活技能或谋生技能，积极帮助他们就业和解决生活困难。其四，对于社区居民来说，一方面要宣传打黑除恶的社区群防群治意识；一方面也要教育他们尊重一些特殊人群如刑满释放人员，消除冷漠和歧视，促进其与主流社会的融合。

（四）大力惩治腐败

腐败败坏伦理道德，使人们对善恶、是非、正义与非正义评价的标准产生疑问。政府公务员与黑社会组织人员相互勾结是一种典型的腐败行为，对政府的公信力产生了极大的负面影响，这种现象也为人们深恶痛绝。大力惩治腐败首先需要建立科学合理的公务员激励机制。进一步深化公务员工资制度改革，实现公务员收入的透明化，消除灰色收入，彻底杜绝黑色收入。近年来查处的黑社会组织犯罪案件当中，公务员涉黑的频率较高，这种现象与公务员收入不透明有着很强的联系。其次，对参与为黑社会组织犯罪提供"保护伞"的公务员进行严厉惩罚。不仅要撤销其公共职务，依据刑法规定依法处理，而且要通过媒体进行曝光。

（五）加强国际合作

黑社会组织犯罪已成为当今世界的公害，其国际化趋势已日益明显。事实上，进入20世纪90年代以来，随着我国对外开放日益扩大和境内外经济文化交流的不断增强，我国港澳台地区以及日本等国家的黑社会组织开始从沿海向内地逐步蔓延。因此，控制黑社会组织犯罪单靠某一个国家或地区的力量是难以达到目标的，只有各国、各地区紧密合作，共同防范和打击，才能够真正实现控制黑社会组织犯罪和铲除黑社会组织赖以生存的土壤的目标。目前国际合作主要有以下形式：一是利用国际刑警组织会员国身份加强反黑合作；二是加强与已和我国签订了刑事司法协助协定国家的反黑国际合作；三是通过其他外交途径和一些国际组织（如联合国、国际红十字会等）的协调，加强反黑国际合作。[②]

本章要点

1. 毒品犯罪主要包括走私、贩卖、运输、制造毒品罪，非法持有毒品罪，包庇毒品犯罪分子罪，窝藏、转移、隐瞒毒品、毒赃罪，走私制毒物品罪，非法买卖制毒物品罪，非法种植毒品原植物罪，非法买卖、运输、携带、持有毒品原

---

① ② 参见邱智馨、韩静：《试论广东黑社会性质犯罪的类型及惩治对策》，载《政法学刊》，2001（6）。

植物种子、幼苗罪，引诱、教唆、欺骗他人吸毒罪，强迫他人吸毒罪，容留他人吸毒罪，非法提供麻醉药品、精神药品罪。在犯罪学意义上，毒品犯罪是指与毒品有关的一系列犯罪的总称。

2. 我国毒品犯罪存在着新型毒品扩散化、毒品犯罪国际化、毒品犯罪手段多样化、毒品犯罪成员职业化、毒品犯罪范围扩大化等特点。毒品犯罪的根源主要包括毒品造成身心依赖、高额利润的驱使、地理环境的影响、处罚力度不够、贫困人群的参与五个方面。毒品防控要加强国际合作，增强缉毒能力；加强宣传教育，营造社会舆论；加强戒毒管理，建立防控体系；促进经济发展，完善社会保障；重视民间力量，共同参与禁毒。

3. 性犯罪产生的原因主要有：经济发展不平衡、犯罪成本低、性教育落后、色情文化泛滥、性观念偏差、管理力度不够。性犯罪的防控可从以下三个方面来开展：重视加强性教育、大力净化文化环境、严厉打击性犯罪。

4. 黑社会组织犯罪是个体犯罪向有组织犯罪发展的结果。防治黑社会组织犯罪应该加强多部门合作，完善社会主义文化体系，实行有效的教育政策，大力惩治腐败，加强国际合作。

复习思考题

1. 毒品犯罪的特点有哪些？
2. 如何防治毒品犯罪？
3. 防治性犯罪的手段有哪些？
4. 当今黑社会组织犯罪产生的原因有哪些？
5. 如何防治黑社会组织犯罪？

推荐阅读书目

1. 高铭暄，马克昌，主编. 刑法学. 北京：北京大学出版社、高等教育出版社，2000.
2. 高一飞. 当前中国黑社会性质犯罪的类型. 社会，2003（1）.
3. 何秉松. 黑社会组织（有组织犯罪集团）的概念与特征. 中国社会科学，2001（4）.
4. 李邦友，王德育，邓超. 性犯罪的定罪与量刑. 北京：人民法院出版社，2001.
5. 刘婷. 社会学选择理论视角下的毒品犯罪研究. 中国公安大学学报（社会科学版），2010（1）.

第十一章

生态环境问题

随着中国经济的高速发展，生态环境形势日益严峻，生态环境问题已经成为严峻的社会问题，影响着我国经济社会的科学发展、和谐发展和持续发展。生态环境问题所带来的环境风险、生态安全事故、卫生健康、社会稳定及国际形象等各类问题，将会在未来一段时间内困扰整个社会。2012年11月，中国共产党第十八次全国代表大会关于《坚定不移沿着中国特色社会主义道路前进，为全面建成小康社会而奋斗》报告首次将生态文明建设纳入中国特色社会主义事业的战略布局之中。十八届三中全会通过的《中共中央关于全面深化改革若干重大问题的决定》将生态文明建设融入经济建设、政治建设、文化建设、社会建设各方面，完成了生态文明建设的顶层设计。纵观全球，在理性主义、人类中心主义等价值观和科技进步的双重影响下，人类活动在征服自然的过程中，对资源的使用和对生态环境的破坏也达到了空前的程度，引发了一系列生态环境问题。生态环境问题已经成为全球普遍面临的社会问题，绿色政治、后工业社会、风险社会等相关社会思潮促使人们全方位地反思以前所走过的路。

第一节
生态环境问题概述

一、生态环境问题的界定

"生态"一词源于古希腊，意思是指家（house）或者我们的环境，现在通常指生物在一定的自然环境下生存和发展的状态，也指生物的生理特性和生活习性。简单地说，生态就是指一切生物的生存状态，以及它们之间和它们与环境之间环环相扣的关系。随着"生态"一词的广泛使用，特别是在人类生态学①产生之后，"生态"越来越具有了"人类与环境关系良性互动"的特征。从这个意义上讲，生态本身就包含着环境的内涵，"生态"、"环境"与"生态环境"具有共同的内涵与外延，因此可以说生态问题、环境问题和生态环境问题是三个殊途同归的概念。生态环境是指与人类密切相关的，影响人类生活和生产活动的各种自然（包括人工干预下形成的第二自然）力量（物质和能量）或作用的总和。它不

---

① 人类生态学：1923年美国地理学者巴罗斯提出人类生态学概念，主张地理学研究的目的不在于考察环境本身的特征与客观存在的自然现象，而是研究人类对自然环境的反应。1924—1926年美国社会生态学家麦肯齐尝试把植物生态和动物生态的概念运用于人类群落的研究，这一新学科被学术界命名为人类生态学，麦肯齐对人类生态学曾下过经典性的定义，即人类在受选择、分布和对环境适应能力影响下的空间和时间关系。人类生态学注重于人类与环境的相互作用机制和全球生态效应研究。

仅包括各种自然要素的组合，还包括人类与自然要素间形成的各种生态关系的组合。它分为自然生态环境、半人工生态环境和人工生态环境三类。

那么，什么是生态环境问题呢？生态环境问题是指由于生态平衡遭到破坏，导致生态系统的结构和功能严重失调，从而威胁到人类的生存和发展的现象。它可分为三大类：第一类是由于自然的力量引发的生态环境问题，如地震、海啸、火山、风暴等；第二类是纯粹由人类生产、生活活动造成的生态环境问题，如核辐射、化工危险物泄漏等；第三类是人类活动与自然力双重因素所导致的生态环境问题。随着人类活动与大自然的影响程度日益加深，如环境污染、自然资源枯竭和生态环境破坏等生态环境问题的成因越来越不可能归结于单一的人类因素或自然因素。第三类生态环境问题越来越多，生态环境问题越来越呈现出复杂、多因素的特征。

在生态环境问题的形成与演化的意义上来讲，通常所说的生态环境问题主要指工业革命以后人类大规模地开发和利用大自然为自己服务，人类对自然环境的过度占有和使用所引起的生态环境失衡问题，也就是现代意义上的生态环境问题。

二、生态环境问题对人类生活的影响

在整个地球生态环境系统中，人作为拥有意识的高级动物，对自然环境的开发和利用越来越以自我为中心，人类中心主义的观念和行为越来越成为人类生产生活活动的主导思想，"万物皆为我所用"。但是无可否认的是，人类同资源、环境是无法分割的，我们生活在整个生态环境之中，我们离不开各种自然资源，生态环境变化的点点滴滴都将深刻地影响着我们的生活质量，因为自然环境是我们的生活空间，而资源是我们追求美好未来的物质基础。

(一) 资源和环境是人类赖以生存的基本条件

作为人类赖以生存、繁衍和发展所需的整个外部空间，环境与资源制约着人类一切经济、文化与社会活动，它在人类生活中起着十分重要的作用：首先，提供人类生存、繁衍和发展所需的各种自然资源，为人类物质福利与生计提供物质保障。其次，对人类各种活动所产生的废物和多余能量进行消化和转化。最后，也是最重要的一点，它深刻影响人类的安全、社会关系、健康、选择及行动的自由。世界资源研究所编著的《生态系统与人类福祉：生物多样性综合报告》中认为："生态系统和自然环境是人类福祉之所在，影响着人类的未来。清洁的空气、丰富和纯净的水及优美的生存环境是人类生存安全、良好的社会关系及较少的冲突乃至战争的前提和条件。"[1]

---

[1]　世界资源研究所：《生态系统与人类福祉：生物多样性综合报告》，1页，北京，中国环境科学出版社，2005。

（二）生态环境问题是威胁人类生存和发展的全球性社会问题

目前，人口膨胀、能源危机等各种生态环境问题对人类来说是可知或未知的风险，困扰我们人类的未来。这些生态环境问题是全球的，不再局限于一定的区域内，既不受地理上因素的约束，也不受时间或社会的限制。生态环境问题与经济发展、政治民主、贫富分化、不平等等其他社会问题交织在一起，其解决将会日益复杂，人类文明发展的成果及世界未来都将深受其影响。人类社会已经成为一个风险社会或"世界风险社会"①。

三、生态环境问题的理论解释

社会问题是社会学研究的重要议题之一，作为社会问题之一的生态环境问题，在很大程度上已经成为影响社会良性运行的重大障碍。社会学从诞生之日起，就把生态环境作为自己的研究对象，形成了生态环境问题独特的社会学视角和研究范式。

（一）结构功能主义

结构功能主义是现代西方社会学中的一个理论流派，主要代表人物为帕森斯和默顿。结构功能主义强调社会均衡，认为社会系统是一个有机整体，由对社会系统发挥功能的、相互联系的各个子系统共同组成，一个子系统的变化会引发其他子系统的相应变化。

在帕森斯看来，社会为了自身的运行必须从自然中获取资源，在系统内加以分配，并能调动资源和引导社会成员去实现目标，从而实现整合和模式维持的目标。同时结构功能主义非常强调共同价值观与信仰对于社会运行与社会秩序的重要性，认为环境问题的产生很大程度上是由于人们价值观的扭曲。在此种价值观的驱使下，人类向自然开战，过于强调物质消费以及人与自然的二元对立，把物质占有看成是舒适与快乐的源泉，导致过度役使自然环境与资源，从而导致环境状况恶化。在生态环境问题发展前景方面，结构功能主义的分析提供了一种乐观的前景：当生态环境状况持续恶化时，社会系统会自动调整以建设性地回应环境威胁。

在默顿看来，生态环境问题的出现是我们的生产生活行为"潜功能"向"显功能"转化的表现。同时，生态环境问题对我们的影响不仅仅是消极的，还有着积极的作用，也就是使人们注意到它的存在，促使人们采取各种措施去解决它和保护生态环境。

---

① "风险社会"一词是由德国著名社会学家乌尔里希·贝克在《风险社会》一书中提出的，他将后现代社会诠释为风险社会，其主要特征在于人类面临着威胁其生存的由社会所制造的风险。见［德］乌尔里希·贝克：《风险社会》，上海，译林出版社，2004。

（二）冲突论

　　如果说结构功能主义强调的是社会的稳定和整合，代表社会学的保守派，那么社会冲突论则是强调社会冲突对于社会巩固和发展的积极作用，代表社会学的激进派。冲突理论起源于马克思、齐美尔（G. Simmel），以科塞（L. Coser）、达伦多夫（R. G. Dahrendorf）为代表，重点研究社会冲突的起因、形式、制约因素及影响，是作为对结构功能主义理论的反思和对立物提出的。该理论在 20 世纪 60 年代后期流行于美国和一些西欧国家。

　　社会冲突论阐释环境问题的主要观点是：第一，社会中的权力分配是不平等的，掌握权力的精英影响着社会事件，他们通过控制经济、法律以及环境导向设定区域及国家层次的议事日程。第二，环境问题是不可避免的，因为环境问题的产生源于有利于精英利益的社会安排。一些精英，特别是资本家，在追逐自身利益的过程中，直接或间接地加剧了环境问题，但是很少受到社会的惩罚。第三，资本主义制度本身必然制造环境威胁。资本主义的逻辑是追逐利润，而对利润的追逐则需要不断的经济增长，为此，资本主义本身总是不断地制造匮乏和需求，从而制造了资源消耗的长期风险。第四，全球环境危机正是全球财富与权力分化的直接后果。发达国家的少数人口消耗了绝大部分的能源和资源，他们的富裕和舒适建立在对地球和穷国的剥削基础之上。①

（三）建构主义

　　建构主义的一个重要特点是从过程的、动态的角度看待社会现象，在建构主义者眼里没有一成不变的"社会事实"。所谓社会事实，基本上是人们经由特定过程建构出来的，并且总是处于不断的变化之中。大体上，建构主义阐释环境问题的要点可以概括如下：第一，对于人类社会与自然环境之间关系的理解是一种文化现象。第二，这种文化现象总是通过特定的、具体的社会过程，经由社会不同群体的认知与协商而形成的。第三，由于具有不同文化与社会背景的人对于环境状况的认知不一样，所以"环境问题"一词本身基本上是一个符号，是不同群体表达自身意见的一个共同符号。第四，特定的环境状况最终被"确认"为环境问题，实际上反映的是不同群体之间意见交锋产生的暂时结果，这种结果的出现源于一系列互动工具与方法的使用，并且涉及权力的运用。第五，我们与其关注目前环境究竟出了什么问题，不如分析是谁在强调环境问题，对"环境问题"进行解构很有必要。第六，解决特定环境问题的关键是利用科学知识、大众传媒、组织工具以及公众行动成功地建构环境问题，并使之为其他人群所接受，进入决策议程，最终转变为政策实践。②

---

　　①② 参见洪大用：《试论环境问题及其社会学的阐释模式》，载《中国人民大学学报》，2002（5）。

（四）符号互动论

符号互动论是一种主张从互动着的个体的日常自然环境去研究人类群体生活的社会学和社会心理学理论派别，又称象征相互作用论或符号互动主义。符号是指在一定程度上具有象征意义的事物。

符号互动论认为人与人之间有关资源、生态环境的互动及人类与自然的互动必须成为社会学的重要主题，认为以社会学的视角研究生态就是必须以相互关系性的多维视角对研究对象的现状进行全方位的描述，探寻对象形成的根源，与人类社会的互动关系，其发展动力和发展趋势，最后，找出问题的解决途径。现在全球各种各样的生态问题与其说是自然生态的问题，不如说是人类的社会问题。自然为人类提供生存的场域、生活资源，人类作为其住民往往反过来改造自然，总是希望自然能被人类征服，做世界的主人。然而人类往往由于无理最终受到自然的制裁。所以，解决生态环境问题必须从生态与社会的互动关系入手。

（五）女性主义

女性主义的理论千头万绪，归根结底就是一句话：在全人类实现男女平等。女性主义者关注着地球上生态的严重破坏，森林消失、空气污染、水源污染，认为生态环境问题的出现是人类中心论和男性中心论的恶果，主张改变人统治自然的思想，并认为这一思想来自人统治人的思想。

女性主义认为：第一，女性更接近于自然，而男性伦理的基调是对自然的仇视；男性把世界当成狩猎场，与自然为敌，女性则要与自然和睦相处。因此，女性比男性更适合于为保护自然而战，更有责任，也更有希望结束人统治自然的现状——治愈人与非人自然之间的疏离，这正是生态运动的最终目标。第二，地球上的生命组成一张相互联系的网，并无上下高低的等级之分。传统的世界观认为，存在是分等级的。在这个等级体系中，上帝这类纯精神是最高级的，而生长在地球上的生命是低级的。在所有的生命中，人又是最高级的，以下依次是动物、植物、山、海和沙。在人类当中，白种男性是最高级的，以下才是其他种族和性别的人们。而女性主义者则明确反对对生命做等级划分，倡导平等的世界观。第三，一个健康的平衡的生态体系，包括人与非人在内，都应保持多样化状态。第四，女性主义者认为，重新理解人与自然的关系是非常必要的，反对将人与自然分离。女性主义主张积极改善女性与环境的状况，并且认为这两项任务是息息相关的，应该按照女性主义原则和生态学原则重建人类社会。

（六）马克思主义

马克思主义一直认为物质决定意识，物质生产、人的自身生产、社会关系的生产和精神生产四个生产都无法摆脱生态环境的影响。马克思主义经典作家马克思、恩格斯在其合著的《德意志意识形态》中认为"自然界是优先存在的"，这一观点在《1844 年经济学哲学手稿》中有大量论述，认为生态环境是人类自身生产、社会关系生产和精神生产的重要依托和对象来源。恩格斯格外警示人们要注意自然界对人类的报复。其后普列汉诺夫、列宁等国外马克思主义者及毛泽东、邓小平等中国共产党领导人都在不断阐释生态环境的重要性。

马克思主义认为：（1）生态环境是优先存在的。没有良好的生态环境，人类各类活动就无法有效展开，且生态环境与社会活动的关系是辩证的，这是马克思主义唯物辩证法的主要体现。（2）人化自然的影响不断加深。人化自然是被人的实践活动改造并成为人类活动有目的的改造对象，其最大特征是人的实践性。随着人的实践活动的深入，原始的自然将逐渐转变为人化自然。（3）生态环境是通过影响生产关系而影响经济关系乃至社会结构的。普列汉诺夫认为生态环境通过影响生产力发展、社会关系特性而影响社会发展。（4）人与生态环境必须和谐相处。因为，有目的的人化自然可能与我们的最初目的相去甚远，必须维持人与自然的和谐关系，"我们不能过分的陶醉于我们人类对于自然界的胜利，对于每一次这样的胜利，自然界都对我们进行了报复"①。人类社会必须在道德规范、政府管理、社会生活等方面转变理念、做法和组织方式，维护好生态环境的平衡。

（七）风险社会理论

自从德国社会学家贝克提出"风险社会"概念后，关于风险社会的研究形成了制度主义、文化主义和现实主义的三个发展脉络。风险社会理论家最为关注的议题就是技术理性对生态环境的冲击及其所带来的不确定性。

风险社会理论认为：（1）人化自然所带来的技术性风险，比如环境污染、环境恶化、核风险、化学产品风险、基因工程风险等不断威胁着人们的生产与生活，并摧毁着现代制度应对风险所依托的理念与方法。（2）生态环境风险可能会导致其他风险的弥漫。生态环境风险本身来自技术风险、社会风险（有组织不负责任地制造风险），又往往会无形中影响到社会生活的各个领域，使其危害不断增强。（3）生态环境风险日益成为全球性政治议题。

随着社会学家对生态环境问题研究的日益深入，有关生态环境问题的理论范式越来越多。不同的理论范式为我们认识生态环境问题提供了不同的视角，也为我们解决生态危机提供了不同的思路和方法。因此，我们认识和解决生态环境问题应该立足于多元化的视野，综合社会学以及诸多人文社会科学的研究成果，以求从根本上解决生态环境问题，实现人类的可持续发展。

---

① 《马克思恩格斯选集》，2 版，第 4 卷，83 页，北京，人民出版社，1995。

第二节
全球生态环境问题的现状与原因

一、国际背景中的生态环境问题

（一）生态环境问题的全球化

首先，生态环境问题的全球化表现为其存在及影响超出国界，成为全球问题。自18世纪西方工业革命以后，由于工业化、都市化的进程和人类健康水平的提高，人类所排放的污染物、废弃物的增多和对资源占有程度的加深，生态环境问题越来越突出，影响范围越来越广，超出了国家地域范围，生态环境问题便从地域化开始向国际化的方向演变。与此同时，全球化加剧了污染物的国际转移、生态入侵及转基因生物造成的生态安全问题等，导致了生态环境问题日益全球化。现代环境问题所造成的影响，将不再限制在传统民族国家的疆界之内，而是会迅速地涉及其他国家甚至全世界，从而造成关系全球的环境问题。诸如酸雨、温室效应、臭氧层破坏等问题，影响范围非常广，其危害涉及全人类。即使是某些局部性污染，也会因大气、水体的运动而扩散到其他地区，如海洋石油污染，会随洋流而危害其他有关海域和国家。因此，当今的大多数环境污染问题是不分区界、国界和洲界的。在全球化、区域化快速发展的大背景下，环境问题已经与国际政治、外交、经济、贸易、人权、国家主权和国家安全等广泛地交织在一起，成为世界问题复合体。

其次，生态环境问题越来越需要全球共同努力来面对和解决。从20世纪中叶开始，生态环境问题的全球化决定了生态环境问题的解决需要全球协调一致的行动。各国从生态环境问题引起的社会动荡及对经济、社会化发展带来的损失中，逐步认识到生态环境问题不仅是一个国家的问题，而是一个国际性的经济、政治、文化和社会问题。为了解决全球性的环境问题，各种各样的国际合作机制被发展出来，用来规范、协调各国发展与环境的关系，推动了生态环境问题解决的国际合作，制定了一系列具有约束性的国际合约和应对机制。

（二）全球共存的十大生态环境问题

当前，威胁人类生存的十大生态环境问题如下。

1. 人口膨胀

自20世纪50年代初以来，全球人口几乎一直在快速增长。联合国《世界人口展望报告》（2012年修订版）预计，未来12年内全球人口将上升至81亿，并在2050年达到96亿。然而科学家早先的测算结果认为，当世界人口达到100亿时，地球上的水、土地以及其他资源的承载能力将达到极限。世界自然基金会所发布的《地球生命力报告（2014）》显示，几十年来，人类对自然的需求已经超过地球的可供给能力。我们需要 1.5 个地球的资源再生能力，才能提供我们目前使用的生态服务。[1] 如果不及时有效控制人口增长，食物短缺将会引发骚乱与发展失衡，导致人类可持续发展的理想难以实现。环境的污染、灾害的频发、土地的沙化、物种的灭绝，可以说一切生态的失衡与毁坏，无不与人口的大量增长有关。然而，人口膨胀对人类社会造成的负面影响还远不止物质和生态上的，还表现在人的精神生活上，它造成每一个人生存空间的狭小，使人与人之间难免产生排斥心理和侵犯行为，从而诱发各种犯罪。[2]

2. 能源危机

当前世界的发展和繁荣得益于各种能源，如石油、天然气、煤炭与核能。到 2050 年，工业化国家的能源需求量预计将增加 5 倍，而且仍以矿物燃料为主。[3] 然而，人类的过度开采和使用将导致这些能源在未来数十年里迅速地濒临枯竭。按照石油储量和当前的开采量，石油大约在 21 世纪中叶前后宣告枯竭，天然气将在五六十年内消耗殆尽，而煤可维持到 21 世纪 30 年代中期。目前，局部性能源危机持续发生，如巴基斯坦能源危机、乌克兰能源危机阴影弥漫等，将导致世界经济危机和冲突的加剧，最终葬送我们所取得的文明成果。

3. 空气污染

由于人口的增加和人类生产活动规模的扩大，能源高消耗所带来的环境风险使得"黑色工业化"趋势越来越明显，向大气释放的二氧化碳、甲烷、一氧化二氮等有害气体不断增加，全世界越来越多的城市正被日益严重的雾霾所困扰，雾霾天气出现的频次越来越高，空气质量持续恶化。世界卫生组织报告指出，在 90 多个国家的 1 600 个城市里，90％的城市人口生活环境的空气污染程度至少超过世卫组织认为安全水平的 2.5 倍。2012 年，全球死于空气污染的人数达到了 700 万，空气污染成为威胁人类健康的最大风险。

4. 臭氧层的破坏

存在于离地球表面 10～50 千米的大气平流层之中的臭氧层可以说是地球生活的保护层，它能防止某些太阳射线对地球生物的伤害，降低皮肤癌、农作物减产等事件发生的概率，并将能量贮存在上层大气，起到调节气候的作用。臭氧层在 20 世纪 70 年代末被发现出现明显损耗。20 世纪 80 年代，冰箱、空调等制冷设备的普及使某些人造氟化物作为制冷剂大行其道，科学界随后证实，氯氟烃等氟氯碳化物是导致南极上空出现臭氧层空洞的重要原因。在全球限制氟氯碳化物

---

①　参见世界自然基金会：《地球生命力报告（2014）》，http：//www. wwfchina. org/content/press/publication/2014/LPR2014summaryCN. pdf。

②　参见［奥地利］康拉德·洛伦茨：《文明人类的八大罪孽》，第二章"人口爆炸"，合肥，安徽文艺出版社，2000。

③　参见曾少军：《全球能源与环境现状及前景》，见中国国际经济交流中心：《国际经济分析与展望（2012—2013）》，北京，社会科学文献出版社，2013。

的努力下，从 2003 年至 2013 年地球臭氧层已回升了 4％，但仍低于 1980 年 6％的浓度水平。

5. 生物多样性急剧减少

根据联合国《生物多样性公约》，生物多样性是指所有来源的形形色色的生物体，这些来源包括陆地、海洋和其他水生生态系统及其所构成的生态综合体；它包括物种内部、物种之间和生态系统的多样性。[①] 近百年来，由于人口的急剧增加和人类对资源的不合理开发，加之环境污染等原因，地球上的各种生物及其生态系统受到了极大的冲击，生物多样性也受到了很大的威胁。根据 2014 年 9 月 29 日世界自然基金会发布的《地球生命力报告（2014）》，从全球来说，栖息地丧失和退化、盗猎、农业生产、城市开发以及气候变化是世界生物多样性面临的主要威胁。自 1970 年以来，已造成地球生命力指数下降 52％——我们与地球共享的哺乳动物、鸟类、爬行类、两栖类和鱼类数量已经减少了一半。其中陆生物种减少了 39％，淡水物种减少了 76％，海洋物种减少了 39％。[②] 生物多样性是人类社会生存与发展的基础，而物种的减少威胁着生态系统的和谐和安全。因此，维护生物多样性以及这些生物赖以生存的生活条件，同样是摆在我们面前的重要任务。

6. 全球变暖

目前，气候有逐渐变暖的趋势。全球气候变暖，将会产生各种不同的影响。较高的温度可使极地冰川融化，海平面每 10 年将升高 6 厘米，因而将使一些海岸地区被淹没。全球变暖也可能影响到降雨和大气环流的变化，使气候反常，易造成旱涝灾害，这些都可能导致生态系统发生变化，对人类生活产生一系列重大影响。

7. 森林锐减

根据联合国发表的《2000 年全球生态环境展望》，每年消失的原始森林增加到 13 万平方公里；而 2003 年的数据则显示，全球原始森林目前以每年高达 16 万～20 万平方公里的速度消失。从 2000 年至 2013 年间，地球上的原始森林面积又减少了 8％。森林的减少使其涵养水源的功能受到破坏，造成了物种的减少和水土流失，对二氧化碳的吸收减少，进而又加剧了温室效应。

8. 土地荒漠化与水土流失

土地荒漠化是指包括气候异变和人类活动在内的种种因素造成的干旱地区的土地退化，它对人类的生存构成严重威胁。20 世纪初的相关研究表明，全球"陆地的表土流失量每年大约为 230 亿吨，全球大约有 29％的陆地发生沙漠化，全世界每年有 600 万公顷可耕地变成沙漠，100 万公顷的土地严重退化。联合国专家估计，全世界 35％以上的土地面积正处在沙漠形成的直接威胁下。从 19 世纪到现在，荒漠和干旱区的土地面积已由 11 亿公顷增加到 26 亿公顷"[③]。如今联合

---

① 参见《生物多样性公约（里约宣言）》，http：//www.goepe.com/js/detail.php? id＝1117。
② 参见世界自然基金会（WWF）：《地球生命力报告 2014》，中文版摘要，http：//www.wwfchina.org/content/press/publication/2014/LPR2014summaryCN.pdf。
③ 金鑫：《世界问题报告：从世界的视角观照中国》，558 页，北京，中国社会科学出版社，2002。

国公布的数据显示，全球有 26 亿人直接依赖于农业，但用于农业的 52% 的土地受中度或严重的土壤退化影响。由于干旱和荒漠化，全球每年失去 1 200 万公顷（每分钟 23 公顷）的土地。人类对土地的利用，特别是对水土资源不合理的开发和经营，使土壤的覆盖物遭受破坏，土地资源与土地的生产力遭到破坏。水土流失严重影响农业生产，威胁城镇安全，加剧干旱等自然灾害的发生与发展，导致人们生活贫困、生产条件恶化，阻碍经济、社会的可持续发展。

9. 水污染与水资源短缺

人口的增加和工农业生产的增长，使得人类的用水量大大增加，排污量也空前猛增，水污染非常严重，加剧了水资源危机的程度。全球淡水资源分布极不平衡，"约占世界人口总数 40% 的 80 多个国家和地区严重缺水。当前，全球 80 多个国家的约 15 亿人口面临淡水不足，其中，26 个国家的 3 亿人口完全生活在缺水状态。预计到 2025 年，全世界将有 30 亿人口缺水，涉及的国家和地区达 40 多个"①。与此同时，人类活动破坏了海洋特别是近海区的生态平衡，波罗的海、北海、黑海、东中国海等赤潮频发，破坏了海洋生物多样性，渔业损失惨重。另外，地球表面大部分是水，但可饮用的淡水所占比例非常小，而人类可利用的淡水则只占 1%。日益加重的淡水污染加剧了淡水资源的短缺。

10. 危险性废物越境转移

危险性废物是指除放射性废物以外，具有化学活性或毒性、爆炸性、腐蚀性和其他对人类生存环境存在有害特性的废物。随着城市的发展，人口日益集中，城市功能日益复杂，各种废弃物大量增加。在当地范围内处理废弃物已感困难，因此希望将废物转移到邻近的城市、村镇以至邻国，以及更容易处理的地方。这样，国与国之间、地区与地区之间、城市与城市之间、城乡之间废物的越境转移已成为日常的活动。特别是近几年来，国际有害废物越境转移已经演变成为国际性的问题，引起了全球的重视。

二、生态环境问题的文化根源

20 世纪中叶以来，伴随工业化而出现的环境污染、生态破坏、资源匮乏等当代全球性问题，已经严重威胁到人类生存条件和生活质量，迫使人们从文化根源上对自己的行为进行深刻反思，重新思考人类的价值观与生活观、人生观。

（一）以人类中心主义为主导的价值观

人类中心主义总是作为一种价值和价值尺度而被采用的，它是要把人类的利益作为价值原点和道德评价的依据，有且只有人类才是价值判断的主体。在人与自然的价值关系中，只有拥有意识的人类才是主体，自然是客体。人类的一切活动都是为了满足自己的生存和发展的需要，不能达到这一目的的活动就是没有任

---

① 王晓宇：《生态农业建设与水资源可持续利用》，129 页，北京，水利水电出版社，2008。

何意义的，因此一切应当以人类的利益为出发点和归宿。人类主体性表现于现实生活中，则是以人对自然的全面控制与利用为标志的现代生活方式，及其在世界范围内的普及与发展。人类中心主义导致了对大自然无休止的征服和掠夺，从而造成资源匮乏和生态失衡等日益严重的问题。

（二）以消费主义为主导的生活观

消费主义是当今全球普遍流行的一种生活消费、经济发展的伦理思想。奉行消费主义的人群追求体面的消费，渴求无节制的物质享受和消遣，并把这些当作生活的目的和人生的价值。这种观念在商业的助推下，迅速传播并得到社会大众的认同，产生了日益广泛深刻的社会影响，并成为了经济迅速发展的文化动力。它以虚假需求窒息、扼杀真实需要，在给人们带来了短暂快感和虚荣心满足的同时，更带来了对人类赖以生存的生态环境的巨大破坏，并使人类远离公平公正的社会秩序。因此，人类要想拓展持续发展的新时空，就必须克服、消解需要的异化，超越消费主义。

（三）以理性主义为主导的人生观

现代社会认为人是具有理性的动物，人类本身没有破坏环境的趋向。但在社会生活的许多领域，具有理性的人们通过使用公共资源的方式实现着个人利益的最大化，在对待公共资源上个体理性与集体理性之间的冲突导致了集体丧失理性的公地悲剧[①]。天空是公共的，水源是公共的，你排放一点污染，我也排放一点污染，久而久之，空气质量下降了，河流污浊不堪了，生态环境问题就出现了。这种为满足个体利益而忽视整体利益的集体非理性是导致生态环境问题恶化的重要文化原因。

三、生态环境问题的社会根源

人类中心主义、消费主义和理性主义等文化观念的广泛流行，极大地激发了人类的欲望，增强了"人定胜天"信念，深刻地影响了人类的社会实践活动。同时，人类借助科技的力量，经济社会迅速发展。因此，伴随着人类社会迅速发展而产生的生态环境问题必然有着深刻的社会根源。

---

① "公地悲剧"：在一个对所有牧民开放的"公共牧场"（公地）上，人畜数目与公地的负载能力维持了大致的平衡。然而有一天，某个牧人思忖，如果我多养一头牲畜，正面效用是我个人可以从中获利，负面效应是将多消耗公地的资源，但损失将由大家共同承担。于是理性的牧人得出结论，对他来说明智的做法是多加一头牲畜，再多加一头，再多加一头……没有理由阻止其他牧人也这样想。"这是每个分享公地的、具有理性的牧人都能够做出的。但这个结论隐藏着重大的灾难，即人们看不到全局，一味地想在有限世界上无限增加他的畜群。每个人都追求他自己的最大利益，相信自己在公地上的自由，最终必然是所有人的毁灭，公地自由只能带来全体牧人的毁灭。"具体可见 G. Hardin，"The Tragedy of the Commons"，*Science*，Dec. 13，1968。

（一）人类欲望和自信心的无限膨胀

生活在自然生态环境之中的人们深受生态环境问题的危害和灾害，而这一切问题的背后总有人类的身影。工业革命以来，人类对自然、物质的占有欲急剧膨胀，在丰富的物质文明面前显示出强大的自信，随之而来的人口的急剧膨胀，有缺陷的、不合理的伦理价值观，粗放型的经济发展模式，消费主义主导下的生活方式充斥了全世界各个角落，人类大量的、无处不在的生产生活活动超过了自然的承载力，破坏了生态环境的平衡，最终导致了生态环境问题日益加剧。

（二）以经济发展为中心的社会发展模式

人类一直有个思想上的误区，认为单纯的经济增长就等于发展，只要经济发展了，就有足够的物质手段来解决现在与未来的各种政治、社会和生态环境问题。事实上，人类社会的发展受到多个方面的子系统的制约，单纯的经济发展将会导致人类社会的畸形发展。在生态环境问题上，环境保护不落实，经济发展将会受到更大制约，整个人类社会将会由于生态环境问题而毁于一旦。

（三）科技的双刃性

科学技术的进步为人类社会带来了广泛而深刻的变化，成为了经济增长和社会发展的强大推动力。但是，科学技术的进步也正如世界上的任何事物一样，绝不是十全十美的。人类对科技的使用的泛滥和急功近利，使得科技对生态环境的负面作用愈来愈明显，导致了能源危机、环境污染、生态失衡等灾难性后果。

第三节
可持续发展之路

一、可持续发展概述

（一）可持续发展由来

"可持续发展"的概念最先是 1972 年在斯德哥尔摩举行的联合国人类环境研讨会上正式提出的。在随后的很多年里，各国致力于界定和完善"可持续发展"这一概念，目前拟出的定义已有几百个之多，涵盖范围包括国际、区域、地方及特定界别的层面。1987 年，世界环境与发展委员会出版《我们共同的未来》报告，将可持续发展定义为："既能满足当代人的需要，又不对后代人满足其需要的能力构成危害的发展。"① 首次系统阐述了可持续发展的思想。自此以后，实现可持续发展成为全球有识之士的奋斗目标和各国共同的选择。它是人类以新的理念和价值观来审视自己的行为而提出的人与人、人与社会、人与自然等协调发展的战略思想。1992 年 6 月，联合国在里约热内卢召开的"环境与发展大会"，通过了以可持续发展为核心的《里约环境与发展宣言》、《21 世纪议程》等文件，推动了可持续发展在各国的具体实施。随后，中国政府编制了《中国 21 世纪人口、资源、环境与发展白皮书》，首次把可持续发展战略纳入我国经济和社会发展的长远规划。1997 年，中共十五大把可持续发展战略确定为我国"现代化建设中必须实施"的战略。2002 年，可持续发展世界首脑会议在南非举行，会议通过了《可持续发展世界首脑会议执行计划》、《约翰内斯堡宣言》，确定了真正可持续的生活方式，提出在经济增长和公平、自然资源和环境、社会发展等多个关键领域统筹行动。随着世界各国的共同努力，坚持可持续发展已经成为 21 世纪人类社会的共同原则。

（二）可持续发展的基本内容

可持续发展是建立在社会、经济、人口、资源、环境相互协调和共同发展的基础上的一种发展模式，其宗旨是既能相对满足当代人的需求，又不能对后代人的发展构成危害，既要达到发展经济的目的，又要保护好人类赖以生存的大气、淡水、海洋、土地和森林等自然资源和环境，使子孙后代能够永续发展和安居乐业。环境保护是可持续发展的重要方面，可持续发展的核心是发展，但要求在严格控制人口、提高人口素质和保护环境、资源永续利用的前提下进行经济和社会的发展。发展是可持续发展的前提，人是可持续发展的中心体，可持续长久的发展才是真正的发展。可持续发展注重社会、经济、文化、资源、环境、生活等各方面协调"发展"。

可持续发展在发展理念实现了三个超越：（1）发展不仅仅满足了人类的生存需求，还考虑到各个层次、各个领域整体综合的发展；（2）更加注重向自然索取与回馈的相对平衡、对当代人需求的满足与对后代人贡献的平衡，以及区域发展与全球利益的平衡；（3）表达人类对公平、和谐、持续发展的不懈追求。

（三）实现可持续发展的基本原则

1. 公平原则

公平原则是指不同国家、民族与人群在可持续发展面前应该拥有公平公正的选择机会。它具有四方面的含义："一是指代际公平。二是指同代人之间的横向公平，可持续发展不仅要实现当代人之间的公平，而且也要实现当代人与未来各代人之间的公平。三是指人与自然，与其他生物之间的公平性。四是国家之间平等承担责任，共享人类文明成果，是人类共同的和普遍的权利，发达国家和发展

---

① 世界环境与发展委员会：《我们共同的未来》，52 页，长春，吉林人民出版社，1997。

中国家都享有平等的不容剥夺的发展权利。"[①]

2. 可持续原则

我们实现可持续发展就是实现资源的持续利用和生态系统可持续性的保持，这是人类社会可持续发展的首要条件。这一原则要求人们根据资源和生态的可持续性的现实条件调整自己的生产生活方式，合理地使用资源和友善地对待自然环境，人类的经济和社会的发展不能超越资源和环境的承载能力。

3. 和谐原则

可持续发展的经济社会发展模式就是要促进人类之间及人类与自然之间的和谐，保持一种互惠共生的关系，维护地球生态环境的平衡和和谐。人类必须建立新的道德观念和价值标准，学会尊重自然、师法自然、保护自然，实现经济发展和人口、资源、环境相协调，坚持走生产发展、生活富裕、生态良好的生态文明发展之路。

4. 统筹原则

人类需求及需求的满足程度是由社会和文化条件所确定的，是主观因素和客观因素相互作用、共同决定的结果，与人的价值观和行为目的密切相关。人类的合理、持久需求的满足是可持续发展的立足点，它既要满足当代人的需求，又要满足后来人的需求，特别强调统筹兼顾所有人需求的满足，向所有人提供实现美好生活的机会。

5. 高效原则

可持续发展的公平原则、可持续原则、和谐原则和需求原则的根本目的在于不同时代的人在满足各种需求的同时要尽可能地降低资源成本和生态环境成本，实现资源与生态环境的高效利用，所以说这四个原则实际上已经隐含了高效原则。事实上，前四项原则已经构成了可持续发展高效性的基础。不同于传统经济学，这里的高效性不仅是根据其经济生产率来衡量，更重要的是根据人们的基本需求得到满足的程度来衡量，是人类整体发展的综合和总体的高效。

6. 阶梯原则

可持续发展以满足当代人和未来各代人的需求为目标，按照马斯洛的需求层次理论，随着时间的推移和社会的不断发展，人类的需求内容将不断增加，需求的层次不断提高。满足高层次需求也是可持续发展模式的基本目标，因此可持续发展本身隐含着不断地从较低层次发展到较高层次的阶梯性过程。

二、实现可持续发展的基本策略

（一）实现经济的理性增长

经济增长是人类社会发展的基础，没有经济增长就没有人类社会的发展。经

---

① 孙国强：《循环经济的新范式：循环经济生态城市的理论与实践》，18 页，北京，清华大学出版社，2005。

济增长的目的不仅仅在于满足人类社会生存的需求，还要考虑到生态环境、社会发展、代际需求等多重因素。经济的理性增长是一种健康的、包容的、有利于穷人的、整体和谐的增长方式。它反对限制财富积累的零增长，也反对不顾一切的过分增长。经济理性增长的目标是在人口、资源、环境各个要素的约束下，实现人均财富非负增长的可持续发展。

（二）积极引导和促进公民有序参与

个人作为社会组织的一员，不仅是生态环境问题的形成主体，也是生态环境问题的承受客体，因此个人要承担生态建设和环境保护的责任：一方面要不断提高公民的环保意识，以合理的消费和健康的生活方式减少对生态环境的破坏，每个人都应该从小事做起，从我做起，成为生态生活的倡导者和实践者；另一方面，在环境保护中要充分发挥民众的力量，采取各种措施，建立公众参与生态环境保护的机制，鼓励公民以个人或组织的形式参与到环保事业中，因此要保障公民在生态环境建设中的知情权、参与权和监督权，让每个人都成为生态建设和环境保护的行动者。

（三）充分发挥企业的生力军作用

企业作为一个营利性的社会经济组织，对目前环境污染和生态破坏负有不可推卸的责任，理所当然应该充当起环保的主力。因此应该以法律形式确定企业的责任和义务，以利益引导企业自觉行动，同时以严厉的经济措施和刑事措施规定与约束企业破坏生态环境的行为，增加破坏生态环境的成本，从而调动起企业的积极性。

（四）积极利用社区载体

由于社区的环境状况与所有社区成员的利益和生活质量息息相关，社区对环境的责任关切超过了其他主体的关切程度。由于当地社区群众最了解人们所处的环境与资源，所以他们能够对如何以可持续发展的方式管理自然资源提出合理化的建议，能够针对社区内部资源滥用的实际情况对症下药地提出解决方案。同时，社区管理较之政府管理更加具有灵活性和创造性，有助于充分发掘和培育环保资源，提高整个社会环保意识和力量，构成环境建设的最基本最适宜的社会空间。因此，鼓励社区参与是生态环境保护的长治久安之策。

（五）强化政府生态环境保护职责

生态环境问题虽然伴随着经济活动而产生，但是却不受市场规律的调节，也不能依靠经济主体的自觉行动来解决，为此政府在环境保护中有着十分重要且无可替代的责任。环境保护工作需要全社会的参与和共同努力，因此，环境保护中利益协调、政策协调、行动协调、区域协调、行业协调等多方位协调工作显得特别重要，只有一个强有力的协调中心才能承担得起这个任务，而这个协调中心非政府莫属。政府可以通过经济、法律和行政等措施，采用促导、强制、参与三种干预方式较大限度地减轻建设活动对环境的不良影响，减少新污染源的产生和已有生态环境问题的社会治理，统筹整个生态环境问题的预防和解决。

三、生态文明建设

经历了2002年11月至2005年2月的长期酝酿、2005年3月至2012年12月的明确提出、2013年1月至今的完善落实三个阶段，生态文明建设完成了从思想观念到具体实践的转变。党的十八届三中全会明确了建设系统、完整的生态文明制度体系，把生态文明建设放在突出地位，并融入经济建设、政治建设、文化建设、社会建设各方面和全过程，生态文明建设的体系与内容进一步完善。

（一）生态文明建设的内涵

关于"生态文明建设"的科学内涵，学术界争议较大。综合不同观点，所谓生态文明建设，是指政府、企业、社会组织和家庭等多种主体广泛参与，综合运用政治、经济、文化、社会和自然的方法，转变经济增长方式、生活方式和消费模式，保护与改善生态环境，以环境良好、资源永续和生态健康的可持续发展为目标的系统工程。

它具有以下三个基本特征。

1. 以可持续发展为基本诉求

生态文明建设的基本目标是实现可持续发展，是超越和扬弃传统粗放型、资源高消耗型、忽略生态环境的发展方式。通过提升全社会的文明理念和文化素质，合理利用资源环境，有序开展各项活动，走生产发展、生活富裕和生态良好的可持续发展之路。与传统的保护生态环境不同，生态文明建设强调在保障人类发展的同时，也将回馈自然、改善自然生态环境作为自己的生产目的，实现人与自然和谐、永续发展，建设美丽中国。

2. 以制度建设为重点

"推进生态文明建设，需要物质支撑、精神驱动，更需要改革和制度创新。"[①] 建设生态文明必须改革生态环境保护体制，建立系统完整的生态文明体制机制，通过完善科学决策制度、法治管理制度、道德文化制度等制度体系，在产权保护、利益补偿、循环经济发展、生态保护、管理体制等方面形成有利于支持、推动和保障生态文明建设的各种引导性、规范性和约束性规定和准则，从而可以更为从容自主地展开经济建设、政治建设、文化建设、社会建设和生态建设，更好地落实以人为本的发展理念，促进社会运行的良性循环。

3. 以满足民生需求为根本目标

生态环境问题已成为重要的民生问题，生态环境正义是社会正义的有机构成

---

① 李克强：《建设一个生态文明的现代化中国》，载《环境》，2013（1）。

部分。人们在物质生活质量不断提升的同时，对生态环境提出了更高的要求，对生态环境安全与健康有着更加强烈的愿望。建设生态环境美好的家园不仅仅是基本的追求，更是长远的心愿。生态文明建设表面上看以生态意识为导向，倡导可持续绿色消费，但实际上是以人为本的，能够满足人们对良好生态环境的基本需求。

（二）生态文明建设的基本要求

生态文明建设的基本理念是从生态环境良好的角度来看待人类的生产生活及其影响，注重社会与自然的内在契合。在内容方面，强调整体性，生态文明建设不再是局部的环境保护，而是从政治、经济、社会和文化等方面实现生态和谐理念的贯彻，以系统性和战略性思维思考国家整个系统在生态文明建设中要实现的目标。在手段方面，强调政治手段、经济手段、法律手段和道德约束手段等多管齐下，实现生态环境的综合治理。在具体路径方面，在坚持政府主导的前提下，引导、约束甚至强制社会组织、企业、家庭等具体行为选择，构建多部门合作与社会广泛参与机制。

生态文明建设以促进生态、经济和社会的可持续发展为基本准则，正确处理好人民群众日益增长的物质文化需求与落后生产力之间的矛盾以及经济社会发展同人口、资源、环境压力之间的矛盾。因此，要考虑地区差异、阶层差异，循序渐进地开展，说到底就是处理好满足人类基本需要的经济开发与环境保护之间的矛盾，实现生态的、经济的和社会的可持续发展。

（三）生态文明建设的具体举措

1. 倡导生态文化

全球性环境问题的成因是多方面的，但从根本上来看，主要还是思想文化问题。生态文明建设必须实现社会观念的转变，重建生态文化。从社会观念的角度来看，生态文明是人类社会观念领域的重大变革，是在更高层次上对自然规律的尊重和回归。生态文明观念倡导绿色生态文化和绿色生活方式，培育生态消费模式，创造良好的生态文明建设氛围。

2. 实现经济的绿色增长

在生态文明建设过程中，人类不再以自然界的征服者和主宰者自居，而是生态环境的一部分。衡量经济增长的指标不仅仅是经济增长的规模和数量，而且是生态环境的良好程度。推动经济的绿色转型，实现绿色发展是生态文明建设在经济领域内的核心体现，生态文明建设必须实现生产的生态化，实现经济运行的绿色化，走循环经济、低碳经济发展之路，提高经济增长目标与生态环境目标的兼容性。

3. 注重资源节约、环境修复与生态保护并举

在整个生态系统中，人是主动的，环境是被动的承受和反馈，资源是人与环境的中心环节，是环境中直接为人类利用的那一部分。生态环境问题的产生是资源不合理利用以及资源被破坏、流失、污染的结果。因此，资源节约与保护是生

态文明建设的重中之重。环境修复是为了给生态系统留下更多的修复空间，缓解环境破坏所带来的问题。生态保护是建设美好家园的重要载体，也是未来发展的希望所在。

4. 构建以生态环境保护为中心的政治体制

生态政治就是"把自然生态系统和人类社会看作一个相互作用和影响的统一整体，将建立可持续的社会、自然、经济作为其思考的中心，根据可持续发展战略的要求，变革政治价值观、政治思维和政治活动，从政治学的基本原则到政策操作层次，如政治民主、政治决策、政党参与等，再到国家权力的结构和分配，直至国家之间的关系，系统地提出自己的见解和主张。它把社会、经济、文化、自然的和谐发展视为己任，反思现有政治体系的欠缺并调整之，使之能够更好地调整人与社会、社会与自然之间的关系，努力实现人与自然相互关系在社会意义上的最优化"①。生态政治是对过去政治理念的扬弃，是不同于以往政治的全新的政治观。

5. 提升生态环境综合治理能力

要持续构建全民参与机制、规划引导机制、制度创新机制、市场驱动机制等，推动政府、企业、社会组织和家庭及个人的协同参与，强化国家战略规划如"十三五"规划、中长期规划等规划制定设定目标和路径的引导机制，完善地方政府与基层社会生态环境治理体系，创新国土开发与规划、生态文明评价与奖惩、资源使用与管理、环境保护与补偿等具体制度。积极发挥市场引导作用，构建生态文明建设的市场驱动机制，提升生态环境综合治理能力。

第四节
中国的生态环境问题现状及其成因

一、我国城市生态环境问题的现状

中国是一个正迈向工业化、城市化的国家，中国的经济基础主要在城市。据资料统计，中国城市固定资产占全国的 2/3，工业总产值占全国的 3/4，财政收入占全国的 4/5 以上，城市又是人口最集中的地区。因此，实现城市生态环境可持续发展，建造一个清洁、安静、舒适和优美的城市生产环境和生活环境，使人们高效率地从事社会经济活动是当前我国环境保护的主要战略任务。然而，随着

---

① 陆聂海：《生态政治和政治生态化刍议》，载《理论研究》，2008（2）。

城市的大发展，城市的生态环境问题也十分突出，中国城市的环境污染问题已经成为制约城市发展的一个重要障碍。保护和改善城市生态环境质量，控制城市环境污染的恶化，是城市社会经济持续发展的重要一环。

（一）大气环境污染严重

2013 年以来，雾霾天气成为社会普遍关注的话题。空气污染"爆表"的说法频现于媒体报道之中。《迈向环境可持续的未来——中华人民共和国国家环境分析》报告提出，尽管中国政府一直在积极地运用财政和行政手段治理大气污染，但世界上污染最严重的 10 个城市之中，仍有 7 个位于中国。中国 500 个大型城市中，只有不到 1％达到世界卫生组织制定的空气质量标准。[1] 根据 2013 年《中国环境状况公报》，京津冀、长三角、珠三角三个重点区域除舟山外的空气质量全年均不达标，由此可见总体上我国城市空气污染状况依然十分严重，形势不容乐观。空气污染导致酸雨频发，数据显示，酸雨分布区域主要集中在长江沿线及中下游以南，酸雨区面积约占国土面积的 10.6％。[2] 其中，特别严重的酸雨几乎全部集中在经济发达的南方城市。数亿城市居民和工业发展地区的居民，每时每刻生活在含有大量重金属元素的气体、浮尘和二氧化硫、一氧化碳、铅化合物等致癌有害物质混合在一起的环境中。

（二）水资源分布失衡与水污染

在城市地区表现突出的是城市缺水和水污染。总体来看，城市缺水情况严重，水资源污染问题突出，部分城市河段污染较重。全国约有 333 个城市存在不同程度的缺水，其中，有 100 多个城市严重缺水。2012 年以来，全国区域性和阶段性干旱明显，同时，广州、武汉等部分城市阶段性内涝严重。2012 年，全国废水排放总量 684.8 亿吨[3]，其中大部分为城市所排放。这些废水未经处理直接流入江、河、湖、海，使全国 90％以上的城市水域受到不同程度的污染，新疆喀什、河北邢台、山东德州、黑龙江哈尔滨、山东济南、山西运城、陕西西安等城市相应河段污染严重。在地表水遭受严重污染的同时，2012 年又有 28％的城市地下水监测点水质变差。我国城市地下水污染已达 80％以上，其中西安、沈阳、北京、天津、上海等大城市，地下水硬度和矿化度、硝酸盐氮、亚硝酸盐氮等指标不断上升，综合超标率逐年增大，大大超过饮用水的标准。水源污染的直接后果是一些水源被迫停止使用，从而导致或加剧城市缺水，而寻找和建设新水源又需要耗费巨额投资；水源污染的间接后果是影响供水水质，进而损害城市居民的身体健康。地下水污染、水资源告急已成为全国城市发展中的严重问题。

---

[1] 参见亚洲银行：《迈向环境可持续的未来——中华人民共和国国家环境分析》，http://www.adb.org/publications/toward-environmentally-sustainable-future-country-environmental-analysis-prc-zh。

[2][3] 参见中华人民共和国环境保护部：《中国环境状况公报》（2013），2014。

（三）固体废弃物污染

垃圾已经成为城市新"肿瘤"。城市垃圾是城市居民生活垃圾、建筑垃圾、医疗垃圾、城市污水处理厂固体沉淀物、工业生产废渣等固体废弃物的总称。它是城市化进程中的副产品，其增长趋势与城市化率成正比。国家统计局的统计数字显示，1999—2013 年，我国的城市化率逐年递增，到 2013 年超过 50%。与此同时，城市垃圾也急剧增加，2013 年全国城市生活垃圾清运量达到 1.73 亿吨。城市固体废弃物主要是工业垃圾（工业废渣）、生活垃圾、工业粉尘和农粪，特别是工业垃圾和生活垃圾往往不经处理，到处堆放，对环境造成严重污染，同时影响市容美观。

（四）噪音污染

噪音污染主要来源于交通运输、车辆鸣笛、工业噪音、建筑施工、社会噪音（如音乐厅、高音喇叭、早市和人的大声说话等）。噪音给人带来的生理上和心理上的危害主要有损害听力，影响睡眠，造成疲倦，使人急躁、易怒，导致人的心血管系统和神经系统紊乱。在太原和重庆，噪声污染是投诉热点。据 2009 年全国公众对城市环境保护满意率调查数据，公众对噪声状况满意率仅为 68.56%，低于对空气状况、河流湖泊状况的满意度，为满意度最低的环保内容。[①]

（五）光污染

城市里的光污染是一个未引起足够关注的污染源。国际上一般将光污染分成三类，即白亮污染、人工白昼和彩光污染。在现代城市里，玻璃幕墙、釉面砖墙、磨光大理石和各种涂料等被大量使用，这些材料在太阳照射时反射出大量白光，而到了夜晚，城市成了"不夜城"，扰乱人体正常的生物钟，导致夜晚难以入睡，白天工作效率低下。各种建筑物内外安装的黑光灯、旋转灯、荧光灯以及闪烁的彩色光源构成了彩光污染。专家研究发现，长时间在光污染环境下工作和生活的人，视网膜和虹膜都会受到程度不同的损害，视力急剧下降，头昏心烦，甚至发生失眠、食欲下降、情绪低落、身体乏力等类似神经衰弱的症状。

二、我国农村生态环境问题的现状

农村的主体是农民，农民所进行的主要生产活动是农业生产，维持农民生活和农业活动的基础是农村的资源、生态与环境。农村的资源、生态与环境直接关系到农业、农村和农民。总的来说，耕地质量问题凸显，区域性退化问题较为严重，农村环境形势依然严峻。[②] 但是由于各种原因，这些生态环境问题并没有引

---

① 参见杨华云：《城市噪声　全国公众最不满》，载《新京报》，2010-11-09。
② 参见中华人民共和国环境保护部：《中国环境状况公报》（2013），2014。

起太多的关注。

（一）土地资源与水资源匮乏

在农村，主要的资源是耕地资源和水资源，耕地和水都是农民赖以生存和发展的基础。然而，这两种资源在我国人均占有水平均较低，且都面临诸多问题。"我国现有土地面积居世界第三位，但人均耕地不及俄罗斯的 1/8，美国的 1/6，加拿大的 1/15，甚至只有印度的 1/2。"[①] 随着人口的增加，人均耕地逐年下降。同时全国耕地面积锐减。2009 年至今，全国耕地面积一直呈递减态势。另外水土流失严重，2012 年年底中国现有土壤侵蚀总面积 294.91 万平方千米，占国土面积的 30.72%。[②] 目前，我国农村水资源问题也非常突出，表现为水资源分布不均，水资源浪费严重，部分地区生产生活缺水、饮水安全没有保障，更值得关注的是工业废水、生活污水不达标排放，农药、化肥和各种化学杀虫剂的用量增加所导致的地表水和浅层地下水资源严重污染。

（二）各种生态灾害频繁发生

目前，广大农村存在的生态灾害首先表现为水土流失呈现出面广、量大的特征。其次表现为生物入侵。生物入侵带来的危害巨大，不仅造成生态破坏、生物污染、生物多样性消失，而且使农、林业遭受经济损失，更严重的是威胁人类健康等。最后表现为灾害频发。台风、高温、干旱、雪灾、低温、沙尘、洪涝、地质灾害及地震频发，造成严重的生命财产损失。其中地质灾害造成损失自 2009 年以来一直递增，2013 年比 2009 年增加近 90 亿元。而在广大农村地区，生态环境保护设施严重不足，环保机构与人员偏少，管理缺位现象非常严重，农村环保法制缺位，农村环保无法可依。

（三）环境污染严重

根据农村污染物的来源，农村的环境污染问题主要表现为：第一，农村生产污染。在农业生产中，不合理使用化肥、农药、农用薄膜等化学品造成环境污染。2008 年，我国化肥使用强度是发达国家的 2 倍，亩均使用农药高出美国 1 倍多，而农药化肥的利用率只有 30%，大部分流失到土地和水中。[③] 这些造成了对粮食、蔬菜以及大气、水体、土壤等环境要素的污染。此外，农业生产中使用塑料薄膜，由于不注意回收清理而给农村带来了"白色污染"。近些年来，由于畜禽养殖业从分散的农户养殖转向集约化、工厂化养殖，禽畜粪便污染大幅度增加，成为一个重要的污染源，严重污染了环境并影响了农村居民的生产生活。第二，农村生活污染。据统计，全国农村每年产生生活垃圾 2.8 亿吨，生活污水 90

① 成升魁：《2002 中国资源报告》，350 页，北京，商务印书馆，2002。
② 中华人民共和国环境保护部：《中国环境状况公报》（2013），2014。
③ 参见张宏艳、刘平养：《农村环境保护和发展的激励机制研究》，90～91 页，北京，经济管理出版社，2011。

多亿吨，人粪尿年产生量 2.6 亿吨。随着收入水平的增加，生活垃圾产生量、生活污水排放量都会相应增加。可以预见，未来农村生活污染排放将会随着农民收入水平的提高而加重。[①] 第三，由工业、乡镇企业和其他污染源造成的农村环境污染。20 世纪 70 年代以来，乡镇企业发展十分迅速，已成为我国农村经济乃至整个国民经济和社会发展中不可替代的力量。但由于乡镇企业数量众多、布局混乱、工艺陈旧、设备简陋、技术落后、能源消耗高，绝大部分企业没有污染防治设施，使污染危害变得非常突出，成为农村社会的最大污染源。同时，城镇各种污染物、废弃物等向农村转移，成为农村污染的重要来源。

农村生态环境问题存在着责任主体难以划分的情况，且具有很强的不确定性。相对于城市而言，农村生态环境受制于整个社会的工业化和城市化所带来的环境污染和生态危机。若对农村生态环境治理重视不够，则在短期内影响生态环境的农村生产生活方式难以改变。

三、我国生态环境问题的成因

（一）人口压力和资源短缺

我国是个资源贫乏和人口众多的国家。人均森林占有面积、人均淡水资源量、人均耕地和人均各种能源占有比例都远远低于世界平均水平。生存的压力和社会发展的需要，再加上经济发展的粗放型模式，资源的过度开采和使用，使得我国脆弱的生态环境不堪重负，生态环境保护任重道远。

（二）社会发展理念的局限

作为一个落后的发展中大国，我国的社会发展理念有着很大的局限性：第一，单纯地追求经济上的高增长，将国内生产总值作为衡量社会发展和文明的唯一尺度。在这种观念指导下，资源浪费，环境破坏，从而导致经济增长与生态环境的矛盾日益突出。第二，改革开放以来，在政府的强力推动下，我国走上了"高速度、低质量"的城市化之路，不可避免地带来了相应的环境问题。第三，"扩大内需，刺激消费"政策的实施，对经济发展起到了非常显著的促进作用，背后却是大量不可更新、不可再生资源的浪费。

（三）公民环保意识不强

随着社会的进步，环保理念逐渐深入人心，公民的环保意识逐渐提高，但总体来说，在我国，人们环保意识仍很淡薄，不少地方在经济中心论主导下普遍重视经济发展，轻视环境保护，过度开发和盲目发展，造成环境破坏和环境污染的

---

① 参见张宏艳、刘平养：《农村环境保护和发展的激励机制研究》，90～91 页，北京，经济管理出版社，2011。

事例屡见不鲜。同时相对于城市居民环保意识不断提高的现状，农村居民的环保意识非常薄弱。在我国农村，由于缺乏环保意识，多数农村村落缺乏统一规划，建造无序。人畜混杂，畜禽圈舍、厕所等随意搭建，生活垃圾随意倾倒等现象十分严重，林木砍伐，农药、化肥、农膜等施用处于无序状态，加剧了农村生态环境的恶化。

（四）生态环境管理体制改革滞后

随着时代的发展，我国城乡生态环境管理体制存在诸多问题，主要表现在：一是管理体制不合理，环境保护的多部门合作机制没有形成。与此同时，公众和民间组织基本上被隔绝在环境管理之外，缺乏畅通的诉求渠道，对于关系群众切身利益的城市环境事务很少有发言权。二是城乡生态环境保护的"二元"体制。在城市，我们建立起了相对有效的环保管理体制，而在广大农村，管理缺位现象非常严重，农村环保法制缺位，农村环保无法可依。现行法律中的一些相关规定如排污申报登记、环境影响评价等制度对农村环境问题可操作性不强；三是农村生态环境治理重示范轻机制。在不少地方，农村生态环境建设示范工程较多，侧重于政府集中财力、物力、人力重点打造，而在制度、机制方面毫无建树。农村整体环保治理体系并未完善，环保机构并未建立，环保监管能力没有提高。

第五节
中国生态环境治理与保护

目前，我国正处于社会转型期，面临着现代化建设和生态环境问题的双重挑战，如何处理好经济发展、社会进步与生态环境保护的关系是摆在中国政府和社会各界面前的一个重大课题。党中央、国务院和各级政府历来重视生态环境保护，制定了一系列法规和工作制度，取得了不小的成就，但面对严峻的形势，仍存在很多有待完善和加强的地方。

一、中国生态环境治理与保护的回顾

（一）改革开放前的生态环境治理与保护

20世纪50到60年代，新中国经济社会建设掀起了高潮，同时在"人多力量大"理念下，人口迅速增长，给生态、资源与环境带来很大的压力，自然环境遭到严重破坏，环境问题开始凸显出来。60年代末和70年代初，中国政府受日本和国内生态环境问题事件的影响，开始关注中国在工业化过程中面临的环境问题。1972 年中国参加了斯德哥尔摩人类环境会议并提出了保护环境的 32 字方针（全面规划、合理布局、综合利用、化害为利、依靠群众、大家动手、保护环境、造福人民）。1973 年中国召开了第一次环保方面的会议，并开始在各省、区建立三废治理办公室，并在 1974 年 5 月成立了国家一级的环境保护机构——国务院环境领导小组，通过制定政策、行政法规和标准等控制环境污染。1975 年，中国提出环境污染问题"五年控制、十年基本解决"的目标。这一阶段从人们对环境问题的认识和各级环保机构的设立上看，中国环境保护工作迈开了坚定的步伐。

（二）改革开放以来的生态环境治理与保护

随着人口压力的增加，中国开始实行计划生育政策。与此同时，随着改革开放的不断深入，逐步建立了与市场经济相适应的、可持续发展的生态环境治理与保护管理体系。1978 年年底，中央批准国务院环保小组的《环保工作汇报要点》，指出"绝不能走先建设、后治理的弯路"，这是第一次以党中央的名义对环保工作做出的指示。1979 年 9 月第一部环境保护基本法——《中华人民共和国环境保护法（试行）》的颁布，标志着环境保护工作开始步入市场经济所要求的法制化轨道。1981—1985 年的"六五"计划，第一次纳入了环境保护的内容。1982 年《宪法》第 26 条规定："国家保护和改善生活环境和生态环境，防治污染和其他公害。"1983 年环境保护成为基本国策。至 1989 年中国已逐步制定了"预防为主、防治结合、综合治理"，"谁污染，谁治理"，"强化环境管理"三项政策和"环境影响评价"等八项制度，在环保机构设置和环境教育方面也取得了很大成绩。

1992 年世界环境与发展大会之后，中国公布了《中国关于环境与发展问题的十大对策》，明确提出必须实施可持续发展战略。1995 年，《中国环境保护 21 世纪议程》发布。1996 年第四次全国环保会议在进一步强调保护环境基本国策的基础上，确立了跨世纪绿色工程计划。1999 年 3 月中央人口资源环境工作座谈会为贯彻环境可持续发展战略作出部署，进一步指明了中国的环保工作方向。2002 年初第五次全国环保会议要求把环境保护工作摆到同发展生产力同样重要的位置，走市场化和产业化的路子。在 2003 年 3 月的中央人口资源环境工作座谈会上，胡锦涛总书记指出：在推进发展中要充分考虑资源环境承受力，积极发展循环经济。

2004 年至今，中国生态环境治理与保护进入了科学发展观指导的环境保护与管理体系构建阶段。2005 年 12 月国务院《关于落实科学发展观加强环境保护的决定》指出，加强环境保护是落实科学发展观的重要举措，是全面建设小康社会的内在要求。《决定》把环境保护摆到了更加重要的战略位置，迈开了以科学发展观指导环保工作的第一步。2006 年 4 月的第六次环境保护大会明确提出"必须把保护环境摆在更加重要的位置"，并提出了做好新形势下环保工作的"三个转变"，标志着中国环境与发展的关系正在发生战略性、方向性、历史性的转变。2007年11月《国家环境保护"十一五"规划纲要》公布。在科学发展观的指导下，这一阶段中国的环境保护理念上升到前所未有的高度，最广泛的环保"统一战线"逐渐形成，迈出了历史性转变的坚实步伐，环保事业焕发出空前的生机与活力。在"十一五"时期，国家进一步加大环境保护力度，制定了建设资源节约型、环境友好型社会，大力发展循环经济，加大自然生态和环境保护力度，强化资源管理等一系列政策；建立了节能降耗、污染减排的统计监测和考核体系、制度，极大地促进了我国环境保护事业的进一步发展。2011年以来，国家将生态文明建设纳入到战略部署之中，生态文明建设逐步展开，在党的十八届三中全会之后其制度建设也被提上日程。

二、中国生态环境治理与保护的成就和不足

(一) 中国生态环境治理与保护取得的成就

1. 法制化建设成绩斐然，"有法可依、执法必严、违法必究"的局面已经形成

我国的环保立法工作经历了从无到有、从少到多的过程。新中国成立以来，国家以环境保护为对象制定、颁布和修订了多项环境保护专门法以及与环境保护相关的自然资源法等，初步形成了适应市场经济体系的环境法律和标准体系，为环保领域实现有法可依奠定了基础。第一次全国环境保护会议审议通过了《关于保护与改善环境的若干规定》，这是我国环境保护立法的起点。改革开放以来，环境立法逐渐建立了由综合法、污染防治法、资源和生态保护法、防灾减灾法等法律组成的环境保护法律体系。目前已经形成了以《中华人民共和国宪法》为基础，以《中华人民共和国环境保护法》为主体的环境法律体系。我国在建立健全环境法律体系的同时，也重视环境管理体制建设。已经逐步建立起由全国人民代表大会立法监督，各级政府负责实施，环境保护行政主管部门统一监督管理，各有关部门依照法律规定实施监督管理的体制。

2. 公民环保意识不断提高，公民参与生态环境治理与保护的机制初步建立

我国借助世界环境日、地球日等世界主题日，开展丰富多彩的环保纪念活动，不断宣传节能减排、低碳经济，倡导绿色消费等，形成了"环保宣传进基层、进社区"的局面，全民环境意识不断提高。此外，我国积极利用媒体等宣传工具，加大环境信息公开力度，及时向社会通报环保工作的情况和动向，曝光环境违法行为，弘扬环境文化，增大政府管理透明度，公开接受社会监督，保证了公民知情权和监督权的初步实现。随着公民环保意识的提高，"节能减排"、"绿色消费"、"限用塑料袋"、"低碳生活"等保护环境的号召，得到了社会各界广泛响应，公民环保维权行为日益增多，绿色学校、绿色社区、生态企业、环保组织等大量出现，形成了以政府为主导、企业为主体，全社会共同推进的生态环境治理与保护的工作格局。

3. 污染防治力度加大，生态保护与环境成绩突出

经过多年的努力，对多数污染严重的老企业特别是大中型企业采取利用资源

和能源综合处理、加强污染治理工程建设，清理整顿、取缔关闭违法企业等措施，减轻了对环境的污染，收到了比较明显的效果。"三废"排放达标率逐年提高，"三废"综合利用取得了较高的经济效益。国家积极推行"节能减排"，淘汰和关闭了大量落后产能和高耗企业，加大责任追究力度，主要污染物排放总量和万元国内生产总值能耗逐步下降，环境污染投资总额迅猛增长。与此同时，国家大力加强城市规划、建设与管理，促使城市的基础设施水平不断提高，功能不断完善，人居环境逐步改善，城市环境治理能力不断增强。

4. 保护与建设同步推进，生态社会建设成绩斐然

新中国成立 60 年来，特别是改革开放以来，我国各级政府在生态环境保护方面加大投入，保证了生态环境治理与保护经费逐渐增加，采取了一系列保护和改善生态环境的重大举措，坚持污染防治与生态保护并重、生态保护与生态建设并举的方针，积极推进植树造林、水土保持、草原建设和国土整治等重点生态工程，加强森林、湿地和荒漠生态系统建设及生物多样性保护，积极实施六大林业重点工程建设，建立了一批自然保护区、生态示范区、风景名胜区和森林公园。与此同时，荒漠化沙化控制、水土保持等方面取得了很大进展，自然环境和自然资源得到保护。加大生物多样性保护力度，维护生态平衡，生态城市、生态省市、生态乡镇和生态社区等生态社会建设取得了很大进展。同时，我国采取积极的人口政策，人口增长速度大幅度下降，人地关系等人与自然、资源的矛盾得到缓解。

5. 积极参与全球环保事务，国际合作机制逐步形成

改革开放以来，随着生态环境治理与保护事业的稳步发展，我国重视生态环境治理与保护领域的国际合作，积极参与联合国等国际组织的环境事务，以更加开放的姿态和务实合作的精神参与全球环境保护事务，与联合国开发计划署、世界银行、亚洲开发银行等国际组织建立了有效的合作模式，形成了健康、有效的双边合作机制，在环境政策法规、污染防治、生物多样性保护、气候变化、可持续生产与消费、能力建设、示范工程、环境技术和环保产业等方面广泛进行国际交流与合作，取得一批重要成果。

6. 重视资源整合和社会动员，科学、有效和合理的工作机制基本形成

随着我国生态环境治理与保护事业的发展，我国基本形成了"从上到下"的领导机制和"从下到上"的社会参与机制，"关注生态环境，建设生态社会"已经成为各级政府和领导的共识，环保机构和队伍建设不断得到加强，环境管理、科研、监测网络体系逐步完善，基本上形成了较为科学、有效和合理的生态环境治理与保护的工作机制。

（二）我国生态环境治理与保护面临的挑战

1. 生态环境问题依然突出，治理与保护任重道远

我国仍然面临严重的生态环境问题，生态环境"公害"存在的范围不断加大，影响程度不断加深，中国现在已经形成了世界范围最广、程度最深、影响最

大的环境污染和生态破坏，越来越逼近环境安全的底线。生态环境问题在中国已不是单一的生态环境问题，随着民众环境意识的觉醒，环境问题正在变成严重的社会问题，并且很可能演化为有损社会和谐的社会危机。更为严重的是，如果环境污染在中国造成的危害过大，很可能全面颠覆中国多年改革获得的成果，而成为一个具有爆炸性的复杂的社会问题，因此我国生态环境治理与保护任重而道远。

2. 消费主义等价值观影响深远，生态环境治理与保护缺乏文化支撑

在当前我国经济发展中，为了更好更快地发展，在市场经济条件下，我们充分调动公民的消费，采取了各种措施促进消费，增加内需。"汽车下乡"等政策刺激了消费，但使得消费从"功能需求行为"变成了"非必需行为"。尽管这种消费主义理念促进了消费，拉动了经济的发展，但是也造成了巨大的能源浪费和污染物排放。与此同时，人类中心主义在我国有着很大的市场，一切以人类的需求为根本的发展方式在很大程度上忽视了生态环境的承载力，加剧了生态环境问题的发展。

3. 现代化模式落后，生态环境治理与保护的可持续动力不足

目前，我国经济机构仍然不合理，高消耗、高投入、高消耗、高污染的传统经济发展模式仍在实行。虽然我们提出可持续发展已经好多年了，但是可持续发展没有落到实处。我们的经济能源、资源大量地消耗，对环境造成很大的压力，在许多方面造成很大的危害。与此同时，以经济建设为中心，尽管抓住了我国社会发展的主要环节，但是在很大程度上忽视了社会发展与进步的其他方面。在很长一段时期，我们一直认为只要经济发展了，什么问题都能解决，然而现实告诉我们，经济、政治、文化和社会必须协调发展才能从根本上实现可持续发展。

4. 公民社会建设薄弱，生态环境治理与保护的社会参与机制尚待完善

生态环境问题是一个公共议题，其治理与保护需要全体公民的共同参与，公民是否参与及参与程度直接影响到生态环境治理与保护的成效。在现代社会，公民参与生态环境治理与保护不仅需要"从我做起"、"从小事做起"，而且需要借助中介组织参与其中，从而实现政府与公民对生态环境问题的合作治理与保护。由于我国公民社会赖以生存和发展的社会经济、政治和文化环境处于转型之中，因而中国公民社会建设水平有待提高，这表现为：一是参与生态环境议题的积极性高，但以破坏性的群体性事件为主；二是中间组织发展有待加强。这一局面导致我国公民的环保意识呈现出阶层差异和城乡差异，特别是农村居民的环保意识亟待提高。中间组织发展水平不高，使得公民参与环保途径不多，参与渠道不是很畅通，在一定程度上限制了公民的环保参与。

5. 农村投入不足，生态环境治理与保护城乡差距显著

目前农村的生态环境面临着巨大的挑战，不仅表现为人口多、农民环保意识不高、农村生产生活行为等对生态环境的压力，而且表现为农村生态环境污染原因复杂、随机性大、分布范围广、潜伏性和滞后性强、管理控制难度大。与此同时，长期以来的城乡分治战略使城市和农村之间存在着严重的公共投入不公现

象，农村环境污染防治经费、人员投入不足，农村环境保护能力明显不足，严重制约了农村生态环境保护工作的开展。

6. 部门条块分割、各自为政，多部门协调合作机制亟须加强

目前，我国各有关部门"共同合作、履行职责、密切配合"的局面仍未完全形成，"资源浪费、绩效不高"现象比较严重。生态环境治理与保护是一个系统性很强的工作，除了环保机构外还涉及宏观调控部门、科技部门、财政部门等部门及各级政府。在生态环境问题全球化背景下，国际性机构、团体也成为我国生态环境问题治理与保护的重要机构。在这种情况下，诸多机构、团体之间的沟通协调、职权划分、资源分配与协作配合等就成为了影响生态环境治理与保护的重要因素。

三、中国生态环境保护的路径选择

（一）重新定位人与自然的关系，促进人与自然和谐相处

建立人与自然的和谐共处、协调发展关系，实现人类与自然界关系的全面、协调发展是人类生存与发展的必由之路。为此，首先，必须确立大自然观。现代意义上的自然观，真正视人类与自然是相互依存、相互联系的整体，从整体上把握住规律，并以此作为认识自然和改造自然的基础。其次，必须走出"人类中心"的误区，建立人与自然全面和谐共处和协调发展的关系。科学证明，人类不过是众多生物种类中的一种，人类只是自然的一部分，不是万物的尺度。不仅要征服自然、利用自然，从自然中获取有利于人类发展的使用价值；同时要善待自然、保护自然、尊重自然。要树立大价值观念，即在评价一切经济活动和社会活动时，不仅要考虑其经济价值，而且要考虑其生态价值，不仅要考虑眼前价值，而且要考虑长远价值，不仅要考虑从自然中所得，还要考虑如何回报自然等等。只有这样，才能真正建立起人与自然和谐共处的关系，实现人与自然和谐共处，协调发展。

（二）重新解读社会发展的宗旨，实现人与社会的全面发展

人与社会的全面发展是构建社会主义和谐社会的终极目标，也是构建社会主义和谐社会的重要内容。构建社会主义和谐社会从本质上讲就是要促进人与社会的全面发展。两者相互依赖、相辅相成，统一于人类社会发展的历史进程之中。在生态环境的治理与保护方面，要求我们在思想上正确认识环境与经济的关系，其核心就是要加快实现环境保护历史性转变，从重经济增长轻环境保护转变为保护环境与经济增长并重，从环境保护滞后于经济发展转变为环境保护和经济发展同步，从主要用行政办法保护环境转变为综合运用法律、经济、技术和必要的行政办法解决环境问题，实现人和自然的协调与和谐，使人们在优美的生态环境中工作和生活，促进社会的全面进步与发展。

（三）改变消费行为的取向，倡导生态消费

随着经济社会的不断发展，转变消费观念、倡导生态消费模式成为生态环境治理与保护的重要举措。建立和倡导新的消费模式与取向是防止资源浪费、环境恶化的当务之急。要广泛利用各种媒体，充分揭露奢侈性、浪费性观念的危害，大力宣扬生态消费的重要性，引导人们摒弃那些过分讲求豪华的"高档消费"、随意铺张浪费的"攀比消费"、片面追求方便的"一次性消费"等消费陋习，自觉树立以"绿色、自然、和谐、健康"为宗旨的生态消费观念，做到既满足当代人的消费需求，又不损害子孙后代的生存环境。深入开展"厉行节约、反对浪费"主题活动，积极推进绿色消费，大力倡导绿色文明，让勤俭节约、生态消费成为全社会的一种习惯、一种时尚。同时，大力培植绿色产业，引导企业生产更多物美价廉的生态消费品，为推广普及生态消费提供现实保障，从而不断减少人们对环境资源的破坏和浪费，促进人与自然的和谐发展。

（四）强化全社会的环境责任，倡导和促进公众参与

加强环境保护，政府是主导，群众参与是重要的社会力量。必须充分发挥社会主义制度的优越性，不断完善党委领导、政府负责、环保部门综合管理、有关部门协调配合、全社会共同参与的环境管理体系。加强环境综合管理，积极探索大部门环境管理体制。加强环保组织管理体系建设，推进管理机构向基层延伸，强化地方环保部门基础能力，形成政令畅通、高效有力的决策执行系统。团结和动员各方面的力量，发挥人民群众的聪明才智和创造热情，形成环保工作合力。保障公民能够有效行使知情权、检举权、参与权等各种权利。鼓励和引导民间组织和社区组织合法地开展各种环境保护社会监督和公益活动。

（五）关注农村生态环境问题，实现城乡生态环境保护无差别对待

良好的农村生态环境同城市环境的改善是相辅相成、互为因果、相互支撑的。要促使农村环境的根本改变，必须树立城乡环境一体的意识，采取系统工程，城乡共同参与，走城乡环境治理统筹协调的科学发展、科学治理之路，这样才能使城乡环境真正得到改善。当务之急是加大对农村环境保护的政策倾斜和资金人员的投入，改变农村生态环境无人管的局面。与此同时，增强农村基层政府及农民的环保意识，加大治理力度，发展生态农业，做好生态发展规划，采取切实可行的措施，以使农村环境有实质性的改变。

（六）健全环境制度，强化生态环境治理与保护的制度保障

生态环境制度是建设生态社会的制度基础。通过制度建设，建立有利于资源节约和环境保护的社会参与机制，增强各级政府的环境管理能力，积极建立和完善环境与发展综合决策机制，增强政府在产业发展、资源利用和环境保护方面的综合决策、监管和协调能力。要建立领导目标责任考核机制，要切实加大对环境

影响评价的执行力度，加大对环境污染的整治力度，通过加大监管来最大限度地减少产业发展对生态环境的影响。在市场引导方面，应当探索建立环境保护和生态恢复的经济补偿机制，培育和规范环境保护基础设施建设和运营的市场机制，逐步形成有利于资源节约和环境保护的市场运行机制。

本章要点

1. 生态环境问题是指由于生态平衡遭到破坏，导致生态系统的结构和功能严重失调，从而威胁到人类的生存和发展的现象。社会学研究生态环境问题的主要理论范式有结构功能主义、冲突论、建构主义、符号互动论和女性主义等。

2. 生态环境问题越来越成为全球性的社会问题。它的产生与发展有着深刻的文化根源和社会根源。

3. 可持续发展是人类社会应对生态环境问题的必由之路，它是一种建立在社会、经济、人口、资源、环境相互协调和共同发展的基础上的发展模式。实现可持续发展要坚持公平、可持续、和谐、统筹、高效和阶梯的原则，提高全社会的生态环境保护意识，强化公民、企业、社区、政府等不同主体的职责。生态社会是可持续发展的重要标志，是生态建设所追求的目标。

4. 我国城乡生态环境问题十分突出，主要原因在于：第一，人口压力和资源短缺；第二，社会发展理念的局限；第三，公民环保意识不强；第四，生态环境管理体制改革滞后。

5. 中国生态环境治理与保护取得了不小的成就，也面临着巨大挑战。因此应该从文化、经济、社会等各个方面采取各种措施，加强我国生态环境治理与保护，促进社会可持续发展。

复习思考题

1. 什么是生态环境问题？我们为什么要开展环境保护工作？

2. 目前，全球存在哪些生态环境问题？

3. 导致生态环境问题的原因有哪些？

4. 谈谈你对可持续发展的认识与看法。

5. 中国生态环境治理与保护的现状如何？有什么样的挑战？我们该怎么办？

推荐阅读书目

1. 向德平，主编 . 城市社会学 . 北京：高等教育出版社，2005.

2. 王正平 . 环境哲学：环境伦理的跨学科研究 . 上海：上海人民出版社，2004.

3. ［日］岩佐茂 . 环境的思想 . 北京：中央编译出版社，1997.

4. 雷毅 . 深层生态学思想研究 . 北京：清华大学出版社，2001.

5. 奚旦立，主编 . 环境与可持续发展 . 北京：高等教育出版社，1999.

6. 刘燕华，周宏春，主编 . 中国资源环境形势与可持续发展 . 北京：经济科学出版社，2001.

7. ［日］饭岛伸子. 环境社会学. 北京：社会科学文献出版社，1999.

8. 左玉辉，主编. 环境社会学. 北京：高等教育出版社，2003.

9. 李友梅，刘春燕. 环境社会学. 上海：上海大学出版社，2004.

10. 杨东平，主编. 中国环境发展报告（2009）. 北京：社会科学文献出版社，2009.

11. ［美］文森特·帕里罗，等. 当代社会问题. 北京：华夏出版社，2002.

12. 程伟礼，马庆，等. 中国一号问题：当代中国生态文明问题研究. 上海：学林出版社，2012.

第十二章

弱势群体问题

在我国，社会转型不断加剧，经济结构快速变迁，城市化速度加快，社会流动加快，人口老龄化进程不断推进，弱势群体问题不断凸显并日趋复杂。党的十八届三中全会上提出要"积极应对人口老龄化，加快建立社会养老服务体系和发展老年服务产业。健全农村留守儿童、妇女、老年人关爱服务体系，健全残疾人权益保障、困境儿童分类保障制度"[1]。解决好弱势群体的现实利益问题，提供基本的社会保障，实现发展成果更多更公平地惠及全社会，是促进社会公平正义、和谐发展的重要内容。

第一节
弱势群体

一、弱势群体的界定

弱势群体是"由于某些障碍及缺乏经济、政治和社会机会，而在社会上处于不利地位的人群。这类人群内部可能没有组织化，所以并不是真正的群体，只是类似的社会成员的集合"[2]。从经济学视角看，由于各种外在和内在原因，弱势群体抵御自然灾害和市场风险的能力很弱，在生产和生活上面临诸多困难。从社会学视角来看，弱势群体是一个组织性很弱的人群，其特征是在社会性资源分配上占劣势、生活质量较低。[3] 从社会心理学视角来看，弱势群体是由于个人或社会原因而造成心理失调、社会适应能力很低的人群。

弱势群体所面临的共同困境主要包括：第一，经济状况较差。弱势群体由于身体残疾、年老体弱、就业困难等原因，经济来源有限，收入水平低于社会平均水平，被排斥在主流社会之外。第二，权益受侵害情况严重。弱势群体的人身权利与劳动权利经常受到侵害，而且缺乏必要的维权渠道和手段。第三，社会话语权缺失。弱势群体不能完全代表自己并表达自己的意见，其社会参与、政治参与机会少，因此，弱势群体的话语权缺失，且被排斥在主流话语之外。

二、弱势群体的特点

弱势群体具有如下几个特点。

---

① 《中共中央关于全面深化改革若干重大问题的决定》，48页，北京，人民出版社，2013。
② 王思斌：《社会转型中的弱势群体》，载《中国党政干部论坛》，2002（3）。
③ 参见陈成文：《社会学视野中的社会弱者》，载《湖南师范大学社会科学学报》，1999（2）。

（一）弱势群体解决问题可利用的社会资源不多

弱势群体拥有的社会资源相对有限，但是每种弱势群体都有自己独特的优势，其所在的环境也都充满了解决弱势群体困境的资源。由于社会对弱势群体的偏见与排斥以及弱势群体的自卑心理等原因，弱势群体在解决问题的时候缺乏自信，缺乏对资源进行有效运作的能力，多采用简单重复的解决方法，缺乏有效性。例如下岗女职工在再就业领域一般都从事简单的清洁、保姆等劳动行业，忽视了利用原就业单位的人际关系与工作经验进行再就业或创业。

（二）弱势群体的权利主体地位易被忽视

弱势群体被排斥在主流话语之外，政治参与程度较低、政策决策与影响力较低，其权利主体地位容易被忽视。一些关注弱势群体的行动缺少对弱势群体主体的认识，没有把弱势群体当作有自主性的群体和发展性的主体，忽视了弱势群体的主观能动性与自我发展的选择权利。

（三）弱势群体处在社会边缘

弱势群体拥有的经济资源、社会资源、政治资源相对匮乏，且对资源的运用效率不高，导致在社会发展过程中的竞争能力处于弱势地位，不仅难以改变弱势地位，而且由于长期被排斥在主流社会之外，他们处于社会边缘。

（四）弱势群体的问题具有同一性与差异性

一方面，弱势群体作为社会中的弱者，在生活中遇到的困难与需求具有同一性，面临相同的发展困境与需求。例如弱势群体的社会竞争力都比较弱，在人生发展历程中需要得到其他人对自己权利的尊重、对自己的认同，弱势群体的维权意识较差等。另一方面，由于弱势群体的差异性，不同弱势群体的发展困境与需求也表现出差异性和独特性的特点。如残疾人对康复医疗和保健的需求，老年人对养老的需求，妇女对性别平等的需求，儿童对成长环境安全的需求等。

三、弱势群体问题产生的原因分析

（一）弱势群体问题产生的生理性原因

生理性原因指的是由于年龄、性别、疾病、伤残等原因导致社会成员处于弱势地位。例如由于先天的遗传或是后天的疾病等原因导致个体残疾的人群在社会上受到大众文化观念上的排斥与教育排斥，导致其社会竞争力不强，在社会竞争中处于弱势地位。残疾人经济收入较低，一般都生活在贫困线以下，难以融入社会。一部分有劳动能力的残疾人通常从事简单、低收入的工作，而完全丧失劳动能力者则需要家庭供养或政府救济，因此加重了家庭与政府负担。由于年龄的原因，未成年的儿童在成长过程中容易受到外界的伤害，而老年人由于年老体弱，更需要在生活上得到家人与社会的关怀。

（二）弱势群体问题产生的社会性原因

社会性的原因相对比较复杂，而社会性原因可能是造成社会成员成为弱势人群的直接或间接原因。具体而言，弱势群体问题产生的社会性原因主要包括：

1. 经济结构变迁

经济结构的改变会直接影响社会中个人的收入与消费，在由经济结构变迁带动的产业结构转型过程中会有一部分人的利益受到损害，如果没有系统完备的社会改革及相应的救济制度，就会产生大量的弱势群体，并反过来对经济结构改革、产业结构转型产生负面作用。在我国市场经济发展过程中，一方面，一部分福利企业由于市场竞争力不强，逐渐退出了市场，另一方面，由于弱势群体的竞争能力不足，缺少必要的就业条件，因此，经济结构的变迁使得依赖福利企业的弱势人群就业更加困难。除此之外，经济结构变迁改变了传统帮扶救助的社会体系与政策制度，而有关弱势群体的权益保护法律法规还不完善，针对弱势群体的社会救助体系还没有发展成熟，关于弱势群体的权益保护意识还没有在全社会普及，因此弱势群体的就业生活状况堪忧。

2. 社会流动加速

社会流动包括阶层流动、职业流动、社会地位流动以及地域流动等。我国社会转型加速期，社会流动在不断加快，社会中间阶层不断壮大，社会阶层内的地位在发生大变化。一部分社会成员因为体制转型与社会转型流入社会底层，这部分人逐渐成为弱势群体。例如我国改革开放以来，实行国有企业改革，部分大龄的国企职工下岗后由于遭遇疾病等原因，生活质量下降，成为社会底层群体一员。另一方面，职业流动与地域流动促进了农村青壮年向城市的转移，而在农村社会则形成了大量的留守老人、留守儿童、留守妇女。这部分留守人员则是弱势群体的主要人群，留守老人养老状况、留守儿童的教育水平以及留守妇女的生活状况堪忧。

3. 人口结构变化

2005 年 1‰人口抽样调查发现，我国 65 岁及以上老年人口占总人口的比重为 7.69％。老龄化水平的升高增加了老年抚养比。对于那些有大量年轻人口流出的省份来说，常住人口的抚养比在上升。例如，人口流出大省（直辖市）四川和重庆的老年抚养比最高，分别达到了 16.24％和 16.04％。另一个劳务输出大省安徽，其老年抚养比也达到了 15.1％。湖南、湖北、广西、贵州、山东等劳务输出大省，老年抚养比也高于全国平均水平。2012 年，我国 65 岁及以上老年人口占总人口的 9.39％，国内老年抚养比平均为 12.7％。[①] 显然，从人口结构的变化来看，我国老龄化速度在加快。老年人口的增加必然带来许多老年人问题，

---

① 参见国家统计局网站，http：//data. stats. gov. cn/workspace/index? a＝q&type＝global&dbcode＝hgnd&m＝hgnd&dimension＝zb&code＝A030303&region＝000000&time＝2011，2011。

并且随着家庭规模不断缩小，对于家庭供养的残疾人而言，其依靠家庭供养的困难将会越来越大。例如自闭症患者的情况，据估计，我国约有 150 万自闭症患者①，但却只有 34 个省级孤独症儿童康复训练机构②。自闭症患者难以与家庭成员以外的人进行交流，在专业救助机构严重缺乏的情况下，自闭症患者几乎都需要家庭供养，但是随着人口老龄化加速，先前抚养他们的父母去世后，若没有兄弟姐妹的照顾，则自闭症患者的供养形势将十分艰巨。

四、解决弱势群体问题的基本对策

解决弱势群体问题需要将社会公正、公平贯彻到国家法律制度、社会政策制定与施行过程中，完善社会救助体系，发挥社会组织对弱势群体的积极功能，解决弱势群体的生活困难与发展困境。

（一）完善相关法律法规体系

法律法规是保障弱势群体权益的基本保证，因此要完善弱势群体权益保护的相关法律法规，落实法律法规中规定的弱势群体权益。虽然目前我国已经出台了不少关于弱势群体权益的法律，如《中华人民共和国残疾人保障法》、《中华人民共和国未成年人保护法》、《中华人民共和国妇女权益保障法》、《中华人民共和国老年人权益保障法》等法律，这些法律都对弱势群体的权益做了原则性的规定，但是在现实生活中，仍然有弱势群体的权益受到侵害的情况发生，并且一些特殊的问题得不到妥善的解决。因此，建立健全相关法律，强化法律的执行，真正落实弱势群体应有的权益，是解决弱势群体问题的基本条件。

（二）发挥政策调节功能

在政府主导的社会改革过程中，经济改革与社会改革不同步，造成了社会改革中的福利真空，导致了处在社会底层的社会成员生活没有保障，因此发挥政府在改革中的主导作用，明确政府责任，发挥社会政策的强大调节功能是解决弱势群体问题的关键。政府部门要通过政策制定、执行、完善等过程解决弱势群体的发展困境。通过政策调节弱势群体在市场经济条件下发展的不利地位，在社会再分配过程中对弱势群体进行政策补偿，提高弱势群体的生活水平。

（三）完善社会服务体系

健全弱势群体的社会服务体系，让弱势群体遇到问题时能够知道去哪里解决、有部门解决、有方法解决、有资源解决。通过专业的社会组织与社会工作者

---

① 参见中国残疾人联合会网站，http：//www.cdpf.org.cn/2013cdpf/dfdt/sjclxx/201404/t20140408 _440214.htm。

② 参见《2013 年中国残疾人事业发展统计公报》，http：//www.cdpf.org.cn/sytj/content/2014-03/31/content _ 30456260.htm。

结合，提供高效、优质的社会服务帮助弱势群体解决各种问题，寻找更多的生活机会，并逐步融入社会的发展，逐渐减少弱势群体在社会中的比例。

(四) 建立健全社会救助体系

现代社会变迁的一个主要特点就是社会变迁具有不确定性，社会成员会遇到很多不确定的不幸事件，造成个人生活危机。因此完善救助法律法规，用法律的形式确定弱势群体在生活苦难的时刻能够享有得到救助的权利，并通过建立危机事件的应急救助机制，在弱势群体面临无助的时候给以及时全面的救治，帮助个体脱离暂时的危机。

第二节
老年人问题

老年人是社会最为宝贵的社会资源之一。近年来，由于老年健康保障服务以及社会养老体系没有跟上我国人口老龄化速度，有关老年人社会问题不断凸显。根据我国的通用标准，年龄超过 60 岁的人就是老年人。依据这个年龄的规定，我国国内的老年人一般在 60 岁退休，享受老年人的社会福利与服务等。我国人口进入老龄化的特点是：其一，未富先老。根据联合国的标准，65 岁以上的老人占到社会总人口的 7% 以上即是进入了老龄社会。我国目前人口老龄化程度并不是最严重的，但老龄化速度在发展中国家是最快的，老年人口规模是全世界最大的，并且是在人均收入水平很低的情况下进入老龄化社会的。[1] 其二，人口基数大，老龄人口众多，老龄化速度快。2012 年，我国 65 岁及以上的老年人口占到了总人口的 9.39%。[2] 老龄化速度快，进入老龄化社会的同时，社会养老保障体系却未完全建立起来。由此可见，人口老龄化的发展与社会关于老年人的社会结构或系统之间存在矛盾，老年人问题不断凸显出来。

一、老年人问题的主要表现

(一) 老年人健康保障不足

1. 老年人医疗资源紧张

目前，全国医疗状况出现资源紧张的情况，一方面是很多基层医院没有先进

---

① 参见王延中：《我国人口老龄化高峰来临前夕的挑战与机遇》，载《经济管理》，2007（13）。

② 参见国家统计局网站，http：//data.stats.gov.cn/workspace/index？a＝q&type＝global&dbcode＝hgnd&m＝hgnd&dimension＝zb&code＝A030303&region＝000000&time＝2011，2011。

的设备和足够的医生来有效及时地治疗患者的疾病，另一方面是大的医院人满为患，甚至出现"看病难、看病贵"①的情况。在医疗资源紧张的情况下，老年人的医疗体系也受到了连带的影响。不仅同样有"看病难、看病贵"的情况，而且影响到老年人的日常健康保养。在农村，由于缺乏完备的老年人健康保健制度，出现了很多老年人就医困难或是无钱就医的情况。

2. 农村医疗保险亟待完善

我国大部分的老年人生活在农村，但是农村老年人的医疗体系不完备，不像城市老年人有单位医疗、企业医疗保险。因此需要加大对农村老年人医疗保险的投入，完善老年人医疗保险制度。搭建老年人医疗服务网络平台，需要加快乡镇、村居医疗卫生设施建设，建立健全老年人医疗乡镇、村居医疗服务体系，满足老年人基本医疗需求。同时，已有的老年人医疗服务机构缺乏对老年人慢性病的预防，要通过宣传健康的生活方式与饮食习惯，促进老年人身体健康。

3. 老年人精神健康状况较差

老年人闲暇生活比较单调，现实生活中爱好较少，缺少乐趣。调查显示，30.9%的农村老年人常常觉得孤独；18%的城市老年人常常觉得孤独。高龄老年人中常常觉得孤独的占到了样本总数的38.8%。不同居住方式老年人常常觉得孤独的比例差异比较大，独居老人中常常觉得孤独的比例最高，占到样本总数的51%，老年夫妇中常常感到孤独的比例相对较低。②此外，老年人闲暇娱乐生活比较单调，而且缺少互动性和趣味性。

（二）老年人养老问题突出

2012年，我国65岁及以上的老年人口占总人口的比重为9.39%。③与2000年全国人口普查时的6.96%相比增加了2.43%，老年人数量不断增加。我国城市部分退休职工的养老金、医疗费的供给发生困难，我国农村缺乏完备的养老保障体系，农村青壮年外出打工造成空巢老人数量不断增加，老年人精神生活状况与重病照料情况堪忧，这些问题使得老年人养老问题不断突出，具体表现为以下方面。

1. 家庭养老功能退化

很多家庭养老功能是不可取代的，例如家庭养老中老年人与家人的情感交流，这一功能是其他养老形式无法做到的。虽然在中国有90%的老年人期望在家养老，但是城市年轻人的高度生活工作压力，农村劳动力的流动，导致不论是城市还是农村，家庭养老功能都趋于退化。

2. 机构养老供应不平衡

目前我国的养老机构的供应不平衡。一方面是很多大城市的养老机构人满为

---

①　白剑峰、王淑军：《站在全局看医改——剖析"看病难、看病贵"》，http://news3. xinhuanet. com/fortune/2006-12/28/content _ 5540149. htm。

②　参见伍小兰：《农村老年人精神文化生活的现状分析和政策思考》，载《人口与发展》，2009（4）。

③　参见国家统计局网站，http://data. stats. gov. cn/workspace/index? a＝q&type＝global&dbcode ＝hgnd&m＝hgnd&dimension＝zb&code＝A030303&region＝000000&time＝2011，2011。

患，许多想通过机构养老的老年人无法进入养老机构养老；另一方面，一些地方的养老机构却很少有老年人光顾。这样尴尬的情况表明：一些地方的养老需求没有得到有效满足，而一些地方的养老机构资源却存在浪费的情况。

3. 社会养老条件不成熟

一般情况下，一个国家进行社会化养老的基本条件是社会的财富已经有足够的积累能够提供社会化养老，但是我国进入老龄化社会的条件特殊，未富先老，而实行社会化养老需要很大一笔养老资金，这样对经济发展不充分的地区，特别是经济条件较差的农村来说，发展社会养老的任务艰巨。

二、老年人问题产生的原因分析

（一）老年人问题产生的生理原因

老年人的身体机能不断下降，生活自理能力不断下降。慢性病和其他疾病是严重影响老年人晚年生活的主要因素，因此完善老年人的医疗保障是保证老年人安度晚年的重要条件。一般说来，人进入了老年之后身体各个机能便会逐步衰退，身体的抵抗能力也会下降，由于生活习惯等因素，各种慢性病，诸如高血压、胃肠道疾病、慢性呼吸道疾病、糖尿病、心脏病等会逐渐地影响老年人的身体健康。据统计，众多慢性疾病对老年人造成了严重的危害，1/3 以上老年人因慢性疾病而无法进行主要日常活动，50％以上老年人至少存在一种形式的残疾。[①] 因此，对慢性疾病的预防是保障老年人生活质量的关键。由于老年人的慢性疾病发病率较高，因此要定期做体检，及时发现，及时治疗，提高老年人的健康水平。

（二）老年人问题产生的心理原因

老年人心理状况是老年人健康的重要内容，也是影响老年人晚年生活的重要指标。老年人心理状况包括老年人闲暇生活状况、认知能力等。

首先，老年人退休后闲暇时间充足，但是老年人的日常交往圈较小，日常生活较单一，因此，老年人容易感到孤独、寂寞。如果平时生活中有人陪伴则可以消减老年人的孤独感，提高生活水平。

其次，老年人的认知能力也会影响老年人的健康。认知能力主要体现在语言能力和记忆力上，记忆衰退会给老年人的生活带来诸多不便，更为糟糕的是一些严重影响老年人认知和行为能力的疾病在年老阶段更容易发病，例如阿尔茨海默病和帕金森综合征，阿尔茨海默病表现在认知功能上的退化，帕金森综合征则表现为运动障碍等症状。

---

① 参见虹军：《如何预防老年慢性疾病》，http://jk.scol.com.cn/06/1022/21/GNOJ379D5545PEWT.html。

（三）老年人问题产生的家庭原因

中国有尊老的传统，自古都是以家庭养老为主。老年人与子女居住在一起可以减少孤独感，还可以增加老年人晚年生活乐趣。独居的老年人在日常生活中则会非常不便，还有明显的孤独感。随着核心家庭越来越多，家庭养老功能趋于弱化，老年人生活上的各种问题越来越多。此外，子女收入水平较高、责任心较强，老年人的经济收入会相对较好，老年生活有保障。不仅是因为老年人的经济收入中多了子女的支持，更是因为子女没有给老年人增加额外的经济负担而使得老年人的经济情况相对较好。与此对应的是，如果子女责任心较差，经济状况较差甚至需要父母在经济上支持的话，那么老年人的经济状况就比较差，老年生活质量不高。

（四）老年人问题产生的社会原因

工业化、城市化发展过程中造成的环境污染对人的身体健康会造成很大的危害。工业生产排出的废气、废液以及工业垃圾不仅污染了环境也危害人的身体。老年人的身体抵抗能力相对较差，环境污染不仅直接危害老年人的身体健康，而且也会提高某些老年人慢性疾病发病率。此外，老年人生活的社区忽视对老年人生活、保健的服务。主要体现在养老服务有效供给不足、老年人医疗保障设施缺乏、老年人娱乐设施与场地缺乏等。

（五）老年人问题产生的经济原因

由于经济体制改革，一些国有企业和集体企业由于效益原因，不仅大量的工人下岗，而且原单位的退休老人的工资也大打折扣，这样就导致原来在企业工作的老年人退休后晚年经济收入没有保障。此外，在市场经济发展过程中，由于市场机制不完善造成的物价上涨会影响居民实际购买力，老年人的经济收入一般比较固定，依靠退休工资生活的老年人的收入更是如此，由于退休工资水平一般相对滞后于社会物价上涨水平，老年人的实际购买能力会下降很多。

三、解决老年人问题的基本对策

（一）政府要加大对老年人养老、医疗的资金投入

资金主要来自政府的投入。政府首先要加大对老年人医疗保障、养老保障的经济投入，增加对老年人医疗康复机构的资金投入，特别是农村地区卫生院、养老院资金投入，完善养老医疗机构的硬件设施与人员培训机制。其次是要加大对社区老年医疗设施与环境设施的投入与建设，加强老年人服务人员的专业培训，特别是专业社会工作技能与心理咨询知识培训，提高老年人服务质量。

（二）不断完善老年人社会保障体系

要从老年人的经济收入和老年人服务两方面来完善。在经济保障上，城市老

年人依靠退休工资、最低生活保障能够保证基本的生活与医疗需要，农村老年人则要依靠不断健全的农村养老保障体系得到经济保障，领取养老金。在老年人服务上，要完善社区老年人服务、发展老年人养老服务机构、健全老年人医疗保障体系、丰富老年人精神文化生活、健全老年人救助体系等，确保老年人基本生活有人照料、生病有方便高质量的医疗服务、闲暇生活丰富、精神状况好、无依无靠时有政府和社会的救助与照料。此外，要确定老年人社会保障体系的资源分配机制，确保公平原则。

（三）倡导尊老尽孝的优良传统，发挥家庭养老功能

中国自古就有尊老的优良传统，特别是传统文化中，家庭养老模式建立在尊老尽孝的道德基础上。在工业化发展过程中，家庭养老的功能在不断退化，但是家庭作为养老最佳的场所是无可取代的。家庭不仅提供老年人养老的基本保障和服务，更为重要的是能够使之避免年老后的孤独感，享受家庭乐趣，因此要继续倡导尊老尽孝的优良传统，这不仅体现了中华文化的优良传统，而且体现了社会主义社会的优越性。

（四）鼓励老年人社会服务业发展

政府通过政策支持或是直接购买专业的老年人社会组织服务，以完善农村地区和落后地区的老年人社会服务业。因此，发展专业的老年人社会服务组织与专业服务人才，用专业服务满足老年人养老需求，可以提高老年人服务的品质，弥补老年人社会服务的地区差距。

（五）完善社区老年人服务体系

完善社区老年人服务体系，建设老年人生活、医疗、娱乐功能齐备的社区设施。通过社区建设平台，强化社区老年人服务的便捷性与方便性，通过社区卫生机构、服务机构的建设，完善老年人社区服务体系，提高老年人服务效率。

第三节
残疾人问题

相关统计数据显示，到 2010 年年末，我国残疾人①总数达到了 8 500 万②，

---

① 2008 年 7 月颁布的《中华人民共和国残疾人保障法》第二条规定："残疾人是指在心理、生理、人体结构上，某种组织、功能丧失或者不正常，全部或者部分丧失以正常方式从事某种活动能力的人。"

② 参见张海迪：《在 2012 年全国脊髓损伤社区康复工作交流会暨脊髓损伤"中途之家"康复论坛上的讲话》，http://www.cdpf.org.cn/clldjh/content/2012-04-16/content_30388142.htm。

涉及 2.6 亿家庭人口[1]。由于遗传、事故、疾病等难以避免的原因，我国的残疾人口每年以 70 万～80 万的速度增长。[2] 残疾人群体在我国是一个数量较大，需要政府和社会不断提供帮助的社会群体。残疾人问题的产生源自残疾人的发展需求在社会中得不到有效满足。残疾人在生命的不同阶段需要面临比一般人更多、更独特的问题和挑战[3]，但是由于社会对残疾人士的偏见与歧视，残疾人遇到的问题和挑战不能得到很好的解决，造成残疾人无法克服生活中遇到的各种社会障碍，难以融入社会生活。

一、残疾人问题的主要表现

（一）残疾人就业问题

1. 总体上看，残疾人就业形势不容乐观

2012 年，城镇残疾人登记失业率为 9.2%，是全国城镇登记失业率的两倍多。2012 年年末就业者生活的主要来源为：城镇依次为家庭其他成员供养（40.4%）、领取基本生活费（31.2%）、离退休金（19.5%）；农村依次为靠家庭其他成员供养（67.8%）、领取基本生活费（17.3%）、其他（13.0%）。然而，城乡残疾人就业还存在更大的困难，他们主要依靠家庭供养，其中农村接近七成。[4]

2. 从就业分布上来看，残疾人就业分布不均

按照职业分类，残疾人从事农林牧渔劳动者占到了 81.2%，运输、邮电工人占到 9.8%，商业服务业人员占 5.5%，专业技术人员占 2.1%，机关团体企业负责人和办事员及其他人员占 1.4%；按劳动性质划分，残疾人从事农业、工业、商业等行业体力劳动的占 96.6%，从事脑力劳动的专业技术人员、机关企业负责人等只占 3.4%，低于全国 8% 的水平。[5] 按照就业岗位性质分类，2013 年城镇新增就业残疾人约 37 万，其中，集中就业 10.7 万，按比例安排 8.7 万，公益性岗位就业 1.5 万，个体就业及其他形式灵活就业 14.6 万，辅助性就业 1.3 万。全国城镇残疾人就业人数 445.6 万；1 757.2 万农村残疾人在业，其中

① 参见《中共中央、国务院关于促进残疾人事业发展的意见》，http：//news. xinhuanet. com/news center/2008-04/23/content_8036156. htm。

② 参见邓朴方：《残疾人社会学》，序言，http：//www. cdpf. org. cn/llyj/content/2007-11/15/content_71818. htm。

③ 参见全国社会工作者职业水平考试教材编写组：《社会工作实务》（中级），225 页，北京，中国社会出版社，2007。

④ 参见中国残疾人联合会：《2012 年全国残疾人状况监测新闻发布会 表明残疾人状况继续改善与社会平均水平差距明显》，http：//www. cdpf. org. cn/2007special/zkjc/content/2013-07/09/content_30449447. htm。

⑤ 参见赵竹良：《现代化进程中的中国残疾人问题》，载《社会科学》，1994（1）。

1 385.4万残疾人从事农业生产劳动。① 由此可见，残疾人的就业多是以体力劳动为主，而且占到了绝大部分的比例，就业分布不平衡。

3. 从就业结构来看，残疾人就业面小，就业途径较窄

目前残疾人的就业途径主要包括集中就业、个体就业和按比例安排。集中就业指的是通过民政部门组织残疾人开展生产自救，兴办残疾人的福利企业，以此集中安置残疾人就业。但是这种就业方式对政策的依赖性很大，福利企业的竞争力不强，随着福利企业的萎缩，残疾人的收入与就业途径也在变窄。个体就业指的是残疾人通过自身的技能或是自己组织起来，在国家对残疾人自主创业和就业的优惠政策下进行就业的一种方式。但是个体就业对于残疾人本身的技能和素质要求较高。按比例安排就业指在企业中按照一定比例安排残疾人就业，这样的就业方式既结合了市场经济的发展，又结合了社会主义相互帮助的社会本质，但是安置的比例相对于残疾人劳动力来说仍然较小。

4. 残疾人就业层次普遍较低

因为社会的偏见和残疾人对于自身的就业期望值较低，即使是有技能、有专长的残疾人在就业求职时往往也会退而求其次，大多从事待遇较低、工作环境较差的工作。这样不仅造成了人力资源的浪费，更为重要的是导致残疾人就业结构不平衡，就业回报较低。目前，我国总体就业环境不佳，社会劳动力供大于求。大量的社会剩余劳动力难以就业，这就加剧了残疾人的就业压力，他们要和大学毕业生、农民工、下岗工人，甚至海外的劳动力进行竞争。

5. 残疾人的工作稳定性较差

由于残疾人大多从事的是低技术含量，重复性的体力职业，因此多数残疾人从事工作的替代性较强，容易被其他劳动者替代，在同等竞争条件下不利于残疾人就业的稳定性。

6. 一些残疾人的就业观念依然比较落后

一些残疾人就业"等、靠、要"的思想还比较严重，没有意识到残疾人就业需要通过自身的能动努力，这样外界的支持与帮助才能起到事半功倍的效果。作为残疾人，要树立信心，积极寻找就业途径，通过职业技能培训早日就业。

7. 残疾人就业服务体系不完善

目前关于残疾人的就业服务体系还不是很完善，缺少残疾人专门的职业中介组织和残疾人职业信息网络。由于地区差异和城乡差异，残疾人就业服务体系呈现出明显的差异。经济发达地区的残疾人由于有较为完善的就业服务体系和救助机制，能够保证基本的生活保障和就业；但是在经济欠发达地区，残疾人的就业服务组织缺乏，民政部门难以通过就业方式帮助残疾人。

（二）残疾人生活质量问题

虽然残疾人家庭人均可支配收入继续提高，但仅为全国居民家庭人均可支配

① 参见《2013年中国残疾人事业发展统计公报》，http://www.cdpf.org.cn/sytj/content/2014-03/31/content_30456260.htm。

收入的 57.9％，差距明显。从消费支出结构来看，残疾人家庭医疗保健支出及其占家庭消费支出比例均远高于全国平均水平。2012 年，城镇残疾人家庭人均医疗保健支出为 1 590.7 元，是全国城镇居民家庭人均医疗保健支出的 1.50 倍；农村残疾人家庭人均医疗保健支出为 884.4 元，是全国农村居民家庭人均医疗保健支出的 1.72 倍。城镇残疾人家庭人均医疗保健支出占全部消费支出的比重为 18.2％，比全国城镇居民家庭人均水平高出 11.8 个百分点；农村残疾人家庭人均医疗保健支出占全部消费支出的比重为 17.0％，比全国农村居民家庭人均水平高出 8.3 个百分点。城镇残疾人家庭人均交通和通信支出为 544.2 元，相当于全国城镇居民家庭人均交通和通信支出的 22.2％；农村残疾人家庭人均交通和通信支出为 305.2 元，相当于全国农村居民家庭人均交通和通信支出的 46.8％。城镇残疾人家庭人均交通和通信支出占全部消费支出的比重为 6.2％，比全国城镇居民家庭人均水平低 8.5 个百分点；农村残疾人家庭人均交通和通信支出占全部消费支出的比重为 5.9％，比全国农村居民家庭人均水平低 5.2 个百分点。[①]

（三）残疾人教育问题

1. 残疾人文盲人口比率较高

2007 年抽样调查显示：我国 15 岁残疾人文盲人口占残疾人口的 44.28％，东、中、西部地区 15 岁以上的残疾人文盲人口占残疾人口的比率分别为 41.39％、43.4％、48.38％。[②] 根据年龄分层调查显示：6～14 岁不识字的占残疾人总数的 34.1％、15～24 岁不识字的占残疾人总数的 36.1％；25～44 岁不识字的占残疾人总数的 27.8％。[③] 2012 年，学龄残疾儿童接受义务教育的比例为 71.9％，还有 28.1％的学龄残疾儿童没有接受义务教育，而全国非残疾学龄儿童基本上都接受了义务教育，差距较大。[④] 可见，就扫除文盲的任务而言，残疾人教育的任务仍然很重。

2. 残疾人受教育层次较低

2007 年的抽样调查显示：我国残疾人接受大学专科教育的占到抽样总数的 3.6％，接受本科教育的占到抽样总数的 1.8％。从表 12—1 中可以发现，残疾人接受中专以上教育的比例明显减少，2007 年、2008 年接受中专教育的比例都为 1.5％；大学专科为 0.8％、1.0％；大学本科则都为 0.5％。相对义务教育和高中教育比例而言差距很大，接受高等教育的残疾人很少，残疾人受教育的层次普遍较低。

---

① ④ 参见中国残疾人联合会：《2012 年全国残疾人状况监测新闻发布会　表明残疾人状况继续改善与社会平均水平差距明显》，http：//www.cdpf.org.cn/2007special/zkjc/content/2013-07/09/content_30449447.htm。

② 参见朱雪明等：《中国西中东部残疾人生存与发展研究》，52 页，北京，华夏出版社，2008。

③ 参见上书，48 页。

表 12—1　　　　　　　　　　18 岁及以上残疾人的受教育程度构成（%）

	2007 年度			2008 年度		
	全国	城镇	农村	全国	城镇	农村
从未上过学	42.4	24.8	49.1	42.1	24.2	47.9
小学	35.1	30.3	36.0	35.0	30.3	36.5
初中	15.8	26.4	12.1	15.9	26.3	12.6
高中	3.9	9.4	2.1	4.0	9.8	2.1
中专教育	1.5	4.3	0.5	1.5	4.2	0.6
大学专科	0.8	2.7	0.2	1.0	3.1	0.3
大学本科及以上	0.5	2.1	0.0	0.5	2.1	0.0

资料来源：中国残疾人联合会研究室等：《2008 年度全国残疾人状况及小康进程监测报告》，http：//www. gov. cn/fwxx/cjr/content _ 1315535. htm。

3. 残疾人特殊教育覆盖率低

残疾人特殊教育是使用一般的或是经过特别设计的课程、教材、教法和教学组织形式以及教学设备，对有特殊需要的儿童进行旨在达到一般的和特殊培养目标的教育。[①] 这就要求针对残疾人的教育要有特别的辅助和实施过程。一般而言，残疾人特殊教育需要资金、人力的投入，所以其要求比较高，覆盖率相对较低。根据统计资料表明，残疾儿童就读特殊教育学校的比例不超过 7%（见表12—2）。[②]

表 12—2　　　　　　　　　6～18 岁残疾儿童就读学校类型构成（%）

	2007 年度			2008 年度		
	全国	城镇	农村	全国	城镇	农村
普通小学	73.0	63.6	74.4	72.0	63.4	73.2
普通中学	17.1	18.2	16.9	18.1	23.9	17.2
特殊教育学校	5.0	10.4	4.1	6.2	8.5	5.9
普通教育学校特教班	0.7	1.3	0.6	0.5	1.4	0.4
普通高中	2.8	3.9	2.7	2.1	2.8	2.0
中等职业学校	1.4	2.6	1.2	1.1	—	1.2

资料来源：中国残疾人联合会研究室等：《2008 年度全国残疾人状况及小康进程监测报告》，http：//www. gov. cn/fwxx/cjr/content _ 1315535. htm。

（四）残疾人康复服务覆盖率还需扩大

残疾人的康复需求主要包括医疗服务与救助需求、辅助器具的需求、康复训练与服务需求。第二次残疾人口抽样调查显示：对医疗服务与救助的需求占到了残疾人康复需求的第一位，回答需求的人数占到了总回答数的 52.4%；对康复训练与服务的需求占到第二位，占到抽样总数的 27.7%。[③] 不管是康复医疗服务与救助还是康复训练，都需要具有社区辐射能力的残疾人康复服务站，以便覆盖

---

① 参见朴永馨主编：《特殊教育词典》，北京，华夏出版社，1996。
② 不排除还有普通学校开设的特殊教育班级，但是比例不会影响统计结果。
③ 参见朱雪明等：《中国西中东部残疾人生存与发展研究》，16 页，北京，华夏出版社，2008。

范围内的残疾人，满足其康复需求，可见残疾人的康复需求主要集中在提供相关的医疗救助服务与康复训练上，这就要求根据残疾人分布特点提供相应的残疾人康复服务站，以此提高残疾人康复服务的覆盖率。2009 年度接受康复服务的残疾人占被调查残疾人的 23％，与 2008 年度大体持平。每年新增加的残疾人绝对数量大，而且越来越多的残疾人认识到康复服务的作用并产生了新的康复服务需求，对康复服务质量的要求也不断提高，而目前提供康复服务能力的增长低于残疾人对康复服务需求的增长。[①]

不过从 2006 年以来，残疾人接受过康复服务的比例呈上升趋势。2012 年，残疾人接受过康复服务的比例为 55.2％，比 2011 年有较大提高。其中，城镇残疾人接受过康复服务的比例由 2011 年的 51.4％上升到 63.0％，农村残疾人接受过康复服务的比例由 2011 年的 45.4％上升到 52.6％。这表明政府与社会提供康复服务的能力在不断提高，残疾人受益面扩大。[②]

二、残疾人问题产生的原因分析

（一）传统观念的影响

传统的社会观念将"残"与"废"联系在一起，并且有着"残疾人都无能力照顾自己，会拖累家人"的错误观点，没有看到残疾人作为社会一员而具有社会成员的独立人格以及相应的权益。社会中的传统观念产生的思维定势会影响大众对残疾人的看法和态度，针对残疾人的社会歧视仍然存在，所产生的不良后果是会把残疾人排斥在社会主流的生活之外，给残疾人融入社会造成困难。

（二）经济结构转型

传统的残疾人就业依靠福利企业与计划经济体制下的政策扶持，经历经济结构转型、市场经济发展之后，残疾人就业面临较大的挑战。一方面，多数福利企业因为技术含量较低、资金不到位、产品竞争力不强等原因，在市场竞争环境中处于劣势的地位，有的企业甚至倒闭，这对残疾人的就业与生活造成了极大的影响。另一方面，市场经济建设过度强调效率，忽视社会公平建设，新的残疾人救助帮扶制度模式完全以市场为导向，难以产生促进残疾人就业并融入社会的积极效果。

（三）人口结构变化

人口结构变化给残疾人带来的影响有两方面：其一，老年残疾人增多。抽样

---

①②　参见中国残疾人联合会：《2009 年全国残疾人状况监测新闻发布会表明残疾人状况继续改善与社会平均水平差距明显》，http：//www.cdpf.org.cn/2007special/zkjc/content/2010-04/06/content _ 30273198.htm。

调查的结果显示：超过 50% 的残疾人样本的年龄在 61.26 岁以上。[1] 其二，残疾人家庭供养将会随着人口老龄化面临困境。目前，大多数残疾人的生活主要依靠家庭成员的照顾，但是独生子女政策使家庭结构趋于核心化，一旦先前照顾残疾人的老年人去世，残疾人的家庭供养形势将会很严峻。

（四）社会支持不足

残疾人在人生历程中有各种特殊的需求和问题，这些需求的满足与问题的解决需要得到社会的支持。无论何种残疾类别，我国农村 16 岁及以上残疾人未参加保险的比例均达到 2/3 以上。特别是参加工伤保险、失业保险和养老保险的比例更低，虽然参加医疗保险的残疾人比重相对高一些，但也仅 30% 左右。城市残疾人参加社会保险总的情况显著好于农村，未参加保险的比率相对较低，且各类险种的参保率均高于农村。虽然大多数农村残疾人在经济上是困难群体，但仅有 319 万人享受到当地居民最低生活保障，占农村残疾人口总数的 5.12%；有 11.68% 的农村残疾人领取过定期或不定期的救济，两者合计仅 16.8%。[2] 可见，社会对残疾人就业、生活、融入社会的支持不够，还应该出台更多的优惠政策照顾残疾人，为残疾人提供完备的法律保障和政策支持。除了提供充足的就业岗位外，还要在全社会提倡"关爱"、"平等"的理念，平等看待残疾人，减少针对残疾人的各种社会排斥，为残疾人的生活创造美好的社会环境。

三、解决残疾人问题的基本对策

（一）不断完善相关法律法规，加强残疾人权利保护

主要是不断完善残疾人权益保护的法律，切实加强残疾人权利保护。如 2009 年，全国有 6 个省、58 个地市、279 个县（市、区）出台了无障碍建设与管理法规、政府令；全国有 14 个省、136 个地市、677 个县（市、区）成立了无障碍建设领导协调组织；全国有 542 个市、县、区系统开展无障碍建设；全国开展无障碍建设检查 2 066 次，无障碍培训 1.9 万人次，无障碍媒体宣传 5 331 次，印发无障碍宣传材料 222.9 万份，为"十一五"无障碍建设的开展奠定了良好的基础。[3] 还包括通过加强残疾人权利保障的行政执法手段，建立残疾人法律工作站与援助中心，切实加强对残疾人权利的保护和落实。

（二）不断完善残疾人社会保障制度，加强落实相关政策

2008 年，全国城镇残疾人参加养老、医疗两大基本社会保险的覆盖率为

---

[1] 参见朱雪明等：《中国西中东部残疾人生存与发展研究》，10 页，北京，华夏出版社，2008。

[2] 参见杜鹏等：《中国农村残疾人状况及政策建议》，载《人口与经济》，2009（2）。

[3] 参见中国残疾人联合会：《2009 年中国残疾人事业发展统计公报》，http://www.cdpf.org.cn/sytj/content/2010-04/01/content_30272746.htm。

38.8%，比全国城镇平均水平低近 10 个百分点。[1] 因此，要不断完善残疾人社会保障制度，制定相关的优惠政策与实施细则，全面扩大残疾人社会保障覆盖率。加快完善覆盖城乡居民的社会保障体系，加强残疾人社会保障和服务体系建设。2010 年 3 月，国务院总理温家宝在第十一届全国人民代表大会第三次会议上所作的政府工作报告中指出，2010 年要加快完善覆盖城乡居民的社会保障体系，加强残疾人社会保障和服务体系建设，进一步落实好扶残助残的各项政策，为他们平等参与社会生活创造更好的环境。逐步完善救助体系，确保残疾人在生活困难的时候能得到及时有效的救助。进一步落实好扶残助残的各项政策，为他们平等参与社会生活创造更好的环境。促进义务教育均衡发展，加强特殊教育学校建设。加强出生缺陷干预，开展免费孕前优生健康检查试点。[2] 通过残疾人社会保障与服务体系建设，完善残疾人社会服务，提供更专业的残疾人保障与服务。

（三）加快发展残疾人教育，促进残疾人就业

主要是促进义务教育均衡发展，加强特殊教育学校建设，提高残疾人教育层次。政府作为公共产品的提供者，必须不断完善残疾人教育体系，提高残疾人教育覆盖率，建设残疾人特殊教育学校，并且要开展适当的职业教育以及在职培训，通过职业教育培训，提高残疾人素质与劳动技能，提高残疾人就业竞争力。完善残疾人高考招生、就读优惠政策，让更多的残疾人接受高等教育。此外，政府要通过政策鼓励与政策调整，多渠道、多层次、多形式地促进残疾人就业。[3]如政府强制要求国有企业设置残疾人岗位比例，促进劳动技能合适的残疾人能够进入国有企业，不仅发挥国有企业的社会功能，也促进残疾人就业。

（四）加强残疾人康复工作，加强生育检查

残疾人康复模式有单位康复与家庭康复模式、机构康复模式和社区康复模式。主要的康复措施包括社会康复、职业康复和教育康复。[4] 具体康复项目又可分为医疗服务与救助、辅助器具、康复训练与服务三项。由此可见，要保证残疾人享有康复的权利，必须要将残疾人康复工作纳入社会卫生改革和社区卫生服务体系中。加强专业康复服务机构建设，大力发展社区康复事业，通过家庭、康复机构、社区三者之间的协调，积极开展残疾人康复工作。康复工作的重点对象是精神残疾人、智力残疾人、残疾儿童和农村地区没有能力接受康复服务的残疾

---

① 参见中国残疾人联合会研究室等：《2008 年度全国残疾人状况及小康进程监测报告》，http://www.gov.cn/fwxx/cjr/content_1315535.htm。

② 参见政协会议简报组：《政府工作报告强调加强残疾人两个体系建设》，http://www.cdpf.org.cn/special/2getixijianshe/content/2010-03/08/content_30270718.htm。

③ 参见中国残疾人联合会研究室等：《2008 年度全国残疾人状况及小康进程监测报告》，http://www.gov.cn/fwxx/cjr/content_1315535.htm。

④ 参见马洪路主编：《残障社会工作》，134～189 页，北京，高等教育出版社，2007。

人。① 此外还要加强生育检查，提高人口质量，有效避免因为遗传、疾病导致的残疾儿童的增加。

第四节
妇女问题

妇女问题指妇女是否在政治、经济、文化教育、社会和家庭生活中享有与男性同等的权利。可见，妇女问题属于一个社会范畴，核心是性别平等，具体表现为妇女就业、教育、健康等问题。

一、妇女问题的主要表现

（一）妇女就业问题

1. 就业难

同等条件下，女性要比男性难就业。一方面，女性大多从事简单的体力型劳动，例如服务员、保洁员、家庭护理、育儿护理等简单的职业，这类职业的共同特点就是工作较为辛苦，收入较低，不需要太多的技术文化。另一方面，高知识女性也面临着就业难的问题。调查表明，80％的女大学生曾在求职过程中遭遇性别歧视，34.3％的女生有过多次被拒绝的经历，同等条件下，男生签约率明显高于女生，男生 73％，女生 65％。② 这说明即使是高知识女性也仍然面临着就业难，就业求职受到歧视的问题。

2. 晋升难

首先，妇女在单位内部与男性同事相比，获得的晋升机会、培训学习机会相对较少，这样就无形中掩盖了妇女不断发挥其创造力的机会和与男性同事公平竞争的条件。"玻璃天花板"的理论说明：由于性别的原因，女性的职业选择和职务晋升被一层玻璃挡着，可望而不可即。其次，我国的退休年龄制度对女性的晋升造成了很大的歧视。我国相关法律制度规定男性 60 岁退休，女性 55 岁退休。但是社会的发展使现行退休制度不能满足女性的劳动需求。第五次全国人口普查

---

① 参见中国残疾人联合会研究室：《2008 年度全国残疾人状况及小康进程监测报告》，http://www.gov.cn/fwxx/cjr/content_1315535.htm。

② 参见任洁：《对当前女性在就业中遭遇性别歧视问题的研究：基于人力资本视角的思考》，硕士论文，东北财经大学，2007。

结果显示，我国人口平均寿命男性达 70 岁，女性达 73 岁。[1] 这说明女性在工作最熟练的时候就要准备退居二线，或是退休，这样造成了很大的人力资源浪费，也是对女性就业的歧视。

3. 增收难

女性的职业收入比男性要低，而且收入增长水平也要比男性低。由于大多数女性劳动技能单一，且未接触过系统的技术培训，因此工资收入水平相对较低。不仅如此，收入的增加也没有智力型劳动增加幅度大，从而造成了女性就业增收难的问题。

4. 再就业难

据全国总工会对 1 230 个企业的调查统计，下岗女职工占下岗职工总数的 60%。[2] 又据对 474 名下岗女工的调查：高中以上文化程度的占 39%，初中及初中以下文化程度的占 61%；有初级以上职称的仅占 22%，没有职称的占 78%；下岗后参加培训，掌握一两门新技术的占 14%，绝大多数维持在过去在岗时掌握的单一技术水平上。大多数下岗女职工教育水平较低，就业竞争力不强，年龄较大，再就业困难。

（二）妇女教育问题

目前，我国的妇女教育事业取得了令人瞩目的成就，男女两性在教育各层次中的参与程度差距在逐渐缩小，但是仍然存在着一些问题。

1. 妇女文化素质还需继续提高并巩固加强

一方面，我国成人女性识字率增长较快并超过世界平均水平，但是与发达国家相比仍然有差距，还需要继续提高。1990 年，中国女性识字率刚好达到了 68.9% 的世界平均水平，预计 2015 年，中国女性识字率将达到 93.7%，届时将超过 81% 的世界平均水平，但是与发达国家的 99.2% 的水平相比，仍然有差距。[3] 另一方面，在农村地区，女性文盲多，而且由于缺乏文字读物，女性识字扫盲之后，容易忘记，难以巩固。

2. 在义务教育阶段，农村地区女性教育状况仍然不容乐观

贫困地区教育资源有限，教育资源相对比较匮乏，特别是教师流动较大，师资力量不足，硬件设施建设不到位，因此农村地区的儿童受到的教育质量相对较差。而且由于贫困地区居民收入较低，一些地区相对比较封闭，女孩受教育的权利容易因为经济原因而被剥夺，因此，农村女童辍学率较高，且不能受到与城市、农村男童均等的教育。

① 参见佟新：《社会性别研究导论：两性不平等的社会机制分析》，181 页，北京，北京大学出版社，2005 - 07。

② 参见奚国泉、蔡军：《社会保障制度与构架》，25～27 页，北京，高等教育出版社，2001。

③ 参见朱之鑫：《国际统计年鉴》（2001），555 页，北京，中国统计出版社，2001。转引自赵页珠：《改革开放 30 年中国大陆妇女教育成就》，载《妇女研究论丛》，2009 年增刊。

3. 在职业教育阶段，男女性别的差异仍然较大

2009 年，每万人有 107.83 个女性在技工学校就读，占到学生总数的 29.26%；在职业高中，每万人有 357.59 个女性，占到学生总数的 47.66%。[①] 可见，女性的职业教育水平较低，性别差异较大。

4. 在高等教育阶段，存在性别隔离

从纵向上，教育层次越高，女性接受教育的比例越低。2008 年，我国在读硕士研究生 104.64 万人，其中女性 50.39 万人，占到硕士研究生总数的 48.16%；在读博士研究生 23.66 万人，其中女性 8.21 万人，占到博士研究生总数的 34.70%。[②] 在横向上，传统观念认为女性适合文科，将女性排斥在理工科之外。女性在语言文学、历史、法学、外国语和经济等学科专业中的比例远远高于男性，分别占总数的 72%、61%、61%、60% 和 57%。而在物理、力学与工程、数学、计算机技术、化学和化学分子工程等学科专业中，男性的比例则远远高于女性，分别占总数的 85.6%、85.5%、78.3%、73.1%、65.4% 和 65.3%。[③]

（三）妇女健康卫生问题

1. 女婴生存权没有保障的情况仍然存在

受到"传宗接代"观念的影响，女婴的死亡率偏高。1982 年第二次全国人口普查、1990 年第四次全国人口普查、1995 年人口 1‰ 抽样调查、2000 年第五次全国人口普查表明，女男婴死亡率之比一直在 1.2 到 1.4 之间。[④]

2. 妇女健康状况和保健质量处于劣势

表现在：其一，在 25～64 岁之间，贫困地区女性患病率比男性高 2～5 个百分点。其二，患病女性看病次数少于男性，对病情拖延比男性更严重。其三，公共医疗设施与服务性别敏感度低，女性保健缺乏保障。如农村社区诊所很少进行妇科检查和保健，诊所只有男性医生等。[⑤] 全国每年有近三分之二的 65 岁以下已婚女性无法享受到妇科检查。[⑥]

3. 妇女艾滋病问题不容忽视

在全国报告的艾滋病病毒感染者中，女性感染者 2000 年为 19.4%，2004 年上升到 27.8%，2005 年 3 月又达到了 28.1%。在经性途径传播的艾滋病病毒感染者中，女性所占的比例 2001 年为 44.1%，2004 年上升到 55.0%，而女性的艾

①② 参见教育部：《2008 年高等教育统计数据》，http://www.moe.edu.cn/publicfiles/business/htmlfiles/moe/s4631/201010/109961/html。

③ 参见马万华：《中国女性高等教育发展的历史、现状与问题》，载《教育发展研究》，2005（3）。

④ 参见郑真真、张妍：《生死存亡之间——我国婴儿死亡性别差异研究综述》，2005 年中国妇女研究会年会论文。

⑤ 参见王冬梅、罗汝敏：《健康方面的性别不平等与贫困》，载《妇女研究论丛》，2005 年增刊。

⑥ 参见全国社会工作者职业水平考试教材编写组：《社会工作实务》（中级），200 页，北京，中国社会出版社，2007。

滋病知识知晓率普遍低于男性。[1] 多数女性性工作者在艾滋病司法行动中作为被处罚对象，与性消费的男性相比受到的处罚更为严厉，其弱势地位往往被忽视。[2]

（四）妇女政治参与问题

妇女政治参与程度体现了妇女在社会政治生活中的地位，是落实妇女权利的政治保证。妇女政治参与问题主要表现为：

1. 妇女参与国家事务管理的人数比例较低

虽然法律法规为女性政治参与奠定了法律基础，但是妇女参与国家事务管理的人数和比例仍然较少。例如在第十届全国人民代表大会代表中，女性代表只占代表总数的 20.2％，女常委占常委总数的 13.2％，在各级党委、人大、政府、政协、法院、检察院、民主党派、人民团体中，全国人大县（处）级和地（厅）级干部中女干部分别占到同级干部总数的 16.9％和 12.6％。[3]

2. 妇女在政治生活中的影响力不够高

妇女虽然参与政治，进入国家事务管理的官僚系统，但是妇女所在的职位多为副职，所在部门多为社会政策影响力较小的部门，因此发挥的政治影响力不够高。

3. 妇女的政治参与多为被动的政治参与

政治生活中，妇女的政治参与被当作国家或地方事务管理机构设置的一项指标或任务，为了完成指标或任务，妇女往往是被推上政治舞台，忽视了妇女的主观愿望和能动性，虽然在结果上促进了妇女政治参与，但是却是对妇女权利主体地位的忽视。

（五）农村留守妇女问题

1. 留守妇女日常劳动强度较大

留守妇女由于承担了家庭中丈夫的生产角色，因此在日常生产和生活中要承受较大的劳动强度。她们不仅要做自己的劳动，还要做丈夫的劳动。例如在农业生产、家人生活、子女教育等方面丈夫的角色几乎由留守妇女一人承担，这些让她们在生活上不堪重负。

2. 留守妇女自主意识较淡薄

由于丈夫出外打工，家庭和村中很多事情自然由留守妇女决定，这样对于妇女参与村庄事务和家庭决策有一定的好处，但是目前一些调查表明，妇女的自主意识还比较淡薄，留守妇女参与村庄事务基本上都是被动参与。

---

[1] 参见新浪新闻：《卫生部部长：经性途径感染艾滋的女患者上升》，http：//tech.sina.com.cn/d/2005-07-12/1242660729.shtml。

[2] 参见王金玲：《论艾滋病预防和控制中的性别歧视》，载《妇女研究论丛》，2006（6）。

[3] 参见全国社会工作者职业水平考试教材编写组：《社会工作实务》（中级），200 页，北京，中国社会出版社，2007。

3. 子女教育压力较大

相对于城市妇女，留守妇女的文化程度普遍不高，难以对子女进行有效的教育和监督。相对于其他家庭妇女，留守妇女承担了更多的家务与生产劳动，因此在时间和精力上难以应付子女教育，特别是子女的家庭教育实际上处于完全被疏忽的状态。

4. 留守妇女精神压力较大

留守妇女还要承受丈夫应该承受的家庭压力，家庭负荷、精神压力要比普通妇女大。

5. 婚姻质量受到影响

由于丈夫长时间在外工作，留守妇女与丈夫的生活环境各不相同，加之分隔时间较长，缺乏必要的情感交流，夫妻之间的感情、婚姻生活与质量受到一定影响。

6. 留守妇女缺乏必要的安全感

由于家庭中缺少了丈夫的角色，一些日常生活中的诸如财产安全、人身安全等得不到必要的保护，因此农村留守妇女在日常生活中缺乏必要的安全感。

（六）妇女家庭权益受侵害问题

尽管妇女的权益受到法律的保护，但是受传统观念的影响，妇女在家庭中的地位低于男性，在家庭中妇女的各项权益容易受到侵害。

1. 妇女的家庭财产权益难保障

一般而言，妇女在家要担负起无偿的家务职责，有的妇女还要担负其家庭的部分经济来源，因此，妇女对家庭的经济贡献比较大。尽管《婚姻法》规定了家庭财产是夫妻共同所有，但是由于妇女在家庭中的依附地位，加上没有进行家庭财产登记，妇女在实际生活中的财产权易受到侵害，特别是婚姻变故时，妇女的财产权更易受到侵害，甚至因为没有分到家庭财产与丧失收入来源陷入贫困的境地。

2. 妇女人身权益受侵害严重

妇女由于弱势地位，在家庭中易因家庭暴力造成妇女权益受侵害。由于一部分男性法制意识淡薄、歧视妇女，认为打老婆不犯法，或是因为家庭纠纷等原因对妻子施暴，加之司法机关对一般家庭纠纷的处理力度较弱，造成了家庭暴力的隐秘性、难取证、易重复等特点。据世界银行调查统计，20世纪全世界有25％～50％的妇女曾受到过与其关系密切者的身体虐待。全国妇联的一项相关抽样调查表明，在被调查的公众中，有16％的女性承认被配偶打过，14.4％的男性承认打过自己的配偶。每年约40万个解体的家庭中，25％缘于家庭暴力。特别是在离异者中，暴力事件比例则高达47.1％。据资料统计，目前全国2.7亿个家庭中，遭受过家庭暴力的妇女已高达30％。[1] 除此之外，拐卖妇女的行为对妇

---

① 参见乌当区妇联：《对家庭暴力信访件的调查与思考》，http：//www.gzwd.gov.cn/wd/578432254028546048/20081112/14857.html。

女的人身权益也造成了侵害。

3. 农村妇女土地权益无保障

由于农村土地承包制以户为单位，而每户的代表往往是男性，男主人之外的其他家庭成员的个人土地权利没有记载，等于没有明确自己应得的土地份额。农村妇女在结婚或离婚后，不能及时取得土地承包权。如离婚妇女土地承包权常常依附于公婆家，离婚后该土地的承包权常常不能带走，离婚后在生活的地方往往不能及时取得土地承包权，就丧失了最基本的生存资料。而在土地承包制的资源分配基础上，妇女同样失去了村庄经济的参股权、分红权和征地补偿权。

二、妇女问题产生的原因分析

(一) 相关法律法规难落实

首先是缺乏完整的法律执行体系。虽然目前有《中华人民共和国妇女权益保障法》、《中华人民共和国劳动法》等法律规定了妇女的相关权利，但是对于侵害妇女权益却没有明确一个具体的执法部门和惩罚机制，相关的配套制度也没有建立起来，相关法律成了一纸空文。其次是男女平等的法律观念没有在社会上得到普遍的认同。例如，针对妇女就业歧视，很少有人能够将性别平等的法律武器利用起来；用人单位在招人、用人时没有主动地遵循男女平等的法律制度；劳动执法部门对于性别歧视的惩罚力度不够。

(二) 传统性别歧视仍然存在

男权文化的影响仍然很深，传统的性别分工"男主外女主内"仍然有市场。因此在现代社会背景下，一方面，职业女性的家庭角色与工作角色冲突，这样造成了妇女工作压力大，不仅需要工作，还要照顾家庭，不能像男性那样全部投入工作中；另一方面，对于农村女性而言，则要留守在农村照顾家庭并担负起农业生产。社会大众忽视了妇女创造价值的能力与权利，这样就造成了职业女性在就业、晋升中不能得到公平的对待，农村妇女必须留守农村家园的现象。从教育角度来讲，因为传统观念的影响，农村女性教育不平等的现象仍然存在。

(三) 妇女危机救助手段缺乏

我国目前缺乏妇女危机干预的救助组织和程序。妇女在就业中受到不公正和歧视的时候缺乏明确的救助程序。应该发挥民间组织和妇女组织的作用，维护妇女在就业中的权利。目前，国内对妇女危机进行干预与救助的专业组织较少，传统的妇联组织因为工作面广，行政事务较多，难以提供专业及时的妇女危机救助服务。

三、解决妇女问题的基本对策

（一）完善司法工作体制，切实落实妇女的合法权益

目前国内已初步形成了以《宪法》为基础，以《妇女权益保障法》为主体，包括其他相关法律在内的保障妇女权益、促进妇女发展的法律体系。近年来，国务院及有关部门制定了大量与保障妇女权益相关的行政法规，各省、自治区、直辖市都制定了相应的地方法规。今后，要根据形势的发展，继续制定并完善有关行政法规和政策，进一步推进依法行政。妇女权益的保障必须要有法律基础，并且能够得到切实落实。应不断完善司法工作体制，建立妇女法律援助机制以及救济渠道，落实法律赋予妇女的每一项权利，保证妇女权益不受侵害。

（二）利用政策调节，促进男女平等

政府要利用社会政策的调节功能，促进妇女在教育、就业、政治各个社会领域中的平等地位。政府部门要明确男女平等的性别意识，并且落实在政策的制定与执行过程中。政策的制定与执行要适度向妇女倾斜，促进社会公平正义，促进男女平等。具体来说，要利用政策的调节功能，保障妇女在劳动力就业市场中应有的权利，并给予适当的支持与帮助；在教育过程中，学校招生要规定女学生占的固定比例，可以在录取过程中给女考生必要的优惠政策；在政治领域中，要增加女性在参政议政成员中的比例；在农村土地政策中要切实保障妇女享有的土地承包权等。只有在社会政策各方面给予调节，促进男女平等，提高女性在社会中的竞争力与话语权，才能切实促进男女平等。

（三）加强社区组织与专业社会工作组织建设，关注妇女权益

应加强专业社会工作建设，通过妇女救助组织的发展壮大深化对妇女权益的保护与关爱。政府部门通过立法与行政赋予妇女平等的权利，并且保障其合法权益。但是在现实社会生活中，往往有很多国家、法律难以接触到的角落，因此社区或是专业的社会组织可以针对妇女权益受侵害的具体情况给予帮助与支持。例如针对妇女就业危机，建立起专业的妇女就业危机干预组织，或是由专业的妇女就业危机干预组织给社区提供专业的培训与干预技术，提高妇女就业的成功率。在农村地区，可以通过社区妇女组织建设，促进妇女之间的交流，减少留守妇女的生活压力与精神压力。

（四）加强宣传，切实提高妇女社会地位

要加快普及妇女权益保障相关法律知识，通过提倡尊重女性、男女平等的文化观念，切实提高妇女的社会地位。首先是要利用传媒的力量，通过广播、电视、报纸、网络等方式宣传普及妇女权益的相关法律法规，并且通过媒体对尊重

女性、男女平等理念的宣传与报道，促进全社会树立正确的社会性别观。其次要将男女平等与女性权益的教育纳入公务员的基本培训内容中去，促进政策执行的性别平等，并强化对大众传媒从业人员的教育培训。最后要利用媒体宣传依法维权、预防和制止家庭暴力、预防女性犯罪方面的典型案例，加大保障妇女儿童权益的法律法规和政策的宣传力度，提高公众对性别平等、女性权益的认识与对相关问题的辨别能力。

第五节
儿童问题

　　儿童是社会的未来，因此，保护好儿童，为儿童营造一个健康发展的环境是全社会应该尽到的责任和义务。总体来说，儿童是弱势群体，因为相对成年人而言，儿童没有独立的经济来源，身体也没有完全发育成熟，更容易受到来自外界的伤害。其次，一些特殊的儿童群体因为先天原因和家庭的原因，相比其他儿童更需要社会的关心和爱护。比如单亲家庭儿童（特别是随母居住的单亲儿童）、孤残儿童、艾滋病患者子女等。由此可见，儿童问题主要包括儿童成长相关问题以及特殊儿童问题。

一、儿童问题的主要表现

（一）儿童营养问题

　　儿童时期是人生命中的第一个阶段，儿童发展则包括了儿童在成长过程中的身体发育以及智力发育。儿童阶段发展的好坏会影响人的一生。目前，我国儿童营养问题表现为：

　　一方面，在西部贫困地区或贫困家庭，儿童成长所需要的营养得不到有效满足，进而影响儿童的身体发育和智力发育。如，按照中国营养学会推荐标准[1]，3～6 岁儿童三大营养素的供能比为：蛋白质 14%～15%，脂肪 30%～35%，碳水化合物 50%～60%；7～10 岁儿童为：蛋白质 12%～14%，脂肪 25%～30%，碳水化合物 55%～65%。对四川贫困地区儿童营养状况的调查结果显示：碳水化合物提供的能量分别占 3～6 岁儿童和 7～10 岁儿童总能量摄入的 63.8% 和 70.5%，脂肪提供的能量分别占 24.1% 和 16.9%，蛋白质提供的能量分别占

---

　　[1]　参见葛可佑总主编：《中国营养科学全书》，1068～1081 页，北京，人民卫生出版社，2004。

12.2％和12.5％。碳水化合物的供能比偏高，脂肪和蛋白质的供能比偏低。①

另一方面，城市儿童的营养摄入过量，不良的生活习惯以及缺乏适当运动是造成儿童偏胖和营养过剩的主要原因。调查显示：我国四城市（广州、上海、济南、哈尔滨）儿童超重和肥胖率平均为12.1％和11.9％，男女儿童肥胖率分别为14.8％和9.3％，男孩肥胖危险性约为女孩的1.6倍。儿童肥胖率在东北地区最高，达到13.2％；其次为华东地区，为12.2％；中南地区最低，也达到了10.2％。这可能是不同地区饮食行为或生活习惯不同所致。儿童肥胖率在经济收入较高的家庭中为12.8％，中等经济收入家庭为11.9％，而在低收入家庭中仅为11.6％，儿童肥胖率有随家庭经济收入的增加而升高的趋势。② 儿童偏胖会对儿童的身体发育产生不良影响，不仅会影响儿童身高，还会引发许多疾病，并且会增加儿童的心理压力。

（二）儿童成长问题

1. 学习压力严重影响儿童全面发展

在考试的"指挥棒"下，儿童的休息时间被大量的家庭作业挤占，做完作业还要被迫去练习"琴棋书画"。家长将儿童的双休日排得很满，在课余时间和双休日里，孩子们还是在做作业、做功课、完成学习任务。在儿童节的一项有1 857名网民参与的调查显示，网友们觉得孩子们不快乐的原因中，最靠前的并不是学业压力大。该调查显示的原因排序是：小伙伴太少（45.8％）、课余时间太少（18.5％）、作业太多（16.9％）、没有可以面对成长烦恼的良好心态（14.3％）、电视和游戏不能带来快乐（4.5％）。③ 儿童在学习压力下疲于应付，这不仅抹杀了儿童的兴趣爱好，阻碍了儿童与同龄人的交流和玩耍，而且让原本快乐的童年显得格外沉重，严重阻碍了儿童的全面发展。

2. 儿童成长中的孤独现象明显

城市中的家庭居住模式与家长的工作生活节奏会导致与儿童交流时间少的问题。儿童生长在孤独的环境中容易引发心理问题，儿童长期生活在这类环境中会产生孤独感。一项调查显示：8.6％的儿童说父母经常把自己一个人留在家中；47.4％的孩子说父母偶尔把自己一个人留在家中；11.7％的儿童曾经遇到过"父母只顾自己，不关心我"的情况。④ 在农村，多数留守儿童生活在单亲或隔代家庭中，与父母亲的情感交流很少，长期生活在孤独的环境中。

3. 儿童成长中被忽视现象值得关注

儿童由于被忽视而导致的伤害会对儿童的身心健康产生很多不利影响。儿童

---

① 参见林黎等：《四川农村贫困地区儿童膳食营养状况评价》，载《中国学校卫生》，2007（8）。

② 参见雅虎新闻：《调查表明：我国儿童肥胖程度较严重》，http：//yxk. cn. yahoo. com/articles/20100412/2mp2. html。

③ 参见汪东亚：《民调发现：孩子最大苦恼并非来自学习压力》，http：//news. qq. com/a/20090605/000242. htm。

④ 参见史秋琴、杨雄主编：《儿童安全与社会责任》，8页，上海，上海文化出版社，2006。

被忽视是指由于监护人的疏忽，导致儿童在玩耍或其他活动过程中造成身体伤害和情感伤害甚至是心理伤害。儿童健康成长需要必要的关注，这类关注不仅来自儿童的监护人，还来自儿童成长的社会环境。儿童被忽视对儿童造成的伤害主要集中在儿童意外伤害与儿童精神伤害中。我国每年因为意外伤害死亡儿童占儿童死亡总数的 26.1％。[①] 儿童意外伤害类型表现为：交通事故、锐器伤、中毒、跌落、动物咬伤、电击伤、烧烫伤、意外窒息（溺水）、被下落物击伤、机械伤、自杀、枪伤、其他。其中第一位为跌落（30.61％），第二位为动物咬伤（21.77％），第三位为交通事故（11.9％）。[②] 大部分意外伤害都是由于监护人的忽视造成的。例如，父母由于疏忽而将低龄儿童锁在车内，会造成儿童中暑或是窒息。美国每年有 30 名以上儿童，因被单独留在轿车里死于中暑。[③] 随着我国私家车越来越多，国内出现的类似情况也在增加。[④] 儿童被忽视还会对儿童造成精神上的伤害，这类伤害属于隐形伤害，难以察觉，对儿童的不利影响更大。在互联网不断普及的情况下，儿童通过网络容易接触很多不良的信息，这些信息对儿童精神的隐形伤害难以立即察觉，产生的不利影响较大。

（三）儿童环境安全问题

儿童成长需要一个安全的环境，不仅需要安全的家庭环境，还需要安全的学校环境、社区环境、游戏环境等。创造一个安全的社会环境是保证儿童健康成长的必要条件，例如保证儿童游戏玩耍环境安全，确保校园安全，减少道路交通事故等。具体说来，儿童环境安全问题主要表现在以下几个方面。

1. 儿童食品安全

儿童食品安全问题包括儿童食物因为安全指标达不到标准对儿童造成的伤害，还包括食物中毒。专家称：目前儿童食品中化学物质种类和数量增加，食品中农药残留物质过高，食品添加剂过量使用，食品包装中的塑料和油墨印刷对食物造成的污染等对于儿童食品安全都造成了隐患。[⑤] 除了食品污染以外，儿童容易因为误食异物或药物造成窒息或中毒。

2. 儿童交通安全

对于学龄儿童而言，交通安全问题是影响儿童安全的一大隐患。统计表明：29％的儿童交通伤害事故发生在行人身上，57％的儿童交通伤害发生在非机动车（自行车）上，11％的儿童交通伤害发生在机动车交通事故中。[⑥] 随着我国私家

---

① 参见史秋琴、杨雄主编：《儿童安全与社会责任》，6 页，上海，上海文化出版社，2006。

② 参见李威武：《威胁儿童安全的六大隐患》，载《新安全》，2004（11）。

③ 参见夏祥洲：《消防提醒：小孩独留车内可能窒息 夏天高温致命》，http：//119. china. com. cn/txt/2010 - 03/14/content _ 3417036. htm。

④ 参见张田勘：《遗忘为什么会这么轻易发生》，http：//news. 163. com/07/0914/13/3OBSK0VC000125LI. html。

⑤ 参见李文静等：《关注儿童安全 让孩子远离伤害》，http：//news. sina. com. cn/s/2004-05-31/10552674733s. shtml。

⑥ 参见李威武：《威胁儿童安全的六大隐患》，载《新安全》，2004（11）。

车数量的增加，城市交通密度过大、车辆超速行驶、新司机上路是市区发生交通事故的主要原因，也是加剧儿童道路安全问题的一大影响因素。在郊区和农村，大量运输车辆以及无照上路的农用车、摩托车，对行走在道路旁或骑自行车上下学的儿童也构成了严重的安全隐患。

3. 校园安全

2010 年 4 月至 5 月 40 天内发生了 5 起针对儿童的校园血案，为学生的人身安全问题敲响了警钟。[1] 虽然近年来学校安全问题政府和学校一直高度重视，但是很多重视只停留在传统的安全层面，例如学校周围道路交通安全，教学楼建筑安全等，忽视了对学生进行周全的人身安全保护。除此之外，校园安全措施缺乏学校、社区、家长和政府部门之间的协调和联动。学校疏于对校外来访人员进行管理，学校和家长忽视对儿童进行细致的安全教育，社会矛盾加剧与个人恐怖主义事件增多都是造成校园安全隐患的重要原因。

4. 游戏玩耍环境安全

一项对全国 10 个城市 12 岁到 15 岁学生的调查显示：儿童在游戏和运动中受伤比例最高。[2] 儿童在游戏过程中容易跌倒摔伤或是碰伤，或是游戏设备对儿童造成伤害，这些都是在儿童游戏过程中造成的伤害。在城市里，家长疏于对儿童的照顾可能导致儿童在游戏过程中对自己造成伤害；在农村地区，池塘、粪池、坡地和动物等对儿童游戏安全会形成威胁，儿童游戏场所存在的安全隐患也很大。

（四）特殊儿童问题

特殊儿童是儿童群体中的特殊群体，这些特殊儿童因为失去父母的照顾，或是因为生理上的缺陷，不能与正常儿童一样健康快乐地成长。相对于其他弱势群体而言，特殊儿童的不同之处在于，他们需要获得比其他弱势群体更多的关注和保护才能健康成长。据估计，2010 年我国艾滋病孤儿达到 16 万到 20 万。[3] 而根据我国 2010 年第六次全国人口普查的样本数据推算，全国有农村留守儿童 6 102.55 万，占农村儿童的 37.7%，占全国儿童的 21.88%。[4] 另外，还有 800 多万 0～14 岁的残疾儿童。[5] 可见，我国特殊儿童基数大，构成情况复杂。特殊儿童难以接受基本义务教育，生活难以保障，缺少精神关爱，成长环境堪忧。具体而言，特殊儿童问题主要表现在以下方面。

1. 特殊儿童的生活难以保障

这些儿童由于生活在功能不完备的家庭中，或是家庭经济收入有限，难以得

---

① 参见搜狐网站新闻：《40 天内发生 5 起校园惨案　校园安全升至国家高度》，http：//news. sohu. com/20100505/n271915104. shtml.

② 参见史秋琴、杨雄主编：《儿童安全与社会责任》，6 页，上海，上海文化出版社，2006。

③ 参见上书，226 页。

④ 参见 http：//baobao. sohu. com/20131023/n388755844. shtml.

⑤ 参见《我国残疾儿童总计为 817 万人　绝对人数世界最多》，http：//news. sohu. com/20100602/n272512077. shtml.

到成长中需要的充足营养。例如在单亲家庭中，特别是随母居住的单亲家庭，家庭收入一般会比儿童父母离异前低，从而影响儿童成长发育需要的营养以及必要的医疗和兴趣开支。

2. 特殊儿童的医疗康复状况堪忧

一些特殊儿童需要必要的医疗康复手段。对于残疾儿童而言，必要的治疗和康复手段是可以改变身体功能缺陷的，但是目前关于残疾儿童康复的医疗机构较少，专业人员缺乏，康复费用较高，而且康复工作缺乏有效的制度保障。[①] 通过母婴传播患上艾滋病的儿童不仅缺少完整幸福的生活，同时还要忍受疾病带来的伤害。因此社会要通过预防手段避免艾滋病母婴传播，同时还要给予艾滋病患儿全面的医疗和关爱。

3. 针对特殊儿童的社会关爱还不够

特殊儿童更需要精神关爱，更需要与他人平等相处。例如在单亲家庭中，子女对于家庭完整性有很高的需求，希望得到家长在情感上和精神上的关爱的愿望比较强烈。对于孤残儿童而言，更需要在精神上的鼓励和他人平等的目光。艾滋病患儿更是需要得到全社会的关爱与支持。

4. 关于特殊儿童的政策存在缺陷

我国政府一直关注特殊儿童，不仅出台了一系列的法律保障特殊儿童的权利，而且通过扶贫项目和希望工程对特殊儿童的生活与教育进行直接的帮扶。但是我国有关特殊儿童的社会政策还存在一些缺陷：有关政策不完善，政策之间存在着城乡差别，政策执行缺乏协调与整合，并且政策受惠对象享受不均，缺乏相关配套政策等。[②]

二、儿童问题产生的原因分析

（一）社会制度变迁

社会转型推动了社会发展与社会制度变迁，但是社会转型过程还未完成。一方面，旧的制度体系可能对社会问题的解决形成阻碍。例如户籍制度。在我国的城市化进程中，农村劳动力向城市转移，但是由于户籍制度的限制，城市中的义务教育体系对农村儿童形成了制度限制，因此，农村儿童不能跟随进城打工的父母，只有留守在农村接受教育。另一方面，对于新出现的问题则还没有形成解决的制度与体系。以网络为例，家用电脑的普及，互联网络的广泛使用，给生活带来了方便，为儿童教育增加了新的平台。但是，由于缺乏网络信息分类与过滤机制，网络不良信息对于儿童健康成长会产生很大的负面影响。此外，社会结构的

---

① 参见禹文燕：《残疾儿童康复救助问题的思考》，http：//www.sdcl.org.cn：8087/llyj/2008-08-20/7813.htm。

② 参见李迎生：《弱势儿童的社会保护：社会政策的视角》，载《西北师大学报》（社会科学版），2006（3）。

变化带来的快节奏社会生活与强烈的危机意识对家长的教育观念也有重要影响。

（二）人口结构变化

计划生育政策使得多数家庭只有一个孩子，儿童在成长过程中缺少与同龄人群的交流，独生子女的家庭教育偏向于对儿童的溺爱与过度保护，忽视对儿童独立精神的培养，使之更易受挫。在城市中，单元楼的居住模式，父母平时工作紧张，疏于和孩子的交流，都对儿童的健康成长产生不利影响。

（三）安全意识淡薄

在传统的儿童教育模式下，学校和家庭注重对儿童品德的培养与知识的传授，忽视了儿童成长所需的精神关爱和环境安全。在教育方式上，注重以学校知识传授为主，家庭生活照顾为辅的教育方式，忽视了儿童社会化过程中对于安全环境的需求。学校与家庭忽视了对儿童安全的整体把握，在对儿童安全的认识上忽视了儿童成长所需要的游戏环境安全、学习环境安全、知识环境安全和生活环境安全。

（四）儿童权利主体地位不明确

在儿童成长过程中，家长与教师通常以成年人的强势姿态与儿童进行对话，以成年人的视角和姿态去审视和对待儿童的成长需求，忽略了儿童作为权利主体的要求。成年人对于儿童的权利认识具有偏差，对于儿童应该具有的权利的意识较淡薄，对于儿童的权利主体地位不明确。一方面，儿童对于社会的认知还不全面，判断不一定准确，因此需要成年人帮助儿童做判断和决策。但是，另一方面，儿童健康成长过程中，拥有各种权利，而且应该得到来自家长和老师以及其他人的平等对待，这样不仅能够让儿童懂得基本的社会准则，而且能够促进儿童健康成长。

三、解决儿童问题的基本对策

（一）完善立法，加强执行

首先，目前中国有关儿童权利保护的法律很多，例如《中华人民共和国未成年人保护法》、《中华人民共和国预防未成年人犯罪法》、《中华人民共和国收养法》、《儿童权利公约》等，这些法律确保了儿童的基本权利，但是这些规定多注重物质上的保证，忽略了在精神上对儿童权利的保护。其次，在法律的执行上也应注重对儿童的保护，例如司法保护、儿童隐私保护等。再次，是要制定有关儿童商品安全的法律并完善相关标准，完善有关儿童用品、儿童食物安全标准，加强产品质量检测力度，杜绝儿童食品、儿童用品安全隐患。

（二）完善政策体系，保护儿童健康发展

在社会主义市场经济环境中，政府在社会福利以及弱势群体的关注中发挥着重要作用，因此社会政策在儿童权利保护与发展中要起到关键作用。完善儿童政策要坚持保障儿童基本权利、无歧视、特殊保护、体现社会责任的原则。[1] 要避免政策执行中的"一刀切"问题，做到不同类型特殊儿童采取不同的帮助策略与方法，政策向弱势群体、贫困地区倾斜，在政策执行中整合政府、社会组织、社区、家庭的资源。通过不断完善相关政策制度、探索政策执行的有效机制，保护儿童发展的各项权利。

（三）加强校园建设，提倡安全教育

首先，学校要加强校园安全硬件建设，增加校园安全力量，与当地社区以及治安机构沟通协调，完善校园安全体系。其次，学校要开展安全教育、生命教育，让学生认识生命、尊重生命、保护生命，树立生命意识、安全意识；与社区进行协调，定期开展安全自救的演练，规划学生回家的安全路线，协助社区、治安机构保证回家安全路线的安全情况；与家长建立安全沟通的长效机制，开展安全教育。

（四）发挥社区优势，关注儿童发展

针对孤、残、病、单特殊儿童开展社区救助与关爱。社区是生活的基本单元之一，政府对特殊儿童的帮助可以社区为单位开展。应整合有关儿童救助的社会组织与社区资源，针对特殊儿童开展专门的救助工作，发挥社会组织的专业与社区组织的便捷优势，关注特殊儿童的生活与发展，开展社区儿童活动，建立青少年社区活动空间，关注儿童身心全面发展。例如，武汉市共青团开展的暑期青少年活动空间，就是以社区为单位，利用暑假开展青少年暑期日间托管，解决了儿童孤独、被忽视的问题。同时利用青少年空间的心理关注，关注儿童的精神生活与心理状况，全面发挥社区的优势，关注儿童发展。

（五）发挥家庭教育优势，促进儿童权利意识发展

儿童拥有健康成长的权利，家长与教师应该认真对待儿童的各项权利，平等审视儿童各项权利要求，适度满足儿童健康成长的权利。具体来说，要通过社会、学校、家庭和社区来落实儿童的各项权利。儿童的初始教育来自家庭，而且家庭是学校之外重要的教育场所，因此发挥家庭教育的优势，有利于全面促进儿童权利保护。首先是家长要树立安全意识，除了对家庭设施进行必要的安全设置以外，低龄儿童家长更要注意对儿童的照顾，避免因为忽视造成伤害。其次通过

---

[1] 参见李迎生：《弱势儿童的社会保护：社会政策的视角》，载《西北师大学报》（社会科学版），2006（3）。

家长对儿童进行生命教育，通过生命教育让儿童认识生命、保护生命、尊重生命。① 再次是要根据实际情况发展儿童家庭寄养模式。针对孤儿实行家庭寄养的养育模式不仅能够解决儿童福利院资源紧张问题，而且可以解决儿童福利机构无法提供的家庭成长环境，营造儿童成长的良好环境。

本章要点

1. 弱势群体是由于某些障碍及缺乏经济、政治和社会机会，而在社会上处于不利地位的人群。具有解决问题可利用的社会资源不多，权利主体地位易被忽视并处在社会边缘等特点。弱势群体产生的原因有生理性原因和社会原因。生理性原因有年龄、性别、疾病、伤残等原因。社会性原因包括经济结构变迁、社会流动加速、人口结构变化。解决弱势群体的基本思路包括：完善相关法律法规体系、发挥政策调节功能、完善社会服务体系、建立健全社会救助体系。

2. 老年人问题主要表现为老年人健康保障不足和养老问题突出。造成这些问题的原因包括生理、心理、家庭、社会和经济等原因。解决老年人问题的基本对策为：加大对老年人养老、医疗的资金投入；不断完善老年人社会保障体系；倡导尊老尽孝的优良传统，发挥家庭养老功能；鼓励老年人社会服务业发展；完善社区老年人服务体系。

3. 残疾人问题主要表现为：第一，残疾人就业问题。残疾人就业形势不容乐观；就业分布不均；就业面小，就业途径较窄；就业层次普遍较低；工作稳定性较差等。第二，残疾人生活质量问题。第三，残疾人教育水平问题，如残疾人文盲人口比率较高，受教育层次较低，特殊教育覆盖率低。第四，残疾人康复服务覆盖率还需扩大。造成残疾人问题产生的原因主要为：传统观念的影响，经济结构转型，人口结构变化，社会支持不足。因此，要不断完善相关法律法规，加强残疾人权利保护；不断完善残疾人社会保障制度，加强落实相关政策；加快发展残疾人教育，促进残疾人就业；加强残疾人康复工作，加强生育检查。这样才能逐步解决残疾人问题。

4. 妇女问题指妇女是否在政治、经济、文化教育、社会和家庭生活中享有与男性同等的权利。妇女问题的具体表现为：妇女就业问题、妇女教育问题、妇女健康卫生问题、妇女贫困问题、妇女政治参与问题、农村留守妇女问题、妇女家庭权益受侵害问题。妇女问题产生的原因有：相关法律法规难落实，传统性别歧视仍然存在，妇女危机救助手段缺乏等。应通过完善司法工作体制，切实落实妇女的合法权益，利用政策调节，促进男女平等，加强社区组织与专业社会工作组织建设，关注妇女权益，加强宣传，切实提高妇女社会地位等手段逐步解决妇女问题。

5. 儿童问题的主要表现为：儿童营养问题、儿童成长问题、儿童环境安全问题和特殊儿童问题等。造成儿童问题产生的原因包括：社会制度变迁，人口结

① 参见杨雄：《生命教育与青少年发展》，载《当代青年研究》，2005（1）。

构变化，安全意识淡薄，儿童权利主体地位不明确等。解决儿童问题的基本对策有：完善立法，加强执行；完善政策体系，保护儿童健康发展；加强校园建设，提倡安全教育；发挥社区优势，关注儿童发展；发挥家庭教育优势，促进儿童权利意识发展等。

复习思考题

1. 试述弱势群体问题产生的生理原因与社会原因之间关系。
2. 老年人问题产生的原因有哪些？
3. 残疾人问题的主要表现与原因是什么？
4. 妇女问题产生的原因有哪些？
5. 成年人应该如何看待儿童的权利？

推荐阅读书目

1. 朱雪明，等 . 中国西中东部残疾人生存与发展研究 . 北京：华夏出版社，2008.
2. 马洪路，主编 . 残障社会工作 . 北京：高等教育出版社，2007.
3. 史秋琴，扬雄，主编 . 儿童安全与社会责任 . 上海：上海文化出版社，2006.
4. 佟新 . 社会性别研究导论——两性不平等的社会机制分析 . 北京：北京大学出版社，2005.
5. 全国社会工作者职业水平考试教材编写组 . 社会工作实务（中级）. 北京：中国社会出版社，2007.
6. 奚国泉，蔡军 . 社会保障制度与构架 . 北京：高等教育出版社，2001.

第十三章

异常群体社会问题

异常群体是指有异常行为（abnormal behaviour）的人群。在国内学术界，异常行为一词和越轨行为（deviant behaviour）一词一般通用。事实上，两者联系密切，又有所区别。越轨行为是指"社会成员（包括社会个体、社会群体和社会组织）偏离和违反现存社会规范的行为"[1]。它主要指明了该种行为违背社会规范的根本性质。虽然异常行为也暗示着其行为与普遍规范不同，但它主要是从统计学的意义上来定义这种行为。而且，它不仅指称正常人违背规范的行为，即社会异常行为，还包括精神病患者等异常人违背社会规范的行为，即精神异常行为。精神异常行为，是一种医学上的病态行为，它的发生除了有先天性因素的作用外，还有可能由于某些社会性因素的刺激。[2] 随着我国社会转型进程加快，人们的生活节奏也不断加快，社会压力不断增加，自杀群体、精神疾病群体、吸毒群体、问题青少年群体等异常群体的人数逐年递增，日趋严重。他们不仅影响自身的身体与精神健康，也阻碍了社会良性运行与和谐发展。本章将主要探讨四类异常群体的社会问题：自杀问题、精神疾病问题、吸毒问题、青少年越轨问题。

第一节
自杀问题

一、自杀问题的内涵

（一）自杀行为的界定

自杀是一种十分复杂的人类行为与社会现象。现代社会的自杀问题比之传统社会更为严重，已经造成人类生命的巨大损失、公众精神的巨大痛苦和社会的重大难题。目前，对自杀行为的定义没有统一的说法。世界卫生组织（WHO）将自杀（suicide）定义为"一个人有意识地企图伤害自己的身体，以达到结束自己生命的行为"。《中国精神疾病分类方案与诊断标准》提出的自杀定义是：有充分根据可以断定系故意采取自我致死行动，其动机可由于悲观绝望、委屈、抗议、畏惧罪责、迷信驱使和精神障碍等种种原因。[3] 作为社会学的经典之作，《自杀论》从社会学角度对自杀行为进行了界定。迪尔凯姆认为：任何由死者自己完成

---

① 郑杭生主编：《社会学概论新修》，3版，452页，北京，中国人民大学出版社，2003。
② 参见吕耀怀：《越轨论——社会异常行为的文化学解析》，109~110页，长沙，中南工业大学出版社，1997。
③ 参见赵卫东、李力、黄坤：《自杀的研究现状与干预》，载《现代预防医学》，2006（1）。

并知道会产生这种结果的某种积极或消极的行动直接或间接地引起的死亡即为自杀。自杀未遂也是这种意义上的行动，但在引起死亡之前就被制止了。① 以上几个定义的共同点是都认为"自杀系个人采取主动的方式结束自我生命的行为"。沿此逻辑，迪尔凯姆认为，每一个社会在它历史上的每一个时刻都有某种明确的自杀倾向，可通过比较自杀的总数和总人口数之间的关系来衡量这种倾向的强度，也就是被考察社会所特有的自杀率。②

导致自杀的因素是多方面的，任何一起自杀行为的发生都受主体因素和周围环境因素的交互影响。自杀行为的酝酿一般要经历厌世情绪、自杀意念、自杀意图和自杀行为这几个阶段。从上一个阶段发展到下一阶段需要有若干种应激事件诱导。③ 迪尔凯姆强调：自杀现象不是由心理原因和自然原因造成的，而是社会因素作用的结果。自杀既是个人的自杀行为，同时又是一个群体或社会才有可能具有的现象。社会发生急剧变化的时期也是个人与社会之间关系疏远的时期，在这种环境中的个体极易同社会产生矛盾，而自杀就是这种矛盾发展到极致的表现。④ 社会的基本性质决定自杀率，社会的基本性质包括社会整合和社会规范，社会整合、社会规范共同影响着社会的自杀倾向，它的平衡状态起着遏制社会自杀倾向的作用。⑤ 当社会有机体出现重大变化的时候，在原有的结构秩序被打乱而新的规章制度还没有建立起来的情况下，社会成员失去了自己和社会发展原有的方向感，无法对自己的社会生活做出基本定位，各种欲望不断上升，要么放纵，要么克制，这都增加了自杀的机会。⑥

（二）自杀行为的类型

对于自杀行为类型的研究，社会学经典大师迪尔凯姆在其著作中开宗明义地排除了天象、气候、人种、精神病患病率、模仿等因素对自杀率的影响，认为自杀率必须以社会层面上的社会事实去解释。迪尔凯姆用以解释一个特定社会自杀率的两个主要的自变量是"社会整合"和"社会规范"（integration and regulation）。与此同时，迪尔凯姆对他的因变量又进行了溯源学划分，区别出了利他型、利己型、失范型和宿命论型四类不同的自杀。⑦

1. 利己型自杀（egoistic suicide）

由于是一种个人与社会的疏离。那些不能很好地整合进较大的社会单位并盛行个人主义的集体、社区和群体，其利己主义性自杀较多。在一个集体意识薄弱的社会或群体中，个人可以自由地追求自己的私利和兴趣，这种无所限制的利己

---

① 参见［法］埃米尔·迪尔凯姆：《自杀论》，11 页，北京，商务印书馆，2009。
② 参见上书，16 页。
③ 参见王淑合：《谈谈自杀及其预防》，载《求实》，2005（S1）。
④ 参见贾增春主编：《外国社会学史》，145 页，北京，中国人民大学出版社，2000。
⑤ 参见上书，147 页。
⑥ 参见上书，149 页。
⑦ 参见张翼：《社会学自杀研究理路的演进》，载《社会学研究》，2002（4）。

主义极可能导致严重的个人不满，并使得其中的一部分人选择以自杀的方式脱离社会。

2. 利他型自杀（altruistic suicide）

利他主义自杀发生在社会整合过于强烈之时。此时，高度的社会整合使得个性受到相当程度的压抑，个人的权利被认为是微不足道的，他们被期待完全服从群体的需要和利益。

3. 失范型自杀（anomie suicide）

失范型自杀主要发生在社会控制瓦解之时。当社会控制减弱，社会规范受到破坏时，对个人愿望的制约不复存在。此时，个人的生活目标和人生抱负失调，他们面对的是难以实现的个人愿望，这必然导致挫折丛生，以及自杀率的上升。

4. 宿命型自杀（fatalistic suicide）

宿命型自杀指面临无法抗拒和改变的规则的重压时的自杀。这种自杀的典型形式是那些备受压迫和制约的奴隶采取自绝的方式结束自己的生命。[①]

继此种经典类型学研究之后，国内外不少学者对自杀行为进行了分类。如玛丽斯（Maris）等将自杀行为分为五大类，即完全死亡（completed suicides）、非致死性自杀（nonfatal suicide attempts）、自杀意念（suicidal ideation）、混合或未定模式（mixed or uncertain mode）、间接自我毁灭行为（indirect self-destructive behavior），在每个大类下，又根据行为的动机或原因分为若干亚型。[②]

（三）自杀问题的特征

目前，中国自杀问题主要呈现以下鲜明的特点。

1. 自杀人群有低龄化的趋势

世界卫生组织发布的预防自杀报告指出，自杀为当前全球重大公共卫生问题之一，也是 15 岁到 29 岁年龄段的青少年死亡的主要原因之一。有数据显示，欧洲国家中青少年自杀率较高的俄罗斯，平均每年有 1 500 名青少年自杀身亡，而有自杀倾向者是这个数字的 3 至 4 倍。目前我国自杀问题也有低龄化趋势，青少年自杀率居高不下。自杀已成为我国 15 岁到 34 岁青壮年人群的首位死因。[③] 青少年是人生最朝气蓬勃、最富有生命活力和创造力的年龄，自杀现象的发生与青少年期心理发展的特殊性以及生存发展的复杂境遇有关。在这个时期，他们面临求知、升学、就业、恋爱、建立家庭、生育、创业等生存发展的重大抉择，承受着其他年龄阶段无法比拟的心理压力，是人生发展任务最繁重、心理冲突最尖锐、心理动荡最剧烈而又心理相对不成熟的时期。人生发展任务的艰巨性与个体

---

① 参见周晓虹：《西方社会学历史与体系》（第一卷），257～260 页，上海，上海人民出版社，2002。

② See R. W. Maris, A. L. Berman, M. M. Silverman, *Comprehensive Textbook of Suicidology*, NewYork, The Guilford Press, 2000.

③ 参见王衡、汤阳、邬慧颖：《多地连发青少年学生自杀，专家称需补好挫折教育》，http://news.china.com/domestic/945/20140910/18773432.html。

心理成熟的滞后性导致的错位，是青少年自杀的主客观因素之一。[①]

2. 城乡社会自杀率差异减小

过去我国自杀问题的显著特点之一是城乡社会自杀率差异较大，农村人口的自杀率曾远远高于城市，但是近年来，这种差距有逐渐缩小的趋势。有学者曾指出，我国农村自杀率高于城市3倍，农村老人自杀率高于城市老人5倍，农村自杀人数占我国自杀人数的90%。[②] 然而，随着中国进入社会转型加速期，农村和城市人口的自杀率的差距逐渐呈现缩小趋势。2010年卫生部公布的数据显示，我国农村自杀率为10.01/10万，中小城市的自杀率是8.37/10万，大城市的自杀率是6.41/10万。[③]

这一变化是由各方面原因综合造成的。首先，随着城市化进程的加快，城市居民的生活压力变大，城市人群自杀现象日益增多，特别是中青年学生和白领阶层。其次，农村妇女的自杀率大幅降低。妇女是农村自杀的主要群体。过去三十年来，上亿农村人口放弃乡村和传统的家庭发展方式，来到城市。迁徙到城市的农村妇女不必再服从长辈的绝对权威，而是在城市中生活并承担起新的职责，发挥新的作用，自杀情况明显减少。数据表明，1995—1999年，15～34岁的中国女性公民之中，每10万人中年均约有37.8名女性自杀。到了2011年，这一数字减少为每10万人中女性自杀者只略高于3人。[④] 随着农村女性自杀率的降低，农村与城市自杀率之间的差距也在逐步缩小。

3. 老年人口自杀率明显提高

近年来，中国老年人的自杀率越来越高。目前每年至少有10万55岁以上的老年人自杀死亡，占每年自杀人数的36%，老年人已成为中国自杀率最高的人群。清华大学的研究显示，2002年到2008年期间，70岁至74岁农村人口每年每10万人中高达47人自杀。有学者指出，急剧社会变迁带来的社会性不适是近年来城乡老年人自杀现象增多的根本原因，包括老龄化社会的到来、家庭结构的改变和代际关系的变更、社会资源的流转等。[⑤]

有关机构对200例自杀未遂老人的分析结果显示：自杀者的家庭人均收入普遍偏低，贫困是导致老人自杀的重要原因之一，而心灵孤独、无人关爱，也是许多老人自杀的原因。特别是在城市化进程中，大多数农村居民搬到城市时带上了配偶和子女，却没有带上父母，因此父母更容易感到孤独和被遗弃，遇到一些情况就容易自杀。[⑥] 有学者预测，随着中国进入老龄化社会，空巢老人越来越多，老年人口的自杀率会越来越高。

---

① 参见马剑侠：《我国目前自杀的主要特点、社会心理分析与对策》，载《安阳师范学院学报》，2001（6）。

② 参见王赛特：《专家指出：中国农村自杀率高于城市三倍》，载《健康报》，2008-02-03。

③ 参见仲崇山：《生命教育，请从青少年抓起》，载《新华日报》，2014-09-10。

④ 参见宣金学：《"特色"自杀率的"特色"下降》，载《中国青年报》，2014-07-23。

⑤ 参见黎春娴：《中国城乡老年人自杀原因研究综述》，载《社会福利（理论版）》，2013（9）。

⑥ 参见《港媒："进城潮"让农村老人更孤独，自杀现象突出》，http://news.sina.com.cn/c/2014-09-12/073430833854.shtml。

4. 自杀率社会性别差异缩小

中国是世界上极少数报告女性自杀率比男性自杀率高的国家之一。有学者曾指出，在我国，女性自杀率是男性的 3 倍，这一差异在农村年轻女性中更为突出；而发达国家男性自杀率至少是女性的 3 倍。[1] 自杀已成为我国农村女青年的首要死因，约占农村女青年总死亡人数的 30% 多。全国妇联妇女权益保护部主任徐维华指出，包办婚姻和低下的社会地位，常常使农村妇女陷入无法摆脱的困境而走上绝路。[2] 在以往的自杀研究中，中国农村女性自杀的主要风险被分为几个方面，即身心健康存在问题、社会地位低下、家庭矛盾激化、婚姻或恋爱挫折、人际关系冲突、经济拮据以及农药普遍可及，它们往往相互交织。不过，上述"中国特色"在最近十年已有了明显变化。相关数据统计表明，1987—1997年，农村女性自杀率曾明显高于农村男性自杀率，之后出现一个下降趋势。在2006—2009 年，农村女性自杀率一直略低于农村男性自杀率。[3] 如上文指出，农村女性自杀率降低与她们进城务工从而规避自杀风险密切相关。这也造成了目前中国自杀率社会性别差异的缩小。

5. 自杀与精神疾病相关度低

与世界其他国家的情况不同，中国 1/3 的自杀死亡者和 2/3 的自杀未遂者在自杀时并不存在精神障碍，而相比之下，几乎其他所有国家 90% 以上的自杀者是有精神疾病的。在我国，突发生活事件造成的严重应激性反应更易导致自杀行为的发生。有学者认为，由于中国没有强大的反对自杀的法律禁令，因此当人们长期受到不良生活刺激时，可能会将自杀视为解脱痛苦、减轻家庭负担的一种可接受的方法。在这种"宽容"的大环境下，那些社会支持系统薄弱的群体，在这种应激状态下的冲动性自杀行为[4]，与精神障碍无关。

但是，近年来，我国某些特殊群体即中青年白领阶层、大中学生人群的自杀与精神疾病的联系却显现出日益紧密的态势。据统计，在这两种自杀人群中，患有精神障碍类疾病特别是抑郁症的比例非常大。其特点是承受压力非常大，文化程度普遍比较高，他们的自杀通常由其自身的精神疾病引起。

6. 自杀方式呈多样化和差异化

自杀人群选择的自杀方式受自杀主体性别、当时的情境、工具、个性等因素的影响呈现多样化和差异化的趋势。首先，自杀方式存在性别差异。男性多选择自缢、跳楼、自焚、爆炸、触电等激烈方式，而女性多选择服药、服毒、自溺等较温和方式。同时，城乡社会自杀方式有较大差异。城市人群自杀方式主要是服药（以镇静安眠药为主）、服毒，跳楼和开煤气也占相当比重。农村人群主要有服药、服毒（以农药、灭鼠药为主）、自溺、自缢等，触电和爆炸也占一定比重。

---

① 参见潘令仪、王祖承：《自杀的国内研究概况》，载《中国行为医学科学》，2005（7）。

②④ 参见徐乐正：《我国三个独特自杀特征 共同参与预防自杀日》，http://health.sohu.com/20070910/n252064283.shtml。

③ 参见宣金学：《"特色"自杀率的"特色"下降》，载《中国青年报》，2014-07-23。

这类差异与自杀方式和自杀工具的便利性和可获得性有关。① 这也从某种角度解释了一直以来中国农村居民自杀死亡率比城市居民自杀死亡率高的原因。随着信息时代的发展，网络已经成为人们日常生活中不可或缺的部分。与此同时，网络也成为某些人特别是青少年自杀的重要平台。以"QQ 自杀群"为例，它主要是以讨论自杀为主题的网聊群，利用 QQ 群为平台，传播消极观念、交流自杀方法、相约自杀、提供自杀用品，参与者是一些有厌世倾向、以轻生自杀等为目的的年轻人。②

二、自杀问题的理论解释

作为一个社会公共性的议题，自杀研究现在已经形成多学科研究的范式，如心理学、社会学、政治学、女性学等。以下我们将从多个视角对自杀问题进行理论解读。

(一) 自杀问题的生物—心理论解释

生物—心理论主要强调生物学以及心理学对社会中个体自杀行为的研究，认为自杀行为的发生取决于一些个体因素，如性格、心理失调、精神错乱或遗传因素等。这种分析范畴也主要在心理学及公共卫生等学科较为流行。

从生物学的角度来讲，人的神经细胞由细胞体、细胞核、刺激受纳体（树突）和刺激传送体（轴突）组成。每一个神经细胞都可以在细胞体中产生电脉冲，电脉冲通过轴突传送给另一个神经细胞的受纳体（树突）。发送信息的神经细胞的终端按钮与接受信息的神经细胞的树突相连，在连接点处发生的化学变化决定信息的传递是完成还是终止，从而对人的行为产生影响。对自杀者大脑和脑髓液的分析表明，复合胺的含量不足（通过测定复合胺的代谢产物 5－HIAA 可以确定复合胺的含量）既与抑郁又与强烈的自杀意念有关。布卢门撒尔（Blumenthal）和库普弗（Kupfer）的研究表明，曾经有人自杀的家庭的自杀率要高于一般家庭的自杀率。血缘关系越近（例如同卵双生子），自杀的相关性越高。莱斯特（Lester）在研究了双生子与自杀之后指出，"显然，一起长大的同卵双生子之间的自杀相关性要高于一起长大的异卵双生子之间的自杀相关性"③。

从心理学的角度来看，研究自杀的理论主要有认知心理学、人本心理学等。根据弗洛伊德的观点，自杀的意念本来就存在于人的精神结构之中。自杀是指向自己的、无意识的敌意，是向自己发泄愤怒。从心理动机来看，自杀是一种谋杀。④ 国内学者张杰提出自杀压力不协调理论。该理论认为，人们日常生活中如

① 参见宋剑锋：《湖北省城乡居民自杀意念及其影响因素研究》，博士学位论文，武汉，华中科技大学，2008。
② 参见戴洁、李华燊：《转型期青少年网络相约自杀现象探讨》，载《中国青年研究》，2011 (11)。
③ 库少雄：《自杀理论研究综述》，载《广西社会科学》，2003 (10)。
④ 参见程婧：《自杀行为形成机制研究综述》，载《河北理工大学学报》（社会科学版），2008 (4)。

果同时持有两种或更多的不一致的观念，或者我们的价值观与行为之间不符，就会体验到认知的不协调。解决认知不协调的极端方式一般为自杀。[1] 因此，从某种程度上可以说，自杀是一种失败的应对，是一种解决问题的极端方式。

（二）自杀问题的传统—现代论解释

自杀是一种社会现象，也是一个严重的社会问题。自杀率的高低在一定程度上反映社会整合状况和社会的稳定性。[2] 从社会学角度进行分析，迪尔凯姆的著作《自杀论》为我们开启了很好的视角，指出自杀与社会价值标准、社会整合和社会稳定程度等因素密切相关。从转型论的视角来看，目前我国社会发展的速度、广度、深度及难度都是前所未有的，这一方面带来了经济的飞速发展，另一方面也对传统的惯例、习俗、规则带来了前所未有的冲击，导致失范型自杀的产生。

首先，一旦发生社会变革，出现较大的贫富差距，人们的心态便会失衡。改革开放后，我国经济取得了迅速发展，但是城乡贫富差距和农村内部贫富差距不断扩大，在相当多的农村，人们的生活水平上升的速度远远不能和城市相比，人们很难像过去一样安贫乐道，一旦承受不了心理压力，很容易走上自杀的道路。[3]

其次，我国的社会转型改变了人们的生活方式和心理状态。随着社会转型的深入，经济生活急剧变化，升学就业竞争激烈，离婚率急速增加，同时，随着国企改革和收入分配制度的改革，减员增效的力度加大，但与之相应的社会保障不能同步配套，这些均导致人们的心理压力加大，失落、受挫、无助的消极心理气氛弥漫，造成的结果之一就是自杀。

最后，改革开放使西方先进技术进入我国的同时，也使西方价值观渗透进来，在实现社会价值观多元化的同时，也导致不少人社会价值观迷失，从而在给社会个体展开一幅新的画面的同时，也给社会个体一种手足无措、无所适从的危机感。在这种危机与压力的生存环境下，个体自杀数量不降反升。[4]

（三）自杀问题的社会—文化论解释

社会—文化论主要强调从社会文化层面来探讨自杀现象和自杀行为，着力探讨社会文化与自杀的内在联系。事实上，社会历史文化因素在自杀率的高低方面具有重要影响，且由于文化背景不同，自杀行为在不同民族、不同地域和不同时代也有着不同的成因和特点。以下仅以中国为例展开分析。

中国的自杀现象有着独特的历史文化因素。中国传统文化在自杀问题上与根

---

[1] 参见张杰：《自杀的"压力不协调理论"初探综述》，载《中国心理卫生杂志》，2005（11）。
[2] See G. E. Murphy, E. Robins, "Social Factors in Suicide", *TAMA*, 1967, 199：202～308.
[3] 参见鄢木秀：《社会学视角下我国农村妇女自杀率高的原因探析》，载《黑龙江史志》，2008（20）。
[4] 参见吴宁、李海平：《转型期自杀行为的非理性因素探析》，载《山西师大学报》（社会科学版），2005（1）。

植于基督教文明的西方文化迥然相异，对自杀持宽容态度，对"利他型"自杀赋予崇高的道德评价。在自杀问题上，人们讲求"死得其所"，到后来"杀身成仁，舍生取义"成为了儒家正统的道德规范。"殉节式"的自杀被视为有一种慷慨悲壮的崇高之美。中国传统文化鼓励、提倡献身性的"利他型"自杀，宽容和同情一些不得已的自杀行为。这种对自杀的鼓励、宽容与同情给现代中国人的自杀提供了丰厚的情感土壤。① 现代的中国人虽然经历了外界日新月异的变化，但或多或少仍然受到传统自杀文化的影响。当然，在当代中国，伴随城乡不同人群的社会角色、经济地位、受教育程度等的不同，人们受这种文化影响的程度和角度也各异，自杀率也各不相同。

三、自杀问题的现状

自杀已成为各国关注的社会问题。2014 年 9 月，世界卫生组织公布了其耗时 10 年、调研全球 172 个国家后得出的最新统计数据：全球平均每 40 秒就有 1 人自杀，每年自杀死亡人数已经超过战争和自然灾害致死人数之和。全球每年有 80 万人自杀身亡。在中国，目前，自杀已经成为全国人群第五大死因。我国每年约有 25 万人死于自杀，自杀未遂的人数约为 200 万。② 随着中国社会的变迁与发展，自杀问题已成为日常生活中人们关注的焦点话题之一。本节以下将以改革开放为界点，从改革开放前后两个时期探讨我国社会的自杀现象。

（一）改革开放前的自杀问题

无论在良性运行的社会中，还是在畸形运行的社会中，自杀都不同程度地存在着。对于新中国成立前后社会中的自杀问题，我们可以从前人的研究中进行窥探。在 1940 年到 1944 年 6 月，清华大学国情普查研究所对云南省呈贡县开展了人口研究工作。这项调查是中国最早有自杀统计的调查。调查统计数据显示，呈贡男女自杀人数均列死亡原因第 8 位，自杀率为 11.23/10 万。③ 1957 年中国 64 653 万人，死亡率为 10.8‰，自杀率 9.27/10 万，实际数据可能要更大，因为不明原因死亡中就包括"失踪等自杀人员"。另外，中国农村自杀率高于城市，估计中国 20 世纪 50 年代自杀率在 12/10 万左右。④ 60 年代初期，随着国内外环境的恶化，社会问题陡然剧增，特别是 1966 年起的"文化大革命"期间，社会发生了"史无前例"的动荡，几乎所有的国家干部与知识分子均受到了冲击，自杀人员剧增。由于此时国家政府部门受到运动的巨大冲击，日常机构已经瘫痪，

---

① 参见李建军：《中国人与日本人自杀行为的历史文化因素研究》，载《贵州大学学报》（社会科学版），2005（2）。

② 参见贾晓宏：《2013 世界预防自杀日，中国每年 25 万人死于自杀》，载《北京晚报》，2013 - 12 - 11。

③ 参见姚坚、冯再昆：《云南省自杀情况研究》，载《临床精神医学杂志》，2002（4）。

④ 参见答旦：《中国自杀问题初探》（一），载《青年探索》，1997（1）。

关于自杀的统计调查无法展开，所以有关具体数字不详。从后来的口述资料，可以发现严重的政治冲击是这段时期中国自杀问题的主要致因，尤其针对知识分子而言，如"反右"运动及"文化大革命"等。又如湖南道县在 1967 年 8 月到 10 月之间，被迫自杀的人数即达 326 人；"文革"期间，零陵地区自杀人数就有 1 397 人等。[①] 虽然没有调查统计数字，但是对于这段时期中的非正常死亡，80 年代以来有着较多的个案式描述，尤其是关于一些重要的公众人物的自杀状况的解读，如翦伯赞、老舍、傅雷等。

（二）改革开放后的自杀问题

改革开放后，随着政治运动的结束，中国社会逐渐走上"以经济建设为中心，大力发展生产力"的社会主义现代化之路。在这个时期，学术界自杀研究的"禁区"开始被打破，承认自杀是个社会问题。从相关统计数字来看，改革开放初期，我国社会中的自杀事件不断增多，自杀率与之前相比也有所提高，具体可见表 13—1。

表 13—1　　　　　　　　　1979 年至 1985 年中国自杀情况统计表

年份	总人口（万人）	死亡率（‰）	城市人口（万人）	城市人口自杀率（万人）	农村人口（万人）	农村人口自杀率（万人）	总人口自杀率（10 万）	自杀人数占总死亡人数比率（％）
1979	96 259	6.2	17 245	1.09	79 014	1.53	14.51	2.3
1980	98 705	6.4	19 140	1.25	79 565	1.54	14.83	2.31
1982	101 541	6.6	21 154	—	80 387	3.31	31.3	3.75
1985	104 532	6.6	38 244	1.12	66 288	2.95	22.8	3.46

资料来源：答旦：《中国自杀问题初探》（二），载《青年探索》，1997（5）。

中国从 1940 年至 1985 年 45 年间，自杀率由 11.23/10 万上升到 22.8/10 万，提高了一倍，已属于世界上自杀率较高地区。自杀死亡人数占全部死亡人数的比率已有逐年上升之趋势，在非正常死亡中列首位。中国农村人口自杀率高于城市。[②] 从 1987 年开始，中国的死亡原因统计与国际疾病分类接轨，开始有了具体的分项统计资料。从统计资料的发展动态来看，从 1987 年开始，十年间，城市自杀死亡率有逐年下降的趋势，而农村则呈显著的波动状态，且有居高不下之势。[③] 近年来，中国自杀率有下降的趋势。香港大学发布的《中国自杀率报告：2002—2011》称，自 2002 年至 2011 年，中国的年平均自杀率下降到了每 10 万人 9.8 例，降幅达到 58％。其中，最大的转变在于 35 岁以下农村女性的自杀率减少了 90％。对这一现象，不同学者的解释不同，在学界还无定论。有学者认为，虽然城市人担心环境污染、食品安全和房价居高不下，但城镇的生活水平和总体满意度都已经提高。还有学者认为，传统的三代同堂大家庭结构变得"松

---

① 参见谢泳：《1949—1976 年中国知识分子自杀状况的初步考察》，载《新东方》，2000（2）。
② 参见答旦：《中国自杀问题初探》（二），载《青年探索》，1997（5）。
③ 参见杨子慧：《中国城乡人口自杀死亡研究》，载《中国人口科学》，1997（2）。

散"，这也减少了可能导致自杀惨剧的家庭冲突。英国著名杂志《经济学人》刊文认为目前两种社会力量促使自杀率下降：人口迁徙和城市中产阶层崛起。其中，到城市打工，成为许多年轻农村女性的"生路"，使她们得以逃脱父母的压力、不幸的婚姻和贫穷农村生活的其他束缚。这还使她们远离农村中最"简便"的自杀方式：喝农药。上文我们也反复提到，农村女性自杀者大幅减少意味着占比较高的一类自杀群体自杀率下降，拉低了中国的自杀率。[①] 但毋庸置疑，伴随中国社会加速转型，社会竞争激烈，贫富分化加剧，生活和工作压力巨大，自杀问题仍然凸显。特别是上文指出的自杀人口结构的变化（如自杀人群低龄化趋势明显、城乡老人自杀率明显提高、患有精神障碍人群自杀率的快速提升）和以网络自杀平台为代表的自杀方式的多样化和差异化都让人担忧。且从目前的形势来看，我国自杀人数规模和自杀率状况仍不容乐观，自杀问题已经成为和谐社会构建与发展时期不容忽视的社会问题。

四、自杀问题的应对策略

随着当今中国社会政治、经济、文化的急速变迁，社会异常群体的自杀问题越来越突出，严重地影响了社会稳定与持续发展。自杀者的早逝减少了对社会潜在的贡献，而社会则要为自杀未遂者的治疗和护理付出代价，与此同时，自杀者的行为对其亲人和朋友的情感造成巨大的冲击，其作用可能会持续数年，并影响家庭中几代人的生活。[②] 对于自杀问题的应对，社会各个方面应相互合作，协调行动，采取有效的综合防范措施，努力减少自杀行为的发生，缩减社会发展与进步的成本。

（一）个人主体性的调适

自杀是对正在转型裂变的社会的特定反应。我国目前正处于政治、经济体制改革的磨合期，竞争压力剧增，社会保障机制尚不完善，造成一些社会阶层的群体缺乏安全感；加之外来文化的输入，金钱物欲的冲击，造成部分人价值观念的混乱；人际关系复杂化，生活节奏快速化，使个人身心压力增大。这些剧变的外部环境与个体脆弱的心理素质交互作用，导致了自杀率的上升。因此，预防和控制自杀问题要首先从个体，特别是高危人群的心理调适和疏导展开。这种预防和控制方式主要在于增强个体自身行动的主体性，主动寻求多样化的协调和调节生活压力的方式。可以采取增强生活自信心的暗示，寻求发泄不良情绪的合理方式，进行减压活动，具体如运动、扩大社会交往等，提升其心理素质、心理健康水平及抗压力。个体在遇到各种精神卫生问题和发生心理危机时，要认识和正视

---

① 参见姚培硕：《外媒称城镇化使中国自杀率猛降，跌至世界最低行列》，http://www.chinanews.com/gn/2014/07-04/6353308.shtml。

② 参见张文君：《全球平均每30秒一人自杀 引发世界关注》，载《科技日报》，2007-09-12。

这些问题，积极寻求心理咨询、支持、救助，使心理危机得到有效干预，避免自杀倾向的形成。

（二）社会支持网的建构

社会网是指由个体间的社会关系构成的相对稳定的体系。个人的社会支持网是由具有相当密切关系和一定信任程度的人所组成的。社会支持网在规范个人的态度和行为时发挥着重要的影响，它也是个人的一种重要的社会资源。从一般意义上说，社会支持指人们从社会中所得到的、来自他人的各种帮助。[1] 对于自杀者来说，社会支持的获得可降低自杀意念的发生。一方面，社会支持作为社会心理刺激的缓冲因素或中介因素，对应激状态下个体的健康提供间接的保护作用，个体可通过寻找和利用情感支持以及物质方面的支援来减少紧张刺激；另一方面，社会支持对维持一般的良好情绪体验具有重要意义。因此，良好的社会支持是降低自杀危险性的重要因素。充分发挥社会支持系统的作用，能促进自杀未遂者心理的康复以及防止自杀行为的再次出现。[2] 因此，在预防自杀以及劝说自杀者的过程中，我们要充分注重社会化过程中社会支持网络的培育，尽量维持社会支持的稳定性、支持的频度和支持量的足够大小。

（三）制度性行动的干预

在正式制度方面，应该形成一个有效防止自杀行为发生的预防、干预和救治机制。可以从以下几方面入手对自杀行为加以干预：

第一，从政府角度来说，官方力量必须在预防自杀中发挥积极的作用。如政府可以大力普及心理卫生知识，推进与自杀问题相关的调查研究，收集、整理、分析并提供相关信息，通过教育、宣传等活动加深民众对防止自杀的理解，建立自杀预防计划，积极开展自杀的监测，发布相关指导纲领，动员社会组织在预防自杀中发挥作用。[3]

第二，从社会角度来看，各种社会力量应该介入自杀问题领域。建立预防自杀的专门机构和社会组织，如危机防护中心、心理咨询机构、自杀社会工作站或互助小组等，从实践角度进行预防和干预，对处于心理危机者提供支持，开展危机干预。

第三，从微观个人的层面来说，必须实现专业性的社会工作者和心理咨询师的干预功能，这种功能就是其被赋予的职责，其能力是在学习与适应过程中不断得到提高的职业水准。他们必须有效地对自杀高危人群提供心理咨询和心理矫正服务，帮助其建立正确的人生观和价值观，减少自杀行为的发生。

---

[1] 参见张文宏、阮丹青：《城乡居民的社会支持网》，载《社会学研究》，1999（3）。

[2] 参见鲍东霞、范引光、叶冬青：《皖西学院学生自杀意念与生活事件社会支持的相关性分析》，载《中国学校卫生》，2009（10）。

[3] 参见王贵松：《自杀问题的国家立场》，载《北方法学》，2009（5）。

（四）重点人群重点干预

老年人和青少年是我国目前自杀问题的重点人群，应该重点干预。对于老年人群体，特别是对于我国农村老人来说，要大力加强专门针对农村老年人的农村合作医疗体系建设，建设和完善新型农村养老保障体系，加强农村老年社会工作建设和居家养老服务建设，加强农村道德建设和尊老养老风气的宣传，通过以上种种手段增加老年人的社会资源，增强农村家庭团结。除此之外，还应重点考虑加强农村社区（村落）老年团体的建设，使老人在家庭之外的村落同龄人中能寻找到集体的温暖和保护，从而减少老人因孤独、无助、受虐而发生的自杀悲剧。①

对于青少年群体，首先，家长和教育部门要补齐挫折教育的短板，让青少年学会正视挫折、克服挫折，培养学生生活自理能力和心理独立性，培养坚韧的品格，感知生命的价值。

其次，学校、家庭应建立一个发现、识别、干预青少年自杀的机制，老师和家长发现青少年有情绪低落、厌学等不良情绪时，可先由学校的心理辅导老师甄别，必要时由专业心理医师进行治疗。

最后，针对目前青少年通过网络平台自杀的新趋势，社会和相关部门应当加强舆情监测、健全防范机制，监控与自杀相关的关键词、关键字。一旦确认潜在自杀者就要跟踪调查，采取防控措施。与此同时，建立公安机关与网络供应商的协商监督机制。相关人员要把网络平台自杀的相关信息报告给公安机关，公安机关成立反自杀部门，组织专家对有自杀倾向的人员做专门辅导和心理干预。②

第二节
精神疾病问题

一、精神疾病问题的内涵

（一）精神疾病的界定

精神疾病（mental disorders）指由生物、心理、社会等因素造成中枢神经系

---

① 参见刘旭辉：《港媒：久病难捱，老人自杀率高于其他年龄层》，http：//finance. chinanews. com/jk/2014/09-11/6580354. shtml。

② 参见王乐、李重阳：《网络安全问题之"QQ自杀群"》，载《中国公共安全（学术版）》，2013（4）。

统功能失调或紊乱，所导致的个体出现认识、情感、行为等方面异常的总称。形象地说，也就是指大脑功能紊乱，主要表现为精神症状一类的疾病，如精神分裂症、躁狂症、抑郁症等。在现实生活中，精神疾病经常在青壮年时期发病，有的间歇发作，有的持续进展，并且逐渐趋于慢性化，复发率高、致残率高，如不积极治疗，可能出现精神衰退和人格改变，不能适应社会生活，难以完成对家庭和社会应担负的责任。这种类型的疾病与我们经常所说的精神病和神经病有着本质的不同。

首先，从精神疾病与精神病的区别来看，在日常生活中，我们习惯性地称一些人为精神病或者精神病人，但这并不符合科学的界定和划分。在科学知识话语中，所谓精神病是一组严重的精神疾病，狭义上就是指精神分裂症和躁狂抑郁症等。其病因不明，表现为认知、情感、思维、行为的紊乱，不能适应社会环境，脱离现实，否认有病，多拒绝治疗。与精神疾病相比较来看，精神病涵盖于精神疾病之中，从本质上说精神病的外延小于精神疾病。

其次，从精神疾病与神经病的区别来看，从医学角度的界定来说，神经病是指由感染、中毒、肿瘤、先天性神经组织缺损等引起的大脑、脊髓或周围神经系统的实质性病变，主要症状表现为麻木、疼痛、瘫痪、抽搐和肌肉萎缩等。与精神疾病相对而言，神经病有其自身的发生、发展规律，决不会由心理障碍或神经症发展而来。但在神经病发展的早期，往往以患者性格改变或神经症的形式为病理表现，所以容易被误认为是精神疾病。由此可以看出，神经病与精神疾病是有本质区别的，两者可谓差之毫厘，谬以千里。

（二）精神疾病的类型

作为一种病理的总称，精神疾病涵盖的范围较广。因此，对于精神疾病的类型进行划分也可谓是众说纷纭。从现有发病率来看，精神疾病一般有轻微精神分裂症、神经官能症、精神发育不全等大脑神经性疾病。从病情严重程度来划分，可以分成严重精神疾病、轻型精神疾病以及儿童青少年好发精神疾病等几类。严重精神疾病包括精神分裂病、情感性精神病（包括忧郁症、躁郁症）、妄想症以及器质性精神疾病等；轻型精神疾病常见的有焦虑症、强迫症、畏惧症、心身症、恐慌症等；儿童青少年好发精神疾病则有自闭症、多动症、行为规范障碍及情绪障碍。从我国卫生部的立法来看，对于严重精神病患者依据病情划分为病情稳定患者、病情基本稳定患者、病情不稳定患者等。病情稳定患者，指精神症状基本消失，自知力基本恢复，社会功能处于一般或良好状态，无严重药物不良反应，躯体疾病稳定的患者。病情基本稳定患者，指精神症状、自知力、社会功能状况至少有一方面较差，处于"稳定"和"病情稳定"间的患者。病情不稳定患者，指精神症状明显，自知力缺乏，社会功能较差，有影响社会或家庭的行为，有严重药物不良反应或躯体疾病的患者。[①] 对待不同的类型，其治疗方式也各不

① 参见卫生部：《重性精神疾病管理治疗工作规范》，2009。

相同。

现行的国际疾病诊断分类（ICD—10）将精神疾病分为 10 大类 72 小类近
400 种。10 大类为：

（1）器质性精神障碍。如老年性痴呆。

（2）使用精神活性物质所致的精神和行为障碍。如酒精依赖综合征。

（3）精神分裂症、分裂型障碍和妄想性障碍。

（4）心境（情感）障碍。如抑郁症和躁狂症。

（5）神经症性、应激相关的及躯体形式障碍。如焦虑症。

（6）伴有生理紊乱及躯体因素的行为综合征。如失眠症。

（7）成人人格与行为障碍。如偏执型人格障碍。

（8）精神发育迟滞。即通常所说的智力低下。

（9）心理发育障碍。如儿童自闭症。

（10）通常起病于童年与少年期的行为和情绪障碍。如注意缺陷多动障碍。

（三）精神疾病问题的特征

无论是对精神疾病的界定，还是对精神疾病类型的划分，精神疾病都首先表
现为精神障碍，也即精神因素在此类疾病中占有重要的地位，可以具体操作化为
性格孤僻、敏感多疑、固执暴躁、心理脆弱、情绪不稳等。我国精神疾病问题的
特征主要表现在以下几个方面。

1. 精神疾病的老年化趋势显著

随着我国老龄化速度加快，受退休、家庭、身体疾病等因素影响，老年人已
成为心理障碍和精神疾病的高危人群。困扰老年人的精神疾病主要包括神经衰
弱、抑郁症、老年痴呆症等。其中，老年人神经衰弱主要表现为精神易兴奋，控
制不住，精力不足，情绪性疲劳，失眠，头痛，心悸等，病程可达数十年，症状
可有间歇，病情容易反复。同时，随着人类寿命的延长，老年人数量日益增多，
老年痴呆症的发病率亦逐年上升。据统计，65 岁及以上的老年人有 10％存在智
力障碍，其中 1/2 会发生老年痴呆症。老年痴呆症主要表现为记忆减退和多种形
式的认知功能减退。

抑郁症是老年人最常见的精神疾病之一，听力受损、躯体疾患、退休、鳏
（寡）居、居丧和社会隔离等都可能导致老年人抑郁。老年人的抑郁还常常与其
躯体疾病同时存在，如心脏病、中风、糖尿病、癌症、帕金森综合征等。老年人
抑郁症患者通常表现为情绪低落或抑郁，对生活失去兴趣，日常生活没有快乐，
睡眠不佳，慢性疼痛，记忆减退，甚至持续产生死亡念头。[1] 数据显示，中国 65
岁及以上老年人自杀率在所有年龄组中是最高的，而且男性老年人自杀率尤高。
社区调查发现，10％～20％的老年人可能患有抑郁症，但只有一小部分人去寻求
通科医生或精神病学的服务。只有 25％患有抑郁症的老年人得到社区老年精神

---

① 参见张伯昭：《老年人易出现哪些心理疾病》，载《联合报》，2012 - 08 - 28。

卫生服务。[1]

2. 精神疾病的年轻化趋势加强

随着社会转型的深化，对于即将步入或者已经进入社会的青少年群体来说，恋爱、婚姻、家庭等社会问题及就业和工作的竞争压力均极容易引发各类精神疾病，且以抑郁症、神经症、精神分裂症、器质性精神病所占比例较大。青少年精神疾病现象日益集中和凸显。不少青少年呈现幻觉、妄想和思维混乱的状态，或者表现为思维贫乏、情感淡漠、意志缺乏和社会交往回避，甚至表现出持久的心境低落、思维迟缓和身体疲劳衰弱等特征，常伴有焦虑和无助感，部分患者甚至出现自伤和自杀倾向。这些都表征着程度或轻或重的精神疾病，其中以抑郁症患者最多，其次为精神分裂症患者。

抑郁症（depression）是指一个人表现出担忧、对现实生活缺乏信心、人际关系紧张等和生理上表现出失眠、多梦、焦虑、头晕脑涨等症状。抑郁症的三大主要特点是：情绪低落，快乐感缺失，兴趣降低、易疲劳。抑郁症轻则影响其正常的学习和生活，重则导致自杀。[2] 2006 年以来，青少年特别是学生人群自杀有增加趋势。多个调查显示，抑郁症是大学生自杀的主要因素。2006 年 12 月的一项调研数据显示，北京地区高校学生抑郁症患病率达到了 23.66%。近年来众多研究文献的相关数据表明，国内高校学生抑郁症患病率在 13.25% 到 79.9% 之间浮动，状况令人担忧。[3]

3. 精神疾病的标签化现象严重

由于我国处于社会剧烈转型时期，受传统文化影响，大部分人将精神疾病视为一种非正常性的疾病。因此，虽然有很多个体存在精神疾病，但是除非到万不得已的时候，他们往往选择隐瞒病情，而不愿意去相应的治疗机构进行咨询或者治疗。一旦某人被诊断为患有精神疾病，那么这个人就会被贴上"疯子"的标签，这势必危及个体的社会存在场域。此外，由于这种误解和误判的存在，许多精神疾病患者难以得到很好的治疗，致使病情更加恶化，对社会产生较大的影响。

二、精神疾病问题的学理解释

（一）精神疾病问题的生物遗传解释

作为公共卫生问题，医学在精神疾病中把持着较多的话语权。从理论上来说，现代医学遗传学研究表明，常见的精神分裂症与遗传密切相关，主要是多基因遗传，其发病受遗传因素和环境因素双重影响。遗传因素是主导，环境因素是

---

[1] 参见李占江：《积极关注：精神疾病与自杀》，载《心理与健康》，2006（10）。

[2] 参见王延伟、李飞：《大学生抑郁症的影响因素及应对策略分析》，载《哈尔滨职业技术学院学报》，2012（3）。

[3] 参见董琳、郭晋蜀：《高校学生抑郁症高发率与"三生教育"》，载《教育教学论坛》，2012（35）。

诱因，精神分裂症的子女发病率可以大致预测。家系调查、双生子研究、寄养子研究和染色体研究等方法均证实了遗传因素在不同精神疾病中的作用。例如，先天愚型为遗传因素所决定。在躁狂抑郁症患者家族中有较多的同类患者，其遗传因素的作用较为明显，甚至在焦虑症与强迫症患者中，其近亲发病率也较一般居民高。人格障碍的遗传学研究亦越来越受到研究者的重视。已有许多研究证实，人格障碍受遗传因素的影响。近 20 年的研究结果表明，强迫症与遗传有着较强的相关性。近年来，人类在遗传学领域的研究取得了突飞猛进的发展，使人们对多种疾病，包括精神疾病的遗传学有了进一步的了解。乔治（George）认为，同卵双生子的强迫症患者有较高的同病率。① 此外，在双生子同病率的研究中，同卵双生子的同病率远高于异卵双生子的同病率。随着遗传学等生物科学的进步，这种相关性的研究还将进一步开展。

（二）精神疾病问题的心理行为解释

作为心理社会问题，心理学家弗洛伊德的精神分析学说对精神疾病有着广阔的解释空间。精神分析从对精神疾病起因的分析与治疗中形成对人的心理和人格的解释，并经对后者的不断修正，逐步形成与精神分析理论相应的方法和技术。在早期的理论中，弗洛伊德将人的心理生活分为潜意识和意识两个层次，并且重点研究潜意识内容。潜意识包括所有我们意识不到的，却激发我们大多数的言语、情感和行为的驱力、冲动或本能。它是以性为中心的各种本能冲动或生理驱力，它是人格发展的根本动力基础，又是个体精神生活的实质所在。弗洛伊德认为，人的精神或心灵具有复杂的结构，恰似一个"等级森严的王国"。在人的精神中，除了有意识的情感、思维和意志以外，还包括无意识的情感、思维和意志。无论是意识水平还是人格结构，其内部元素都存在着冲突。"力比多"（本我）的本能欲念、"自我"的控制及"超我"的压抑之间的冲突往往导致现实性焦虑与神经症焦虑等。对于这种来源于潜意识冲突的焦虑，弗洛伊德认为，自我可以发展起许多抵抗焦虑的保护性防御，即心理防御机制。②

此外，近年来，用"应激"说探讨精神病的发病机制，是病理心理学家和精神病学家的一个较新的研究。"应激"的基本概念应为机体对于加在他身上的各种激源（stressor）所引起的非特异性反应的总和。激源可以大致分为躯体激源和心理激源两大类，心理激源是指各种各样社会心理因素造成的刺激，也就是所谓的"心理刺激"或"精神刺激"。③

（三）精神疾病问题的社会文化解释

从精神疾病"患病过程"来看，社会文化维度与健康之间呈现着较强的相关

---

① 参见蒋湘玲、郭敏：《心理、精神疾病与遗传因素》，载《海南医学》，2003（4）。
② 参见郝敬习：《弗洛伊德精神分析理论及其人性观》，载《湖州师范学院学报》，2009（3）。
③ 参见王善澄、郑锡基：《精神疾病的心理应激问题》，载《心理科学》，1985（1）。

性，如艺术、社会变迁、迁居移民等对精神健康存在着较大的影响，形塑着精神疾病类型。与躯体疾病比较，精神疾病的表现更为复杂，社会文化因素影响更大。从社会学的视角来看，社会结构、价值观念以及重大风险的出现都会影响个体行为。特别是在社会学元理论的能动性与结构性关系理论观照下，这种影响已经被概化。

首先，从社会变迁的角度来说。迪尔凯姆通过对自杀数据的整理发现，由于工业、金融和家庭的危机和动荡，旧社会秩序被打乱、社会价值观念混乱，使人们的理想和信仰破灭，感到无所适从，这是形成自杀的一个主要原因。与此相对应，在我国"文化大革命"时期，我国社会出现急剧动荡，原有社会秩序、人际关系、道德标准和价值观念遭到严重破坏，不少为党和政府所重视的科学家、艺术家突然遭到强烈的政治压迫、经济剥夺和人身攻击，社会地位、社会角色、社会评价彻底改变，人权受到侵犯，自由失去保障，家人反目成仇，社会支持丧失殆尽，这使一些人感到无所适从而自杀。有学者统计，上海某区的自杀率在"文革"期间明显升高，于1968年达到高峰。[①]

其次，从社会风险角度进行分析。社会风险是对现代性社会特征的一个有效描述。[②] 如若将其演绎，那么现代社会中所发生的重大事件都将是社会风险的具体操作化。这些事件属于社会中非正常性事件，刺激着日常生活中个体的神经，容易引发精神疾病，如灾难性事件、悲痛事件等。

最后，从社会隔离来说。社会隔离的存在使得个体处于一种群体之外的状态。从人的社会性类属角度来讲，这并不能满足人的正常需求，因此经常引起行为异常和精神病态。彻底的隔离对于处于社会化过程中的青少年来说，无疑是一种致命的情感打击，使得正常的情感社会化过程出现了所谓的情感断裂状态，容易导致精神疾病。

三、精神疾病问题的状况

随着人类社会的不断发展，精神卫生目前已经成为一个突出的社会问题。世界卫生组织相关报告显示，精神疾病在世界范围内正呈显著上升趋势。全世界共有约1.54亿人饱受抑郁症的困扰，2 500万人患有精神分裂症，对现实世界的认知能力受损。另外，有5 000万人患有癫痫，2 400万人患有痴呆症。平均每四个因为不适去医院就诊的人中就有一个有精神问题，但是精神类疾病大部分都没有得到确诊或治疗。[③] 在我国，由于社会变革、竞争加剧、工作生活节奏加快以及其他社会因素的影响，精神疾病也逐渐成为社会异常群体问题，并成为未来社会主要问题之一。我国的精神疾病问题，由于时空性的存在，不同时间段的精神

---

① 参见曾文琦：《精神疾病现象学的社会文化解释》，载《医学与哲学》，1994 (11)。
② 参见杨雪冬：《风险社会理论述评》，载《国家行政学院学报》，2005 (1)。
③ 参见《逾十亿人有精神健康问题》，载《广州日报》，2007 - 10 - 11。

疾病类型、发生率以及特征也各不相同。下面我们将从改革开放前、改革开放后两个阶段进行历时性的梳理和共时性的分析。

（一）改革开放前的精神疾病问题

20 世纪 50 年代我国精神疾病的发生率非常低。一些学者指出此阶段的精神疾病为常见的精神分裂症，并且多发生于青壮年群体中。在十年"文革"期间，精神疾病的发生率出现了明显的增长趋势，但是由于当时社会结构的影响，这方面的统计数据并不多见，更多的是在微观程度上，对一些社会公众中的名人精神疾病进行个案式剖析。从已有的分析和研究来看，这些由于政治斗争等因素导致的精神疾病病人，大部分以自杀的形式结束了自己的生命。1978 年 4 月，国务院办公厅组织的包括精神残疾在内的全国残疾人抽样调查，涉及样本总数 369 448 户，总计 1 579 315 人，结果显示：全国精神残疾率 1.8%，其中精神分裂症残疾率达到了 1.67%。[1]

此外，从国家政策的角度进行理解，我们也可以看出，精神疾病在当时已经被视作严重影响社会建设的社会问题。如 1958 年 6 月，在南京召开了全国精神病防治工作会议。会议决定对精神病人实行三级管理制度，由卫生、公安、民政三个部门组成精神病防治领导小组，并组织实施，提倡对精神病人实行开放管理，即不要把精神病人关闭或关锁在病房内。这次会议对我国精神病学事业的发展起了很大的促进作用。各地通过各部门的协作成效显著，其中上海、北京、南京、天津、杭州、苏州做得比较好。如上海成立了精神病防治领导小组，办起了多所精神病工疗站，使精神病的复发率下降了 3/4 以上。[2]

（二）改革开放后的精神疾病问题

改革开放后，我国在经济建设上取得了举世瞩目的成就，但同时社会文化堕距的产生、家庭结构的变化、社会竞争的不断加剧等都导致人们在社会生活中的心理应激因素增加，带来了新的心理和行为问题。从 90 年代以来，我国民众患抑郁症的人数有逐年提升之势，患病率高于以前。其中，由世界卫生组织发起的一项全球 15 个国家和地区参与的"综合性医疗机构中的心理障碍"研究中，我国综合性医院内科门诊病人中，符合 ICD－10 标准的重性抑郁的患病率为 4.0%，抑郁性神经症的患病率为 1.2%。我国老年人抑郁症的患病率为 0.34%～1.51%。[3] 2005 年 9 月，卫生部《关于开展世界精神卫生日主题宣传活动的通知》公布的数据也显示：我国精神疾病患者约有 1 600 万人，另有约 600 万癫痫患者，患病率由 20 世纪的 0.27% 上升至 2005 年的 1.347%。精神疾病所

①　参见中国卫生部疾病控制司等：《中国精神障碍防治指南（试行）》，2003。

②　参见陈秀华：《〈中华神经精神科杂志〉发展简史》，载《中华神经精神科杂志》，1995（3）。

③　参见刘静、孙剑、马爱芹：《抑郁症的研究进展》，载《中华现代内科学杂志》，2005（4）。

造成的负担正在以显而易见的势头增长。①

随着中国社会转型的深入和加速，社会竞争愈发激烈，社会压力不断增大，现代人群中患精神疾病的人越来越多，睡眠障碍、抑郁障碍、焦虑障碍、精神分裂等都是困扰现代都市人的重要精神疾病。② 中国疾病预防控制中心精神卫生中心公布的数据显示，目前，我国各类精神障碍患者人数在1亿人以上，严重精神障碍患者人数超过1 600万人——每13个人中，就有1人是精神障碍患者；每100人中，就有1人是重症精神病人。其中，农村居民重性抑郁障碍和酒精依赖的患病率高于城市居民。不仅成人群体，而且儿童一样面对严峻的形势。我国患有精神障碍的人群庞大，受危害的人群也日益广泛，如农民工、老年人、学生等人群都是现代中国社会极易出现精神障碍的高危群体。精神疾病给患者本人、家庭和社会都带来了危害。按照国际上衡量健康状况的伤残调整生命指标评价各类疾病的总负担，目前，精神疾患在我国疾病总负担的排名中居首位，已超过了心脑血管、呼吸系统及恶性肿瘤等疾患。各类精神问题约占疾病总负担的1/5，即占全部疾病和外伤所致残疾及劳动力丧失的1/5，预计到2020年，这一比率将升至1/4。而我国目前仅有精神卫生医生1.5万名，床位2万多张，得到有效救助者不足20%。其余患者，大多数或游荡于社会边缘，或被家人用铁链、铁笼囚于一隅。③ 可以说，那些没有得到及时治疗的精神病患者都是埋在家人、亲属、邻居身边的"定时炸弹"，严重威胁到社会公共安全。

四、精神疾病问题的预防与控制

世界卫生组织明确界定：健康不仅仅是没有疾病、不体弱，还应是一种完整的躯体、精神和社会功能均良好的状态。④ 从以上分析我们可知，精神疾病是在各种生物学、心理学以及社会环境因素影响下人的大脑功能失调，导致认知、情感、意志和行为等精神活动出现不同程度障碍的疾病，不仅严重影响精神疾病患者及其家属的生活质量，同时也给社会带来沉重的负担。⑤ 防治精神疾病关系到每个人的切身利益，影响着社会的发展和稳定，是全社会共同的责任。对于精神疾病的预防和控制，我们必须从多学科的角度出发，动员多方力量加入到预防和治疗精神疾病的行动中。

---

① 参见王琼、蒲川：《对我国精神疾病患者权利保护的立法思考》，载《中国卫生事业管理》，2009(6)。

② 参见冯浪涛：《精神疾病困扰现代人》，载《三峡都市报》，2008-10-11。

③ 参见陈融雪、周翔：《中国精神病人现状：每10万人拥有1.26名精神科医生》，载《瞭望东方周刊》，2013-08-19。

④ Constitution of the World Health Organization-Basic Documents, Forty-fifth edition, Supplement, October 2006.

⑤ 参见《国务院办公厅转发卫生部等部门关于进一步加强精神卫生工作指导意见的通知》，国办发〔2004〕71号。

（一）加快精神卫生立法工作

制定《中华人民共和国精神卫生法》，依法规范精神卫生工作，明确目标和责任，进一步改善精神卫生状况，增进人民的精神健康，保护精神病患者的合法权益，防范对患者的歧视与侵害，使患者得到及时合理的诊断、治疗和看护，同时保护患者家庭成员和社会大众，对于维护社会稳定，保障经济健康发展具有重大意义。因此，必须加快制定和完善精神卫生的相关法律法规。在此基础上，要将精神病防治康复工作纳入国家经济社会发展规划，加强组织领导，按照国家经济、社会发展总体规划，分阶段制定中国精神病防治康复实施方案，各级地方政府根据国家计划和本地区实际情况，制定当地精神病防治康复总体规划和实施方案，并认真组织实施。

（二）加大精神卫生知识宣传

精神疾病早预防、早治疗是可以实现的，通过宣传，提高全民对精神卫生相关知识知晓率，提高对于精神疾病的早期识别、早期诊断、早期治疗以及长期维持治疗的认识，能够从真正意义上提高精神疾病防治水平。[1] 必须广泛开展公众宣传教育，大力开展宣传教育，唤起公众对精神卫生的关注，动员社会各界积极参与；普及精神卫生知识，提高精神卫生意识，增进抵御精神疾病和适应社会的能力；反对歧视精神病患者，消除偏见，为精神病患者融入社会创造良好的社会环境。[2] 有条件的医院要开设心理咨询门诊，对不同的人群提供咨询服务，加强心理保健和早期干预工作。教育部门应将心理卫生内容纳入健康教育课程，促进青少年的身心健康，提高他们对应激事件的应对能力。特别是目前儿童及青少年、妇女、老年人、受灾人群、失业者、离异者、职业人群和被监管人员等所谓"特殊人群"的心理健康问题值得特别关注。[3]

（三）探索社会工作的专业介入

社会工作介入精神疾病预防与治疗工作的实施策略，首先要注重增强病人自信心，消除其自卑感，帮助他们建立积极乐观的生活态度。其次要帮助他们进行生活技能训练，恢复和发展人际关系。精神病人病后存在不同程度的情感淡漠、行为退缩、依赖性强等不利于人际关系恢复的因素，周围人群也以新的目光看待病人，其中不乏偏见和误解。社会工作者应帮助病人恢复原有的人际关系，发展新的人际关系。这样才能保障他们健康地生活下去。最后要帮助精神病人和家庭建立良好的家庭关系，创造良好的家庭氛围，让他们的家庭也能够和谐美满地生

---

① 参见谢焱、杨丽：《205 例精神疾病患者社区康复调查分析与对策》，载《中国民康医学》2009 (5)。

② 参见薄绍晔：《中国精神病防治康复工作现状、问题及对策》，载《中国康复理论与实践》，2004 (4)。

③ 参见钱峰：《关注 1 600 万精神疾病患者》，载《健康报》，2004 - 10 - 12。

活下去。

具体而言，社会工作介入精神疾病的预防与治疗过程主要应从以下几方面入手。

第一，纠正社会偏见。社会工作者应广泛地宣传精神病学知识，对社会进行人道主义教育，形成正确对待精神病人的社会态度，培养尊重精神病人的人格，关心、同情精神病人的社会风尚。

第二，提供社会支持。精神疾病患者的社会支持系统常常因为他们的行为和生活方式的剧烈变化而遭到破坏，社会工作者应为病人提供社会支持，协助家庭和社会与病人建立新的关系，适应病人的行为和生活方式，同时鼓励病人参加各种社会活动，训练病人的社会技能，帮助病人以新的角色适应社会。[①] 因此，在精神疾病预防和治疗过程中，应主要利用"个案工作"或"小组工作"等模式对精神疾病病人进行"个案管理"式帮扶。

第三，要在加大投入的基础上，有计划、有针对性地对相关社会工作者进行精神疾病防治康复工作培训，促进精神卫生社会工作者队伍的成长发展，使他们掌握工作方法、程序，提高精神疾病防治和干预的工作水平。

（四）构建预防和治疗体系

实行"社会化、综合性、开放式"的工作方针，建立政府为主导、有关部门各尽其责、社会各界广泛参与的预防和治疗体系。调动一切可以调动的社会力量，发挥各职能机构的功能和作用，促进社会公共服务支持网的形成，缩减社会发展与进步的代价和成本。从国家层面来说，要动员国家相关的政府职能部门如卫生、民政、公安、教育、司法、残联、共青团、妇联、老龄委等部门、单位和团体参与构建精神疾病预防和治疗体系；从市场层面来说，要鼓励相关企业单位参与精神疾病问题的防治；从社会层面来说，要鼓励民间组织参与精神疾病人群的预防、治疗、康复工作。其中，特别要注重探索开展社区精神病防治康复服务。首先，建立社区精神卫生服务体系：在社区和基层医疗机构设立精神卫生监测点，将精神疾病的预防和控制工作纳入社区卫生服务的范畴，依托精神卫生专业机构开展精神疾病防治和康复的业务指导、基础调查、高危人群的建档立卡等工作，做到早预防、早诊断、早治疗。其次，注意在社区康复中恢复精神病患者的社会性。所谓精神病患者社会性的恢复就是患者与周围的人能够保持正常的交往沟通，这是精神病患者康复评估的最重要的依据。因此，精神病人的康复必须有适切的社会环境，社区是精神病患者直接的生活环境，也是康复的最好场所。以社区为基础的康复服务应该更注重满足患者作为人的社会性需要。社区不同类型的康复活动及自助团体要给患者提供与他人亲近、合作、交流感情及沟通信息的平台，使患者在团体中产生归属感。对于因生病而导致社会隔离的患者而言，

---

① 参见周小杭：《社会工作在精神疾病领域的干预研究》，载《社会工作》（理论版），2008（10）（下）。

满足了他们的交往需求，注重了患者的自我成长，能提高患者的社会功能，满足患者的成就需要，从而更有效地帮助他们彻底康复。[①]

第三节
吸毒问题

一、吸毒问题的内涵

（一）吸毒行为的界定

根据新颁布的《中华人民共和国刑法》第 357 条规定，毒品，是指鸦片、海洛因、甲基苯丙胺（冰毒）、吗啡、大麻、可卡因以及国家规定管制的其他能够使人形成瘾癖的麻醉药品和精神药品。在医学上，前述各项均可称为麻醉品和精神药物。毒品就是被人们非法滥用的麻醉品和精神药物。吸毒行为，是指行为人明知是毒品仍嗜好吸食、注射的行为。吸毒是一个同毒品犯罪一样被当今社会广泛关注的非常复杂的课题，它是指未经医生允许并非医疗、科研目的而滥吸、食、嗅或者注射各种被国家管制的麻醉药品或精神药品的行为，国外称之为药物滥用（drug abuse）。吸毒行为的构成要素就是指吸毒发生的必备因素，包括：

1. 吸毒主体

任何吸毒行为都是由人进行的，缺乏了行为主体，任何吸毒行为都是不可能发生的。因此，吸毒主体是发生吸毒行为的核心要素。在吸毒行为发生的过程中，吸毒主体是制约吸毒行为的最直接因素。

2. 毒品

毒品是发生吸毒行为的构成要素之一。毒品作为吸毒行为的对象，同样具有不可或缺性。也就是说，缺少了毒品的吸毒行为是不可能发生的。

3. 时空环境

任何吸毒行为均是在一定的时间和空间中进行的，因而时空环境是构成吸毒行为不能缺少的自然要素。[②]

在我国，依据现行法规，吸食、注射毒品是违法行为而非犯罪行为。吸毒行为是一种具有严重社会危害性的越轨行为，而吸毒问题是一种具有复杂背景的社会现象。

---

① 参见于玲、姚贵忠：《精神疾病全程干预的社会学思考》，载《科学之友》，2010（17）。
② 参见杨丽君：《吸毒及其相关概念论要》，载《云南公安高等专科学校学报》，2002（4）。

（二）吸毒行为的分类

总体来说，吸毒行为以吸毒的原因为划分标准，可以分为三大类。

1. 利己型吸毒

利己型吸毒又可分为两种情况。一种是自娱式吸毒，即吸毒者通过吸食毒品来暂时改变自己的精神和心理状态，从而获得愉悦的体验和感受。绝大多数吸毒者属于此类型。另一种是显耀式吸毒，既吸毒者吸食毒品的主要目的是获得特殊的社会群体影响力，借助吸毒行为显示具有勇冒风险、藐视法律的实力，标明自己在群体中的"身份"。

2. 利他型吸毒

是为了表明从属于特定群体和亚文化，或是为了确定自己认同某个特别人物而采取的吸毒行为。这类吸毒者通常把吸毒看成一种仪式，其功能是让某一反社会的、越轨的特定团体和某个特别人物认同自己，进而获得一种群体归属感。

3. 失范型吸毒

此类吸毒行为主要是由于社会剧烈变化，传统的行为模式失效，社会价值观念混乱，达到目的的手段缺乏，社会约束力削弱，角色需求模糊、矛盾，引起社会角色紧张，从而借助吸毒来宣泄。从个人行为看，此种吸毒类型还包括个人在工作、学习、家庭和情感等方面受到严重挫折，造成心理精神失控而借助毒品摆脱痛苦的吸毒行为。[1]

（三）吸毒问题的特征

1. 吸毒人口的年轻化问题突出

从发展趋势上看，吸毒者正在朝着低龄化方向发展。青少年现在已经成了最容易受到毒品侵害的高危人群之一。2014年4月，国家禁毒委发布的数据显示，我国登记吸毒人数为258万人。其中，青少年涉毒者比例明显上升。2009年，我国登记吸毒人群中，35岁以下青年占58.1%。然而到了2014年4月，这一比例猛增至75%。在北京、上海、广州等大城市，青少年吸毒者在吸毒人群中的比例更高。以北京为例，北京市禁毒委发布的数据显示，截至2014年5月底，北京市登记在册的2.6万余名吸毒人员中，35岁以下青少年达到2.2万余人，比例已高达85%。值得注意的是，青少年正在成为合成毒品泛滥的最大受害者。《2012年中国禁毒报告》指出，在滥用合成毒品的人员中，35岁以下青少年占67.8%，低龄化趋势明显，且QQ、陌陌、微信等新手段已成为青少年接触毒品的主要途径。[2]

2. 吸毒者的构成向多元化发展

首先，吸毒行为在社会阶层的分布上，表现出与高收入较强的相关性。吸毒现象扩散的规律表明，在吸毒行为的新发地区，具有较高经济收入但与社会联系

---

[1] 参见徐向群：《吸毒行为及其控制的社会学分析》，载《福建公安高等专科学校学报》，1999（6）。

[2] 参见向楠、冯杰：《中国登记吸毒人数5年翻一番，青年比例高达75%》，载《中国青年报》，2014-08-28。

不够紧密的个体经营者和私营企业主等往往首先容易沾染毒品。20 世纪 80 年代以来，女性吸毒人数日益上升，女性吸毒的社会危害日渐突出。从我国历年登记在册的吸毒人员来看，男性吸毒者的人数虽仍占绝大多数，远远高于女性，但是在增长速度上，则可谓"阴盛阳衰"。1999 年到 2009 年的十年间，我国登记在册的女性吸毒人员从 11.8 万上升到 20.5 万，增幅近 1 倍。2009 年，全国登记在册的女性吸毒人员占全国登记在册吸毒人员的 15.4%。在我国沿海地区的部分省市，由于娱乐业较发达，女性吸毒人数的比例还要远远高于这一全国平均水平。① 其次，从吸毒者所从事的职业来看，范围正不断扩大。以前主要是一些城镇青年特别是无业青年吸毒，而现在则扩大到了各个阶层，像农民、工人、个体户、干部和少数的在校学生，毒害几乎涉及了社会的每个阶层。最后，从吸毒者的受教育程度上看，以前都是一些文化程度低的人吸，一般是初中文化程度以下的人，而现在一些大、中专文化程度的人员也加入了吸毒者行列，并有蔓延的势头。

3. 单独吸毒与团伙吸毒相混合

个人单独吸毒是指经济较富裕的吸毒人员为了增加隐蔽性，逃避公安机关打击而自己一人吸毒；而多人团伙吸毒是指多个吸毒者有统一吸毒窝点的集体吸毒，这些窝点一般设在宾馆或某些出租房。这种团伙是暂时的，它依存的主要因素是经济及毒品的来源，一旦没有了依存因素，一般情况下便会自行解散。其中，青少年吸毒者多为结伙吸食，由过去单独的隐蔽吸毒发展到聚集在一些固定场所甚至公共场所吸毒。团伙吸毒与个人吸毒相比，相互之间消极影响更大，危害也更甚。可见，我国青少年的禁毒工作面临着严峻的形势。

4. 毒品流向呈现西高东低之势

据统计，2006 年全国有 2 148 个县、市、区发现吸毒人员，约占县、市、区总数的 73.5%，其中，吸毒人数在 1 000 人以上的县、市、区有 200 多个。尽管中国涉毒县市数量较多，但吸毒人口分布并不均匀，西部人口虽然只占中国总人口的 28%，但吸毒人口却占全国吸毒人口的 52%。② 目前，中国的毒品流向基本呈现出西高东低之势，即西南地区和西北地区的毒品犯罪发案率、吸毒人群在不断上升和扩大，且由西南边境的偏远农村向主要交通干道的沿线城市推进。③

二、吸毒问题的理论分析

(一)吸毒问题的社会病理说解释

社会病理学说在 19 世纪末得到发展，从 20 世纪初到第一次世界大战达到全

---

① 参见刘晖、刘霞：《女性吸毒特质诱因的社会学述评——以新型毒品为解释视角》，载《学术界》，2011（6）。

② 参见陈贝帝：《中国吸毒调查》，94 页，北京，新华出版社，2006。

③ 参见唐洁：《吸毒现象蔓延的特点、原因及对策》，载《广西政法管理干部学院学报》，2003（3）。

盛，之后呈衰落之势，60年代又重新复兴，发展成为新派，相应前者被称为老派。该方法的理论基础是进化论思想，通过社会有机体与自然有机体的类比来构建其理论，认为社会有机体和自然有机体一样有一个生长、演变、进步的过程，同时也会出现病态甚至死亡等危害社会有机体健康的现象。社会学家的任务就是诊断并医治社会有机体产生的各种疾病，从而使之健康有序地顺畅运行。早期的社会病理学家认为现存社会秩序是健康和正常的，社会机体是完美无缺的，社会问题的产生是由于个人的道德缺陷。与之相反，新派社会病理学家则认为社会条件和社会基础结构本身存在着否定人性的基本因素，越轨者是病态社会结构的牺牲品。对吸毒问题，早期的社会病理说把吸毒、贩毒等社会症结归为个人的道德缺陷，解决的办法是必须向这些人传授灌输新的价值观念，或者将其隔离。新派则主张建立新的社会运行机制和社会结构来消除种种不适应需要的、有缺陷的社会结构，同时对吸毒者进行新的价值观重塑。

（二）吸毒问题的社会解组论解释

社会解组论又称为社会失控论，认为社会是一个非常复杂的系统，大的系统下面又包含着子系统，各个系统按照一定的社会规则有机地联系和运行着。当社会系统的某一部分发生改变后，其他部分也应作出相应的调整和变化，如果缺乏调整或者调整不当，社会运行便会缺乏规范或缺乏合理化的规范，也就是出现社会失控。在社会解组的状态下，现存的社会规则起不到调整社会关系和社会行为的作用，就会出现社会问题。在社会转型时期，社会失范情况层出不穷，而对其进行调控的社会规范尤其是法律规范却呈现出相对滞后状态，导致对社会的控制力减弱。在这种状态下，人们的思想、行为必然呈现出迷惘和不适，由此导致一些人以吸食毒品为解脱，或造成一些人价值观异化，不择手段地追求金钱和享乐，从而走上贩毒和吸毒之路，或造成吸毒者难以回归社会。社会解组论认为必须制定和强化明确有效的包括软性和硬性的社会规则，给每一个社会成员提供明确的指导，给社会系统各部分提供协调运行的必要条件，并且还要适时对这些规则做出调整和修订，吸毒问题才能得到解决。

（三）吸毒问题的价值冲突论解释

价值冲突论把社会看作是由不同利益群体构成的社会实在。这些不同利益群体有各自的经济利益、生活方式、文化信仰和价值观。价值观的不同为冲突埋下了伏笔，成为社会问题产生的根源。价值冲突论认为社会问题的产生是社会群体在追求和实现自身价值和利益时产生的争端和相互对抗。在解决社会问题的方法和手段上，通常采取的措施是压制、打击等暴力行为，在控制冲突的过程中用强制力量压制和摧毁对手的反抗。价值冲突论否定道德教育或规范能有效地解决社会问题，认为必须对对手保持高压态势，迫使其就范。目前从全球范围来看，吸毒问题一个显著的特点就是贩毒、制毒集团化、组织化，吸毒团伙化，并且形成了自身群体的利益和价值，与国际社会形成一种对抗态势，从一国范围来看也是类似的情况。因此从价值冲突的视角来看，国际社会以及大多数国家政府采取严厉的禁毒政策措施，打击、压制、瓦解毒品集团，是解决吸毒问题的一种有效手段。

（四）吸毒问题的越轨行为论解释

越轨行为论又称为行为偏差论。越轨行为论把社会行为分为常规和越轨两种，所谓越轨就是偏离了常规，评价和判断的标准是当前社会所倡导的主流规范意识。社会问题的产生就是越轨者的越轨行为造成的，并且这种行为危害了被普遍认同的社会原则，破坏了人们对合理化的期待。解释越轨行为的产生主要有两个理论：一个是反常理论，另一个是微分交际理论。反常理论认为越轨是对社会机会不均等的反抗，越轨者通常会采取两种方式：一种是"创新"，第二种是"逃避"。微分交际理论则强调越轨行为的习得性，也就是强调它是在交往中学习获得的行为，而初级群体的影响尤为强烈。越轨行为论主张对越轨者实施重新社会化，使其遵从主流社会所倡导的价值规范和行为标准。具体的做法是对越轨者的初级群体加以控制，增加这些人与常规角色的接触，或给予更多合法机会使其走向成功。依据越轨行为论来解决吸毒问题，无论是自助形式还是强制措施，其重点都在改造角色，其途径是通过群体内的相互影响，而不是个人规劝来实现的，同时也要给吸毒者创造回归社会的条件，即提供相应的经济、文化、教育、职业机会，使其在进入社会后不至于重蹈覆辙。[①]

三、吸毒问题的历史与现状

（一）改革开放前的吸毒问题

历史上中国就是一个深受毒品之害的国家，中国近代史上的两次鸦片战争曾经是西方列强打开中国大门的起点，也是中国人民与毒品和外来侵略抗争的开始。从林则徐禁烟运动开始，中国人就开始了与毒品的不懈斗争。新中国成立以后不久，中国政府果断采取措施，在全国范围开展了群众性的禁毒运动，封闭烟馆、收缴毒品，共缴获鸦片类毒品 339 万余两。经过强制戒毒和教育自戒，上千万吸毒者戒除了毒瘾。1956 年土地改革以后，广大农民实行了集体经济，他们根除了 100 万公顷的罂粟种植。短短三年，就基本禁绝了危害中国百余年的鸦片烟毒，取得世界公认的伟大成绩。[②]

（二）改革开放后的吸毒问题

随着对外开放程度的不断深化，全球化浪潮的迭起，毒品再次卷土重来。自

① 参见马永清、马克继：《毒品问题的社会学透视法》，载《学术探索》，2004（9）。
② 参见高和荣主编：《越轨社会学》，203 页，长春，吉林大学出报社，2007。

20 世纪 80 年代中期以来，毒潮冲击着我国并迅速扩展蔓延。吸毒已成为严重危害中华民族素质，败坏社会风气，恶化社会治安形势，阻碍经济发展的恶魔和绊脚石。自 1988 年中国首次公布全国登记在册吸毒人数为 7 万人以来，吸毒人数直线上升：1993 年达到 25 万人，1996 超过 52 万人，1999 年为 68.1 万人，2000年达到 86 万人，2002 年突破百万大关，2003 年为 105 万人，2004 年超过 114 万人，2005 年为 116 万人。[①]

现在中国正处于社会转型的特殊历史时期，吸毒人群更加庞大，毒品来源多元化，毒品滥用多样化和制毒贩毒一体化的趋势更加明显。特别是目前国内滥用海洛因问题尚未得到有效解决，滥用新型毒品问题来势迅猛。历年中国禁毒报告显示，2009 年全国登记吸毒人员为 133.5 万。2010 年全国登记吸毒人员为 154.5万。2011 年全国登记吸毒人数增长近 25 万，达 179.4 万。2012 年一年猛增 30余万，全国登记吸毒人数达到 209.8 万。2013 年全国登记吸毒人数达 247.5 万，相比上年又陡增近 40 万人。2014 年 4 月，国家禁毒委发布的数据显示，我国登记吸毒人数为 258 万人。仅 5 年时间，我国登记吸毒人数翻了近一番。按照世界公认的一个显性吸毒者背后有 4～7 个隐性吸毒者的规律计算，目前我国吸毒总人口在千万以上。同时，国家禁毒委公开的数据显示，所有登记在册的吸毒人员中，滥用阿片类传统毒品（指从植物中提取的毒品种类，包括鸦片、可卡因、海洛因、吗啡、大麻等）的人群数量保持稳定，但新型合成毒品（指完全用有机合成的方法制造的毒品，包括冰毒、摇头丸、K 粉等）滥用人群的数量却大幅度增加。2013 年，滥用合成毒品人员突破百万，达 108.4 万人，占全国吸毒人员总数的 43.8%。[②] 新发现吸毒人群以吸食新型毒品为主，且吸毒人群复吸率高、艾滋病感染率高、犯罪率高。近年来，全国禁毒部门按照国家禁毒委员会的统一部署，深入开展禁毒人民战争。一些地方毒品问题严重的局面得到了初步扭转，一些突出的毒品问题得到了初步遏制。但从长远来看，我国吸毒问题发展蔓延的总体趋势尚未得到根本扭转，禁毒工作面临的形势十分严峻。

四、吸毒问题的社会应对

随着我国吸毒问题的日趋严重化，控制吸毒成为我国政府的一项重要工作。2007 年 12 月 29 日，第十届全国人民代表大会常务委员会第三十一次会议通过了酝酿已久的《中华人民共和国禁毒法》。2011 年 6 月 26 日，国务院又发布了《禁毒条例》，作为《禁毒法》的配套法规政策。2014 年 7 月 6 日，中共中央、国务院又联合印发了《关于加强禁毒工作的意见》，要求各地区各部门把禁毒工作纳

---

① 参见吕庆广、王平一等：《当代社会问题研究》，160～161 页，北京，中共中央党校出版社，2007。

② 参见向楠、冯杰：《中国登记吸毒人数 5 年翻一番，青年比例高达 75%》，载《中国青年报》，2014 - 08 - 28。

入国家安全战略，作为平安中国、法治中国建设的重要内容。禁毒、戒毒是系统工程，是一项长期、艰巨的任务，要科学地决策与组织，以禁毒、戒毒为重点，多管齐下，综合施策，全面落实各项禁毒措施，才能有效遏制其发展蔓延的趋势。

（一）加强预防教育，提高禁毒意识

应该重点对待那些易染毒的高危人群，将预防作为常规工作抓，实现毒品宣传教育的科学化、系统化。要在党委、政府的领导下，公安、卫生、司法、宣传、共青团、教育等有关部门紧密配合，以多种多样的形式，把日常宣传与集中重点宣传紧密结合起来，广泛开展禁毒宣传。通过宣传有关禁毒的法律法规和毒品的严重危害性，对广大群众进行法制教育，并深入重点单位、学校、厂矿开展教育。要加强对闲散人员、流动人口、娱乐场所从业人员、个体工商户等吸毒高危人群，自愿戒毒医疗机构、强制戒毒所、劳教戒毒所、涉毒监所等特殊场所的禁毒宣传。此外，要特别重视青少年的禁毒知识普及工作，各禁毒部门与学校建立禁毒知识教育联系点，对学生开展禁毒教育。各级民政、共青团、妇联等部门和群众组织要面向在校中小学生及社区青少年，集中开展多种形式的毒品预防教育活动，在社区、家庭构筑青少年免受毒品侵害的防线。

（二）建立民间组织，发挥戒毒作用

控制我国吸毒人数逐年上升，打破以贩养吸的恶性循环，只依靠国家强制戒毒是不够的，还必须提高群众觉悟，建立民间禁毒组织，使打击吸毒犯罪活动成为群众的一项自觉行动。我国四川省大凉山就成立了全国首家民间禁毒协会，在禁止吸毒和打击毒品犯罪方面成效斐然。针对西部地区少数民族参与毒品犯罪人数众多的情况，可以发挥少数民族宗教团体的作用，利用少数民族内部的亲和力及宗教教义引导教民弃恶扬善，借助有威望的宗教人士进行宣传教育，教育教民遵守宗教教义，远离毒品，在本民族内部形成涉毒可耻的氛围。

（三）强化社区控制，创建无毒社区

首先，建立社区监管系统。社区已成为公安禁毒、监管部门开展禁毒工作的得力帮手。要协助戒毒机构、公安部门等做好吸毒者回归社会的接管工作，就需要建立一个包括民政部门、派出所、社团组织和企事业单位的社区监管机构。社区监管机构的工作内容主要围绕技能培训、就业、心理辅导、跟踪回访等展开。当地派出所要及时接回脱毒人员，并建立相关的信息系统，以便日后进行跟踪监管；由社区民政部门组织开展一些低收费或免费的文化教育和职业技能培训，提高吸毒者的就业能力；建立社区职业中介机构，免费为他们登记并优先提供就业信息；充分利用社区内的教学资源和人力资源，引导他们重塑正确的人生观、道德观、法制观；成立社区心理咨询中心，定期对那些回归社会的吸毒者开展专业的心理辅导。

其次，积极创建无毒社区。建设无毒社区是国家禁毒委员会做出的重要决策，也是坚持走有中国特色禁毒道路的创造性探索。社区是戒毒工作的终端，强化社区控制，创建无毒社区，是深入开展禁毒工作的有效载体。净化社区的生活环境，使吸毒、贩毒、种毒、制毒及其他涉毒违法犯罪行为在社区中无藏身之地，这便是无毒社区的本质要求。吸毒的社区控制是通过社区组织、社区行动、社区文化以及改变社会环境等多种途径和方式，预防、遏制和减少吸毒者中无业人员日益增多、以贩养吸增多的重要手段和发展方向。必须通过加强基层政权和群众性自治组织的建设，充分发挥街道办事处、乡镇、居（村）委会在禁毒工作中的作用。结合创建文明社区，积极做好毒品预防教育的基础性工作，逐步把禁毒宣传引向社区，覆盖到社会各个角落。有针对性地开展"帮"、"管"、"戒"工作：对下岗职工予以帮助，积极创造条件让他们再就业或从事个体经营；对暂住人口实行制度化管理，了解和掌握他们的吃住居所、务工场所；支持帮助"瘾君子"戒毒，协助公安机关及其家庭对"瘾君子"强制或使之自行戒断毒瘾。[①]

（四）发挥各种力量，加强综合治理

吸毒问题是一个复杂的社会问题，禁毒工作是一项涉及全社会的系统工程，必须高度重视，统筹规划，依靠全社会的力量，运用法制、行政、经济、文化等多种手段实行综合治理。各级领导要真正重视禁毒工作，把禁吸戒毒工作作为一件大事摆在议事日程上，切实负起禁毒的领导责任，列入任期目标责任，实行严格的领导责任制，协调各有关部门密切配合，对毒品问题进行综合治理。公安机关要加强毒情调查，掌握吸毒人员底数和零包贩卖窝点情况，开展查处吸毒人员，打击毒品小零包专项斗争。同时依靠单位、厂矿、企业、街道、乡村基层组织，对毒品进行综合治理。建立联户禁毒联防组织以及党员、干部、家长对吸毒人员监督的制度，形成一个严密的禁毒防毒网络。

在此基础上，还应积极推进社会工作介入吸毒人群，帮助其走上正常的成长发展道路。社会工作者可用个案工作和小组工作等方法帮助吸毒者建立正确的自我认知，挖掘并运用其身边的优势和资源。在开展工作的过程中，注重对吸毒者家庭关系的修复和重整，增加家庭对其的关怀与支持度，教授家庭应对吸毒问题的技巧和方法。还应注重对吸毒者正面和积极的引导，增加其与社会的连接，引导其断绝与不良群体的联系与接触，并整合社区资源，为吸毒者提供相应的学习和发展机会。[②]

---

① 参见王金先、李秋先：《遏制吸毒发展蔓延的对策分析》，载《沧州师范专科学校学报》，2004（3）。

② 参见裴小茹：《学校社会工作介入外来务工人员子女抗逆力养成——以上海市 MH 区 X 学校为例》，载《社会工作》，2012（11）。

第四节
青少年越轨问题

一、青少年越轨问题的内涵

（一）青少年越轨行为的界定

　　青少年越轨问题的研究对象是青少年，然而青少年概念的所指以及指何，学术界众说纷纭。我们认为，广义地说，青少年是指"处于从中等教育开始到就业、独立生活、结婚为止的青年期的人"，即"从儿童向成人过渡的过渡时期"的人。

　　目前，青少年越轨问题已经成为一个席卷全球的严重社会问题。我国改革开放 30 年来，青少年越轨行为日益增多，引起社会各界的广泛关注。越轨行为又称偏差行为、离轨行为，是指对公认的社会规范背离和违反的行为。青少年越轨是指青少年在社会化过程中发生的偏离社会化轨迹而导致对抗社会规范的行为。青少年越轨行为产生的原因是多方面的，在青少年越轨行为的形成和发展过程中，生理因素、心理因素和社会文化因素错综复杂地起着作用，青少年普遍受到生理突变引起的困扰、学习不适应引起的困扰、选择人生道路引起的困扰、缺乏社会生活能力引起的困扰[①]，从而导致诸多越轨行为的产生。

（二）青少年越轨行为的类型

　　在目前正处于加速转型期的中国，青少年越轨的类型主要有以下几种。

　　1. 青少年校园越轨

　　青少年群体中相当大一部分是在校学生。青少年学生很多时间是在学校度过的，学校是他们主要的活动场所，同学和老师是他们除家长之外的主要交往群体，在校园内遇到的问题是他们遇到的主要的问题，因此在校内也存在形式多样的青少年越轨现象。第一类是违反校规校纪方面与学习有关的违纪问题，如厌学、逃学、旷课、迟到早退、考试作弊等；第二类是涉及个人生活态度和个性行为的问题，如酗酒、赌博、打架斗殴等；第三类是涉及违反伦理道德方面也就是社会公德方面的违纪问题，如小偷小摸等。

　　2. 青少年吸毒问题

　　青少年吸毒行为是一种具有复杂背景的社会越轨现象。目前我国吸毒人群有

────────────

　　①　参见崔丽霞、雷雳：《中学生问题行为群体特征的多视角研究》，载《心理发展与教育》，2005（3）。

一个显著的特征，就是青少年是毒品的主要消费群体，也是毒品的主要受害者。据 2006 年全国各省市统计，17～35 岁的吸毒者占到总数的 85％以上，60％在 25 岁以下。据司法部预防犯罪研究所的调查，25～35 岁顽固成瘾者占到总数的 59％。[①]

3. 青少年性越轨

随着经济的发展，人民生活水平日益提高，青少年的营养水平比起父辈有较大程度的提高，青少年的生理发育也普遍提前。现有的青春期生理知识与性知识的教育长期滞后，使得青少年普遍缺乏与生理发育水平相应的生理知识与性知识，造成许多生理与心理上的困惑，出现生理的早熟与性道德滞后的矛盾，导致性心理问题如早恋及性犯罪等，也使色情文化乘虚而入。

4. 青少年网络越轨

网络的大信息量和匿名性的特征，对于青少年有独特的吸引力，在上网人群中青少年已经形成了一个特定的群体。由于青少年的思想尚未完全成熟、价值观念不定型，容易受到网络不良亚文化的影响，引发各种问题行为，表现在收集不良信息、充当网络黑客、网络成瘾、网络色情和暴力、网络犯罪等方面。青少年网络成瘾问题尤为严重。目前，全国未成年网民数以千万计，其中有网瘾者比例居高不下。由于青少年的自制力不强，他们不仅爱上网，而且着迷上瘾，难以自拔，因网瘾而导致的荒废学业、精神病、自杀等问题危及家庭与社会稳定。

5. 青少年犯罪问题

随着我国社会的全面转型，在激烈的社会变动中，我国未成年人的犯罪人数呈现逐年增多，并且向低龄化、团伙化、恶性化、高技术化发展的趋势。据统计，25 岁以下的青少年犯罪所占的比例高达 70％至 80％，尤其是已满 14 周岁不满 18 周岁的未成年人构成的"未成年人犯罪"大幅上升，引起了全社会的广泛关注。1994 年至 2004 年十年间，我国未成年人犯罪增长比率高达 83％，1997 年开始，未成年人犯罪率每年增长近 10％，犯罪人数也占到了总犯罪人数的 10％左右。[②] 且青少年犯罪手段不断向技术化、智能化和多元化方向发展。

（三）青少年越轨问题的特征

青少年越轨有鲜明的时代特征，且与青少年年龄阶段有很强的相关。进入社会转型期以来，我国青少年越轨行为类型、结构及方式等方面都发生了重大变化。概括起来，当前我国青少年越轨主要有以下几点特征。

1. 青少年越轨具有群体性

近年来，不良青少年团伙的越轨行为日渐增多，有的已经形成具有一定规模，有特定规范和行为特征，具有结构性的越轨小团伙。青少年渴望友谊，乐于

---

① 参见吕庆广、王平一等：《当代社会问题研究》，162 页，北京，中共中央党校出版社，2007。
② 参见汤燕雯：《关于全社会重视预防"未成年人犯罪"的提案》，http://edu.people.com.cn/GB/8902151.html。

合群，他们往往在父母面前封闭自我，却喜欢意气相投的同学、朋友。不良青少年团伙的酝酿、产生过程，基于问题青少年个体社会地位的相似性、面临困惑的相似性、受到社会刺激的相似性。当这些群体性的意识、规范与行为模式具体形成，并且在小团伙内得到认可，实际上就形成了不良青少年团伙独特的亚文化。青少年越轨行为虽然具有一定的群体性，但多数组织松散，地域色彩突出，人员变动也较大。

2. 青少年越轨具有盲目性

偶发性和盲目性是青少年越轨行为的又一个显著特征。青少年实施越轨行为时具有较强的情境性，在着手越轨行为时对其行为的动机和目的缺乏深思熟虑，行为前没有预谋和准备过程，表现出"随即反应"的特点。这是因为青少年身心正处于发育阶段，社会经验少，心理和情绪变化复杂，精力旺盛而好动，是非观念模糊，认识水平和意志能力低，理性意志薄弱，逞强好胜心切，缺乏对复杂事物的辨别能力和控制能力，稍有诱因，一触即发，因此为一点小事就能引起打架斗殴等恶性后果。

3. 青少年越轨种类具有多样性

新时期青少年越轨已呈多元形式迅速渗透发展。青少年越轨所涉及的类型比较广泛：有刑事犯罪的严重暴力行为，也有违法违纪的一般不良行为问题；有伤害他人的故意，也有自残行为。作为弱势群体的青少年，其权益的多样性，决定了被侵害状况的复杂性，从而使诱发的问题相应具有多样性。这种种问题行为包括早恋、逃学、离家出走、中途辍学、吸烟、酗酒、偷窃、自卑、冷漠、孤僻甚至自杀等。在手段上，青少年越轨行为也日趋多样化、智能化、技术化，如运用电脑、毒气、麻醉品、医药技术、窃听技术等犯罪。

4. 青少年越轨具有模仿性

模仿性是指青少年的越轨行为多是从他人和大众传媒中效仿而来的。近年来，随着经济的快速发展，人们的物质文化生活水平显著提高。有线电视、影碟、互联网等现代传播媒体走进千家万户，极大地丰富、扩充了人们的视野。与此同时，西方一些不健康的东西也随之而来，一些青少年往往不加选择地盲目接收，其中就包括模仿学习各种越轨方式。这是由青少年的个性和心理特点决定的，多数青少年对行为的后果并非十分清楚，有的只是猎奇和寻求刺激式的简易效仿。

5. 青少年越轨趋向低龄化

青少年越轨主体低龄化趋势明显。由于发育年龄的提前和频繁接触不良文化的影响等诸多原因，20 世纪 90 年代以来未成年人违法犯罪的初始年龄比 20 世纪 70 年代提前了 2～3 岁。未满 18 周岁的少年犯罪呈逐步上升趋势。[①] 2013 年的数据显示，我国未成年人犯罪时的年龄以 14 岁、15 岁、16 岁居多，其中 14 岁未成年人犯罪比例明显上升。除传统罪名外，未成年人犯罪还出现了新的罪

---

① 参见贺光辉：《新时期青少年越轨行为的特点、成因及对策研究》，载《理论月刊》，2007（2）。

名。我国未成年人犯罪所涉及的常见罪名主要是抢劫罪、强奸罪、故意伤害罪、盗窃罪、故意杀人罪、贩卖毒品罪、诈骗罪、抢夺罪等，近些年又涉及一些新的罪名，例如危险驾驶罪，生产、销售不符合安全标准的食品罪，强迫劳动罪等。①

二、青少年越轨问题的理论解释

多年来，西方社会学学者对青少年的越轨行为进行了深入的研究，产生了以下一些理论解释模式。

（一）青少年越轨问题的心理分析论解释

从 20 世纪 30 年代起，部分社会学者开始利用心理分析方法对越轨青少年的行为进行分析。心理分析理论由弗洛伊德提出，也称为精神分析学说。他把人格划分为"本我"、"自我"和"超我"三个组成部分。其中本我是最基本的，它由生物的本能、欲望构成的，它代表着一个人最原始的生理需求，本我追求自身的快乐。超我是个体社会化进程中接受了社会的价值观念、道德规范，并将之内化于个人的结果。超我是人格的最高境界，是一个人个性中的道德品质部分。自我是人格的中间层次，是在现实生活中表现出来的人格，是一个人个性中有理性的部分，根据现实原则调节着本我和外部世界之间的冲突。青少年自我的发展是将自然生理需求与社会行为规范相结合形成一个有意识的平衡，在一定范围内，既最大限度满足个人的生理需求，又不违背社会规范的要求。如果青少年无法很好地把握两者关系，出现失衡，就会产生越轨行为。

（二）青少年越轨问题的差异交往论解释

差异交往理论产生于 20 世纪 50 年代，创始人是萨瑟兰。该理论的基本假设是：个人的社会行为主要由其生活交往决定，要研究一个人越轨行为的形成，也必须从他的社会交往入手。据差异交往理论学者的研究，青少年的越轨行为是习得性行为，与他们的其他行为一样，都是在与他人交往中发生的。一个人越有机会和越轨者交往，则他表现问题行为的可能性就越大。如俗语所云："近朱者赤，近墨者黑。"当青少年个体处于一个不良群体时，在与群体中其他不良青少年交往的过程中，他不仅容易接受和形成不良群体的行为动机、态度、规范，还学会了进行越轨行为的知识，并得到了群体其他成员的支持。当青少年个体在精神上与物质上做好越轨的各种准备时，一旦出现了越轨行为的条件，即相应的社会刺激，就会很自然地产生越轨行为。

---

① 参见朱磊：《专家呼吁尽快修改相关法律，健全未成年人法律体系》，载《法制日报》，2014-01-28。

（三）青少年越轨问题的社会控制论解释

在20世纪50年代后，西方学者在研究青少年越轨行为时更多地运用社会控制理论。与其他理论取向相比，控制论的关注点也正好相反：其他理论取向关心的是这样一个问题：人们为什么会越轨？而控制论则反过来问：人们为什么不越轨？总的来说，控制论的基本假设是：所有人都有越轨的强烈动机，但大多数人为什么不越轨呢？社会控制理论学者认为，青少年的越轨行为主要是因为青少年远离家庭生活，同家庭的关系减弱，父母对子女的管教不足，加上父母不正确的教育方法，使得子女对父母产生抵触情绪，造成父母对子女的控制能力减弱，这直接导致青少年的越轨行为。因此，并不是由于亚文化的纽带吸引他们越轨的，而是由于缺乏和主流社会的各种社会和文化制度（如家庭、社区、宗教组织和职业组织等）的纽带，才使得他们走向越轨的。

（四）青少年越轨问题的社会学习论解释

20世纪70年代，班杜拉提出社会学习理论来解释青少年越轨行为。这一理论的基本观点是：青少年的越轨倾向来自社会环境的影响。而且它在反对本能主义观点的同时，也反对将人视为某种对外在环境或奖惩作被动无助的反应的器具。他认为，人的因素、行为和环境这三者是相互影响、相互决定的。人正是通过自己的行为才创造了环境条件，而这种环境条件又以交互的方式对他们的行为产生影响。班杜拉的社会学习理论在实验的基础上证实了模仿在越轨行为尤其是侵犯行为的习得中的关键作用。他认为，在现代社会中，父母解决家庭纠纷以及对待儿童的暴力手段、电视中的暴力和侵犯性镜头等都是青少年侵犯行为的重要来源。社会学习理论启示我们，青少年不同于成人，探讨青少年越轨行为不能不根据青少年的生理和心理特点去进行分析。榜样与示范是决定青少年品格形成的一个极为重要的因素，既影响其利他行为，也影响其越轨行为。[①]

（五）青少年越轨问题的标签理论解释

标签理论形成于20世纪60年代，是西方社会学在布鲁默、戈夫曼等人互动理论基础上针对社会越轨问题的研究中提出的。标签理论研究的是越轨产生的过程而不是越轨者本身，将研究重心转向越轨者与周围导致越轨的环境之间的互动过程，探讨这些环境因素在导致甚至促成越轨上所起的作用。标签理论突出强调的是越轨行为是相对的，是经历了"污名化"的过程。一个青少年之所以成为越轨者，往往是因为在互动的过程中被别人贴上了诸如坏孩子、不良少年的标签，从而使他同所谓的正常人区分开来，被贴上标签的人往往也逐渐接受社会对其的

---

① 参见周维德：《从越轨行为理论到青少年越轨行为——班杜拉社会学习理论及其启示》，载《兰州学刊》，1999（6）。

评价，并且逐渐进入越轨团伙而真正成为越轨者。[1] 如标签理论的代表人物雷默特（E. Lemert）认为，任何人特别是青少年在社会生活中都会发生一些不同程度的社会越轨，但大都是临时性的、程度不严重的越轨（即初级越轨）；但是，如果初级越轨者被重要他人或社会观众发现并公之于众，即被标定为越轨者。越轨者会产生自我预言的过程，即认定自己是越轨者。此时的社会越轨将逐渐演变成为习惯性的、永久性的和程度严重的越轨（即次级越轨）。

三、青少年越轨问题的现状

（一）改革开放前的青少年越轨问题

新中国成立之后至"文革"前，我国的青少年越轨问题一直未成为一个社会问题。1966 年至 1976 年的"文化大革命"期间，由于极左盛行，"文革"一开始就把青少年作为"革命小将"推到了第一线。许多青少年在"造反有理"的口号下，肆无忌惮地践踏法律，进行打、砸、抢、抓，侵犯人身权利，侵犯财产，破坏社会主义民主与法制，致使社会秩序混乱，刑事犯罪猖獗，青少年越轨问题凸显，特别是青少年犯罪数量大大增加，从 20 世纪 50 年代的百分之二十几，在"文革"期间上升到百分之六十左右[2]，从此青少年越轨问题开始成为我国令人关注的一个社会问题。

（二）改革开放后的青少年越轨问题

十一届三中全会以后，我国进入了改革开放的新时期，在政治体制、经济体制、科技体制、教育体制等领域里发生了一系列的深刻改革，有力地促进了社会的发展和进步。但是，在新旧体制交替的过程中，由于新的体制、新的管理措施、新的价值观念尚在建立和形成的过程之中，法律法规不完备，制度不健全，于是青少年越轨问题更加集中地暴露出来。大量调查材料表明，青少年越轨行为自 80 年代初以来，呈现出稳定的上升态势。这段时期的青少年越轨问题表现在逃学、打架、辍学、偷窃等诸多方面。1978 年、1979 年、1980 年的青少年犯罪达到新中国成立以来的最高峰，犯罪青少年占整个刑事犯罪作案人员总数的百分比率，大中城市为 70％～80％，农村为 60％～70％，并且许多大案要案是青少年所为。[3]

随着中国社会转型的加速推进和中国社会的全面开放，社会结构的急剧变迁对青少年的心理和行为产生了巨大的影响。青少年个体价值意识迅速觉醒，价值观念与行为方式呈现出多元化，青少年越轨问题日益突出。在第 13 个世界精神卫生日（2004 年 10 月 10 日），卫生部、世界卫生组织驻华代表处等机构透露，

---

① 参见宋立：《标签理论视角下的青少年越轨行为》，载《群文天地》，2012（4）。
②③ 参见康树华：《改革开放催生了我研究青少年犯罪的经历》，载《青少年犯罪问题》，2009（2）。

在我国 17 岁以下的儿童青少年中，至少有 3 000 万人受到各种行为问题的困扰，并呈上升趋势。① 现阶段，我国青少年行为障碍问题、自杀问题甚至犯罪问题等都明显增多。

关于当前我国青少年越轨行为的种类和特征前文已详细介绍，这里不再赘述。

四、青少年越轨问题的治理

在青少年教育体系中，家庭教育、学校教育和社会教育被并称为三大支柱。从以上对青少年越轨问题行为的分析中可以看出，青少年越轨问题是一种复杂的社会现象，它不仅广泛地涉及家庭、社会、文化教育、社会风气的各个方面，而且涉及青少年本身的心理与生理特点。预防和减少青少年越轨行为是一个十分复杂的系统工程，需要家庭、学校、社会共同努力，进行综合治理，创造一个有助于青少年心理和生理健康的环境，这样才能有效地防止青少年越轨。

（一）强化家庭教育

注重青少年的家庭教育，强化家庭教育功能。家庭教育对青少年具有潜移默化的深远影响的特点，必须充分发挥家庭在预防、控制、纠正青少年越轨行为中的特殊作用。

首先，树立正确的婚姻家庭观念。家庭结构不完整、家庭环境恶劣是导致青少年越轨的重要原因，应该把树立富有责任感、平等意识的婚姻家庭观作为社会主义精神文明建设的主要内容之一，使婚姻家庭与个人同步实现现代化，逐步促进婚姻关系的相对稳定和婚姻主体素质的提高。

其次，改变家庭教育的理念和内容。改变目前对青少年培养集中于智力因素培养，如文化知识和智力开发、言语能力和艺术教育的现状，强化对青少年非智力因素的教育，加强对其生活习惯、性格、心理健康和情感的培养，提升其情商、辨别是非的能力、社会适应生存能力及责任感。

最后，家长改进教育方法。学校和有关方面要加强对家长的教育培训，多形式多途径地提高家庭教育水平，提高家长的文化和思想素质，提升其在教育培养青少年工作中的认识和技能，减少青少年与其家庭的隔阂和代际冲突的可能性，消减青少年越轨行为发生的土壤。

（二）改革学校教育

学校是专门的教育机关，学校教育对青少年发展至关重要，必须全面充分发挥学校的育人作用，在教授青少年科学文化知识的同时，教授其正确的价值观念、社会规范和行为方式，培养他们健康向上的心理素质和积极负责的生活

① 参见唐元恺：《饱受压力的孩子们》，载《北京周报》，2006 - 06 - 14。

态度。

首先，要发展先进的校园文化，用健康向上、丰富多彩的校园文化占领青少年的业余时间，减少他们与不良亚文化接触感染的机会。特别是要加强青少年的法制教育，使青少年法律意识得到健康发展，并通过一系列生动具体的实践活动深化青少年对法律的体验和理解，促进青少年法制观念的形成和道德选择能力的形成。

其次，学校需要恢复其作为青少年核心社会化场域的角色功能，并丰富青少年社会化进程的教学内容。加强生存教育，教授青少年在社会生活中所必需的知识技能、行为规范，同时对青少年的心理、精神和情感性需求做出有效回应和干预，切实培养他们的社会责任感和公民意识。

再次，学校要对青少年进行有针对性的生理教育。由于未成年人对青春期的到来缺乏思想准备，对青春期的生理、心理特点了解不多，因而易产生不安感和羞耻心，导致心理的恐惧与不健康意识，在行动上出现盲动性。要及时对青少年开展生理教育，使其保持良好的身心状态，必要时做好耐心细致的心理疏导、心理矫治工作，帮助青少年度过心理危机和生理危机。

最后，学校要和社区联合开展"去标签化"运动，打破青少年次级越轨的怪圈。标签理论告诉我们，一旦青少年因初级越轨被标定为越轨者，同时受到社会的排斥和制裁，并发展成为次级越轨者，就会不断做出越轨行为。青少年发生越轨本身并不可怕，关键要看他们是否还有改过自新的机会。许多青少年的越轨行为都属于初级越轨，是他们在失控状态下或缺乏足够的法律知识情况下的越轨行为，而不是有意图、有计划的职业犯罪。因此，学校应联合社区展开"去标签化"的社会运动，让失足青少年有悔过自新的机会，以挽救初级越轨的青少年。要以宽容的态度接纳那些初级越轨的青少年，让他们不再生存于受社区公众排斥和歧视的环境中，真正形成有利于青少年成长的氛围。要以发展的眼光看待青少年，对有问题或犯错误的学生要热情、细致地做好转化工作，最大限度地理解和善待他们，同时要教育和引导他们正确认识和评价自己，切忌乱贴越轨者标签。[①]

（三）创新公共政策

为了预防和减少青少年越轨行为，应当制定合理的公共政策，努力实现社会环境的综合治理，为青少年的健康成长提供保障。

首先，提高社会规范的完善程度。我国社会正处在快速转型期，一些旧的传统规范体系已经不能适应新的形势，新的规范又未完全建立；一些规范之间相互错位，相互矛盾，甚至相互冲突。因此必须尽快建立一个适应新形势要求的较为完善的社会规范体系，使青少年有明确的行动标准。

其次，必须建立社会主流文化，净化社会风气。要加强社会环境管理和信息管理，严格控制歌舞厅、电子游戏厅的数量和规模。特别是传媒应该对这个问题

---

① 参见宋立：《标签理论视角下的青少年越轨行为》，载《群文天地》，2012（4）。

加以重视，承担起传媒应当承担的社会责任，避免传播不良信息。同时按照"公共服务均等化"和"因地制宜"相结合的原则，保证文化馆、博物馆、图书馆、青少年宫、展览馆等青少年文化服务设施合理配置与分布，向青少年提供地缘游戏伙伴的活动空间以及丰富多彩的集体文化活动，以吸引青少年更多地投入到健康向上的社会文化活动中来。

再次，加强制定青少年政策，切实保障青少年合法权益。政府在制定青少年政策时，应当充分认识当代青少年发展的特殊性，认真把握青少年的利益与需求，并以立法的形式加强对青少年的保护，给每个青少年提供公平的成长机会，如教育公平等，切实维护青少年权益。另外，对于青少年弱势群体要突出人文关怀，提供更多的渠道帮助他们完成学业，寻找工作，严防他们因无法在社会上立足而报复社会，产生越轨行为。

最后，大力发展以社区为本的越轨青少年社会工作，建立越轨青少年社会支持网络。社会支持网络是指个人能够从中获得资源和支持的自然人际关系网络，主要包括家人、亲戚、邻居和社区互助小组等。社会工作者介入越轨青少年的社会交往网络的具体方式包括：深入到他们的交往群体中间，理解其中的成员构成、交往规则和价值标准，理解越轨者卷入其中的心理需求和满足方式；借助社会交往群体的影响力量，发挥其中领袖人物的潜能和优势，带动和影响其他成员转变；建立和引入其他社会关系给他们，并分配社会资源给他们，让他们了解其他社会群体的公平正当的资源获取方式，满足他们的需要；给他们参与社会主流生活的机会和资源，让他们发挥应有的社会价值，并给予适当的社会接纳和承认，帮助他们建立内在价值。事实证明，越轨青少年有了自己的社会支持人际关系网络，获得了情感心理的、物质资源的帮助后，能有效减少其越轨行为。①

本章要点

1. 异常群体是指有异常行为的人群。随着我国社会转型进程加快，人们的生活节奏不断加快，社会压力不断增加，异常群体的人数逐年递增，不仅影响自身的身体与精神健康，也阻碍了社会良性运行与和谐发展。

2. 学界关于自杀问题的研究主要形成了生物—心理论、传统—现代论、社会—文化论三种理论解释范式。应对自杀问题，必须从个人主体性调适、社会支持网建构、制度性行动干预等方面进行综合防范。

3. 对精神疾病问题可从生物遗传、心理行为、社会文化等方面展开研究。

4. 新时期毒品犯罪呈现出新的特点。要以禁毒、戒毒为重点，全面落实各项禁毒措施，有效遏制毒品蔓延的趋势。

5. 对青少年越轨行为的研究主要有心理分析论、差异交往论、社会控制论、社会学习论、标签理论等观点。预防和减少青少年越轨行为需要家庭、学校和社会的共同努力。

---

① 参见郭伟和：《越轨青少年社会干预的基本倚重和工作策略》，载《中国青年研究》，2004（11）。

复习思考题

1. 请指出异常行为与越轨行为有哪些区别和联系。
2. 当代中国的自杀问题呈现出哪些特征？
3. 应该如何界定精神疾病？
4. 应该如何应对当代中国的吸毒问题？
5. 西方社会学者对青少年的越轨行为形成了哪些理论解释模式？

推荐阅读书目

1. Murphy，G. E. ，Robins，E. Social Factors in Suicide. *TAMA*，1967.

2. Constitution of the World Health Organization-Basic Documents，Forty-fifth edition，Supplement，October 2006.

3. ［法］迪尔凯姆. 自杀论. 北京：商务印书馆，2001.

4. 郑杭生. 社会学概论新修. 北京：中国人民大学出版社，2003.

5. 周晓虹. 西方社会学历史与体系（第一卷），上海：上海人民出版社，2002.

6. 吕耀怀. 越轨论——社会异常行为的文化学解析. 长沙：中南工业大学出版社，1997.

7. 高和荣. 越轨社会学. 长春：吉林大学出版社，2007.

8. 吕庆广，王平一，等. 当代社会问题研究. 北京：中共中央党校出版社，2007.

9. 陈贝帝. 中国吸毒调查. 北京：新华出版社，2006.

10. 答旦. 中国自杀问题初探. 青年探索，1997（1）.

11. 杨子慧. 中国城乡人口自杀死亡研究. 中国人口科学，1997（2）.

12. 张翼. 社会学自杀研究理路的演进. 社会学研究，2002（4）.

13. 库少雄. 自杀理论研究综述. 广西社会科学，2003（10）.

14. 吴宁，李海平. 转型期自杀行为的非理性因素探析. 山西师大学报（社会科学版），2005（1）.

15. 王地. 我国大学生自杀原因综述. 中国青年研究，2009（11）.

16. 张文宏，阮丹青. 城乡居民的社会支持网. 社会学研究，1999（3）.

第一版后记

　　《社会问题》是为社会学、社会工作专业本科生撰写的教材。本教材试图运用社会学理论和方法分析社会问题，阐述社会问题研究的基本理论和主要方法，分析社会问题特点及产生原因，探寻预防与解决社会问题的对策。

　　本书由向德平提出写作框架，参与撰稿者分别撰写稿件，最后由向德平审读定稿。

　　本教材各章分工如下：

第一章：向德平；

第二章：田北海；

第三章：陈琦；

第四章：张翠娥；

第五章：徐莉；

第六章：向德平、姚霞；

第七章：宋雯、向德平；

第八章：李琳；

第九章：程玲；

第十章：向德平、李光勇；

第十一章：田丰韶、向德平；

第十二章：向德平、王志丹；

第十三章：向德平、雷茜。

　　本书的出版得到中国人民大学出版社人文分社的大力支持，特别是潘宇社长为本书的出版倾注了大量心血，没有她的鼓励与鞭策，本书可能无法付梓。本书的出版还得到责任编辑李颜的帮助，在此一并致谢！

向德平

2010 年 11 月 10 日

第二版后记

　　《社会问题》试图运用社会学理论和方法分析社会问题，阐述社会问题研究的基本理论和主要方法，分析社会问题的特点及产生原因，探寻预防与解决社会问题的对策。

　　《社会问题》于 2011 年出版第一版以来，被诸多高校社会学、社会工作专业作为教材采用。在中国人民大学出版社的支持下，本书 2014 年入选"十二五"普通高等教育本科国家级规划教材。第二版是在第一版基础上修订而成的，大部分原作者参与了这次教材的修订工作。本书各章的作者如下：第一章："社会问题概述"，向德平；第二章"社会控制与社会问题"，田北海；第三章"社会秩序与社会问题"，陈琦；第四章"社会失范与社会问题"，张翠娥；第五章"社会问题研究方法"，徐莉；第六章"社会问题的成因及解决办法"，向德平、高飞；第七章"人口问题"，宋雯、向德平；第八章"失业问题"，李琳；第九章"贫困问题"，程玲；第十章"犯罪问题"，顾永红；第十一章"生态环境问题"，田丰韶、向德平；第十二章"弱势群体问题"，向德平、王志丹；第十三章"异常群体社会问题"，向德平、雷茜。

　　本书的出版得到中国人民大学出版社的支持，特别是潘宇社长为本书的出版倾注了心血。同时还得到策划编辑宋义平，责任编辑罗锦贤、汤慧芸的关心和帮助，在此一并致谢！

向德平

2015 年 3 月 30 日

图书在版编目（CIP）数据

社会问题/向德平主编 . —2 版 . —北京：中国人民大学出版社，2015.6
新编 21 世纪社会学系列教材
ISBN 978-7-300-21524-2

Ⅰ.①社… Ⅱ.①向… Ⅲ.①社会问题-高等学校-教材 Ⅳ.①D58

中国版本图书馆 CIP 数据核字（2015）第 144981 号

"十二五"普通高等教育本科国家级规划教材
教育部高等学校社会学学科教学指导委员会推荐教材
新编 21 世纪社会学系列教材

社会问题
第二版
主　编　向德平
Shehui Wenti

出版发行	中国人民大学出版社			
社　址	北京中关村大街 31 号		**邮政编码**	100080
电　话	010 - 62511242（总编室）		010 - 62511770（质管部）	
	010 - 82501766（邮购部）		010 - 62514148（门市部）	
	010 - 62515195（发行公司）		010 - 62515275（盗版举报）	
网　址	http://www.crup.com.cn			
经　销	新华书店			
印　刷	北京七色印务有限公司		**版　次**	2011 年 3 月第 1 版
规　格	185 mm×260 mm　16 开本			2015 年 7 月第 2 版
印　张	26.25		**印　次**	2020 年 10 月第 9 次印刷
字　数	531 000		**定　价**	59.00 元

关联课程教材推荐

书号	书名	作者	定价
978-7-300-26323-6	社会学概论新修（第五版）	郑杭生	69.00 元
978-7-300-25621-4	社会研究方法（第五版）	风笑天	65.00 元
978-7-300-10739-4	当代国外社会学理论	刘少杰	39.80 元
978-7-300-20487-1	中国社会	应　星	38.00 元

配套教学资源支持

尊敬的老师：

衷心感谢您选择使用人大版教材！

秉承"出教材学术精品，育人文社科英才"的出版理念，我社为教材打造配套教学资源，帮助老师拓展教学思路，革新教学方式。相关的配套教学资源，请到人大社网站（www.crup.com.cn）下载，或是随时与我们联系，我们将向您免费提供。联系人信息：

地址：北京海淀区中关村大街 31 号 211 室　　龚洪训 收　　邮编：100080

电子邮件：gonghx@crup.com.cn　　　　电话：010-62515637　　QQ：6130616/195761402

欢迎您随时反馈教材使用过程中的疑问、修订建议等，让我们与教材共成长。建议一经采纳，即有好书奉送。

如有相关教材的选题计划，也欢迎您与我们联系，我们将竭诚为您服务！

选题联系人：　　　　电子邮件：　　　　　　　　　　电话：

潘　宇　　　　　　pany@crup.com.cn　　　　　　010-62515634

盛　杰　　　　　　shengj@crup.com.cn　　　　　　010-62513897

俯仰天地　心系人文

www.crup.com.cn

中国人民大学出版社网站

欢迎登录浏览，了解图书信息，下载教学资源